20वीं सदी का महान् साहित्यक

शरत्चन्द्र

31 अनमोल कहानियाँ

साक्षी प्रकाशन

दिल्ली-110032

ISBN : 81-86265-33-5

प्रकाशक : साक्षी प्रकाशन
एस-16, नवीन शाहदरा
दिल्ली-110032

संस्करण : 2022
लेज़र कम्पोजिंग : आकृति प्रिन्ट एण्ड ग्राफिक्स
शाहदरा, दिल्ली-32
मुद्रक : **शर्मा प्रिन्टर्स, दिल्ली**

---

31 ANMOL KAHANIYAN : SHARAT CHANDRA

अनुक्रम

1. राम की सुमति

रामलाल की उमर तो कम थी, पर दुष्ट-बुद्धि कम न थी। गाँव के लोग उससे डरते थे। उसका अत्याचार कब, किधर से, किस रूप में टूट पड़ेगा, इस बात का अन्दाज लगाना मुश्किल था। उसके सौतेले बड़े भाई श्यामलाल को भी ठीक शान्त प्रकृति का आदमी नहीं कहा जा सकता। पर हाँ, इतना जरूर था कि वह छोटे-से कसूर पर भारी सजा न देता था। गाँव के जमींदार के यहाँ वह काम करता और अपनी जमीन-जायदाद की भी देख-भाल रखता। घर की हालत मजे की थी, कुआँ, बगीचा, खेत, दस-बीस घर बाग्दी प्रजा, और कुछ नगद रुपया भी उसके पास था। श्यामलाल की स्त्री नारायनी जब पहले-पहल इस घर में आयी, यह करीब तेरह-चौदह वर्ष पहले की बात है, तब उसी साल राम की विधवा माँ का देहान्त हुआ। मरते वक्त ढाई साल के दूध-पीते बच्चे राम और अपनी सारी गिरस्ती अपनी तेरह साल की बालिका पतोहू नारायनी के हाथ सौंप गयीं।

इस साल चारों तरफ बुखार का बोलबाला था। नारायनी को भी बुखार आ गया। तीन-चार गाँवों के बीच नीलमणि बाबू ही एकमात्र डॉक्टर थे, सो भी अधकचरे, फिर इस समय उनकी फीस भी एक रुपये से बढ़कर दो रुपया हो गयी थी। इसके साथ ही उनकी कुनैन की पुड़िएँ भी अरारोट और मैदे की मिलावट से जायकेदार बन गयी थी। सात दिन बीत गये, पर नारायनी का बुखार जरा भी हल्का न पड़ा। श्यामलाल को चिन्ता हो गयी।

घर की नौकरानी नृत्यकाली, जो डॉक्टर को बुलाने गयी थी, वह लौट आयी, बोली–"डॉक्टर बाबू साहब आज आन गाँव जाएँगे चार रुपया पर, सो नहीं आ सकते।"

श्यामलाल को गुस्सा आ गया, बोले "अरे, तो कमबख्त को हम भी चार दे देते, आता तो सही; रुपया बड़ा है कि जान? जा तू, बुला ला चमार को।"

नारायनी ने कमरे के भीतर से बात सुन ली। कमजोर काँपते हुए स्वर में वह बोली–"सुनो, यहाँ आओ, तुम इतने घबरा क्यों रहे हो? डॉक्टरा आज नहीं आते तो कल सही, एक दिन में क्या बिगड़ा जाता है?

रामलाल, जो आँगन के एक कोने में अमरुद के पेड़ के नीचे बैठा चिड़ियों के लिए पिंजरा बना रहा था, उठकर आया और बोला–"तू रहने दे नेत्य, मैं जाता हूँ।"

देवर की आवाज सुनते ही नारायनी घबराकर उठ बैठी और बोली-सुनते हो, राम को रोको। ओ राम, मेरे सिर की कसम है, जाना मत, भइया तू मेरा राजा

भइया! किसी से लड़ते नहीं हैं!''

राम ने सुना ही नहीं, बाहर चला गया। उसका पाँच साल का भतीजा, जो अब तक सींकें हाथ में लिये जैसा का तैसा बैठा था, वह बोला–'' पिंजरा नहीं बनाओगे चाचा?''

''बना लेंगे।'' कहकर राम चल दिया।

नारायनी ने माथा ठोंककर, रोने के स्वर में पति से कहा–''तुमने उसे जाने क्यों दिया? देखो, अब वह क्या उपद्रव करके आता है!''

श्यामलाल गुस्से में तो थे ही, और भी झुंझलाकर बोले, ''मैं क्या करूँ? तुम्हारे रोकने पर भी नहीं रुका। मेरे कहने से रुक जाता?

''हाथ क्यों नहीं पकड़ लिया? इस अभागे के मारे तो घड़ी-भर भी चैन नहीं...मर जाऊँ तो अच्छा! नित्तो, जा तो बेटी, खड़ी मत रह, भोला को भेज, समझा-बुझाकर उसे मेरे पास लौटा लावे, शायद वह अभी गाय चराने नहीं गया है।''

नृत्यकाली भोला की तलाश में चल दी।

राम नीलमणि डॉक्टर के घर जा पहुँचा। डॉक्टर अपनी डिस्पेन्सरी में बैठे थे, यानी एक टूटी अलमारी के सामने एक टूटी कुरसी-टेबुल लगाये काँटा हाथ में लिये दवा तौल रहे थे और चार-पाँच रोगी मुँह बाये उसी को देख रहे थे। डॉक्टर तिरछी निगाह से राम को देखकर अपने काम में लग गये।

राम क्षण-भर चुपचाप खड़ा रहा, फिर बोला –''भाभी का बुखार क्यों नहीं अच्छा होता?''

डॉक्टर ने काँटे पर ही निगाह जमाये हुए कहा–''नहीं होता, तो मैं क्या करूँ?–दवा तो देता हूँ''

''खाक देते हो! सड़ी मैदा के चूरे से कहीं बुखार छूटता है?''

सुनते ही डॉक्टर काँटा, बाँट, दवा आदि सब चीजों को एक तरफ हटाकर लाल-लाल आँखें निकालकर राम की तरफ एकटक देखते रह गए। इतनी बड़ी हिमाकत की बात उनके सामने कोई जबान पर ला सकता है, उन्हें यह मालूम ही नहीं था।

क्षण-भर के बाद ही वे गरज उठे–''सड़ी मैदा का चूरा! तो फिर लेने क्यों आता है रे? और तेरा भइया मुझे पैरों पकड़कर बुलाने क्यों भेजता है रे?''

राम ने कहा–''इस तरफ कहीं और कोई डॉक्टर नहीं है इसलिए तुम्हें बुलाने भेजा है। अगर होता, तो नहीं भेजते।''

कमरे में बैठे हुए लोग दंग होकर सुन रहे थे; उनकी तरफ देखकर राम ने फिर कहा–''तुम छोटी जाति के हो, इसी से कह बैठे–'पैरों पड़कर बुलाने भेजते हैं!' भइया किसी के पैरों नहीं पड़ते। आते वक्त भाभी ने कसम दिला दी है, नहीं तो तुम्हारे सब दाँत तो अभी तोड़ देता! खैर, सुनो, अच्छी दवा लेकर अभी तुरंत

जाओ, देर मत करो; आज अगर बुखार अच्छा नहीं हुआ तो सामने जो कलमी आम के झाल लगा रखे हैं, अभी तो ज्यादा बढ़े भी नहीं हैं, रात तक उनमें से एक कुल्हाड़ी की चोट पर कोई भी न बचेगा। और कल आकर तुम्हारी ये शीशी-बोतलें सब चकनाचूर कर जाऊँगा!'' इतना कहकर वह फौरन ही वहाँ से हवा हो गया!

डॉक्टर हाथ में काँटा लिये बैठे ही रह गये।

एक बुड्ढ़े ने कुछ हिम्मत बाँधकर कहा—''डॉक्टर साहब, अब आप और देर न करें। अच्छी दवाई अगर कहीं छिपाकर रखी हो तो उसे लेकर जल्दी चले आओ। उसका नाम है राम-जो कह गया है, वही करके छोड़ेगा।''

डॉक्टर ने काँटा रखते हुए कहा—मैं अभी थाने में दरोगा के पास जाता हूँ, तुम सब गवाह हो!

जो बूढ़ा सलाह दे रहा था, वह बोला—''गवाह! गवाही कौन देगा बाबू?''

'कुनैन खाने से मेरे तो कान भन-भन कर रहे हैं। राम ठाकुर क्या कह गये, सो तो कुछ सुनाई ही नहीं दिया। और दरोगा क्या करेगा, बाबू? वह देवता देखने में तो छोटा है, पर उसके साथी बाग्दी लड़कों का झुंड तो छोटा नहीं है। अगर आग लगाकर घर में बन्द कर जला डाले तो न थाने के लोग देखने आएँगे,—और न दरोगा साहब ही एक मुट्ठी पुआल देकर उपकार करेंगे। गवाही-आवाही हमसे नहीं होगी, उससे सब ही डरते हैं। इससे अच्छा तो यही है कि वह जो करने को कह गया है, सो कीजिए। जरा मेरी नाड़ी तो देखिए आप-आज कुछ रोटी-ओटी खाऊँ?''

डॉक्टर भीतर ही भीतर जले जा रहे थे। बूढ़े के नाड़ी देखने के प्रस्ताव ने उन्हें भड़का दिया। डपटकर बोले—''गवाही नहीं देगा! चलो निकलो यहाँ से, मैं किसी की नाड़ी-आड़ी नहीं देखूँगा! कोई मरता भी होगा, तो भी दवा नहीं दूँगा। देखूँ, तुम लोगों की क्या गति होती है!

बूढ़ा लाठी उठाकर खड़ा हो गया। कहने लगा—''दोष किसी का नहीं डॉक्टर साहब, उनको आप पहचानते नहीं है। बड़े शैतान हैं वे लोग। हाँ तो, उन्हें भी खबर देने जाना पड़ेगा, नहीं तो समझ बैठेंगे कि थाने जाने की सलाह हम लोगों ने ही दी होगी। बीघे-भर बैंगन लगाये हैं, बड़े भी हो चुके हैं, शायद आज रात को ही वे सब साफ कर दें। बाग्दियों के लड़के ता रात को सोते भी नहीं है, बाबू, थाने में आप न हो तो, फिर कभी चले जाइएगा, पहले एक शीशी असली दवा ले जाकर उन्हें ठंडा कर आइए।

बूढ़ा चला गया; और लोग जो थे, वे भी धीरे-धीरे खिसकने लगे। नीलमणि बाबू ने एक गहरी साँस ली और मानव-जीवन का अन्तिम अनुभव-संसार के सर्वोत्तम ज्ञान का सूत्र-कहते हुए मकान के भीतर चले गये कि 'दुनिया में किसी साले का भला नहीं करना चाहिए।'

नारायनी जंगले में से बाहर की ओर देखती हुई फड़फड़ा रही थी। इतने में राम लौट आया कहा—"गोविन्दा, चल, पिंजरा बनायें।"

नारायनी ने बुलाया—ओ राम, जरा इधर आ।

राम खपंची के छेद में सावधानी से सींक पिरोता हुआ बोला—"अभी नहीं। काम कर रहा हूँ।"

नारायनी ने धमकाते हुए कहा—"चल जल्दी, कहती हूँ न।"

राम सब छोड़-छाड़कर तुरन्त ही उठ बैठा और धीरे से भाभी के कमरे में आकर तख्त-पोश के एक और पाँयताने बैठ गया। नारायनी ने पूछा-डॉक्टर मिले थे घर पर?

"हाँ!"

"क्या कहा उनसे?"

"आने को कहा।"

नारायनी को विश्वास नहीं हुआ, बोली—"सिर्फ आने को कहा, और कुछ नहीं कहा?"

राम चुप हो रहा।

नारायनी ने कहा—"बता तो सही, क्या-क्या कहा है?"

"नहीं बताऊँगा।"

नृत्यकाली ने आकर कहा—"डॉक्टर बाबू आ रहे हैं।"

नारायनी मोटी चादर खींचकर करवट बदलकर लेटी रही। राम भाग गया। थोड़ी देर में डॉक्टर को साथ लिये श्यामलाल आये। डॉक्टर ने अपना काम पूरा करके अन्त में नारायनी से कहा—"बहू रानी, बुखार का अच्छा होना-न होना क्या डॉक्टर के हाथ की बात है? तुम्हारे देवर ने तो मुझे दो दिन का समय दिया है। इस बीच अच्छा हो गया तो ठीक है, नहीं तो वह हमारे मकान में आग लगा देगा।

मारे शरम के नारायनी का तो मरना हो गया। बोली—"उसकी सब बातें ऐसी ही होती हैं, आप किसी तरह की चिन्ता न करें।"

डॉक्टर ने कहा—"लोग कहते हैं कि उसका एक गिरोह है। उस गिरोह की बात और काम में कोई फर्क नहीं पड़ता। इसी से बड़ी आशंका हो रही है बहू, हम तो दवा ही दे सकते हैं, प्राण तो नहीं दे सकते?"

नारायनी चुप रह गयी। श्यामलाल ने नाराज होकर कहा—"यह तो हम जानते ही हैं कि वह छोरा किसी न किसी दिन जेल जाएगा। पर साथ में कहीं हम लोगों को भी न जाना पड़े, यही फिकर है।"

आज नीलमणि बाबू, अपने खास कमरे का सन्दूक खोलकर असली कुनैन और ताजी दवा लाए थे। उसे देकर, सब समझा-बुझाकर, वे चलने लगे तो श्यामलाल उन्हें चार रुपया फीस में देने लगे। डॉक्टर ने दाँतों तले जीभ दबाकर

कहा-सर्वनाश! मेरी फीस एक रुपया है, उससे ज्यादा हरगिज नहीं ले सकता, मेरी ऐसी आदत नहीं। श्याम बाबू, रुपया दो दिन की चीज़ है मगर धर्म हमेशा का है।

दो दिन पहले यहीं से उन्होंने एक की जगह दो रुपये लिये थे, इस बात को भी आज वे भूल गये! मगर श्यामलाल सब बातें समझ गये। खैर, कुछ भी हो, नारायनी अच्छी हो गयी औरे घर के काम-काज पहले की तरह ही चलने लगे।

करीब दो महीने बीत गये। एक दिन नारायनी नदी से नहाकर लौटते ही, पानी का घड़ा उतारती हुई बोली–"नित्तो, वह बन्दर गया कहाँ?"

'बन्दर' कौन है, इसे घर के सभी लोग जानते थे।

नृत्यकाली ने कहा–"छोटे बाबू अभी तो थे यहाँ-वह, वहाँ बैठे पतंग बना रहे हैं।"

नारायनी ने राम को देखते ही बुलाया–"इधर तो आ अभागा, तू इधर आ! तेरे मारे मैं क्या कुएँ-पोखर में डूब मरूँ?

रामलाल आधे बेल के गूदे को लकड़ी से खुरचता हुआ नारायनी के सामने आकर खड़ा हो गया।

नारायनी ने कहा–"सांतरा के बगीचे की खीरे की बेल क्यों उखाड़ आया, बता?"

"मुझे उसने उखाड़ते देखा है?"

"उसने नहीं देखा, मैंने तो देखा है। क्यों उखाड़ी बता?"

"उस बुढ़िया राँड़ ने मुझे गाली क्यों दी?"

नारायनी ने जल-भुनकर कहा–"गाली की बात पीछे सुनूँगी, पहले यह बता कि तू चोरी करने क्यों गया था?"

रामलाल अचम्भे और गुस्से में आकर बोला–"चोरी कर रहा था? हरगिज नहीं। जरा-सा खीरा ले लिया, तो क्या चोरी हो गयी।"

नारायनी और भी भड़क उठी। बोली–"हाँ, बन्दर, होती है, होती है! सौ बार होती है! चोरी किसे कहते हैं, जरा-सा बच्चा भी जानता है! धींगरा तो हो गया, पर तू अब भी यह नहीं जानता! खड़ा रह एक पैर से! पाजी कहीं का, खड़ा हो, उठा पैर!"

इस घर में छोटा बच्चा गोविंदा था राम का वाहन। चौबीसों घंटे वह राम के पास रहता और सब काम में उसकी सहायता करता। राम के हुक्म के मुताबिक अब तक वह पतंग पकड़े बैठा था, गड़बड़ी देख, उसे छोड़ वह माँ के पास आकर खड़ा हो गया।

राम को इधर-उधर करते देख चट से 'चाचा, खड़े रहो एक पैर से-ऐसे' कहकर स्व्यं उसने खड़े होकर एक पैर से खड़े होने की तरकीब बता दी।

राम ने तड़-से उसके गाल पर एक तमाचा जड़ दिया और पीछे की ओर

मुड़कर वह एक पैर से खड़ा हो गया।

नारायनी किसी कदर हँसी रोककर बच्चे को गोद में उठा रसोई घर में चली गयी। दो मिनट बाद बाहर लौटकर उसने देखा, राम वैसे ही एक पैर से खड़ा है और धोती के छोरे से बार-बार आँखें पोंछ रहा है।

नारायनी ने कहा–''अच्छा जा, हो गया। अब ऐसी बदमाशी मत करना।''

राम न बात नहीं मानी। गुस्से में उसी तरह एक पैर पर खड़े-खड़े आँखें पोंछता रहा।

नारायनी पास जाकर उसकी बाँह खींचने लगी। पर वह कड़ा होकर खड़ा ही रहा और जोर से झटका देकर उसने उसका हाथ हटा दिया। नारायनी ने हँसकर फिर एक बार हाथ खींचने की कोशिश की, अब की बार वह पहले ही की तरह जोर के झटके से हाथ हटाकर भाग गया।

घंटे-भर बाद नृत्यकाली जब राम को बुलाने आयी तो देखती है कि चंडीमंडप के उस बाजू के बरामदे में पैर लटकाये आप चुपचाप मुँह फुलाये बैठे हैं।

दासी ने कहा–''स्कूल का वक्त हो गया छोटे बाबू, मां जी बुला रही हैं।''

राम ने कुछ जवाब नहीं दिया। इस तरह बैठा रहा, मानो उसने सुना ही नहीं।

नित्ते ने सामने जाकर कहा–''मां जी नहा-धोकर खाने को कह रही हैं।''

राम आँखें घुन्नाता हुआ गरजकर बोला–''तू जा यहाँ से! दूर हो।''

''मगर मांजी ने क्या कहा, सुन लिया?''

''नहीं सुना जा! मैं नहीं नहाऊँगा, नहीं खाऊँगा, कुछ नहीं करूँगा, तू जा यहाँ से।''

''अच्छा तो मैं जाकर कहे देती हूँ।'' कहकर दासी जाने लगी।

राम उसी वक्त उठकर चट से पिछवाड़े के गंदे तालाब में डुबकी लगा आया और भीगे सिर, भीगे कपड़े पहिने, उसी तरह फिर आकर बैठ गया। नारायनी खबर लगते ही घबराकर दौड़ी आयी। ''अरे ओ भूत! यह क्या किया तूने? उस तलैया में तो मारे डर के कोई पैर तक नहीं डुबोता और तू मजे से डुबकी लगा आया!''

उन्होंने अपने आँचल से अच्छी तरह उसकी देह पोंछी, सिर पोंछा, अपने हाथ से कपड़े बदले और फिर घर में ले जाकर खाना परोसा। राम थाली के सामने मुँह फुलाये खूँटे की तरह बैठा रहा।

नारायनी उसके मन की बात समझ गयी, पास आकर सिर पर हाथ फेरती हुई बोली–''राजा भइया है न तू, इस वक्त अपने आप खा लें, रात को मैं खिला दूँगी। अभी तो, देख, पूरा खाना नहीं बना। राजा भइया खा ले।''

तब राम चुपचाप खाकर और कपड़े पहिनकर स्कूल चल दिया।

दासी ने कहा–''तुम्हारी ही वजह से इसकी सब आदतें बिगड़ती जाती हैं

मांजी! इतने बड़े लड़के को गोद में बिठाकर खिलाया जाता है क्या! जरा-सा रूठ गया तो गोद में बिठाकर हाथ से खिलाओ, यह कैसी बात है?''

नारायनी कुछ मुस्कराकर बोली–''नहीं तो खाता नहीं जो। रात को खिलाने का लोभ न दिखाती तो वहीं मुँह फुलाये बैठा रहता, खाता थोड़े ही।''

दासी ने कहा–''खाता कैसे नहीं? भूख लगती तो आप ही खाता। इतना बड़ा हो गया।''

नारायनी भीतर-ही-भीतर नाराज-सी होकर बोली–''तुम लोग तो उसकी उमर ही देखा करती हो। अरे बड़ा होगा, होश सँभालेगा तो उसे आप ही लाज आयेगी। वह खुद ही तब न तो गोद में बैठेगा और न मुझसे खिलाने को कहेगा।''

दासी दुःखित होकर बोली, ''मैं तो अच्छे के लिए ही कह रही हूँ मांजी, नहीं तो तुझे क्या पड़ी है? सोलह-सत्रह साल का हो चला, अब भी अगर उसे अकल न आयी तो फिर कब आएगी?''

नारायनी को अब गुस्सा आ गया। बोली–''अकल आने के लिए कोई उमर नहीं होती नित्तो, किसी को दो साल पहले आती है, किसी को दो साल बाद। और आवे, चाहे न आवे, तुम लोगों को इतनी फिकर क्यों है?''

दासी ने कहा–''यही तो तुममें दोष है मांजी! वह कितना शरारती हो गया है, सो क्या तुमसे कुछ छिपा है? मुहल्ला-भर यही कहता है कि तुम्हारे ही लाड़-प्यार ने उसे....''

नारायनी ने रूखे स्वर से कहा–''मुहल्ले के लोग लाड़-प्यार ही देखते हैं, डाँटती-डपटती हूँ सो कोई नहीं देखता। पर तू तो मुहल्ल की नहीं है–सबेरे से एक पैर पर खड़ा-खड़ा रोता रहा, तलैया के सड़े पानी में नहा आया, भगवान् जाने, बीमार पड़ेगा या क्या होगा? उसके बाद तेरी क्या यह चाहती थी कि मैं उसे भूखा ही स्कूल भेज देती? घर और बाहर का दिन-रात का यह लांछन तो मुझसे नहीं सहा जाता, नित्तो!'' कहते-कहते उसका स्वर रुंध-सा गया, आँखें डबडबा आईं, आँचल से उसने आँखें पोंछ लीं।

दासी नहीं जानती थी कि इसी बात पर कल रात को पति से भी मामूली कलह हो चुकी है। अत्यन्त लज्जित और दुःखित होकर उसने कहा–''रोती क्यों हो, मांजी? मैंने कोई बुरी बात तो कही नहीं। लोग कहते हैं, इसी से जरा सँभल जाने के लिए मैंने कहा था।''

नारायनी ने आँखें पोंछकर कहा, ''भगवान् सब आदमियों को एक-सा नहीं बनाते। वह जरा शरारती है, इसीलिए तो मुझे जिस-तिस की बात चुपचाप सहनी पड़ती है, लेकिन जब-तब लाड़-प्यार करने का उलाहना लोग क्यों देते हैं? लोग क्या यह चाहते हैं कि मैं उसे काटकर नदी में बहा दूँ? तभी सबके कलेजे ठंडे होंगे?'' इतना कहकर वह बिना किसी प्रकार के उत्तर की प्रतीक्षा किए ही जल्दी

से उठकर चल दी।

दासी का मुँह जरा-सा हो गया। मन-ही-मन कहने लगी--भगवान् जाने क्या बात है? हर बात में जिसकी इतनी बुद्धि, इतना धीरज है, वह इतनी-सी बात क्यों नहीं समझती? और वाह री डाँट-डपट! लड़का पल-भर एक पैर से खड़ा रोता रहा तो मानो दुनिया रसातल में चली गयी।

राम को भाई के साथ बैठकर खाना बिल्कुल पसंद न था। आज रात को जान-बूझकर ही नारायनी ने दोनों भाइयों की थाली पास लगायी और खुद बगल में जा बैठी। राम रसोई में घुसते ही उछल पड़ा।

बोला, "जाओ, मैं नहीं खाता, मैं आज खाऊँगा ही नहीं।"

नारायनी ने कहा--"तो जा, सो जा।"

नारायनी के गम्भीर कंठ-स्वर से राम की उछल-कूद बन्द हो गयी। मगर वह खाने नहीं बैठा, चुपचाप खड़ा रहा।

रसोईघर के दूसरे दरवाजे से श्यामलाल के आते ही राम आँधी की तरह बाहर हो गया। श्यामलाल इत्मीनान से खाने बैठे, बोले--"राम ने नहीं खाया क्या?"

नारायनी ने संक्षेप में उत्तर दिया--"वह मेरे साथ खाएगा।"

खाना खाकर ज्यों ही श्यामलाल बाहर गये त्यों ही राम मुट्ठी में राख लिये हुए भीतर आया और बोला--"मैं किसी को खाने नहीं दूँगा, सबकी थाली में राख डाल दूँगा, डालूँ?"

नारायनी ने मुँह उठाकर कहा--"डाल के देख न, कैसी सजा मिलती है।"

राम ने मुट्ठी में राख दबाये ही स्वर बदल कहा--"बड़ी सजा देने वाली सबेरे मुझे ठगकर रात का नाम लेकर खिला दिया, अब सजा बताती हैं।"

"तूने खाया क्यों था?'

"तुमने जो कहा कि रात को...."

"धींगरा कहीं का! पराये हाथ से खाने में तुझे शरम नहीं आती?"

राम आश्चर्य में आ गया बोला--"पराया हाथ कहाँ? तुम्हीं ने तो कहा था?"

नारायनी ने फिर बहस नहीं की, कहा--"अच्छा जा, राख फेंककर, हाथ-धोकर आ। मगर फिर कभी किसी दिन खिलाने को कहेगा तो देखना।"

खिलाना अब तक जारी था, इतने में दासी बिना जरूरत एक बार दरवाजे के सामने से भीतर की ओर देखती हुई उधर के बरामदे की तरफ निकल गई।

नारायनी ने यह देखकर राम से कहा--"राम, तुझे क्या कभी अकल न आयेगी? भगवान् क्या कभी तुझे सुमति न देंगे? लोगों के ताने तो अब मुझसे सहे नहीं जाते!"

दिगम्बरी नाराज होकर बोली—"अच्छा-अच्छा, तू जा, कपड़े पहिन!"

दोपहर को नारायनी अपने कमरे में बैठी तकिये का गिलाफ सी रही थी, इतने में दासी ने आकर खबर दी—मांजी, सत्यानाश हो गया! नानीजी ने छोटे बाबू का पेड़ उखाड़कर फेंक दिया। अब स्कूल से आते ही वे खा जाएंगे, किसी को छोड़ेंगे थोड़े ही।

नारायनी तुरन्त सिलाई छोड़कर बाहर आ गयी, देखा—"सचमुच पेड़ नहीं है।"

माँ से पूछा—"माँ, राम का पेड़ क्या हुआ?"

दिगम्बरी ने हँड़िया-सा मुँह बनाकर उँगली से दिखाते हुए कहा—"वह पड़ा है!"

नारायनी ने पास जाकर देखा, उसे सिर्फ उखाड़कर ही नहीं फेंका गया, बल्कि तोड़-मरोड़कर नष्ट कर डाला गया है। नारायनी ने चुपचाप उठाकर उसी वक्त उसे बाहर फिकवा दिया और धीरे से वह अपने कमरे में चली गयी।

स्कूल से लौटते ही राम ने सबसे पहले अपना पेड़ देखा, देखते ही उछल पड़ा। किताब-कॉपी सब फेंक दीं, चिल्ला उठा—"भाभी, मेरा पेड़?"

नारायनी रसोई में से निकल आयी, बोली—"बताती हूँ, इधर आ।"

"नहीं, नहीं आता, पहले बता! कहाँ है मेरा पेड़?"

"इधर मेरे पास आ तो सही, बताती हूँ।"

राम के पास पहुँचते ही वह हाथ पकड़कर उसे कमरे में ले गयी और गोद में बिठाकर पीठ पर हाथ फेरती हुई बोली-मंगल को कहीं पीपल लगाया जाता है रे पागल?

राम ने शान्त होकर पूछा—"क्यों, क्या होता है?"

नारायनी ने कहा—"घर की बड़ी बहू मर जाती है! मंगल को नहीं लगाते!"

राम का चेहरा क्षण-भर के लिए उतर गया। बोला—"धत् तुम झूठ बोलती हो।"

नारायनी ने उसी तरह हँसते हुए कहा—"नहीं रे, झूठ नहीं है। पत्रा में लिखा है, सो झूठ है?"

"कहाँ है देखूँ पत्रा?"

नारायनी मन-ही-मन घबराई, चट से गम्भीर आश्चर्य का भाव दिखाती हुई बोली—"तू है कैसा लड़का! मंगल को पत्रा का नाम भी कहीं लेते हैं,—तू देखेगा कैसे रे? इतना तो भोला भी जानता है, अच्छा, बुला तो उसे!"

इतनी बड़ी मूर्खता भोला के सामने प्रकट हो जाएगी, इस भय से अप्रतिभ हो उसने मातृसम बड़ी बहू के गले में दोनों बाँहें डालकर छाती में मुँह दुबकाते हुए कहा—"मालूम हैं, यह तो मुझे भी मालूम है। मगर फेंक देने से फिर तो कोई दोष

नहीं रहता ना, भाभी?"

नारायनी ने उसका सिर छाती से चिपकाते हुए कहा "नहीं, अब कोई दोष नहीं है।" उसकी आँखें डबडबा आयीं। मीठे स्वर में कहा "क्या रे राम, मैं मर जाऊँ, तो तू क्या करे?"

राम ने जोर से सिर हिलाकर कहा—"धत्, नहीं ऐसा नहीं कहते।"

नारायनी ने छिपाकर आँसू पोंछकर कहा—"बूढ़ी हो गई, अब मरुँगी नहीं?"

अब राम की समझ में आया कि हँसी में कह रही है। हँसता हुआ बोला—"तुम बूढ़ी हो गयीं? एक भी तो दाँत नहीं टूटा! एक भी तो बाल नहीं पका!"

नारायनी ने कहा—"बाल न पके तो क्या, मैं किसी दिन नदी में डूब मरूँगी। नहाने जाऊँगी, सो लौटूँगी ही नहीं।"

"क्यों भाभी?"

"तेरे मारे! मेरी माँ को तू देख नहीं सकता, राम-दिन झगड़ा किया करता है, उस दिन मालूम पड़ेगा, जब मैं लौट के न आऊँगी।"

इस बात पर राम ने विश्वास तो नहीं किया, लेकिन उसके मन में खटका बैठ गया! बोला—"अच्छा, अब मैं कुछ नहीं कहूँगा। मगर वह क्यों मुझे छेड़ती रहती हैं?"

"छेड़ने दे। वे मेरी माँ हैं, वे भी गुरुजन हैं। जैसे तू मुझे प्यार करता है, उसी तरह उन्हें भी किया कर। करेगा न?"

राम ने फिर भाभी की छाती में मुँह छिपा लिया। यहीं मुँह रखकर उसने लम्बे तेरह वर्ष बिताये हैं, इतना बड़ा हुआ है। फिर भला कैसे वह इतना बड़ा झूठ बोल सकता था! यह तो उसके लिए बिल्कुल ही असाध्य है।

नारायनी ने रुँधे हुए कंठ से कहा—"मुँह छिपाने से क्या होगा, बता?"

ठीक इसी समय दिगम्बरी आ धमकी। कंठ-स्वर में मिठास घोलकर बोली—"तुझे काम-धन्धा भी नहीं है नारायनी! यहाँ देवर को लेकर सुहाग हो रहा है और वहाँ तेरे लड़के की दुर्दशा हो रही है!

राम ने तुरन्त ही मुँह उठाकर देखा। उसकी आँखें भूखे श्वापदों की तरह चमक उठीं।

नारायनी ने जबरदस्ती उसका सिर अपनी छाती की तरफ खींच लिया और कहा, "लड़के की दुर्दशा हो रही है कैसे?"

"कैसे? अच्छी बात है!" कहकर दिगम्बरी चलती बनी।

बनाकर कहने-लायक कोई झूठी बात भी उससे कहते न बनी। राम ने जबरन सिर उठाकर कहा—"उस डाइन का मैं टेंटुआ मसक दूँगा"

नारायनी ने उसका मुँह दबाकर कहा—"चुप रह पाजी, वे मेरी माँ हैं!"

चार-पाँच दिन बाद एक दिन राम भात खाते-खाते जोरों से सिसकारी भरने लगा। वह दो-तीन बार पानी पीकर थाली फेंक-फाँककर, उठा खड़ा हुआ, और फिर लगा नाचने—"इस डायन के साथ हाथ का भोजन मैं नहीं खाऊँगा, कभी नहीं खाऊँगा, मिरचों के मारे सारा मुँह जल गया, भाभी,—ओ भाभी—"

नारायनी बैठी माला फेर रही थी, शोर सुनकर जल्दी से उठ आयी, बोली, "क्या हुआ रे?"

मारे गुस्से के राम रोने लगा। "मैं कभी नहीं खाऊँगा, उसको निकाल दो।" कहता हुआ वह तेजी से बाहर निकल गया।

नारायनी दंग रहकर कुछ देर तक खड़ी रही, फिर माँ से बोली-"माँ, बार-बार तुमसे कह दिया, तरकारी में अतनी मिरचें मत डाला करो, इतनी मिरचें खाने की यहाँ किसी को आदत नहीं है।"

दिगम्बरी आग बबूला हो उठी, बोली-"तीता है कहाँ? दो मिरचें छौंक में डाल दीं तो क्या हो गया! इतना हाय-तौबा मच गया!"

नारायनी ने झुँझलाकर कहा, "न सही दो मिरचें, कुछ अटका है! जब कोई खाता ही नहीं।"

"चुप रह नारायनी, चुप रह! चली है मुझे रसोई सिखाने! बनाते-बनाते बाल सफेद हो गये, अब पेट की लड़की से मुझे रसोई सीखना होगा! धिक्कार है मुझे!"

नारायनी ने कुछ जवाब न देकर सीधे रसोई-घर में जाकर, फिर से समान जुटाना शुरू किया।

दिगम्बरी दरवाजे पर पैर पसारकर माथा ठोंककर बैठ गयी और लगी चिल्लाने— "हाय भैया! कहाँ है तू, मुझे भी अपने पास बुला ले! अब तो नहीं सहा जाता। मुँह में आता है, सो ही गाली दे देता है! मैं बुढ़िया हूँ, मैं डायन हूँ, मुझे निकाल दो! मैं दामाद-लड़की के टुकड़े खाने आयी हूँ, मुझे फाँसी लगाने को रस्सी भी नहीं जुटती! इससे तो गली-गली भीख माँगकर पेट भरना लाख गुना अच्छा था! सुरो, चल बिटिया, निकल चलें। अब इस घर का अन्न-पानी नहीं छूऊँगी।"

सुरधुनी रोनी-सी सूरत बनाकर माँ के पास आकर खड़ी हो गयी। दिगम्बरी उसका हाथ पकड़कर चलने को तैयार हो गयी।

नारायनी तरकारी बना रही थी। हँसिया रखकर उठ आयी और सामने रास्ता रोककर खड़ी हो गयी।

दिगम्बरी ने रोते हुए कहा, "हमें रोक मत नारायनी, जाने दे अब। पेड़ के नीचे भूखों मरना अच्छा, पर यहाँ का न भात खाऊँगी और न तेरे यहाँ सोऊँगी।"

नारायनी ने हाथ जोड़कर कहा, "किस पर गुस्सा करके जाती हो माँ! हमसे कोई कसूर हुआ हो तो बताओ?"

दिगम्बरी के रोने में और भी उफान आ गया, नाक से बोली— "मैं नन्हीं-सी

छोकरी नहीं हूँ नारायनी, सब समझती हूँ। गिना तेरी शह पाये उसकी क्या मजाल है जो इतना बढ़-चढ़ के बोले? मैं डाइन हूँ! ऐं, मुझे निकाल दो! अच्छी बात है, मैं खुद ही जात हूँ। हम तुम लोगों की गले की ग्रह, आफत हैं, सामने से हट, जाने दे!''

नारायनी ने माँ के दोनों पैर छूकर कहा, ''माँ, आज के दिन माफ करो। अच्छा, उन्हें आ जाने दो फिर जैसी समझ में आवे, करना।'' इतना कह हाथ पकड़कर वह उन्हें भीतर ले गयी दोनों पैरों पर पानी डाला, आँचल से उन्हें पोंछा, एक पीढ़े पर बिठाकर, पंखा लेकर हवा करने लगी।

उस समय तो उसका क्रोध शान्ता हो गया, पर दोपहर को श्यामलाल के जीमने बैठते ही किवाड़ की आड़ में बैठकर वह उफन-उफनकर रोने लगी। पहले तो श्यामलाल देखते ही रह गये। कुछ समझ ही न सके कि माजरा क्या है, फिर धीरे-धीरे सारा हाल उकी समझ में आ गया और वे भर पेट खाये बिना ही उठ बैठे।

नारायनी समझ गयी कि यह गुस्सा किस पर है। दासी से सहा नहीं गया। घर में वह जरा साफ कहने वाली थी, चट से कह बैठी—''नानीजी ने जान-बूझकर बाबूजी को खाने न दिया। आँखों का पानी सूख थोड़े ही जाता थ नानीजी, दो मिनट बाद ही उसे बाहर निकालती!''

दिगम्बर के मुँह पर जैसे स्याही पुत गयी, और वह बिना उत्तर दिये गुम्म होकर बैठी रही।

दोपहरी को राम न जाने कहाँ-कहाँ से घूम-फिरकर घर आया। इधर-उधर झाँक-झाँककर भाभी के कमरे में जाकर देखा कि वे गोविन्दा को लिये सो रही हैं! रंग-ढंग उसे अच्छे नहीं मालूम हुए। फिर भी धीरे से बोला—''भूख लगी है।''

भाभी ने कोई जवाब नहीं दयिा।

उसने जरा औश्र जोर से कहा—''क्या खाऊँ?''

नारायनी ने पड़े-पड़े ही जवाब दिया—''मैं नहीं जानती जा यहाँ से।''

''नहीं, नहीं जाऊँगा, मुझे क्या भूख नहीं लगती?''

नारायनी ने करवट बदलकर दुःखभरे स्वर में कहा—''मुझे परेशान मत कर, नित्तो होगी, उससे माँग।''

राम और कुछ न कहकर चुपचाप बारह चला आया और दासी को खोजने लगा। मिलते ही बोला—''खाने को दे!''

दासी शायद तैयार ही थी; तुरन्त कटोरा-भर दूध, थोड़े लाई और नारियल के लड्डू ले आयी।

राम को गुस्सा आ गया, बोला—''ग्रही है?''

दासी ने कहा—''छोटे बाबू भला चाहते हो तो चुपचाप खा लो, ऊधम मत करो। बाबू बिना खाये कचहरी चले गये हैं, बहुजी उपास किये पड़ी हैं। शोर-गुल

सुनकर अभी निकल आयेंगी तो मुम्हारी खैर नहीं, समझ लेना!''

राम सब देख ही आया था चुपचाप थोड़ा-सा दूध पीकर, लाई और नारियल के लड्डू जेब में डालकर तालाब के किनारे जाकर पेड़ के नीचे बैठ गया। खाने में उसकी रुचि नहीं रही थी। उसे ख्याल आता था कि भाभी उपास किये पड़ी हैं। वह अन्यमनस्य होकर लाई चबाता हुआ सोचने लगय, अगर उसे प्रचीन ऋषि-मुनियों जैसा कोई मन्त्र आता होता तो उससे वहीं बैठा हुआ वह भाभी का पेट भोजन से भर देता। मगर मंत्र तो मालूम नहीं, अब क्या उपाय करना चाहिए! कुछ तय न कर सका। घर लौटकर खाने के लिए अनुरोध करने में उसे शरम मालूम होने लगी। इसके अलावा, वे खाएँगी भी कैसे, दादा ने तो खाया ही नहीं! अनुरोध करने से भी क्या होगा! उसने जेब के लाई धीरे-धीरे तालाब में फेंक दिये और वहीं चक्कर काटने लगा। बार-बार उसके मन में केवल यही ख्याल आने लगा—भाभी उपासी पड़ी है। इस बात को वह मन-ही-मन जितने ही तरह से कहने लगा, उतनी ही बार उसके मन में सुइयाँ-सी चुभने लगीं।

रात को श्यामलाल ने स्त्री से कहा—''अब तो मुझसे नहीं सहा जाता। उसके साथ रहना अब बहुत ही मुश्किल है।''

नारायनी दंग रह गयी, पूछी—''किसकी बात कर रहे हो?''

'राम की। तुम्हारी माँ चार-पाँच रोज से बराबर कह रही हैं, राम उनका नाहक अपमान करता है। मै तो पाँच पंचों को बुलाकर उनके सामने सब बँटवारा करके उसे अलग कर दूँगा। अब मुझसे नहीं सहा जाता।''

नारायनी सन्नाटे में आ गयी, कुछ देर चुप रहकर बोली—''राम को अलग कर दोगे? यह बात जबार पर भी न लाना। वह दूध पीता बच्चा है, जमीन-जायदाद, रुपये-पैसे लेकर क्या करेगा?''

श्यामलाल ने व्यंग्य करते हुए कहा—''दूध पीता बच्चा तो है! जमीन-जायदाद का क्या वह करेगा, इसको वही जाने।''

नारायनी ने कहा—''वह कुछ नहीं जानता, मैं सब जानती हूँ। अब समझी, माँ तुम्हें चार-पाँच रोज से यही कहती फिरती हैं, क्यों?''

श्यामलाल पहले तो अप्रतिभ हो बगलें झाँकने लगे, फिर बोले—''नहीं तो, उन्होंने नहीं कहा। लोगों के भी तो आँखे हैं। मुझे क्या तुमने निरा भोंदू ही समझ रखा हैं? मै क्या कुछ देख ही नहीं सकता?''

नारायनी ने कहा—''नहीं, मैं तो ऐसा नहीं समझती। मगर पूछती हूँ, उसके हैं कौन, किसे लेकर वह अलग होगा? न माँ है, न बहन है, न मौसी है, कौन है? उसे बनाकर खिलायेगा कौन?''

श्यामलाल झुंझलाकर बोले—''मैं यह सब कुछ नहीं जानता।''

मुँह से कहा तो सही कि 'नही जानता', मगर भीतर जानते सब थे। इतना

बड़ा सत्य जाने बिना और रास्ता ही क्या था! नारायनी कुछ कहना चाहती थी, पर उसके ओंठ काँप उठे। इसी से, कुछ देर चुप रहकर, अपने को सँभालती हुई, भारी गले से बोली, "देखो, तेरह साल की उमर में, लड़कियाँ जब गुड़ियाँ खेला करती हैं, तब माँ मेरे सिर पर यह सब गृहस्थी छोड़कर स्वर्ग सिधारी थीं। वे देख रही होंगी कि उनके दिये हुए भार को मैं ढो सकी हूँ या नहीं। राँधकर खिलाया-पिलाया है, बच्चे को पाला है, कुटुम्ब-बिरादरी का रस्म अकेले-सिर ढोते-ढोते मैं छब्बीस वर्ष की अधबूढ़ी हो चुकी मरूँगी। तब दूसरा ब्याह करना और राम को अलग करके जो जी में आये, सो करना। न मैं देखने आऊँगी, न कुछ कहुँगी-सुनूँगी। मगर मेरे सामने नहीं।"

श्यामलाल भीतर ही भीतर स्त्री से डरत थे; इसके बाद फिर वे आगे कुछ नही बोले। रात को बात यहं तक होकर रह गयी। दूसरे दिन नारायनी ने राम को पास बिठाकर अत्यन्त स्नेह से उसकी पीठ पर हाथ फेरते हुए कहा—"राम, मू अब यहाँ मत रह, भइया। तू अलग कहीं जाकर रह, रह सकेगा?"

राम उसी वक्त राजी हो भर-मुँह हँसकर बोला—"हाँ, रह सकूँगा भाभी। तुम, मैं, गोविन्दा और भोला अच्छा तो कब चलोगी भाभी?"

नारायनी ने कोई जवाब नहीं दिया। इसके बाद वह कहती भी क्या! पर राम कब मानने वाला था? वह उत्साहित हो उठा था! बोला—"कब चलोगी भाभी?"

नारायनी से रहा नहीं गया, उत्तर में उसे छाती से लगाकर बोली—"भाभी को छोड़कर तू और कहीं नही रह सकता?"

राम ने सिर हिलाकर कहा—"नहीं।"

"और भाभी अगर मर जाए तो?"

"धत्।"

"धत् नहीं! अभी तू भाभी की बात नहीं सुनता—तब देखना!"

राम ने प्रतिवाद करते हुए—"कब तुम्हारी बात नहीं सुनी?"

नारायनी ने कहा—"कब सुनी है बता? कब से मैं यह कह रही हूँ, मेरी माँ का तू अपमान न किया कर, तो भी तू उन्हें जो मन में आता है कहता रहता है। कल भी तूने उनका अपमान किया है। अबकी बार मेरे जहाँ मन में आयेगी, चल जाऊँगी।"

"मैं भी संग चलूँगा।"

"तुझे मालूम ही नहीं होगा, कहाँ जाऊँगी। मैं छिपकर चली जाऊँगी।"

"और गोविन्दा?"

"वह तेरे पास रहेगा, तू ही उसे पालना-पोसना।

"नहीं, मुझसे नहीं होगा भाभी।"

नारायनी को हँसी आ गयी, बोली—"होगा कैसे नहीं? तुझे ही उसे

पालना-पोसना पड़ेगा।''

इससे राम को अविश्वास हो गया, हो-हो करके हँस पड़ा, बोला—''सब झूठी बात है। तुम नहीं जाओगी।''

''झूठी नहीं, सच कहती हूँ। देख, मैं चली जाऊँगी। और तुझे गोविन्दा को भी नहीं पालना होगा।'' राम बहुत खुश हुआ, बोला—''अच्छी बात है, आज से तुम देख लेना।''

आठ-दस दिन बड़ी शान्ति से कटे, कोई उपद्रव न हुआ। दिगम्बरी की तरफ से कटाक्ष होते ही न हों, यह बात नहीं थी; पर राम गुस्सा न होता था। उस दिन की भाभी की बात पर उसे पूरा विश्वास तो नहीं हुआ, मगर फिर भी उसे डर हो गया था। परन्तु भगवान् विरुप थे, फिर एक दुर्घटना हो गयी। आज दिगम्बरी ने अपने स्वर्गीय पिता की वर्षी करने के लिए बारह ब्राह्मणों को भोजन कराने का संकल्प किया था। पिता की प्रेतात्म अब तक पुत्र के घर पर चुपचाप बैठी थी, अब नत-जमाई के घर उसका आवागमन होने लगा!—''प्रत्यक्ष नहीं, स्वप्न में। फिर उसे सन्तुष्ट तो करना ही चाहिए!''

सवेरे राम गणित कर रहा था। भोला ने आकर चुपके-चुपके खबर दी—''भइयाजी, भगा बाग्दी तुम्हारे कार्तिक और गणेश को पकड़ने के लिए जाल लाया है, चलकर देखो तो सही।''

यहाँ जरा समझना पड़ेगा। बहुत दिनों के पुराने बड़े-बड़े दो रोहू मछली घाट के किनारे हमेशा चक्कर लगाया करते थे। आदमियों से तो वे बिलकुल डरते ही न थे। राम कहा करता था, ये उसके 'पाले हुए' मछलियाँ हैं। उनके नाम रखे थे, 'कार्तिक' और 'गणेश'। मुहल्ले में ऐसा कोई बाकी न था जिसने 'कार्तिक' और 'गणेश' के असाधारण रूप-गुणों की बातें राम से न सुनी हों और वह उसके अनुरोध से एक बार देख न आया हो। उनमें क्या विशेषता है, यह सिर्फ वही जानता था और कौन-सा कार्तिक है, कौन-सा गणेश, इसकी पहचान भी सिवा उसके और कोई नहीं कर सकता था। भोला भी कभी-कभी घपले में पड़ जाता और इसी भारी गलती के लिए राम से कनेठी खाता।

नारायनी कभी-कभी हँसकर कहती—''राम के कार्तिक-गणेश मेरी तेरही में काम आयँगे।''

भोला की खबर ने राम को रंचमात्र भी विचलित नहीं किया। उसने स्लेट पर और झुककर कहा—''जाल डालकर देखे न मजा जरा! जाल तोड़कर वे निकल जाएंगे।''

भोला ने कहा—''नहीं भइयाजी; हमारे यहाँ का जाल नहीं है। भगा मल्लाहों के यहाँ से मोटा जाल माँग लाया है, उसे नहीं तोड़ सकेंगे।''

''राम ने स्लेट रखकर कहा-चल तो देखूँ।''

तालाब किनारे जाकर देखा, उसके कार्तिक-गणेश के विरुद्ध सचमुच ही षड्यंत्र चल रहा है। भगा घाट के पास थोड़ी-सी लाई डालकर जाल लिये तैयार खड़ा है।

राम ने आकर उसे जोर का धक्का दिया, बोला—"बदमाश कहीं का, लाई डालकर मेरी मछलियों को बुला रहा है!"

भगा रोनी सूरत बनाकर डरता हुआ बोला—"बड़े बाबू हुक्म दे गये हैं। और कोई मछल मिली नहीं, भइयाजी।"

राम ने झटका देकर उसके हाथ से जाल छीनकर फेंक दिया और बोला—"जा, भाग यहाँ से।"

भगा जाल उठाकर धीरे से चल दिया।

राम लौटकर फिर स्लेट-पेन्सिल लेकर बैठ गया। उसने प्रतिज्ञा की थी, किसी पर गुस्सा न करेगा।

दिगम्बरी आज जल्दी-जल्दी संध्या करके निवृत्त हो जाना चाहती थी। दासी ने आकर खबर दी, मछली तो नहीं मिली नानीजी, छोटे बाबू ने भगा को मारकर भगा दिया।

इन दोनों मछलियों पर दिगम्बरी की बहुत दिनों से लुब्ध दृष्टि थी। बड़ी मछली के बारे में विधवा के मनोभाव का अनुमान नहीं करना चाहिए। असल में लोभ उसका ठीक अपने लिए था यह कहना ठीक नहीं होगा; बल्कि अपने किसी काम में, अपने हाथ से राँधकर, सद्ब्राह्मणों की पत्तल में परोसकर पुण्य और ख्याति प्राप्त करने की वासना उसके मन में बहुत दिनों से पुष्ट हो रही थी। कल दामाद की राय लेकर अर्थात् कार्तिक-गणेश का आभास तक न देकर, मल्लाहों के यहाँ से मोटा मजबूत जाल मँगवाकर भगा बाग्दी को चार अपना इनाम देने का वादा करके, उसने सारी तैयारी करीब-करीब पूरी कर रखी थी। आज सवेरे भी उन दोनों प्राणियों को घाट के किनारे केलि करते हुए देख आकर निश्चिन्त प्रसन्नचिन्त से वह माला फेर रही थी। इतने में यह दुःख संवाद पहुँचा; सुनते ही वह हिताहितज्ञानशून्य होकर मारे क्रोध के आगबबूला हो उठी। दाँत पीसने की उसे आदत पड़ गयी थी। सहसा दाँत पीसते हुए माला ऊँचे को उठाकर कहने लगी—"अरे कौन है मेरा दुश्मन! वह धींगरा न जाने कब मरेगा! तभी मेरी आत्मा ठण्डी होगी! बासी मुँह में अभी तक पानी नहीं डाला, भगवान! अगर मैं सच्ची होऊँ, तो तीसरा सवेरा न आये।"

पास ही नारायनी बैठी तरकारी बना रही थी। बिजली की तरह तड़पकर उठ खड़ी हुई और चिल्ला उठी—"माँ!"

सुना है, सन्तान के मुँह से मातृ-सम्बोधन की संसार में तुलना नहीं। नारायनी के मुँह से निकले हुए मातृ-सम्बोधन की भी आज शायद तुलना नहीं

थी। उस एक अक्षर की पुकार से दिगम्बरी के ह्रदय का खून बर्फ हो गया। किन्तु नारायनी किसी तरह शान्त न रह सकी। देखते-देखते उसके दोनों गालों पर से टप-टप आँसू बरसने लगे। थोड़ी देर बाद आँखें पोंछकर जहाँ राम पढ़ रहा था, वहाँ जाकर खड़ी हो गयी।

कठोर स्वर में राम से पूछा—"तूने भगा बाग्दी को मार-पीटकर भगाया है?"

राम चौंक पड़ा; स्लेट पर से सिर उठाकर क्षण-भर उसने उसके मुँह की तरफ देखा और जवाब देने की जरा भी कोशिश न करके, दूसरे दरवाजे से सिर पर पैर रखकर भाग खड़ा हुआ।

नारायनी को भीतर की बात कुछ नहीं मालूम पड़ी, वापस आकर भगा को बुला भेजा। वह आया और नारायनी ने स्वयं उस मछली पकड़ लाने का हुक्म दे दिया।

बहूजी का हुक्म पाकर भगा जाल लेकर चल दिया और थोड़ी ही देर बाद उसने एक बड़ा भारी मच्छ लाकर धम से आँगन में पटक दिया।

नारायनी रसोई के दरवाजे पर खड़ी थी, मछली देखते ही चौंक पड़ी। शंकित होकर बोली—"क्यों रे, इसे अपने घाट पर तो नहीं पकड़ा? यह राम के कार्तिक-गणेश में का तो नहीं है?"

भगा चार आने पैसे के लोभ से जाल माँग लाया था, यहाँ का रंग-ढंग देखकर वह नकद इनाम की आशा छोड़कर चुपके से चलता बना।

फिर दिगम्बरी की तरफ उँगली उठाकर बोला—"उन माँजी ने इसी को लाने के लिए कहा था।"

नारायनी स्तंभित होकर खड़ी रही। दासी यद्यपि राम पर बहुत ज्यादा खुश न थी, फिर भी मछली देखकर उसे गुस्सा आ गया, दिगम्बरी से बोली—"अच्छा नानीजी, छोटे बाबू के कार्तिक-गणेश की बात मुहल्ले के लोग तक जानते हैं, फिर तुमने क्या सोचकर इस मछली को पकड़ने का हुक्म दे दिया? और भी दो-तीन तालाब थे, क्या उनमें मछलियाँ नहीं थी? दस तो आदमी खाएंगे, उनके लिए इस आधे मन के मछली का क्या होगा? अभी तुरन्त कहीं छिपा दो इसे, कहीं गये हैं, अभी आ जाएंगे।"

दिगम्बरी ने मुँह फुलाकर कहा—"मुझे नहीं मालूम था इतना छलछन्द। एक मछली पकड़ लिया तो कौन-सा जुलुम हो गया जो कुनबा का कुनबा उछल रहा है। इसे छिपा दो कहीं, आयी बड़ी छिपाने वाली! बाम्हन क्या खाएँगे, तेरा सिर?"

दासी ने कहा—"तुम्हारे बाम्हन खाएँगे दो-ढाई बजे, बहुत समय है। तब-तक एक छोड़ दस मछलियाँ आ जाएंगी। छोटे बाबू को पहले स्कूल चले जाने दो, नहीं तो जीना दूभर हो जाएगा। भोला अभी तो यहीं खड़ा था, गया कहाँ वह। चला गया, मालूम होता है, खबर देने। अब खैर नहीं, बहूजी, जो कुछ करना हो जल्दी

कर डालो, अब और खड़ी मत रहो।''

जरूरत पड़ने पर कब कहाँ राम मिल सकता है, भोला इस बात को जानता था। वह दौड़ा-दौड़ा बगीचे के पिछवाड़े में उत्तर की तरफ अमरुद के पेड़ के नीचे पहुँच गया। राम एक डाली पर पैर लटकाये बैठा हुआ कच्चे अमरुद चबा रहा था। भोला ने हँसते हुए आकर कहा। जल्दी देखने चलो भइयाजी, भगा ने तुम्हारे कार्तिक को मार डाला।

राम ने अमरुद कुतरना बन्द कर दिया, कहा—''झूठ!''

''सच्ची भइयाजी! माँजी ने पकड़ने का हुक्म दिया था, अभी तक आँगन में पड़ा है, देखो न चलकर।''

राम धड़ाम से नीचे कूद पड़ा और आँधी की तरह उड़ता हुआ आँगन में पहुँचा। पहुँचते ही वहाँ ठिठककर खड़ा हो गया। मछली को देखते ही एकाएक बड़े जोर से चिल्ला उठा—''यही तो मेरा गणेश है! भाभी, तुमने हुक्म देकर मेरे गणेश को पकड़वाया! कहता हुआ जमीन पर औंधा पड़ गया और बलि पर चढ़े हुए सिर कटे बकरे की तरह पैर पटकने लगा। उसका यह शोक कितना सत्य है, कैसा दुर्दम्य है, इस विषय में शायद दिगम्बरी को भी संशय न रहा!''

उसे खिलाने के लिए रात को नारायनी ने काफी मनाया-बहलाया, पर राम टस से मस न हुआ। बाँह पकड़कर उठाया तो उसने झटका देकर हाथ अलग कर दिया; और सारे दिन लंघन करने के बाद रात को दो-चार दाने भात मुँह में देकर उठ गया।

दिगम्बरी ओट में खड़ी-खड़ी दामाद से कहने लगी—''तुम एक बार कहो, नहीं तो नारायनी खायेगी नहीं, दिन-भर से उपवास किये पड़ी है।''

श्यामलाल ने पूछा—''उपवास क्यों किया है?''

दिगम्बरी से रोया नहीं गया, इसलिए वह कंठ को जरा करुण बनाकर बोली, ''मेरा ही कसूर हुआ है बाबा, माफ करो। मुझे क्या मालूम था कि तालाब से बाम्हन-भोजन के लिए एक मछली पकड़वा मँगाने, से ऐसा महाभारत हो जाएगा!''

श्यामलाल ठीक से समझ न सके, उन्होंने दासी को बुलाकर पूछा—''क्या हुआ है नित्तो?''

दासी ने सामने न आकर जहाँ थी वहीं से कहा—''वह छोटे बाबू का गणेश था।''

श्यामलाल चौंक पड़े, पूछा—''वह राम के कार्तिक-गणेश में से एक था क्या?

दासी ने जवाब दिया-हाँ।

अब ज्यादा कहने की जरूरत ही न थी। वे सब समझ गये, बोले राम ने भी नहीं खाया होगा?

दासी ने कहा—"नहीं।"

श्यामलाल ने कहा—"तो फिर कहना ही फिजूल है। उसने नहीं खाया तो वह थोड़े ही खाएगी।"

दिगम्बरी कहने लगी—"ऐसा काण्ड होगा जानती, तो मैं बाम्हन भोजन की बात भूलकर भी जबान पर न लाती बेटा! उसने खुद हुक्म देकर क्यों तो मछली पकड़वाई और अब क्यों ऐसा कर रही है, वही जाने! मैं चुपकी ही साध गयी थी। तो भी सब दोष मेरा ही है, तो हम दोनों को ओर कहीं भेज दो बेटा, यहाँ तो अब एक घड़ी भी रहना नहीं होगा।"

थोड़ी देर चुप रहकर बिल्कुल रोने की-सी आवाज में फिर शुरू कर दिया—"मेरी फूटी तकदीर अगर ऐसी न होती तो क्यों ऐसा भाई मरता और क्यों मुझे झाड़ू-लात खाने को यहाँ आना पड़ता। बेटा हम बिल्कुल ही मुँहताज हैं। इसी से हाथ जोड़कर कहती हूँ, हमारे लिए तुम्हें गुजर का कोई ठौर-ठिकाना कर देना होगा।"

श्यामलाल व्यस्त हो उठे, मगर 'हाँ, ना' कुछ कह नहीं सके।

नारायनी ओट में खड़ी सब सुन रही थी और अपनी माँ की इस निर्लज्ज मायाचारी से लज्जा के मारे मरी जा रही थी। वह सीधे राम के कमरे के सामने जाकर दरवाजा खटखटाकर बोली—"राजा, कैसा है तू भाभी की बात नहीं सुनेगा? दरवाजा खोल दे!"

राम जाग रहा था, पर उसने जवाब नहीं दिया।

नारायनी ने फिर पुकारा—"उठ तो सही, उठ-उठ किवाड़ खोल, भइया।"

अबकी बार वह चिल्लाकर बोला—"नहीं, नहीं खोलूँगा। नहीं, तुम जाओ, तुम सब मेरे दुश्मन हो"

"अच्छा सो ही सही, तू किवाड़ तो खोल।"

"नहीं, नहीं, मैं नहीं खोलूँगा।"

सचमुच ही उसने उस रात किवाड़ नहीं खोले।

श्यामलाल अपने कमरे में से सब सुन रहे थे। नारायनी के भीतर आते ही उन्होंने कहा—"या तो कोई रास्ता निकालो, नहीं तो मैं सब छोड़कर जहाँ जी में आएगा चला जाऊँगा। इतना उपद्रव मुझसे बर्दाश्त नहीं होता।"

नारायनी कुछ जवाब न देकर सोचने लगी।

इसके बाद दो-तीन दिन और बीत जाने पर भी जब राम का गुस्सा कम न हुआ तो नारायनी भीतर ही भीतर क्षुब्ध और नाराज हो उठी। आज शाम हो जाने पर भी राम स्कूल से घर न लौटा, तो वह उत्कंठित क्रोध से अधीर हो गयी। इतने में दिगम्बरी नदी से नहाकर दुनिया-भर की खबर-सुध लेती, राम की अमंगल-कामना करती, अपनी बड़ी लकड़ी की दुनिया से न्यारी मति-गति के अवश्यंभावी दुष्परिणाम की अड़ोस-पड़ोस में घोषणा करती, शोक-तापादि से असमय में बाल सफेद होने

का कारण दरसाती, अपने को बड़ी उम्र में बड़ी लड़की नारायनी के लगभग की बताती और भाई की घर-गिरस्ती में अपने एकच्छत्र प्रभुत्व का विश्वास योग्य इतिहास सुनाती हुई, इत्मीनान से घर लौट रही थी—पर बीच में एक घटना सुनकर उड़ती हुई आ पहुँची। आँगन में पैर रखते ही ऊँचे स्वर में कहने लगी—"अपने दुलारे गुणी देवर की करतूत सुन ली नारायनी?"

मारे डर और आशंका से नारायनी का चेहरा फक पड़ गया। उसने पूछा—"कौन सी करतूत?"

दिगम्बरी ने कहा—"वे लोग थाने को गये हैं। और जाएँ नहीं तो क्या करें? ऐसा बदजात लड़का तो मैंने सात जन्म में नहीं देखा। अब जाए जेल!"

उसके चेहरे से खुशी मानो टपक पड़ती थी। नारायनी ने उसकी बात का कुछ जवाब न देकर दासी को बुलाकर कहा—"राम अभी तक आया क्यों नहीं, भोला को तो भेज जरा, जाकर ढूँढ़ लावे।"

दिगम्बरी ने कहा—"मैं तो सब जान-सुन आयी हूँ।"

नृत्यकाली सुनने की इन्तजारी में मुँह बाये खड़ी रह गयी। नारायनी ने घुड़ककर कहा—"खड़ी है यहीं, जाती क्यों नहीं? कान से सुनाई नहीं पड़ता क्या?"

दासी सिटपिटाकर उसी वक्त चली गई। दिगम्बरी ने अपने स्वर में उद्वेग इकट्ठा करके कहा—"क्या हुआ, सुना है तूने...."

"पहले तुम कपड़े पहन लो माँ, पीछे न हो तो कहना," कहती हुई नारायनी वहाँ से चल दी। दिगम्बरी दंग रह गयी और मन-ही-मन बोली—"ओ हो, लड़की का गुस्सा तो देखो! ऐसे दिलचस्प काण्ड का धारावाहिक पूरा वर्णन न कर सकने के कारण उसका पेट फूलने लगा।"

राम की करतूत का संक्षिप्त सार यह था—गाँव के स्कूल में जमींदार का भी एक लड़का पढ़ता है। आज टिफिन के वक्त उसके साथ राम की बहस हो गई। विषय जरा जटिल था, इसलिए उसकी मीमांसा न हो सकी और मार-पीट हो गयी। जमींदार के लड़के ने कहा—"शास्त्र में लिखा है कि श्मशान-काली रक्षा-काली की अपेक्षा अधिक जाग्रत है, क्योंकि उसकी जीभ बड़ी है।"

राम ने प्रतिवाद किया, "हरगिज नहीं, श्मशान-काली की जीभ कुछ चौड़ी जरूर है। किन्तु बहुत बड़ी नहीं है और ऐसी लाल भी नहीं है। कुछ दिन पहले मुहल्ले में सार्वजनिक रक्षा-काली की पूजा हुई थी, उसकी स्मृति राम के मन में स्पष्ट विद्यमान थी। जमींदार के लड़के ने राम की बात न मानकर और अपनी हथेली बताकर कहा—रक्षा-काली की जीभ तो इतनी-सी है।"

राम को गुस्सा आ गया, बोला—"क्या इतनी-सी! कभी नहीं—वह इतनी बड़ी है। इतनी-सी जीभ होती, तो क्या कभी पृथ्वी की रक्षा कर सकती? पृथ्वी की रक्षा करती है, इसलिए तो रक्षा-काली नाम है।"

इसके बाद दो-चार बातें हुईं और फिर अन्त में घुस्समघुस्सा! जमींदार का लड़का कमजोर था, लिहाजा उसी ने ज्यादा मार खायी। उसकी नाक से दो-एक बूँद खून भी गिरा। इस स्कूल के छोटे-से जीवन में इतनी बड़ी दुर्घटना पहले कभी नहीं हुई थी। जिस जमींदार का स्कूल है उसी के लड़के की नाक से खून! फिर क्या था, हेडमास्टर खुद स्कूल बन्द करके लड़कों को लेकर दरबार में जा पहुँचे। राम के बारे में तो यह कहने की जरूरत ही नहीं कि वह पहले ही वहाँ से चम्पत हो गया था।

भोला ने आकर कहा—''भईयाजी कहीं मिलते ही नहीं हैं।'' थोड़ी देर में श्यामलाल मुँह लटकाये घर आये। आँगन में से ही बोले—''सुनती हो? गाँव में रहना तो अब दुश्वार हो गया। नौकरी करके दो पैसा कमा रहा था, वह भी अब गयी समझो।'' नारायनी ने भंडार-गृह से निकलकर और चौखट के सहारे खड़े होकर सूखे हुए कण्ठ से पूछा—''थाने में खबर कर दी क्या उन लोगों ने?''

श्यामलाल ने सिर हिलाते हुए कहा—''बड़े बाबू देवता आदमी है, इसी से माफ कर दिया, मगर और भी तो पाँच जने हैं। आये दिन उसका तो एक न एक उपद्रव लगा ही रहता है, ऐसी हालत में गाँव में कैसे रहा जा सकता है, बताओ? राम है कहाँ?''

नारायनी ने कहा अभी तक घर नहीं आया? शायद डर के मारे कहीं भाग गया होगा।

श्यामलाल ने गम्भीर होकर कहा—''भाग चाहे रहे, अब उससे हमारा कोई वास्ता नहीं सौतेला भाई ठहरा। लोग नाम धरते, इसी से इतने दिनों तक निभाता रहा, मगर अब अपनी जान भी तो बचानी है।

दिगम्बरी ने रसोई के बरामदे में से कहा, ''अपने लड़के का भी तो मुँह देखना है।''

श्यामलाल उत्साह पाकर कहने लगे—''देखना नहीं है तो? जरूर देखना है। इसलिए कल ही पाँच पंच बुलाकर धन-सम्पत्ति का बँटवारा कर देना है। और तुमसे भी कहे देता हूँ, इस मामले में अब उसे मारने-डाँटने की जरूरत नहीं। वह जो अच्छा समझेगा, करेगा। उसने कुछ समझकर ही तो मालिक के लड़के पर हाथ उठाया है।''

दिगम्बरी मन-ही-मन खूब खुश हो रही थी, बोली—''नारायनी को कौन जाने क्या पड़ी है, जो उसे मारती-पीटती है। मेरी तो उसे देखकर रुह काँप जाती है। बड़ा ही गँवार लड़का है, उसका क्या भरोसा। जब मेरा ही अपमान करता है, तो नारायरनी का अपमान कर बैठना उसके लिए कौन-सी बड़ी बात है। मैं ता यही कहूँगी बेटी कि अपनी इज्जत अपने हाथ है। राम के झमेले में मत पड़।''

श्यामलाल सास की इस उपदेश-वाणी का समर्थन नहीं कर सके, शायद आँखों के

लिहाज से। बोले—“खैर कुछ भी हो, उसे दण्ड देने की जरूरत ही नहीं है।”

नारायनी पत्थर की मूर्ति की तरह निर्वाक् निश्चल होकर सब सुनती रही, किसी भी बात का जवाब नहीं दिया। उसक बाद धीरे से अपने काम पर चली गयी।

करीब घंटे-भर बाद दासी ने चुपके से कहा—“बहूजी, छोटे बाबू आये हैं?”

नारायनी धीरे से उठकर राम के कमरे में घुस गयी, और भीतर से हुड़का बन्द कर लिया। राम खाट पर चुपचाप बैठा हुआ न जाने क्या सोच रहा था, हुड़के की आवाज सुनकर चौंक पड़ा। मुँह उठाया ता देखा, भाभी ने दरवाजा बन्द कर लिया है और कोने में उसी का लाया हुआ जो पतला-सा बेंत पड़ा था, उसे उठा लिया है। वह चट से उछलकर खाटे के उस तरफ जाकर खड़ा हो गया। नारायनी ने बुलाया—“इधर आ।”

राम हाथ जोड़कर मिन्नत के स्वर में बोला—“अब नहीं करूँगा भाभी, अबकी बार छोड़ दो।”

नारायनी ने कठोर होकर कहा—“आ जाएगा तो कम मारूँगी, नहीं तो मारते-मारते इस बेंत को तेरी पीठ पर ही तोड़ूँगी।”

राम फिर भी टस से मस न हुआ, वहीं खड़ा-खड़ा विनती करने लगा, मैं कसम खाता हूँ भाभी, अब नहीं करूँगा, कान पकड़ता हूँ भाभी।”

नारायनी ने खाट पर झुककर सड़-से एक बेंत उसकी पीठ पर जमा दिया और फिर सड़ासड़ बेंत पड़ने लगे। पहले तो उसने उधर किवाड़ खोलकर भाग जाने की कोशिश की फिर आत्मरक्षा के लिए सारे-कमरे में भागता फिरा और अन्त में पैरों पर पड़कर चिल्लाने लगा। नृत्यकाली पीछे खड़ी जंगले की संध में से देख रही थी। वह रो पड़ी, बोली—“बहूजी, छोड़ दो बहूजी, तुम्हारे पैरों पड़ती हूँ।”

दिगम्बरी मुँह बिगाड़कर खिसियानी-सी होकर बोली—“तू इन बातों में दखल क्यों दिया करती है?”

श्यामलाल ने कमरे के भीतर से पुकार कहा—“क्या हो रहा है यह? रात-भर पीटती ही रहोगी क्या?”

नारायनी ने बेंत फेंक दिया और कहा—“याद रखना।”

राम भात खाने बैठा था। दिगम्बरी ने किवाड़ के पीछे से सुर बाँधकर कहा—“इतने बड़े लड़के को कहीं इस तरह मारा जाता है? उसके बड़े भइया तो उस पर हाथ तक नहीं उठाते?”

नृत्यकाली ने काम करते-करते कहा—“तुम भी कम नहीं हो नानीजी, तुम्हीं तो सब बातें बहूजी से लगाया करती हो।” रात को इतना अधिक मारना, उसे कतई पसन्द नहीं आया था। राम ने सुनकर आँखें तरेरकर कहा—“डाइन बुढ़िया हम सबको खाने आयी है।”

दिगम्बरी चिल्ला उठी–"सुन नारायनी, सुन तू अपने देवर की बात।"

नारायनी नहाने जा रही थी, लौट आयी। परेशान-सी होकर बोली-मुझमें अब और बात सुनने की शक्ति नहीं है मा,–सच कहती हूँ नित्तो, मर जाऊँ तो मुझे शान्ति मिले–"अब सहा नहीं जाता। अरे ओ रे बन्दर, अभी तक तेरे पीठ के दाग भी नहीं मिटे, इतनी जल्दी सब भूल गया?"

राम ने जवाब नहीं दिया, खाना खाता रहा। नारायनी ने और कुछ न कहा, नहाने चली गयी। आँगन के कोने में एक अमरुद का पेड़ था, रोटी खाकर राम उस पर चढ़ गया और बड़ी लापरवाही के साथ कच्चे-पक्के अमरुद कुतर-कुतरकर खाने लगा। किसी का कुछ हिस्सा खाया, किसी को थोड़ा-सा कुतरकर फेंक दिया और जो बिलकुल ही कच्चे थे, उन्हें भी निरर्थक तोड़-तोड़कर इधर-उधर फेंकने लगा। यह सब देख-भालकर दिगम्बरी भीतर ही भीतर जल-भुनकर खाक हुई जा रही थी। नारायनी घर में थी नहीं। उससे उठा नहीं गया तो बोली–"तुम्हारे मारे तो बेटा, पके अमरुदों का मुँह में जाना भी दूभर हो गया है। कच्चे अमरुद तोड़-तोड़कर क्या कर रहे हो यह?"

राम किसी भी हालत में उसकी बात नहीं सह सकता था। खासकर अभी जबकि नृत्यकाली के मुँह से वह सुन चुका था कि उसके मार खाने का मूल कारण यही बुढ़िया है। मारे क्रोध के वह आपे से बाहर हो रहा था। पेड़ पर से चिल्लाकर बोला–"अच्छा करता हूँ, खूब करूँगा बुढ़िया!"

यह विशेषण दिगम्बरी को बिलकुल ही पसन्द न था, मुँह बिचकाकर बोली–"बुढ़िया! खूब करेगा! अच्छा, आने दे उसे। जैसा कुत्ता है वैसा ही डण्डा चाहिए! कैसा बेहया लड़का है! मारते-मारते पीठ की चमड़ी उधेड़ दी गयी, फिर भी जरा हया-शरम नहीं!"

राम ऊपर से ही बोला–"डाइन बुढ़िया!"

"छोटे मुँह बड़ी बात! पाजी हरामजादा कहीं का, कहती हूँ कि उतर अभी!"

राम ने जबाव दिया–"क्यों उतरूँ! तेरे बाप का पेड़ है क्या?"

दिगम्बरी पागल हो उठी, खूब जोर से चिल्लाकर बोली–"ऐ! बाप तक जाता है! सुन लिया नित्तो, सुन लिया?"

ठीक इस समय नारायनी नहाकर लौट आयी। पेड़ पर निगाह पड़ते ही बोली–"खाकर तू स्कूल नहीं गया रे? पेड़ पर ही बैठा है?"

राम ने सोच रखा था कि पेड़ पर से दूर से ही वह भाभी को आते देख लेगा और उतरकर भाग जाएगा। मगर इस लफड़े में पड़ जाने से उधर का उसे ध्यान ही नहीं रहा। भाभी तो आँगन में आकर खड़ी हैं, अब? उसने डरते हुए कहा–"अमरुद खा रहा हूँ।"

"खा तो रहा है, पर स्कूल क्यों नही गया, सो बता?"

"पेट में दर्द हो रहा है जो।"

नारायनी के आग-सी लग गयी, बोली—"इसीलिए भात न खाकर कच्चे अमरुद खा रहा है, क्यों?"

दिगम्बर लड़की की आवाज सुनकर दौड़ी आयी और कहने लगी—"हरामजादे को देख तो सही, मेरे बाप तक जाता है। कहता है क्यों उतरूं तेरे बाप का पेड़ है!"

नारायनी ने आँख उठाकर पूछा—"क्यों रे कहा तूने?"

राम ने मुँह सिकोड़कर कहा—"नहीं भाभी, नहीं कहा।"

दिगम्बरी चिल्ला उठी—"नहीं कहा हरामजादा, नहीं कहा? अभी तो नित्तो मौजूद है। उसके बाद मुँह बिगाड़कर सानुनासिक स्वर बनाकर कहने लगी-उस दिन जब बेंत पड़ रहे थे, तब कहता था—"अब नहीं करूंगा भाभी, तुम्हारे पाँव छूता हूँ, हाथ जोड़ता हूँ, मर गया, अब नहीं करूंगा भाभी। पकड़े जाने पर चींचीं करता है और छोड़ देने पर उछलता है हरामजादा!"

राम से सहा नहीं गया। उसके हाथ में एक बड़ा-सा कच्चा अमरुद था, खींचकर मारा जोर से! पर दिगम्बरी को उसने छुआ तक नहीं, नारायनी की दाहिनी भौंह पर जाकर लगा पूरी ताकत से। बेचारी की आँखों के आगे क्षणभर के लिए अँधेरा छा गया और वह वहीं बैठ गयी। दिगम्बरी बुरी तरह शोर मचाने लगी, दासी हाथ का काम छोड़कर दौड़ आयी, राम पेड़ से कूद कर बेतहाशा भाग खड़ा हुआ!

दोपहर को जब श्यामलाल नहाने-खाने घर आये, तो सब हाल सुना। नारायनी निर्जीव की तरह बिछौने पर पड़ी है, उसकी दाहिनी आँख फूलकर ढँक गयी है। उस पर भींगे कपड़े की पट्टी बाँध कर नृत्यकाली पंखे से हवा कर रही है। दिगम्बरी ने आज किवाड़ की शरण नहीं ली, सामने ही आकर जोर से रोते हुए कहा—"राम ने नारायनी को आज मार डाला!"

श्यामलाल मारे आशंका के चौंक पड़े। पास जाकर चोट की परीक्षा करके कठोरता के साथ स्त्री से बोले—"आज मैं तुम्हें कसम देता हूँ कि अगर तुम उसे खाने को दो, अगर किसी दिन उससे बोली-उसकी किसी भी बात में पड़ी, उस दिन मेरा सिर खाओ।"

नारायनी सिहर उठी और बोली—"चुप रहो, चुप रहो, ऐसी बात मुँह से मत निकालो।"

श्यामलाल ने कहा—"मेरी इतनी बड़ी कसम अगर न मानोगी तो भगवान करे उसी दिन तुम्हें मेरा मरा मुँह देखना पड़े!" यह कहकर वे स्वयं डॉक्टर को बुलाने चले गये।

राम तमाम दिन नदी-किनारे घूम-फिरकर, बैठकर, खड़े होकर, सम्भव-असम्भव सब तरह की कल्पना करके शाम के बाद अँधेरे में घर लौटा। देखा, आँगन के

बीच में खपचियों का बेड़ा लगाकर मकान को दो भागों में विभक्त कर दिया गया है। हिलाकर देखा, खूब मजबूत है, तोड़ा नहीं जा सकता। रसोई घर में दीया जल रहा था, चुपके से मुँह बढ़ाकर देखा, वहाँ भी वही बात है। कोई है नहीं, सिर्फ बतनों का ढेर जमीन पर पड़ा है। बात क्या है, साफ समझ में न आने पर भी, सवेरे की दुर्घटना के साथ इसका सम्बन्ध है, यह अनुमान करके, उसकी छाती सूख गयी। तब वह चुपचाप अपने कमरे में जाकर मकान के दूसरे हिस्से की गति-विधि जानने के लिए कान लगाकर आहट सुनने लगा। इससे पहले उसे जो बड़े जोर की भूख लग रही थी, अब उसे भी वह भूल गया। करीब नौ बजे होंगे। घूमकर पिछवाड़े की तरफ जाकर उसने पीछे का दरवाजा खटखटाया, तो दासी ने किवाड़ खोल दिये और खुद अलग जाकर खड़ी हो गई।

राम ने पूछा–"भाभी कहाँ हैं?"

"कमरे में सो रही हैं?"

राम ने कमरे में जाकर देखा, भाभी खाट पर सो रही हैं और नीचे चटाई बिछाकर दिगम्बरी अपनी छोटी लड़की के साथ बैठी है। गोविन्दा खेल रहा था; राम को देखते ही दौड़ा आया, चाचा का हाथ पकड़कर उस पर झूल गया और बोला–"चाचा, तुम्हारा घर उधर है, इधर हम लोगों का घर है। बाबूजी ने कहा है, इधर आने से तुम्हारी टाँग तोड़ देंगे!"

जैसे ही राम खाट पर जाकर पांयते के पास बैठा वैसे ही नारायनी ने अपने पैर समेट लिये। राम चुपचाप बैठा रहा। दिगम्बरी ने अपनी लल्ली को धक्का देकर कहा–"कहती क्यों नहीं सुरो-तेरे जीजाजी ने क्या कहा है इसके लिए?"

सुरधुनी रटे हुए सबक की तरह जल्दी-जल्दी कहने लगी–"जीजाजी ने कहा है, तुम इधर मत आना कल सवेरे, आगे और क्या अम्मा?"

दिगम्बरी ने कहा–"जमीन-जायदाद..."

सुरधुनी ने कहा–"जमीन-जायदाद..."

सुरधुनी ने कहा–"जमीन-जायदाद सबका बँटवारा हो जाएगा।"

दिगम्बरी बोल उठी–"कसम की बात क्यों नहीं कहती? -बुरबक लड़की!"

सुरधुनी ने कहा–"जीजाजी ने कसम दे दी है जीजी को कि खाने को भी मत देना, बात भी मत करना, जीजाजी ने कहा है..."

नारायनी ने बिस्तर पर से ही झिड़क दिया–"अच्छा-अच्छा, हो गया, तू चुप रहा।"

फिर दिगम्बरी कहने लगी–"ठीक ही तो है बेटा। तुम कभी किसी का खून कर डालो, कोई ठीक थोड़ा ही है-वे कसम न दें तो क्या करें! मैं तो भाई, उनको किसी भी बात में दोष नहीं दे सकती, चाहे कोई कहे। इस घर में तुम्हारा आना-जाना, खाना-पीना अब नहीं हो सकता। इसे भी तो अपने पति के सर की

कसम माननी पड़ेगी!"

सुरधुनी ने कहा—"अम्मा, भूख लगी है, खाने चलो न।"

दिगम्बरी ने जरा खींझकर कहा—"ठहर जरा बेटी!"

राम घर में बैठा है, ऐसी अवस्था में तो वह घर में आग लग जाने पर भी नहीं उठ सकती। राम की छाती के भीतर का दबा हुआ रोना भीतर सर पटकने लगा! परन्तु दिगम्बरी के सवेरे के उस मुँह बनाकर बिराने ने उसकी छाती पर पत्थर रखकर रास्ता रोक दिया। वह रो नहीं सका, एक बार कह नहीं सका, 'अब कभी नहीं करूंगा भाभी!' इस एक ही वाक्य ने बहुत-सी आपद-विपदों में उसकी रक्षा की है, मगर आज वह उसे भी मुँह से कह न सका, इसी से उसका दम घुटने लगा।

इतने में नारायनी ने थके हुए स्वर में कहा—"सुरो, चले जाने के लिए कह दे उसे।"

अब वह रोना रोककर कह उठा—"हाँ, चले जाने को कह दे उसे। मुझे भूख थोड़े ही लगती है! तभी से तो नहीं खाया है।"

नारायनी ने जरा उत्तेजित होकर कहा—"एकदम मार क्यों नहीं डाला? तब दस-दस हाथों से खाता! मैं नहीं जानती, जाय नृत्यकाली के पास।"

"नहीं जाता उसके पास! किसी के पास नहीं जाता! मैं बिना खाये उपासा सो रहूँगा।" कहता हुआ धमधम पैर पटकता हुआ, घर को कँपाता हुआ, बाहर निकल गया और चुपचाप अपने घर जाकर खाट पर पड़ रहा। दासी थोड़ा-सा खाना ले आयी और बोली—"छोटे बाबू, उठो, खा लो।"

राम उछलकर गरज उठा—"जा यहाँ से जलमुँही, चली जा यहाँ से।"

नृत्यकाली खाना रखकर चली गई, राम ने थाली-ग्लास उठाकर आँगन में फेंक दिया।

सवेरे, श्यामलाल जब अपने काम से चले गये तो राम अपने आँगन में टहलता हुआ गरजने लगा—"कसम-वसम मैं नहीं मानता। ओह, बड़ी कसम दी है! कौन होते हैं वे जो कसम देलाते हैं? वे क्या मेरे सगे भैया हैं? वे मेरे कोई नहीं हैं, उनकी बात मैं नहीं मानता। मैंने क्या भाभी को मारा था? बुढ़िया डाइन को मारा था और लग गया है भाभी को, फिर वे कसम देने क्यों आये?"

इन सब बातों का किसी ने भी जवाब नहीं दिया। थोड़ी देर बाद वह स्वर बदलकर कहने लगा—"अच्छी बात है! अच्छा ही तो है! मत बोलो, मत खाने दो! मैं अपन आप खूब मजे से खाना बनाऊँगा, भात, दाल, अच्छी-अच्छी तरकारी, मछली-अकेला खूब पेट भरके खाऊँगा। मेरा क्या बिगड़ेगा।"

इस बात का भी किसी ने जवाब नहीं दिया। तब तक रसोई में जाकर खनाखन झनाझन थाली, गिलास, लोटा, चम्मच इधर से उधर उठा-रखकर काम

करने लगा। शोर-गुल के साथ भोला को चावल-दाल धोने और तरकारी बनाने की आज्ञा दी। नृत्यकाली सब कुछ रसोई घर में रख गई थी। भोला को हुक्म दिया तू मेरा नौकर है, उस तरफ मत जाना। उस घर का कोई अगर इधर आवे तो उसकी टाँगे तोड़ देना, अच्छा! समझा न भोला! नृत्यकाली आवे तो जरा इधर।''

नारायनी रसोईवाले बरामदे में बैठी सब सुन रही थी। दिगम्बरी कुतूहल के वश बीच-बीच में छेद में से उस तरफ झाँक लिया करती थी। थोड़ी देर बाद बड़ी लड़की के पास आकर हँसी रोकती हुई फिस-फिस करती हुई कहने लगी, ''ओहो, बेटा की जरा अक़्ल तो देखो! आप बढ़िया तरकारी बनाकर खाएँगे। पीतल की पतीली में चावल गले तक भर दिये हैं और जरा-सा पानी डाल दिया है—भात बन रहा है। एक तो खाने वाला है, परन्तु चावल चढ़ा दिये हैं दस के लिए। भला यह तो पूछो कि वे गलेंगे कैसे? जलकर खाक न हो जाएँगे! इस पतीली में क्या इतने चावल आ सकते हैं, यह तो उन्हें बरबाद करना है। और घमण्ड है कि हम बना खाएँगे। राँधती तो हम लोग भी हैं, किन्तु दिमाग हमारा कभी नहीं चढ़ा! भात राँधूँगी तो इतना पानी रखूँगी कि फिर देखना ही नहीं पड़े, आँख मूँदकर उतार लो, तैयार हो जाएगा। कोई आवे, बनावे मेरे मुकाबले में! देखूँ, लोग किसका अच्छा बताते हैं।''

नारायनी ने मुँह फेर लिया।

नृत्यकाली पास ही बैठी थी, बोली—''नानीजी भी खूब कहती हैं। भला उसने कभी किसी दिन भी एक गिलास पानी भी अपने हाथ से लेकर पिया है, जो आज वह रसोई बनाकर खाएगा?'' वह बहुत दिनों की पुरानी दासी है, ये सब बातें उसे अच्छी नहीं लग रही थीं।

माँ की देखा-देखी सुरधुनी भी बीच-बीच में छेद में से इधर-उधर देख रही थी। घण्टे-भर बाद दौड़ी आयी औरे जीजी का हाथ खींचती हुई बोली—''ओ जीजी, जीजी री, चलके जरा देखो ना—छोटे जीजा बिल्कुल कच्चा भात रुखा खा रहे हैं। दाल-तरकारी कुछ नहीं, सिर्फ भात! अच्छा जीजी, कच्चा भात खाने से पेट में दर्द नहीं होगा?''

नारायनी ने झटका देकर उसका हाथ अलग कर दिया और बिछौने पर जाकर पड़ रही। आज वह कितने दुःख, कितने भूख की ताड़ना से यह सब खाने बैठा है, यह बात नारायनी से छिपी नहीं रही।

दोपहर को श्यामलाल के खा चुकने पर दिगम्बरी नारायनी को बुलाने लगी, ''आ बेटी, दो ग्रास खा ले न! बुखार थोड़े ही है, चोट से हरारत हो गयी है, सो इसमें तो खाया जा सकता है। मैं कहती हूँ न, खाना नुकसान नहीं करेगा।''

नारायनी नीचे से ऊपर तक मोटी चद्दर ओढ़कर अच्छी तरह लपेटकर

बोली—"मुझे परेशान मत करो माँ, तुम लोग खाओ-पिओ।"

दिगम्बरी ने कहा—"भात न खाना हो तो दो फुलके बना दूँ? न हो...."

नारायनी ने कहा—"नहीं, मुझे कुछ नहीं खाना।"

दिगम्बरी ने आश्चर्य के साथ कहा—"ऐसी कौन-सी बात है। कल से उपासी पड़ी हुई है, आज भी न खएगी तो शरीर कैसे चलेगा?"

नारायनी ने कोई जवाब नहीं दिया। नृत्यकाली ने आकर कहा, "तुम झूठ-मूठ क्यों कह रही हो नानीजी! सर पर खड़े-खड़े शाम तक चिल्लाने से भी वे न खाएँगी। बुखार है, अच्छी तरह सो लेने दो।"

दिगम्बरी उठकर चली गयी, कहती हुई गयी—"भगवान् जाने क्या बात है। चोट-ओट लगने से थोड़ी हरारत होती ही है, उससे कोई खाना-पीना थोड़े ही छोड़ देता है! हमसे तो यह नहीं होता!"

शाम को नारायनी फिर रसोईवाले बरामदे में आ बैठी। जितनी बार नृत्यकाली से उसकी चार आँखें हुईं, उतनी ही बार कुछ कहने के लिए उसके ओठ खुले और कुछ कहे बिना बन्द हो गये।

राम ने स्कूल से लौटकर हाथ-मुँह धोया और जाकर दुकान से लाई चना आदि ले आया। खाते-खाते ऊँचे स्वर में बोला—"मेरा क्या बिगड़ा? भात खाकर मजे से अपने स्कूल गया, अब आकर मजे में फिर खा रहा हूँ।"

बेड़ा के उस तरफ सभी होंगे, इतना तो उसको मालूम था, पर सबेरे की तरह अब भी किसी ने कुछ जवाब नहीं दिया। इससे वह और भी घबरा गया। चिल्लाकर बोला—"इधर हमारी हद है। किसी दिन नृत्यकाली या और कोई हमारी हद में आया तो उसकी टाँग तोड़ दूँगा।"

यह टाँग तोड़ने की धमकी वह पहले भी दे चुका था, जैसे पहले उसका कोई नतीजा नहीं निकला था इस बार भी वैसा ही हुआ। कोई डरा या नहीं, कुछ मालूम नहीं हुआ। शाम के बाद दीया जलाकर वह रसोईघर में पहुँचा और फिर शोर-गुल करने लगा, "हमारी लकड़ियाँ कहाँ हैं, मैं बनाऊँगा कैसे? हमारा सिल-लोढ़ा कहाँ है, मसाला कैसे बाँटू?"

उस घर से दासी ने कहा—"बहूजी ने कहा है, कल बाजार से सिल-लोढ़ा मँगा देंगा।"

"नहीं, मैं खरीद हुआ सिल-लोढ़ा नहीं चाहता।" कहकर वह रोता हुआ रसोईघर से निकल गया।

कुछ देर बाद फिर लौट आया और कहने लगा—"क्यों मेरे गणेश मच्छ को पकड़वाया? क्यों बुढ़िया ने मुझे चिढ़ाया? अच्छी तरह गाली दूँगा, बुढ़िया मरकर दूसरे जन्म में चुड़ैल बनेगी।"

दिगम्बरी ने आँखें निकालकर कहा, "सुन ले नारायनी, सुन ले! यह जबर्दस्ती लड़ना है कि और कुछ?"

नारायनी चुपचाप दूसरी ओर देख रही थी, उसी तरफ देखती रही।

सारे दिन सबेरे ही से राम की बातचीत का ढंग बदल गया। पूरे दो दिन हो गये, भाभी ने बुलाया तक नहीं, डाँटा-डपटा नहीं, मारा नहीं, खाने को नहीं दिया। ऐसा तो उसने अपने होश में कभी नहीं देखा। अब वह वास्तव में डर गया। पहल तो वह अपने रसोईवाले बरामदे में बैठकर तरह-तरह की उल्टी-सीधी कैफियत-सी देने लगा। बोला, "बिल्ली को मारने के लिए अमरूद फेंका था।" एक बार कहा, 'हाथ से छूटकर भाभी के सिर में लग गया था।" एक बार कहा, "मैं तो कच्चा अमरूद फेंक रहा था किसी को मारा थोड़ा ही था," फिर कहने लगा, "किसी को मैंने गाली नहीं दी।" परन्तु कोई भी कैफियत काम नहीं आयी। उधर से किसी ने भी जवाब नहीं दिया, प्रतिवाद नहीं किया, "हाँ," "ना" कुछ भी नहीं कहा। एक बार बड़ी मुश्किल से, लज्जा-संकोच सब त्यागकर "अब कभी नहीं करूँगा" कहकर गया। मगर फिर भी जब कोई नतीजा नहीं निकला, तब चुपचाप रोने लगा। अब वह किसी तरकीब से, किस चीज से, किस तरह भाभी को सन्तुष्ट करे? भाभी ने उसे अलग कर दिया है, अब वह खाएगा कहाँ? किसके पास रहेगा, कैसे रहेगा? कहीं भी किसी ओर उसे कूल-किनारा नहीं सूझ रहा था। आज उसने रसोई बनाने की भी कोशिश नहीं की और न पढ़ने ही गया, कमरे में जाकर सो गया।

छिपे-छिपे रोते रहने से ही शायद कल रात को नारायनी को बुखार आ गया था। दोपहर को दिगम्बरी ने कटोरा-भर दूध लाकर कहा—"पीना ही पड़ेगा। बिना खाये-पीये मरेगी क्या?" नारायनी ने विरोध न करके दूध का कटोरा हाथ में ले लिया और थोड़ा-सा पीकर नीचे रख दिया, फिर वह करवट बदलकर सो रही। उसे 'नहीं-नहीं' कहने में घृणा मालूम होन लगी।

रात को नौ बज चुके हैं। नृत्यकाली ने आकर धीरे से कहा—"बहूजी, छोटे बाबू की तो आवाज भी नहीं सुनाई देती, इतनी रात हो गयी।"

नारायनी घबराकर उठा बैठी, आँखों से टप-टप आँसू टपकने लगे, रोती हुई बोली, "जा मेरी लक्ष्मी बेटी, देख आ, घर में है या नहीं।"

नृत्यकाली की भी आँखें डबडबा आयीं। हाथ से आँसू पोंछती हुई, "जाने की हिम्मत नहीं पड़ती, मांजी!" कहकर बाहर चली गयी और भोला को बुला लाई। भोला ने समाचार दिया कि भइया जी घर में हैं, सो रह हैं। नारायनी दोनों हाथ जोड़के सिर से लगाकर चादर ओढ़कर फिर पड़ रही। दूसरे दिन, सबेरा होने से पहले, अँधेरे ही नहा-धोकर उसने रसोई चढ़ा दी।

जब आधी रसोई बना चुकी तो दिगम्बरी जागी और बेटी की यह करतूत देखकर मारे आश्चर्य के दंग रह गयी। कर्कश स्वर में प्रश्न किया, "तुझे तो बुखार आया था न, नारायनी? तीन दिन से तो तूने कुछ खाया नहीं है। अँधेरे ही नहा-धोकर, यह क्या हो रहा है, सुनूँ तो सही?"

नारायनी ने स्वाभाविक सरलता से जवाब दिया–"देख तो रही हो, रसोई बना रही हूँ।"

"सो तो देख ही रही हूँ, मगर क्यों? मालूम भी तो पड़े? तू क्या मेरे हाथ का नहीं खाएगी?"

नारायनी ने कुछ जवाब नहीं दिया, अपने काम में लगी रही।

कल दिन-भर राम सोचता रहा, भाभी के न जाने कितनी चोट लगी होगी। वह एक कच्चा अमरूद लाकर बार-बार अपने कपोल पर ठोककर उस चोट के गुरुत्व को आजमाने की कोशिश करता रहा। फिर सोचने लगा, क्या करने से इस कुकर्म का प्राशचित्त हो सकता है। सोचते-सोचते उसको याद आ गया कि कुछ दिन पहले भाभी ने उसे यहाँ रहने को मना किया था। उसने तय कर लिया कि वह और कहीं चला जाएगा तो भाभी खुश हो सकती है। उसकी ननिहाल तारकेश्वर से और आगे है, मगर ठीक कहाँ है उसे नहीं मालूम था। वहाँ जाकर ढूँढ़ लेगा, यह संकल्प करके उसने एक छोटी-सी पोटली बाँधी और बैठकर सबेरा होने की बाट जोहने लगा।

नारायनी पूरी रसोई बना चुकने के बाद एक थाली में सब चीजें खूब अच्छी तरह तरतीब से परोस रही थी। इतने में दरवाजे के पास भोला ने आकर पुकारा–"माँ!"

नारायनी ने मुड़कर भोला को देखकर पूछा–"क्या है रे भोला?"

पिछले कई दिन से वह गाय की देख-भाल जरूर करता रहा है, पर राम के डर के मारे भीतर नहीं आया। भोला ने आहिस्ते से कहा–"कान में एक बात कहनी है, माँ।"

नारायनी के पास आकर उसने फुसफुसाते हुए कहा–"तुमने जो कहा था, वही होगा, अगर दो रुपया दे दो।"

नारायनी समझ न सकी, बोली–"क्या होगा? किसे रुपये देना होगा?"

भोला अचरज में पड़ गया, बोला–"तुमने भइयाजी से कहा था न जाने को? वे जाने को तैयार हैं, अच्छा, दो नहीं तो एक ही रुपया दे दो!"

नारायनी अकुलाकर बोली–"कहाँ जाने को तैयार है रे? कहाँ है वह?"

भोला ने कहा–"बाहर पीपल के नीचे खड़े हैं। कहीं उस तरफ उनकी ननिहाल है न?"

"जा भोला, तू जल्दी लिवा ला, कहना, मैं बुला रही हूँ।"

भोला भागता हुआ चला गया। नारायनी पत्थर की तरह वहीं खड़ी रही। थोड़ी देर बाद राम एक छोटी-सी पोटली हाथ में लटकाये सामने आकर खड़ा हो गया। नारायनी चुपचाप हाथ पकड़कर उसे घर के भीतर खींच ले गयी।

दूर से दिगम्बरी ने जो राम को रसोईघर में घुसते देखा तो उसके होश फाख्ता हो गये। मारे आशंका के वह दौड़ी रसोईघर में पहुँची। वहाँ देखती है : सजी हुई थाली के सामने नारायनी राम को गोद में लिए बैठी है, राम उसके छाती पर मुँह छिपाये हुए है और उसके सिर पर, पीठ पर नारायनी के टप-टप आँसू गिर रहे हैं?

भौंचक होकर कुछ देर दिगम्बरी देखती रही, फिर बोली—"मैं क्या जानती थी, इसीलिए इतने सुबह से उठकर यह सब हो रहा था! भोजन कराया जाएगा, जान पड़ता है! और मेरे दामाद ने जो इतनी बड़ी कसम दी थी भाड़ में चली गई?"

नारायनी ने मुँह उठाकर कहा—"भाड़ में क्यों जाएगी माँ, उनकी बात मैंने अमान्य नहीं की है, तीन दिन न तो मैंने खुद कुछ खाया है, और न इसे खिलाया।"

दिगम्बरी तीखे स्वर में बोली—"इसी को कहते होंगे अमान्य नहीं की। तो फिर यह क्या हो रहा है? जिसने कसम दी उससे एक बार पूछ तो लेती?"

नारायनी ने मानो एक कड़ी चोट सहते हुए संक्षेप में कहा—"मैंने पूछ लिया है।"

दिगम्बरी को विश्वास नहीं हुआ। और भी ज्यादा क्रोधित होकर बोली, "मैं दूध पीती बच्ची नहीं हूँ नरायनी! तूने पूछ लिया और मुझे मालूम भी न हो सका!"

अब नारायनी से न सहा गया। वह भी कठोर होकर बोली—"तुम्हें कैसे मालूम होगा माँ, किससे कब कैसे मैंने पूछा? माँ, जिसके जुबान है वह कसम दे सकता है, मगर इतना कहकर वह रुक गई और गहरे स्नेह से रात का लज्जित मुँह जबरदस्ती छाती पर से उठाकर उसका ललाट चूमकर बोली, मगर जिसे अपनी छाती से लगाकर इतने से बड़ा करना पड़ता है, वह जानती है कि कैसे पूछा जाता है और कैसे इजाजत मिलती है। तुम्हें फिकर करने की जरूरत नहीं माँ, अभी जरा सामने से चली जाओ, इसे दो कौर खिला दूँ। मेरे बच्चे ने तीन दिन से कुछ खाया नहीं है।"

कहते-कहते उसकी आँखों से फिर आँसुओं की धार बह चली।

दिगम्बरी ने क्षणभर ठहरकर कहा—"भला अब मैं यहाँ किस तरह रह सकती हूँ? इस घर में अब मेरा रहना नहीं हो सकता, तुमसे साफ कहे देती हूँ।"

नारायनी ने क्षणभर ठहरकर कहा—"मैं भी यही बात तुमसे कहना चाहती थी, पर मुँह खोलकर कह नहीं सकी थी, सचमुच ही माँ, अब तुम्हारा यहाँ रहना

नहीं हो सकेगा। तुम्हारी आँखों ही आँखों से मेरा इतना बड़ा लड़का आधा रह गया। यह चाहे दुष्ट हो, चाहे कैसा ही हो, मेरे घर में, मेरी आँखों के आगे किसी को इसे सजा नहीं देने दूँगी। आज तुम यही रहो, लेकिन कल तुम अपने घर जरूरी चली जाना। तुम्हारे लिए खर्चा-वर्चा मैं बराबर भेजती रहूँगी। लेकिन यहाँ अब तुम्हारा रहना नहीं होगा।

दिगम्बरी काठ हो गयी और कुछ देर खड़ी रहकर धीरे से बाहर निकल गयी। राम उसी तरह छाती में मुँह छिपाये हुए धीरे-धीरे बोला–''नहीं भाभी, उन्हें यहीं रहने दो, अब अच्छा हो गया हूँ, अब मुझे सुमति आ गयी है, अब की बार तुम और देख लो।''

नारायनी ने और एक बार उसका मुँह उठाकर ललाट पर ओंठ छुआ दिये और आँसुओं के भीतर से मुस्कराते हुए कहा, ''अभी तू भात खा ले।''

2. प्रकाश और छाया

1

यदि कोई व्यक्ति पहले से ही मन बनाकर यह कहने लग जाये कि ऐसा तो न कभी हुआ है और न कभी हो सकता है, तो ऐसे आदमी से विवाद करने और उसे मनवाने में माथापच्ची करने को मैं बेकार समझता हूँ। हाँ, यदि कोई सुनने के लिए तैयार हो, तो मैं आपको बता सकता हूँ, कि इस संसार में कुछ भी असम्भव नहीं है। जिसकी कभी कोई कल्पना भी नहीं कर सकता, वह भी कभी-कभी घट जाता है। खैर छोड़िए, मानना-न-मानना आपकी इच्छा पर है, किन्तु सुनने में तो कोई हर्ज नहीं। एक महत्त्वपूर्ण बात यह भी है कि कोई भी कहानीकार, कहानी लिखते समय पाठकों के सामने यह कसम तो नहीं खाता कि जा कुछ वह लिखेगा, सच ही लिखेगा, सच के सिवा कुछ नहीं लिखेगा। अभिप्राय यह है कि यदि कहानी में कुछ अविश्वसनीय मिलता है, तो पाठक को इस पर हाय-ताबा नहीं मचानी चाहिए।

हाँ, तो कहानी सुनिये—नायिका सुरमा कथानायक यज्ञदत्त मुखर्जी को 'प्रकाश' कहती है और नायक नायिका को 'छाया' नाम से पुकारता है। कुछ दिनों तक दोनों में इस बात का झगड़ा रहा कि किस आधार पर नायिका छाया और नायक प्रकाश हैं। अन्ततः नायिका ने नायक को समझाते हुए कहा, ''आश्चर्य है कि तुम्हारी बुद्धि में इतनी छोटी-सी बात भी नहीं आती कि तुम्हारे बिना मेरा न कोई अस्तित्व है और न ही कोई नाम, किन्तु तुम मेरे बिना सभी स्थानों और सभी कालों में विद्यमान हो। अतः तुम्हारी 'प्रकाश' और मेरी 'छाया' संज्ञा सार्थक है।''

हँसते हुए प्रकाश ने कहा, ''मैं तुम्हारे विश्लेषण से सहमत नहीं हूँ।'' नायिक़ा बोली, ''मतभेद और तर्क-वितर्क का तो आज तक कभी अन्त ही नहीं हुआ। मेरे विश्लेषण से तुम सन्तुष्ट हो अथवा नहीं, किन्तु जब मैं कहती हूँ, तो तुम मान जाओ।'' अब नायक क्या कहता? इसलिए हम भी अब उन्हें श्रीयुत प्रकाश और श्रीमती छाया ही कहकर पुकारेंगे।

कहीं पाठक-पठिकाओं में मतभेद न हो जाये, इसलिए हम इस विवाद को यहीं समाप्त करते हैं, किन्तु यह बताना आवश्यक समझते हैं कि प्रकाश और छात्र स्त्री-पुरुष तो हैं, किन्तु वे पति-पत्नी नहीं है, दोनों का प्रेम शुद्ध-पवित्र है। उनके प्रेम को अवैध कहना वैधता को गाली देना होगा। अब आप कहीं इन्हें किशोरी-किशोर न समझ लें, इसलिए इनकी आयु भी सुन लीजिए। नायक तेईस

वर्षीय और नायिका अठारह वर्षीया है और दोनों का प्रेम विशुद्ध सात्विक है।

अब हम आपको उन दोनों के बारे में थोड़ी-बहुत जानकारी और भी दे देते हैं। नायक ने छोटी-सी छंटी हुई दाढ़ी रखी हुई है, वह आँखों पर चश्मा और सिर में सुगंधित तेल लगाता है, ढाके की चुन्नटदार धोती पहनता है, शानदार शर्ट और पैरों में मखमली जूते पहनता है। इन जूतों पर नायिका ने अपने हाथ से फूल काढ़े हैं। उसके पुस्तकालय में और घर पर दास-दासियों का जमघट है। इस समय टेबल पर झुककर वह एक पत्र लिख रहा है। टेबल पर लगे बड़े दर्पण में उसका प्रतिबिम्ब पड़ रहा है। नायिका चुपके से कमरे के भीतर आकर और नायक की आँखें मींचकर उसे चकित करना चाहती है, किन्तु समीप जाते ही उसका प्रतिबिम्ब भी दर्पण में पड़ने लगता है, जिससे उसके लिए अपनी किसी चेष्टा को गुप्त रखना सम्भव नहीं हो पाता। छाया ने देखा कि उसे देखकर प्रकाश मुस्करा रहा है। छाया भी मुस्करा दी और बोली, "क्यों, तुमने मुझे देख लिया?"

यज्ञदत, "क्या तुम्हें देखकर मैंने कोई अपराध किया है?"

सुरमा, "और नहीं तो क्या?"

यज्ञदत्त "असल में आधा कुसूर तुम्हारा है और आधा कुसूर इस शीशे का है।"

सुरमा, "तो मैं इस शीशे को इसी समय ढक देती हूँ।"

यज्ञदत्त, "यह तो हो जायेगा, किन्तु बाकी आधे कुसूर का क्या उपाय करोगी?"

सुरमा ने तीन बार हिलने-डुलने के बाद नायक को पुकारा, "प्रकाश!"

यज्ञदत्त, "क्या बात है छाया?"

सुरमा, "तुम दिन-प्रतदिन दुबले क्यों होते जा रहे हो?"

यज्ञदत्त, "मुझे तो ऐसा कभी नहीं लगा।"

सुरमा, "तुम्हारी खुराक क्या है?"

हँसते हुए यज्ञदत्त ने कहा, "क्या आज लड़ने का मन बनार आयी हो?"

"सही समझो।"

"किन्तु मैं इसके लिए तैयार नहीं हूँ।"

"अच्छा, तुम विवाह क्यों नहीं करते?"

"इसका उत्तर तो मैं प्रतिदिन दिया करता हूँ।"

"मैं तुम्हारा कोई बहाना नहीं मानूँगी, तुम्हें विवाह करना ही होगा।"

"अच्छा सुरमा, मुझे तो तुम कह रही हो, किन्तु तुम स्वयं विवाह क्यों नहीं कर लेतीं?"

यज्ञदत्त के हाथ से पत्र छीनकर मुस्कराती हुई सुरमा बोली, "छिः, विधवा का भी कहीं विवाह होता है?"

कुछ देर की चुप्पी के बाद यज्ञदत्त बोला, "कुछ लोग इसके विरुद्ध अवश्य

हैं, किन्तु अब बहुत-से लोग इसमें कोई बुराई नहीं मानते हैं।''

सुरमा बोली, ''जब लोग विधवा के पुनर्विवाह को शास्त्र-विरुद्ध मानते हैं, तो तुम मुझे गलत काम करने के लिए कैसे कह सकत हो?'' इसी के साथ वह टप-टप आँसू गिराने लगी।

सुरमा के आँसू पोंछते हुए यज्ञदत्त ने पूछा, ''सुरो, क्या तुम अपने मन की चाह को मुझे साफ-साफ बता सकोगी।''

''मैं वृन्दावन जाना चाहती हूँ।''

''क्या मुझे छोड़कर तुम कहीं रह सकोगी?''

सुरमा के लिए उत्तर देना सम्भव न हुआ। सोच-विचार में डूबी वह बेचारी आँसू बहाने लगी।

2

सुरमा बोली, ''यज्ञ भैया, क्या आप इस कहानी को एक बार दोहरायेंगे?''

''किस कहानी को फिर से सुनना चाहती हो?''

''वही, वृन्दावन में मेरे खरीदे जाने की। हाँ, तो आपने मुझे कितने रुपयों में खरीदा था?''

''सुरो, मैंने तुम्हें पचास रुपये में खरीदा था। मैं उस समय अठारह वर्ष का था और बी.ए. की परीक्षा देकर घूमने के लिए पश्चिम की ओर निकला था। एक दिन दोपहर के समय मैंने मालती कुंज के समीप गीत गाती वैष्णवियों के एक दल को देखा। उसी दल में तुम भी थीं। वस्तुतः उस समय तुमने यौवन की पहली सीढ़ी पर पैर रखा ही था, तुम्हारे रूप-सौंदर्य की आभा सचमुच अनूठी औरे मोहक थी। मन की आंखों से देखने पर, तुम्हारे रूप का जादू सर चढ़कर बोलता था। मैं तुम्हें तुम्हारे रूप-सौंदर्य का परिचय कैसे दूँ? अरी, तू तो रोने लगी है।''

''नहीं, मेरे रोने को मत देखो, तुम अपनी बात पूरी करो।''

''उस समय तुम्हारी आयु तेरह वर्ष की थी। विधवा हो जाने के कारण वैष्णवी बनी, हाथ में तम्बूरा लिए अपने सहेलियों के साथ मधुर गीत गा रही थीं।''

''मुझे गाना-वाना कहाँ आता है?''

''उस दिन तुम गा रही थीं। तुम्हें पाने में काफी संघर्ष करना पड़ा था। तुम बाल-विधवा ब्राह्मणी थीं। तुम्हारी माँ भी तीर्थ में बस गई थी और तीर्थ में ही उसके जीवन का अन्त हो गया था। मैंने तुम्हें वृन्दावन से लाकर अपनी माँ के हाथों में सौंप दिया। मेरी माँ ने तुम्हें अपनी छाती से लगा लिया और मरते समय मेरी अमानत मुझे लौटा गयी।''

सुरमा, "यज्ञ भैया, तुम्हारा घर कहा है?"

यज्ञदत, "लोग किसननगर के पास कहीं बताते हैं?"

सुरमा, "मेरा तो और कोई सगा-सम्बन्धी नहीं है न?"

यज्ञ, "क्या मैं तुम्हारा कुछ नहीं हूँ? मेरे होते तुम्हें किसी और को देखने की आवश्यकता ही क्या है?"

सुरमा आँसू बहाती हुई बोली, "तुमने मुझे खरीदा है, तुम मुझे फिर से बेच भी तो सकते हो?"

यज्ञ, "विश्वास करो, मैं तुम्हें कभी नहीं बेचूँगा। हाँ, यदि मेरे स्वयं के बिकने की नौबत आ गयी, तो बात और है?"

सुरमा बिना कुछ बोले कृतज्ञतापूर्ण दृष्टि से प्रकाश की ओर देखती रही और कुछ देर बाद बोली, "ठीक है, तुम मुझ छोटी बहिन के बड़े भाई हो। हम दोनों को बहूरानी की आवश्यकता है।"

"बहू किसलिए चाहिए?"

सुरमा बोली, "पूरा दिन खाली रहती हूँ। बहू को सजाने-धजाने में समय का कुछ तो सही उपयोग हो जाएगा।"

यज्ञदत्त ने पूछा, "क्या तुम सचमुच अपने मन से बहु को सजाने-धजाने का काम कर सकोगी?"

यज्ञदत्त की आँखों में आँखें डोलकर सुरमा बोली, "क्या तुमने मुझे इतना अधम समझ रखा है कि मैं ईर्ष्या-द्वेष से ग्रस्त हो जाऊँगी?"

"तुम्हारे मन में ईर्ष्या-द्वेष उत्पन्न न भी हो, तो भी अपनी महत्ता को गँवाने का दुःख तो तुम्हें अवश्य होगा।"

"मेरी महत्ता क्यों कम होगी? मैं तो आज भी राजा हूँ और कल भी राजा रहूँगी। हाँ, एक मन्त्री की नियुक्ति हो जाएगी। जब दोनों आपसी सलाह-मशवरा से इस राज्य को चलायेंगी, तो बड़ा आनन्द आयेगा।"

यज्ञदत्त बोला, "छाया, मेरा विवाह करने का बिल्कुल भी मन नहीं है। हाँ, तुम यदि अकेलेपन से तंग आ चुकी हो तथा साथी की आवश्यकता समझती हो, तो मैं इस बारे में सोच-विचार कर सकता हूँ।"

"हाँ-हाँ, यही समझो। तुम्हारा विवाह हो जाने पर हम दोनों का समय बड़े आनन्द से बीतेगा। हम दोनों महिलाएँ खूब मौज-मस्ती करेंगी।"

सुरमा मन में सोचने लगी कि, "मेरी तीन पढ़ियों में तो कोई नहीं, फिर, अपने कारण मैं तुम्हें क्यों नरक में धकेलूँ? मैं तो ईश्वर के रूप में तुम्हारी पूजा करती हूँ और तुम्हारे विवाह से मैं हार्दिक आनन्द प्राप्त करूँगी।"

3

कलकत्ता में ऐसे भी हैं, जो पड़ोसियों के साथ घुल-मिलकर रहते हैं और ऐसे लोग भी हैं, जो दीवार के पार घट रही किसी घटना से कोई सरोकार नहीं रखते। पड़ोस की जानकारी रखने वालों के अनुसार बी.ए. पास होने पर भी यज्ञदत्त आवारा लड़का है, जिसका प्रमाण उसका जवान एवं बेगानी लड़की सुरमा को अपने पास रखना है। पड़ोसियों को इस फब्ती को ये दोनों—यज्ञदत्त और सुरमा—सुनते, तो उनकी सोच और दूषित मनोवृत्ति पर हंस देते।

कोई आदमी अच्छा हो अथवा बुरा, उसके घर में पड़ोसियों-विशेषतः स्त्रियों—का कभी-न-कभी आना निश्चित ही है। यज्ञदत्त के घर आने वाली स्त्रियां भी प्रायः सुरमा से पूछतीं, "तुम यज्ञदत्त पर विवाह करने का दबाव क्यों नहीं डालतीं?"

सुरमा बोली, "क्या आपकी दृष्टि में कोई अच्छी-सी लड़की है?"

सुरमा से हिली-मिली स्त्रियाँ यह सुनकर हँस देतीं? वे मन-ही-मन कहतीं, "तुम्हारे रूप-सौन्दर्य के भोग से तृप्त इस पुरुष को कहीं इधर-उधर देखने का अवकाश ही कहाँ है?"

सुरमा कहती, "विधाता ने इनके लिए भी तो कोई एक लड़की बनायी होगी।" इसी के साथ वह गर्व और गौरव से अभिभूत हो उठती।

एक दिन दोपहर में मेघों के बरसते घर में घुसी सुरमा बोली, "भैया, तुम्हारे लिए एक लड़की पसन्द कर आयी हूँ।"

"चलो, अच्छा हुआ, एक चिन्ता तो मिटी। अच्छा, कुछ विवरण तो पता चले।"

सुरमा बोली, "लड़की सामने वाले महल्ले के निवासी मित्र-परिवार की है।"

यज्ञदत्त, "क्या ब्राह्मण का नाता कायस्थ परिवार से जोड़ोगी?"

सुरमा, "क्या ब्राह्मण कायस्थों के यहाँ जीमते नहीं हैं? सुना है कि लड़की की माँ वहाँ रसोई बनाने का धन्धा करती थी, लड़की काफी अच्छी बताई जाती है। एक बार देख तो लो, क्या पता, तुम्हें जँच जाये और फिर बात बढ़ाई जा सके।"

"क्या मैं ऐसा गया-गुजरा हूँ, जो मेरे लिए केवल भिखारिनें और मजदूरिनयाँ ही रह गयी हैं?"

सुरमा बोली, "भिखारिनों को आश्रय देना तो तुम्हारी पुरानी आदत है।"

"अच्छा, अब क्या कहती हो?"

"यही, एक बार जाकर देख लो और यदि सचमुच पसन्द आ जाये, तो मुझे सच-सच बता देना, कुछ छिपाना नहीं।"

यज्ञदत्त, "मुझे तो कोई लड़की पसन्द आ ही नहीं सकती।"

सुरमा, "एक बार देख तो लो, फिर ऐसी बात मुँह से नहीं निकालोगे।"

इसके बाद छाया ने प्रकाश को बाल सँवारकर, खुशबू लगाकर, खूब अच्छी

तरह से सजाया। यज्ञदत्त ने दर्पण में अपने आपको देखा, तो चकित होकर सोचने लगा कि क्या सचमुच यह मैं ही हूँ। वह बनावटी क्रोध से बोला, ''छाया, यह तुम मेरे साथ कुछ ज्यादती कर रही हो।''

छाया बोली, ''चलो, ज्यादती ही सही, तुम देखने तो जाओ।''

यज्ञदत्त लड़की देखने के लिए गाड़ी पर सवार हो गया। उसने मार्ग में एक अपने मित्र को भी यह कहकर अपने साथ ले लिया, ''चलो, मित्र-परिवार में जलपान करना है।''

मित्र ने पूछा, ''अरे, क्या कहना चाहते हो?''

यज्ञदत्त बोला, ''उनके यहाँ किसी एक भिखारिन की लड़की है, उसके साथ मेरे विवाह का प्रस्ताव आया है।''

मित्र ने कहा, ''तुम्हें वहाँ जाने की राय किसने दी है?''

यज्ञदत्त बोला, ''अरे, छाया के सिवा और कौन मुझे इस प्रकार विवश कर सकता है?''

इस प्रकार अपने मित्र के साथ बातचीत करता हुआ यज्ञदत्त मित्र-परिवार में जा पहुँचा। कई बार की धुली साड़ी पहने लड़की कार्पेट के आसान पर बैठी थी। साड़ी इतनी पुरानी थी कि उसके धागे छितरने को मचल रहे थे। उसने अपने हाथों में बिल्लौरी चूड़ियाँ और सोने का पानी चढ़े कंगन पहन रखे थे। सिर पर चुपड़े तेल से माथा लथपथ हो गया था। ऊँचा बँधा हुआ जूड़ा एकदम बेढंगा लग रहा था। उसे देखकर दोनों मित्रों की हँसी निकल गयी। यज्ञदत्त ने गम्भीर होकर पूछा, ''तुम्हारा नाम क्या है?''

अपनी बड़ी और काली आँखों को यज्ञदत्त के चेहरे पर टिकाकर लड़की बोली, ''मेरा नाम है—प्रतनु।''

यज्ञदत्त के मित्र ने चुटकी लेते हुए उसके कान में कहा, ''भैया, जरा तसल्ली कर ले कि लड़की ही है न? कहीं किसी लड़के ने तो लड़की के वस्त्र नहीं पहन रखे हैं?''

यज्ञदत्त ने पूछा, ''तुम्हारी क्या राय है?''

मित्र ने कन्धे से धक्का देते हुए यज्ञदत्त से कहा, ''सोचते क्या हो? जल्दी से 'हाँ' कर दो और भागकर पिण्ड छुड़ाओ।''

''लो, फिर अभी लो।''

''अभी-अभी मत करो, मुझसे नहीं, लड़की से बात करो।''

''तुम्हारी क्या राय है?''

मित्र के चुप रहने पर यज्ञदत्त ने लड़की से पूछा, ''क्या कुछ पढ़ी-लिखी हो?''

लड़की का स्पष्ट उत्तर था, ''नहीं।''

यज्ञदत्त ने मन-ही-मन कहा, ''चलो, यह भी ठीक है।'' फिर उसने पूछा,

"क्या काम-काज करना जानती हो?"

प्रतनु ने 'हाँ' में सिर हिलाया। साथ खड़ी नौकरानी ने खुलासा करते हुए कहा, "बाबूजी, कामकाज में तो यह इतनी निपुण है कि इसका कोई जवाब ही नहीं। रसोई पकाने, परोसने और घर के दूसरे काम-धन्धों को निबटाने में अपनी माँ से भी आगे निकल गयी है। शान्त इतनी है, मानो इसके मुँह में जीभ ही न हो।"

यज्ञदत्त बोला, "यह तो दिख ही रहा है। अच्छा, क्या तुम्हारे पिताजी है?"

"नहीं।"

"माँ भी चल बसी है?"

"हाँ।"

यज्ञदत्त ने उस गूँगी-सी लड़की को रुआंसा होते देखा, तो सहानुभूति से द्रवित होकर पूछा, "तो क्या इस संसार में तुम्हारा अपना कोई नहीं है?"

"नहीं।"

"क्या हमारे घर चलोगी?"

लड़की ने 'हाँ' में सिर हिलाया। इतने में लड़की ने खिड़की में से झाँकती और आग बरसाती दो आँखों को देखा, तो एकदम डर से काँपते हुए रुख बदल दिया और बोली, "नहीं।"

यज्ञदत्त के बाहर आने पर मित्र साहब ने पूछा, "लड़की कैसी लगी?"

"अच्छी है।"

"तो क्या विवाह का मुहूर्त निकलवाया जाये?"

"हाँ-हाँ, क्यों नहीं?"

4

कोई कठोर हृदय पिता अपने बारह-तेरह वर्ष के बेटे से उसके अत्यन्त रोचक और प्रिय उपन्यास को छीनकर छिपा ले, तो बालक उस अधूरे उपन्यास को पूरा पढ़े बिना न रह पाने के कारण उसे ढूँढ़ने के लिए घर का कोना-कोना छान मारता है, उसके न मिलने पर अशान्त और व्यथित ही नहीं रहता है, अपितु किसी पर अपना क्रोध प्रकट करने को भी आतुर रहता है। ठीक इसी प्रकार सुरमा ने यज्ञदत्त को लड़की देखने के लिए भेज तो दिया, किन्तु अब वह उसके लिए बुरी तरह से छटपटाने लगी। वह अपना क्रोध सोफा, मेज, कुर्सी, पलंग और कमरा तथा कमरे में रखी पुस्तकों, वस्त्रों आदि पर उतारने लगी। कभी एक वस्तु को उलटती-पलटती, तो कभी दूसरी वस्तु को, कभी एक स्थान पर कुर्सी पर बैठती, तो कभी दूसरे स्थान पर सोफे पर जा बैठती, कभी खिड़की के पास जा खड़ी होती, तो कभी जंगले को पकड़कर कुछ सोचने लग जाती। इस बीच यज्ञदत्त घर लौट आया,

तो छाया ने पूछा, "हाँ, तो प्रकाशजी, क्या कर आये?"

प्रकाश की चुप्पी और गम्भीर चेहरे को देखकर छाया ने पूछा, "क्यों, लड़की पसन्द आयी या नहीं?"

"हाँ, पसन्द आयी

"तो फिर विवाह का मुहुर्त कब का निकला है?" सुरमा ने जानना चाहा।

"शायद इसी महीने।"

सुरमा भीतर से बुझ-सी गयी थी, इसलिए यज्ञदत्त के समीप आकर उसने अपनी प्रसन्नता की अभिव्यक्ति के रूप में कोई हुड़दंग नहीं मचाया। बड़ी गम्भीर मुद्रा में सुरमा ने यज्ञदत्त से कहा, "तुम्हें मेरी कसम, सच-सच बताओ न।"

"यह भी अजीब बात है, क्या अब तक झूठ बोल रहा था?"

"यदि तुमने सच न बताया, तो मैं अपने साथ कुछ कर बैठूँगी। सच बताओ, क्या लड़की पसन्द आयी?"

"कहा तो है, हाँ।"

सुरमा के लिए आगे बात करना सम्भव नहीं हो सका। जिस प्रकार डाँट-फटकार के शिकार बने बच्चे कुछ भी अप्रासंगिक मुँह से बक देते हैं, उसी प्रकार निराश सुरमा ने क्रुद्ध मुद्रा में कहा, "यह सब तो मैं पहलेसे ही जानती थी।"

अपनी चिन्ता में लीन यज्ञदत्त यह सोच ही न सका कि सुरमा ने क्या कहा है और उसके कहने का क्या उद्देश्य है? थोड़ी देर बाद सुरमा को विचार आया कि यह सब इतनी जल्दी कैसे हो गया? उसे यह आशा कदापि नहीं थी कि प्रतनु यज्ञदत्त को पसन्द आ जाएगी और विवाह की बात भी पक्की हो जाएगी। इस विचार से सुरमा दिन-भर परेशान रही। दो दिनों के बाद सुरमा की मानसिक स्थिति को भाँपते हुए यज्ञदत्त ने कहा, "सुरो, मेरा विवाह न करना ही ठीक होगा।"

"सगाई पक्की कर आने पर इन्कार कैसे किया जा सकता है?"

"मैंने कुछ भी पक्का नहीं किया है।"

"एक असहाय एवं दुखी लड़की को आश्वासन देकर मुकरना महापाप है। तुम्हें तो उस लड़की का उद्धार करना है।"

यज्ञदत्त को उस दिन लड़की की आँखों में व्याप्त दीनता और विवशता का स्मरण हो आया। इसलिए वह कुछ नहीं बोला, फिर भी, वह सोच-विचार में डूब गया। सबसे अधिक चिन्ता उसे सुरमा की थी। जिस प्रकार बरसात में घर-घर में फैले पतंगों से लोग परेशान हो उठते हैं, उसी प्रकार यज्ञदत्त भी सुरमा के भविष्य की चिन्ता से परेशान हो उठा। वह इसे तो न जान सका कि सुरमा अपने मन की व्यथा को अपने मुँह पर क्यों नहीं लाती, किन्तु इतना निश्चित था कि सुरमा को

यज्ञदत्त के विवाह से अपना भविष्य अन्धकारमय लगने लगा था, जिसका आभास उसके चेहरे को देखते ही मिल जाता था।

5

यज्ञदत्त विवाह करके बहू को घर ले आया, सुरमा ने हृदय से बहू का स्वागत करते हुए उसे अपनी छाती से चिपका लिया, अपने सारे आभूषण उसे पहना दिये और कीमती कपड़े उसके बक्से में रख दिए। उदास और चिन्तित मुद्रा में आयी सुरमा को पूरे दिन बहू को सजाते देखकर यज्ञदत्त परेशान हो उठा। वस्तुतः नींद में कैसा भी भयंकर सपना क्यों न देखा जा सके, जाग्रत अवस्था में तो ऐसा कुछ करते नहीं बनता। यदि मनुष्य ऐसी अनधिकार चेष्टा करता भी है, तो स्वयं इस सोच अथवा भ्रम का शिकार हो जाता है कि क्या वह सचमुच सो रहा है अथवा जाग रहा है? कभी तो अपने को चूँटी मारकर सत्य की परख कर लेता है। दोनों—प्रकाश और छाया—इस स्थिति के शिकार हो गए थे, अर्थात् वे सब कुछ इस प्रकार करते आ रहे थे, मानो वे स्वयं कर्त्ता न होकर किसी यन्त्र द्वारा परिचालित हों। एक दिन यज्ञदत्त ने सुरमा को अपने कमरे में बुलाया और उससे बोला, ''छाया।''

''हाँ, बोलो प्रकाश भैया।''

''बहिन, बहुत दिनों से तुम मेरे पास नहीं बैठीं। थोडा मेरे समीप आओ।''

सुरमा ने थोड़ी देर यज्ञदत्त की ओर देखा आर फिर किसी भूली बात के याद आ जाने की मुद्रा में बोली, ''अरे, बहू तो कब की वहाँ अकेली बैठी होगी!'' यह कहती हुई सुरमा यज्ञदत्त के सामने से भाग खड़ी हुई।

यज्ञदत्त को सुरमा का व्यवहार ऐसा लगा, मानो क्रोधावेश में उसने अकारण उस निरपराध लड़की के गाल पर जोर का थप्पड़ जड़ दिया हो और फिर लड़की ने किसी प्रकार रोष-आक्रोश न दिखाकर उसे क्षमा कर दिया हो अथवा दूसरा गाल उसके आगे कर दिया हो। यज्ञदत्त अपने अपराध के लिए अपेक्षित दण्ड न पाने से परेशान तथा दुखी हो उठा।

यज्ञदत्त के चाहने-न चाहने की परवाह न करके सुरमा रात में गहनों और कपड़ों से बहू को सजा-धजाकर यज्ञदत्त के कमरे में ले आती और उसके सामने बहू को बिठा भी देती थी। इतना ही नहीं, अपितु वह स्वयं बाहर चली जाती और बाहर से दरवाजे पर ताला जड़ देती थी। यज्ञदत्त गाल पर हाथ रखे बैठा रहता। लड़की अधिक सयानी न होने पर भी रात में एक कमरे में स्त्री-पुरुष के अकेले होने का अर्थ समझ जाती थी। भगवान् ने इतनी बुद्धि सबको दे रखी है। इसलिए वह शायद स्वामी द्वारा पहल किए जाने की आशा से रात-भर जागती रहती थी।

विवाह के सात-आठ दिनों के बाद यज्ञदत्त सुरमा से बोला, ''मैं वर्धमान में

बुआ को दिखाने के लिए बहू को लिए जा रहा हूँ।"

यज्ञदत्त की बुआ का घर दामोदर नदी के दूसरे किनारे पर बसे गाँव में है। वहाँ पहुँचकर यज्ञदत्त बुआ से बोला, "बुआजी, बहू लाया हूँ।"

बुआ प्रसन्न होकर बोली, "वाह बेटे, विवाह कर लिया, चलो, अच्छा किया, जुग-जुग जिओ। भाग्यशाली हो, जो चन्दा-सी बहू पा गये हो। अब सुख से अपनी गृहस्थी चलाओ।"

"मुझे सुखी गृहस्थ बनाने के लिए ही तो सुरमा ने मेरा विवाह रचाया है।"

"अच्छा, क्या यह सुरमा के प्रयास का फल है?"

"हाँ, है तो सब उसी का किया-धरा, किन्तु अपना भाग्य अच्छा न होने से मैं इसके साथ रह नहीं सकता।"

आश्चर्यचकित हुई बुआ ने पूछा, "क्यों बेटे, ऐसा क्या हो गया है?"

यज्ञदत्त ने कहा, "बुआ, मेरा गण नर है और बहू का गण राक्षस है। ज्योतिषी के अनुसार, दोनों के एक-साथ रहने का परिणाम दोनों की मृत्यु होगा।"

घबराई हुई बोली, "ऐसी लड़की से विवाह ही क्यों किया?"

यज्ञदत्त बोला, "गलती हो गयी। हड़बड़ी में इन बातों पर विचार नहीं किया जा सका। अब मैं इसे तुम्हारे पास छोड़े जा रहा हूँ। हर महीने पचास रुपये भेज दिया करूँगा। इस राशि में काम चल जाना चाहिए।"

"काम तो मजे से चल जाएगा, इस छोटे-से गाँव में खर्च ही कितना है, कोई कष्ट नहीं होगा, किन्तु सोचती हूँ कि बहू सुन्दर-सुशील है, बड़ी आयु की भी है। क्या कोई शान्ति-उपाय करके दोष का निवारण नहीं किया जा सकता?"

यज्ञदत्त बोला, "ठीक याद दिलाया, मैं भट्टाचार्य से बात करूँगा और फिर तुम्हें पूरी बात लिख भेजूँगा।"

"ठीक है, मैं तुम्हारे पत्र की प्रतीक्षा करूँगी।"

शाम को यज्ञदत्त ने बहू को बुलाकर कहा, "तुम्हें अब यहाँ बुआजी के पास रहना होगा।"

प्रतनु ने सिर हिलाकर कहा, "ठीक है।"

"तुम्हें जब कभी किसी वस्तु की आवश्यकता पड़े, तो मुझे लिख भेजना।"

प्रतनु बोली, "अच्छा।"

यज्ञदत्त ने पूछा, "क्या तुम पत्र लिखना जानती हो?"

"नहीं।"

"तो फिर मुझे अपनी किसी आवश्यकता से कैसे सूचित करोगी?"

प्रतनु बिना कुछ बोले पति के चेहरे पर देखती रह गयी और यज्ञदत्त न जाने क्या सोचकर लौट आया।

बुआ के घर प्रतनु सुबह-सवेरे उठती है। काम-काज करने लगती है। खाली

बैठना उसके स्वभाव में ही नहीं। थोड़े ही दिनों में वह बुआ की चहेती बन गयी। प्रतनु को अपनी कोख की न होने पर भी बुआ उसे अपनी बेटी समझने लगी।

प्रतनु बहुत सारे गहने अपने साथ लायी है, जिन्हें देखने के लिए गाँव की स्त्रियाँ आती रहती हैं। कोई पूछती है, "क्या ये गहने तुम्हें मायके से मिले हैं अथवा ससुराल से मिले हैं?"

"मेरे माँ-बाप तो हैं ही नहीं। मुझे तो सारे गहने ननदजी से मिले हैं।"

समान आयु की दो स्त्रियों अधिक घुल-मिल जाने पर पूछती हैं, "तुम्हारी ननद शायद धनी होने के साथ खुले दिल वाली है।"

"इसमें कोई सन्देह नहीं।"

"क्या सारे गहने उनके अपने हैं?"

"हाँ।"

"क्या वह खुद गहने नहीं पहनतीं?"

"नहीं, विधवा होने के कारण वह नहीं पहन पातीं?"

"उनकी आयु कितनी होगी?"

"मेरे से थोड़ी-सी बड़ी हैं। उन्होंने ही अपने भैया का जबरदस्ती मुझसे विवाह कराया है।"

'तुम्हारा पति अपनी बहिन के वश में लगता है।?"

"हाँ, उस सती लक्ष्मी का सब पर प्रभाव है।"

6

यज्ञदत्त के अकेले घर लौटने से चिन्तित सुरमा ने पूछा, "भैया, भाभी को कहाँ छोड़ आए हो?"

"बुआजी के पास।"

"क्यों?"

"बुआजी उसे कुछ दिन अपने पास रखना चाहती थीं।"

सुरमा को यह सब अच्छा तो नहीं लगा, किन्तु वह भला कहती भी क्या? अतः वह चुप हो गयी। जिस प्रकार परिवार के दो सदस्यों में किसी बात पर मन-मुटाव हो जाने पर दोनों अत्यावश्यक होने पर केवल मतलब की और थोड़ी बात करते हैं, वही स्थिति इन दोनों की भी थी।

दोनों केवल काम की बात करते थे। सुरमा देर हो जाने पर यज्ञदत्त से कहती, "देर हो गयी है, कब नहाओगे और कब खाओगे?" यज्ञदत्त कहता, "हाँ, जाता हूँ।" इस प्रकार दोनों के अजनबियों की तरह रहते-सहते कुछ दिन बीत गये।

एक ही घर में, एक साथ रहने पर इस तरह अजनबीपन के व्यवहार से

काम नही चल पाता, अतः दोनों में फिर से मेल हो गया। यज्ञदत्त अब प्यार से सुरमा को छाया कहकर पुकारता है, तो सुरमा कभी उसे प्रकाश, तो कभी यज्ञ भैया कहकर आवाज देती है।

एक दिन सुरमा बोली, "भैया, तीन महीने बीत गये हैं, बहू की अब तो कुछ खोज-खबर लो। मैं तो कहती हूँ कि उसे ले ही आओ।"

यज्ञदत्त बात टाल देता। वह कहता कि बुआजी को जब उसे भेजना होगा, तो उसे लिख भेजेंगी।

यज्ञदत्त के मनोभाव को समझकर सुरमा चुप हो जाती।

कभी-कभी बुआ का पत्र आता रहता था। एक पत्र में बुआ ने बहू के मलेरियाग्रस्त होने और इलाज कराने की बात लिखी थी। यज्ञदत्त ने बुआ का मतलब समझकर अधिक रुपये भेज दिये, फिर सब शान्त हो गया।

कुछ दिनों बाद बुआ के गर जाने का पत्र मिला, तो सुरमा ने अपने सिर की कसम देकर यज्ञदत्त को बहू लाने को विवश कर दिया।

यज्ञदत्त वर्धमान चला गया। बुआ की तेरहवीं के बाद उसकी बहू से भेंट हुई। बहू ने कहा, "आपने एक दिन मुझे कुछ माँगने को कहा था। यदि आज मैं कुछ माँगू, तो क्या आप दोगे?"

यज्ञदत्त बोला, "माँगों, क्या चाहिए?"प्रतनु बोली, "सभीी लोग मुझे कुलच्छनी कहती हैं, इसीलिए मैं अब किसी के घर नहीं रहना चाहती।""तो फिर कहाँ रहना चाहती हो?"

"मैं घर के सभी काम-काज करना जानती हूँ, कलकत्ता के किसी भले घर में आश्रय पाना चाहती हूँ।"

"क्या अपने घर लौट जाना चाहती हो?""मेरा तो कोई अपना घर था ही नहीं, फिर वे लोग अब मुझे क्यों रहने देंगे।"

यज्ञदत्त ने पूछा, "क्या मेरे घर चलोगी?"

"हाँ, चलूँगी।"

"सुरमा तुम्हारे लिए काफी परेशान रहती है?'सुरमा का नाम सुनकर बहू का चेहरा खिल उठा और वह बोली, "क्या, दीदी मुझे याद करती हैं?"

"हाँ, बहुत।"

"तो फिर मैं चलूँगी।"

संसार में कुछ लोग ऐसे भी होते हैं, जिनके पास दूसरों के सम्बन्ध में टिप्पणी करने की समझ ही नहीं होती। ऐसे लोग अपने बारे में दूसरों की राय को अन्तिम सत्य मानकर उस पर सहज रूप से विश्वास कर लेते हैं। प्रतनु इसी कोटि की स्त्री थी। वह अपने विषय में दूसरों से विचार-विमर्श नहीं करती, अपितु स्वयं ही निर्णय लेती है। अतः वह बोली, "आपके घर चल तो दूँ, किन्तु इससे

आप लोगों का अमंगल होगा, यह मैं बिल्कुल नहीं चाहती, किन्तु जाऊँ भी, तो कहाँ जाऊँ? अच्छा, मुझे नीचे स्थान दे देना, वहाँ काम-काज निपटाने में भी सुविधा होगी।''

यज्ञदत्त ने कहा, ''तुम्हारा रहने का कमरा तो ऊपर है।''

''है, किन्तु मैं नीचे रहना चाहती हूँ।''

यज्ञदत्त चुप रह गया। उसे विश्वास हो गया कि यह स्त्री नितान्त मूर्ख, उजड्ड और अन्धविश्वासी है। एक बार तो उसके मन में आया कि वह कह दे कि न तो वह कुलच्छनी है औन न ही गण-वण का कोई चक्कर है। यह सब झूठ है, किन्तु उसने सोचा कि यह औरत सच को कभी सच नहीं मानेगी और मैं झूठ बोलने का कारण बता नहीं सकूँगा। फिर, इस बात का भी क्या भरोसा कि घर चलकर यह क्या गुल खिलाती है?

7

सुरमा को बहू के आने का पता चलता, किन्तु उसने अपने उत्साह और उतावलेपन पर थोड़ा नियन्त्रण किया, अर्थात् बहू से मिलने में हड़बड़ी नहीं की। थोड़ा समय बीतने पर वह उससे मिली और फिर अत्यन्त शान्त, प्रिय, मधुर, किन्तु संयत ढंग से उससे बातचीत की। अपने पर काबू रखने पर सुरमा के भीतर का प्रेम उमड़ आया और उसने अपने चेहरे पर मधुर मुस्कान लाते हुए पूछा, ''बहू, वहाँ तुम स्वस्थ-प्रसन्न तो रहीं, कोई कष्ट तो नहीं हुआ?''

बहू बोली, ''वैसे तो सब ठीक था, किन्तु बीच-बीच में मैं ज्वर-ग्रस्त हो जाती थी।'' सुरमा ने प्यार से उसका माथा चूमा और फिर बोली, ''अब चिन्ता की कोई बात नहीं। यहाँ ठीक ढंग से इलाज हो जाएगा।'' दोपहर का सुरमा को जब यह पता चला कि बहू के रहने के लिए नीचे का कमरा साफ किया जा रहा है, तो उसकी आँखों में आँसू आ गए। इसे बहू का अपमान समझकर सुरमा यज्ञदत्त से शिकायत करती हुई बोली, ''भैया, क्या बहू नीचे रहेगी?''

पुस्तक पर अपनी दृष्टि गड़ाये यज्ञदत्त ने कहा, ''वह यही चाहती है।''

''क्या तुम्हारी कोई इच्छा नहीं?''

''मैं किसी को विवश क्यों करने लगा? जिसे जो रुचिकर लगे, वह वही करे, मैं इसमें बाधा क्यों डालूँ?''

सुरमा इसे बहू का अपमान तथा उसकी उपेक्षा मानकर टप-टप आँसू बहाने लगी, किन्तु बहू को इसकी भनक नहीं लगी।

बहू घर के सारे काम-काज करने लगी। उसने सुरमा द्वारा किए जाने वाले सारे काम भी अपने हाथ में ले लिए। वह न तो कभी ऊपर आती थी और न ही

अपने पति से भेंट करती थी। धीरे-धरे सुरमा ने भी ऊपर आना बन्द कर दिया। बहू प्रसन्न मन से घर के सब काम निपटाती और सुरमा पास बैठकर एक तो यह देखती रहती कि काम करने में कितना सुख मिलता है और दूसरे, यह देखती कि काम में लगे रहने से किस प्रकार दुःख को आसानी से भुलाया जा सकता है। दोनों स्त्रियाँ आपस में अधिक बातचीत न करने पर भी स्नेह-सम्बन्ध को अधिक-से-अधिक सुदृढ़ करती आ रही थी।

बहू बीच-बीच में बुखार का शिकार होती और उपवास करने से ठीक हो जाती थी। दवाई खाना उसे अच्छा नहीं लगता, इससे नहीं खाती है। बुखार बिना दवाई खाए भी ठीक हो जाता है। बहू के ज्वर-ग्रस्त होने पर घर के सभी काम नौकरियाँ निपटाती है। सुरमा चाहकर भी कुछ करने में अपने को पूर्ण असमर्थ पाती है, इसलिए किसी काम में हाथ नहीं लगाती।

दो महीनों में सुरमा का रूप-सौन्दर्य और चमक-दमक सब जाता रहा। सोने की वह मूर्ति लोहे की मूर्ति बनकर रह गयी। बहू कभी-कभी कहती, "दीदी, तुम्हें ऐसा क्या हो गया है, जो दिन-प्रतिदिन कृश और क्षीण होती जता रही हो?"

सुरमा हँसकर कहती, "अच्छा, यह बात है? यदि मैं अपने स्वास्थ्य को सुधारने के लिए कहीं बाहर घूमने जाना चाहूँ, तो क्या तुम्हें कोई कष्ट या असुविधा तो नहीं होगी?"

"कष्ट-असुविधा तो निश्चित रूप से होगी।" "तो फिर मैं नहीं जाऊँगी।"

"हाँ, दीदी, तुम कहीं मत जाना। दवा-दारू से यहीं ठीक हो जाओगी।"

बहू के स्नेह पर मुग्ध होकर सुरमा ने बहू का माथा चूम लिया।

एक दिन अपने लिए भोजन परोसती सुरमा के उदास और मलिन चेहरे को देखकर लम्बी साँस छोड़ते हुए यज्ञदत्त ने कहा, "यह जीना भी कोई जीना है?"

सुरमा ने "क्या हो गया?" पूछ तो लिया, किन्तु वह अपने आँसुओं को बहने से न रोक सकी।

"समझ नहीं आता कि ऐसा जीवन कब तक जीना पड़ेगा?"

बन्दूक की गोली खाकर जंगली पशु अपने बचाव के लिए आसमान में उड़ान भरने की चेष्टा तो करता है, किन्तु शीघ्र ही उसे इस तथ्य की जानकारी हो जाती है कि उसका जीना-मरना तो धरती से जुड़ा है, इसलिए वह धरती पर लौट आता है। इसी प्रकार परेशान सुरमा ने पहले आकाश की ओर देखा और फिर धरती पर लौटने लगी। बिलखती हुई सुरमा यज्ञदत्त से अनुनय-विनय करने लगी। वह बोली, "यज्ञ भैया, मैं तुम्हारे लिए शुभ न होकर अमंगलमूल हूँ, इसलिए शत्रुरूप हूँ, मुझे कहीं बाहर भेजकर अपने जीवन को सुखी बना लो।"

कोई दास-दासी सुरमा को रोता-बिलखता न देख ले, इस आशंका से यज्ञदत्त ने उसे अपने समीप खींच लिया और उसके आँसू पोंछने लगा। वह बोला, 'इतनी

समझदार होकर छोटे बच्चों-जैसी बातें करना, क्या तुम्हें शोभा देता है?''

सुरमा उठ खड़ी हूई। अपने आँसू पोंछती हुई कमरे में चली गयी और भीतर से सांकल चढ़ाकर व औंधे मुँह लेटकर फफक-फफककर रोने लगी।

8

सुरमा ने एक दिन बहू को अपने पास बुलाकर पूछा, 'क्यों बहू, क्या भैया तुमसे कुछ कहते हैं?''

बहू बोली, ''नहीं तो, क्या उन्होंने मुझसे कुछ कहना है?''

सुरमा बोली, ''क्या तुम्हारा मन उसके पास जाने को नहीं करता, जो रात-भर नीचे पड़ी रही हो?''

अपने को लज्जित अनुभव करती हुई बहू ने सिर नीचे झुका लिया और, फिर बोली, ''मन तो करता है, किन्तु जा नहीं सकती।'' ''क्यों नहीं जा सकतीं?''

''दीदी, क्या आपको कुछ स्मरण नहीं है?''

''बहू, तुम किस बात की ओर संकेत कर रही हो?''

''दीदी, हम दोनों का गण भिन्न-भिन्न है। मेरा गण राक्षस है और उनका गण नर है।''

''यह सब तुमसे किसने कहा है?''

''स्वयं इन्होंने बुआजी से कहा था।''

एकदम हैरान हुई सुरमा बोली, ''यह सब कोरी बकवास है। इसमें रत्ती-भर भी सच्चाई नहीं है।''

''क्या यह झूठ है?'' बहू आँखें फाड़कर सुरमा की ओर देखने लगी।

सुरमा बोली, ''भाभी, मैं ठीक कहती हूँ कि इसमें कुछ भी सत्य नहीं है।''

''मैं नहीं मानती कि वह मुझसे झूठ कहेंगे।''सुरमा ने बहू को अपने समीप खींचकर उसे छाती के साथ लगा लिया और बोली, ''इस छल-कपट के लिए मैं पापिन ही उत्तरदायी हूँ।''

अपने को छुड़ाकर बहू ने पूछा, ''यह सब क्या है?''

सुरमा बोली, ''इसे अधिक न कुरेदनाही अच्छा है। मेरे लिए अपना कच्चा चिट्ठा खोलना सम्भव नहीं होगा।''

सीधी यज्ञदत्त के पास उस कमरे में पहुँची सुरमा बोली, ''तुमने बहू को इस प्रकार धोखा क्यों दिया है?''

बात को न समझ पाने के कारण यज्ञदत्त हैरान हो गया। उसने पूछा, ''सुरो, यह तुम क्या कह रही हो?''

सुरमा बोली, ''तुम-जैसे सुशिक्षित को यह सब शोभा नहीं देता।''

कुछ न समझने के कारण बेचारा यज्ञदत्त चुपचाप सब सुनता रहा। सुरमा

बोली, "यदि यही कुछ करना था, तो विवाह करने की क्या आवश्यकता थी? विवाह के बाद बहू को बुआ के पास छोड़ आने में भला क्या तुक थी? क्या यह सब मेरे कारण था? तुम अपने आपको कब तक इस प्रकार धोखा देते रहोगे?"

यज्ञदत्त ने दुखी स्वर में कहा, "सुरमा, कहीं पागल तो नहीं हो गयी हो?"

"मुझे तुम पागल कहते हो? मुझमें तुम्हारी अपेक्षा कहीं अधिक समझ है। यदि तुम ऐसा नहीं समझते, तो मुझे यहाँ से कहीं दूसरे स्थान पर भेज दो। अब तो मेरा मन एक दिन के लिए भी यहाँ रहने को नहीं करता। तुम ओछे व्यक्ति हो।"

यज्ञदत्त चिल्लाकर बोला, "क्या बके जा रही हो?"

"सौ बार कहूँगी, तुम झूठे हो, धोखेबाज हो।" सुरमा बोली।

पल-भर में यज्ञदत्त भी उत्तेजित हो उठा। किंकर्तव्यविमूढ़ हुए उसने मेज पर पड़े हुए रूलर को उठा लिया और कहने लगा, "अच्छा, मैं नीच हूँ, झूठ और दगाबाज हूँ, तो यह लो, मैं प्रायश्चित के रूप में अपने को दण्ड देता हूँ।" कहते हुए उसने पूरे जोर से अपने सिर पर प्रहार किया। सिर के फट जाने से रक्त की धारा बह निकली, आँखों के आगे अँधेरा छा गया, सिर चकराने के कारण वह धरती पर गिर पड़ा और अचेत हो गया। पीछे से आयी महिला ने उसे थामते हुए उसके सिर को अपनी गोद में ले लिया।

सुरमा के बिजली की चाल से ऊपर से भागकर नीचे आने को देखकर बहू ने दाँतों तले अँगुलि दबा ली। वस्तुतः बाहर जाती हुई प्रतनु के कानों में यज्ञदत्त की बातें पड़ गयी थी और उसे किसी अनिष्ट की आशंका सताने लगी थी। रूलर के बजने की आवाज ने उसे एकदम विचलित कर दिया था, वह भी ज्ञानशून्य और अर्धचेतन की अवस्था में पहुँच गयी थी। बड़ी कठिनाई से अपने को सँभालकर वह भागकर आयी थी और उसने गिरते हुए अपने पति को अपनी बाँहों में थाम लिया था।

9

छह दिनों के बाद यज्ञदत्त पूरी तरह से होश में आ गया। सुरमा के पूछने पर दासी ने बाबू के ठीक होने की सूचना दी। सुरमा के यज्ञदत्त को अपनी आँखों से देखने की इच्छा से उसकी ओर बढ़ने पर दासी ने कहा, "आप काफी क्षीण और दुर्बल हैं, बुखार ने भी आपका पीछा नहीं छोड़ा है, डॉक्टर ने भी मना कर रखा है, इसलिए आपका वहाँ जाना ठीक नहीं।"

सुरमा ने सोचा था कि उसकी खोज-खबर लेने यज्ञदत्त आएगा, प्रतनु आएगी, किन्तु सुबह से शाम तक सात दिनों तक प्रतीक्षा करते रहने पर भी न भैया आए और न बहू आयी। किसी ने उसकी ओर झाँका तक नहीं।

सुरमा का बुखार तो उतर गया है, किन्तु दुर्बलता इतनी अधिक है कि उठने का प्रयास करने पर भी वह उठ नहीं पाती। उठने के लिए, वह अनावश्यक प्रयास

भी नहीं करती। बस प्रकाश और छाया की कहानी के संवादों को स्मरण करके आँसू बहाती रहती है।

जब इस कहानी का प्रारम्भ हुआ था। तब दोनों—प्रकाश और छाया—का रंग काफी गहरा था, किन्तु अब यह रंग धुँधला पड़ता जा रहा है। ऐसा लगता है कि मध्याह्न का सूर्य पश्चिम दिशा में डूबने जा रहा है। इससे छाया का लम्बा, पतला और प्रेत की शक्ल धारण करना निश्चित है। अब तो घोर अन्धकार में समा जाने के लिए छाया धीरे-धीरे उधर सिमटती जा रही है।

रोती-रोती सो गयी सुरमा के शरीर पर हाथ रखते हुए किसी ने आवाज लगायी, "दीदी।"

उठकर बैठी सुरमा ने पूछा, "कैसे आयी हो भाभी?"

बहू की सुर्ख आँखों, काले पड़ गये होंठों और सूखे मुँह को देखकर सुरमा ने पूछा, "क्या हुआ है तुझे बहू?" उत्तर न पाकर सुरमा ने अपने प्रश्न को फिर से दोहराया।

प्रतनु बोली, "जीजी, पूछती हो कि क्या हुआ है मुझे, मैं अपने को इस घर में लाने वाली तुमसे छुट्टी लेने आयी हूँ।"

"क्यों छुट्टी चाहिए और कहाँ जाओगी? कुछ साफ-साफ कहो, तो पता भी चले।"

सुरमा के पैरों पर गिरी प्रतनु धरती पर सिर पटकने लगी।

सुरमा ने बहू को छुआ, तो पता चला कि उसका शरीर तेज बुखार से आग की तरह जल रहा है। इतने में दौड़कर आयी दासी ने घबराये स्वर में पूछा, "आठ दिनों से तेज बुखार में अचेत पड़ी नयी बहू कहीं इधर तो नहीं आयी?" प्रतनु पर दृष्टि पड़ते ही दासी बोली, "मालकिन, आप भी कमाल करती हैं, यहाँ आप कैसे आ गयीं? क्या आपको मालूम नहीं है कि आप आठ दिन से ज्वर से पीड़ित हैं, डॉक्टर ने आपको चलने-फिरने से मना कर रखा है।"दूसरी दासी बोली, "क्यों झूठ बोल रही है, कौन-सा डॉक्टर इन्हें देखने आता है? परसों सवेरे नल के नीचे सिर रखकर घण्टों भीगती रहीं। सब रोकते रहे, पर इन्होंने किसी की एक नहीं सुनी?"

शाम होने से पहले यज्ञदत्त के पास उसके कमरे में आयी सुरमा रोती हुई बोली, "भैया, भाभी की हालत तो इतनी नाजुक है कि बचना मुश्किल है।"

"बचना मुश्किल है? क्यों, क्या हुआ है?"

"मेरे कमरे में चलकर देखो, मुझे तो उसका अन्त समीप दिखाई देता है।"

दो-तीन डॉक्टरों ने बताया, बहू को जोर की वायु लग गयी है।

रात-भर यज्ञदत्त पत्नी के सिरहाने बैठा रहा, किन्तु अचेत पड़ी बहू को कुछ भी मालूम नहीं। यज्ञदत्त ने अपना मुँह प्रतनु के मुँह के पास लाकर उसे कई बार

पुकारा, परन्तु न तो उसने आँख खोलकर उसे पहचाना और न ही वह मुँह से कुछ बोली।

डॉक्टरों के चले जाने के बाद यज्ञदत्त रोने लगा और बार-बार बकने लगा, "बहू, एक बार आँख खोलकर देख तो लो। एक बार मुँह से क्षमा शब्द तो बोल दो।"

प्रतनु के पैताने बैठकर अस्फुट स्वर में बिलखती सुरमा बोली, "भाभी, ऐसा कठोर दण्ड क्यों देती हो?"

रोने-चिल्लाने वाला रोता-चिल्लाता रहा, बिलखने वाली बिलखती रही, किन्तु उत्तर कौन देता? पंछी तो उड़कर जा चुका था।

सुरमा द्वारा यज्ञदत्त के विषय में पूछने पर दासी ने बताया, "वह तो कल पश्चिम की ओर चले गए हैं।"

"कब लौटेंगे, क्या कुछ बताकर गए हैं?"

"नहीं, जल्दी न लौटने की कह रहे थे।"

"क्या मेरे रहने की कोई व्यवस्था कर गए हैं?"

"मुनीमजी को कह गए हैं कि जितने रुपयों की तुम माँग करो, तुम्हें दे दिए जाएँ और तुम अपनी इच्छानुसार कहीं भी जाने को स्वतन्त्र हो।"

आकाश की ओर देखती हुई सुरमा बोली, "सूर्य के अभाव में संसार में प्रकाश नहीं, आकाश में चन्द्र और तारे भी नहीं, अब तो आस-पास, आगे-पीछे कहीं छाया भी दिखाई नहीं देती। चारों ओर घना अंधेरा है। छाती की धड़करन बन्द होने लगी है और आँखों की पुतलियाँ मिचने लगी हैं।"

दासी ने पुकारा, "जीजी।"

सुरमा ने मुँह से आवाज दी, "यज्ञ भैया।" और उसी के साथ वह सदा के लिए धरती पर लुढ़क गयी।"

3. एकादशी वैरागी

ब्राह्मणों की आबादी वाले कालीदह के गाँव के ज़मीदार गोपाल मुखर्जी का लड़का अपूर्व भी बचपन से लड़कों का सरदार रहा है। पाँच-छह वर्ष तक कलकत्ता में रहने और बी. ए. (ऑनर्स) पास करके गाँव में लौटने पर, तो अपूर्व की मान-प्रतिष्ठा में चार चाँद लग गए। गाँव के टूटे-फूटे स्कूल में पढ़ने वाले अपूर्व के साथी जहाँ नए फ़ैशन के बाल कटवाने लगे थे, वहाँ लम्बे समय तक शहर में रहकर और उच्च शिक्षा प्राप्त करके भी इस लड़के ने बालों की छटाई में परम्परा को अपनाकर बड़े-बुजुर्गों का मन मोह लिया था। गाँव में आने से पहले अपूर्व कलकत्ता में अनेक सभाओं-आयोजनों में भाग लेकर तथा अनेक प्रतिष्ठित विद्वानों के प्रवचनों को सुनकर हिन्दू धर्म के गूढ़ तत्त्वों को समझने में समर्थ हो गया था। अतः वह हिन्दू धर्म की प्रत्येक रीति नीति को विज्ञानसम्मत बताता था। इसी के अन्तर्गत वह सिर पर रखी शिखा को ब्राह्मण में व्याप्त विद्युत तरंगों को ग्रहरण करने का माध्यम बताता था। पूजा-पाठ को मन की शान्ति और स्थिरता का साधन मानता था, यहाँ तक कि केले के सेवन से होने वाले रासायनिक लाभों की चर्चा भी करता था, जिसे सुनकर एक ओर, गाँव के बड़े-बूढ़े उसकी बुद्धि का लोहा मानते, तो दूसरी ओर, उसकी प्रशंसा करते न थकते। गाँव के लड़के अपूर्व का अनुकरण करके चोटी रखने लगे। गंगा-स्नान, देव-पूजा तथा व्रतोपवास आदि को स्त्रियों से भी कहीं अधिक गौरव देने लगे। इस प्रकार अपूर्व ने अत्यधिक लोकप्रियता प्राप्त कर ली।

हिन्दू धर्म के पुनरुद्धार और देश-सेवा के क्षेत्र में अपूर्व के योगदान से प्रभावित होकर बड़े-बूढ़े उसके पूर्वजों तक को सराहने लगे, वे गोपाल मुखर्जी को लक्ष्मी का कृपापात्र होने के साथ ऐसे सुपुत्र को पाने के लिए उन्हें सौभाग्यशाली बताने लगे। यह सचमुच ही लोगों के लिए आश्चर्य का विषय था कि आज के युग में अंग्रेजी में शिक्षा प्राप्त करने पर भी अपने धर्म-कर्म में प्रवृत्ति बनाए रखना एक प्रकार से अपवाद ही था। इसलिए देश के लोग अपूर्व को ''यथा नाम तथा गुणः'' की उक्ति के आधार पर अपूर्व ही मानते थे। जब अपूर्व ने तीन संस्थाओं—'हिन्दू धर्म प्रचारिणी सभी', 'धूमपान निवारिणी सभा' तथा 'दुर्नीति दलन सभा'—की स्थापना की और इन संस्थाओं के कार्यक्रम होने लगे, तो गाँवों के अशिक्षित किसान-मज़दूर तक विचलित हो उठे। अपूर्व को जब ताड़ी पीकर पंचकौड़ी द्वारा अपनी पत्नी को पीटने का पता चला, तो अपनी बालमण्डली के

साथ उसके घर पहुँचकर अपूर्व ने पंचकौड़ी को इस प्रकार डाँटा-डपटा, डराया-धमकाया कि उसकी स्त्री डर के मारे गाँव छोड़कर अपने पति के साथ मायके चली गई। ब्राह्मण पाण्डे के अविनाश को बहुत रात बीते गाँजे के नशे में उच्च स्वर में गाना गाते हुए सुना, तो उसे ऐसा पीटा गया कि बेचारे की नाक से ख़ून बहने लगा। अपूर्व के दल के एक लड़के ने दुर्गा डोम के चौदह-पन्द्रह साल के लड़के को बीड़ी पीते देखा, तो उसे इस बुराई से हटाने के लिए जलती बीड़ी से उसकी पीठ दाग़ दी।

इस प्रकार अपूर्व ने अपने दल-बल की सहायता से गाँव की बुराइयों को मिटाने और आदर्श को स्थापित करने में उल्लेखनीय योगदान दिया। उसने देखा कि गाँव के स्कूल के पुस्तकालय में दो-चार फटी-पुरानी पुस्तकें हैं। पुस्तकालय की इस दीन-हीन दशा के लिए स्कूल के मुख्याध्यापक को उत्तरदायी ठहराते हुए उसने उन्हें ख़ूब खरी-खोटी सुनाई और फिर उसने पुस्तकालय की स्थिति को सुधारने का बीड़ा उठा लिया। अपूर्व ने इसके लिए अपनी अध्यक्षता में एक समिति का गठन किया, दानी महाशयों से उघाई जाने वाली धन-राशि की तथा मँगाई जाने वाली पुस्तकों की सूची तैयार की। गाँव के लोग इन लड़कों के धर्म-प्रचार और समाज-सुधार की गतिविधियों को तो चुपचाप देखते आ रहे थे, इन सबके संचालन में इन्हें कोई आपत्ति नहीं थी, किन्तु अब, जब चन्दा वसूल किए जाने का पता चला, तो गाँव के छोटे-बड़े, धनी-निर्धन, सभी वर्ग, स्थिति और स्तर के लोग चिन्तित हो उठें। अपूर्व के दल के किसी लड़के को हाथ में रसीद-बुक और क़लम लेकर अपनी ओर आता देखते ही लोग उनकी आँखों से ओझल हो जाते। प्रसन्नता से चन्दा देने के लिए शायद कोई एक भी व्यक्ति तैयार नहीं था। इस स्थिति में चिन्तित और परेशान अपूर्व के दिमाग़ में सहसा एक नया विचार कौंध गया।

अपूर्व ने स्कूल के पास ही एक पुराने, टूट-फूटे एवं उपेक्षित पड़े एक मकान देखा, तो उसे पता चला कि आज से दस साल पहले किसी एक निन्दनीय सामाजिक अपराध में लिप्त होने वाले एकादशी वैरागी को ब्राह्मणों ने समाज और जाति से बहिष्कृत कर दिया था। गाँव के धोबी, नाई, मोची और मोदी आदि ने भी उसका काम करना बन्द कर दिया था। इसके फलस्वरूप, एकादशी अपने घर-गाँव को छोड़कर, यहाँ से दो कोस दूर बारुईपुर गाँव में जा बसा है। उसके पुराने नाम का तो किसी को पता नहीं, किन्तु उसकी सम्पन्नता की तूती बोलती है। अपूर्व ने सोचा कि नए स्थान पर वह अपनी वास्तविकता को छिपाकर रहता होगा। यदि उसे उसकी पोल खोलने की धमकी दी जाए, तो उससे चन्दे के रूप में मोटी रक़म वसूल की जा सकती है।

अपूर्व ने अपने साथियों से कहा, "जब वह व्यक्ति एक ओर धनी है और दूसरी ओर पतित है, अपने दुराचरण को समाज से छिपाना चाहता है, तो क्यों न

स्कूल की लायब्रेरी के लिए पूरी न सही, आधी धनराशि उससे वसूल की जाए?"

लड़कों ने अपूर्व के इस विचार से अपने सहमति जताई और दानियों की सूची में उसका नाम जोड़कर उसके नाम के सामने अपेक्षित धनराशि भी लिख दी। अपूर्व ने अपने साथियों को यह भी बताया कि यदि एकादशी ने चन्दा देने से इन्कार कर दिया, तो उस गाँव के ज़मींदार उसके ममिया-ससुर हैं, उनसे अनुरोध करके वह यहाँ भी एकादशी का सामाजिक बहिष्कार करा देगा। वहाँ के धोबी-नाई भी उसका काम करना बन्द कर देंगे। पण्डित रसिक स्मृतिरत्न को पता चला, तो उन्होंने बताया कि एकादशी को अपने इस गाँव के घर से बड़ा मोह है, अतः वह मकान के बचाव के लिए धनराशि देने में इन्कार नहीं करेगा।

वस्तुतः पण्डित रसिक को एकादशी से अपना पुराना हिसाब चुकता करना था। दो साल पहले पण्डितजी इस धरती को अपने बाग़ीचे में मिलाना चाहते थे, इसके लिए उन्होंने एकादशी के सामने इसे बेचने का प्रस्ताव भी किया था। रसिक पण्डित के प्रस्ताव के उत्तर में एकादशी ने कहा था, "थोड़ी-सी धरती के लिए ब्राह्मण से दाम लेने का अधर्म मैं नहीं कर सकता।" यह सुनकर पण्डितजी फूले नहीं समाये और आशीर्वादों की वर्षा करने लगे, किन्तु थोड़ी देर में एकादशी ने करबद्ध होकर कहा, "महाराज! मैं अपने पूर्वजों के वचन से बँधा हूँ। मेरे पिताजी ने मरते समय अपने सिर की शपथ देकर मुझसे कहा था कि खाने के तुम्हें भले लाले पड़ जाएँ, किन्तु इस घर को कभी अपने हाथ से न जाने देना।" यह सुनकर पण्डितजी इतने हताश हुए, मानो उन पर बिजली गिर पड़ी हो। आज उन्हें अपने इस अपमान का प्रतिशोध लेने का अवसर मिल गया था।

योजना बनाने के चार-पाँच दिनों के बाद योजना को कार्यरूप देने के लिए अपूर्व का दल सवेरे दो कोस पैदल चलकर एकादशी के घर जा पहुँचा। एकादशी का घर मिट्टी का होने पर भी लिपा-पुता और साफ़-सुथरा था। गले में तुलसी की मालाएँ डाले, दाढ़ी-मूँछ मुँड़ाये और सूखा चेहरा लिए एकादशी बैठा था। जिस प्रकार गन्ना मशीन में पिलकर भी दूसरों का खन चूसते-चूसते एकदम इस प्रकार नीरस और निर्मम हो गया है कि उसके चेहरे पर गहरी वेदना छायी हुई है। उसके चेहरे को देखकर अपूर्व को इस कृपण से कुछ मिलने की आशा धूमिल हो गयी। चण्डी-मण्डप में बिछी एक छोटी-सी दरी पर एकादशी बैठा हुआ है, उसके सामने लकड़ी का बक्सा है और पास में बही-खातों का ढेर लगा हुआ है। चारों ओर उदास चेहरा लिए अलग-अलग आयु के बहुत सारे लोग बैठे हैं। उनके साथ बैठा जनेऊधारी एक बूढ़ा गुमाश्ता उनसे बातचीत कर रहा है। ये सारे आसामी कुछ लेने के लिए आये प्रतीत होते हैं। ऐसा कोई नहीं दिखता, जो ऋण लौटाने आया हो।

अचानक सभ्य परिवारों के सुशिक्षित इतने सारे लड़कों को अपने घर में आया देखकर एकादशीा चकित हो गया। गुमाश्ते ने स्लेट को एक ओर रखकर

पूछा, "आप लोग कौन हैं और यहाँ किस प्रयोजन से आए हैं?"

अपूर्व ने उत्तर दिया, "हम सभी ब्राह्मण हैं और कालीदह से आए हैं।" ब्राह्मण शब्द सुनते ही एकादशी ने खड़े होकर और सिर झुकाकर उन्हें प्रणाम किया। इसके बाद अत्यन्त विनम्र स्वर में बैठने की प्रार्थना की।

लड़कों के बैठ जाने पर एकादशी ने भी आसन ग्रहण किया।

गुमाश्ते ने पूछा, "आप लोग किस प्रयोजन से यहाँ आए हैं?"

अपूर्व ने पुस्तकालय की उपयोगिता पर संक्षिप्त भाषण देकर चन्दे की बात छेड़ी, तो देखा कि एकादशी ने उसे अनावश्यक समझकर उधर ध्यान देना ही उचित नहीं समझा। वह खम्भे के पास बैठी स्त्री को सम्बोधित करके कहने लगा, "हारू की माँ, क्या तुम्हारा दिमाग़ तो खराब नहीं हो गया, जो सात रुपये दो आने ब्याज में से दो आने अपने छुड़वाना चाहती हो? इससे अच्छा तो यह होगा कि तू मेरा गला काट दे, फिर मेरे न रहने से तुझे ऋण चुकाना ही नहीं पड़ेगा।"

इसके बाद इन दो आने के लिए दोनों पक्षों में जमकर ऐसी खींचा-तानी हुई, मानो इसी रक़म पर इन दोनों का जीवन निर्भर हो। दोनों का वाक्-युद्ध समाप्त होने में ही नहीं आ रहा था। एकादशी छोड़ने को तैयार नहीं था, तो हारू की माँ बिना छुड़ाये मानने को तैयार नहीं थी। इस लड़ाई का अन्त होता न देखकर अधीर हुआ अपूर्व बीच में ही बोल पड़ा, "तुम्हारी लड़ाई तो चलती रहेगी, हमें तो चन्दा देकर चलता करो।"

एकादशी बोला, "आप लोगों से मैं अभी बात करता हूँ।" कहकर वह दूसरी आसामी से बोला, "क्यों रे नफ़र, क्या तू हमें दिवालिया बनाने पर तुला है, जो पिछले दो रुपये तो चुकाये नहीं ऊपर से और एक रुपया माँगने चला आया? अच्छा, क्या पिछल ऋण का सूद भी लाया है या नहीं?"

नफ़र ने अपनी अण्टी से एक आना निकालकर एकादशी को दिया, तो वह बोला, "अरे, तीन महीने का सूद है, दो पैसे और चाहिए, ला, दे।"

हाथ जोड़कर नफ़र बोला, "मालिक, मेरे पास और कुछ भी नहीं है। किसी की मिन्नत-खुशामद करके बड़ी कठिनाई से एक आना उधार लाया हूँ, दो पैसे आपके बाक़ी रहे, अगली हाट के दिन दे जाऊँगा।"

"तो क्या तेरी अण्टी में और कुछ नहीं?"

"नहीं, तो क्या दो पैसों के लिए झूठ बोलूँगा? यदि मेरे पास पैसे निकलें, तो मेरे मुँह में कीड़े पड़ जाएँ।"

इस पर भी एकादशी को विश्वास नहीं आया। वह बोला, "जब एक आना उधार ला सकता है, तो डेढ़ आना नहीं ला सकता था?"

"मालिक नहीं मिले, तो क्या करूँ? कभी यक़ीन भी कर लिया करो।" अपूर्व का धीरज चुकता जा रहा था, अतः वह बीच में ही बोल उठा, "आप भले

आदमी प्रतीत होते हैं, हमें...."

अपूर्व के कथन की उपेक्षा करके एकादशी ने सामने से गुज़रते बाग्दी को बुलाया और उसे नफ़र की तलाशी लेने को कहा।

परान बाग्दी के आगे बढ़ने से पहले ही नफ़र ने अपने बग़ल में दवाई अण्टी में से दो पेसे निकालकर एकादशी के आगे फेंक दिए। एकादशी उसकी इस बदतमीज़ी पर ज़रा भी नहीं खीजा। उसने चुपचाप पैसे उठाये और अपने बक्से में रख दिए। इसके बाद उसने गुमाश्ते को नफ़र का सूद जमा करने को कहा। फिर एकादशी नफ़र से बोला, "तुझे एक रुपये की क्या ज़रूरत पड़ गयी है?"

नफ़र ने उत्तर दिया, "क्या बिना ज़रूरत के माँगने आया हूँ?"

एकादशी ने कहा, "मैंने तुझे पूरा रुपया दे दिया, तो तू उसे इधर-उधर कर देगा, मेरी मान, आठ आने ले जा।"

इसके बाद काफ़ी देर तक चख-चख के बाद नफ़र बारह आने लेने पर राज़ी हुआ।

अन्त तक प्रतीक्षा करते हुए इन लड़कों को काफ़ी देर हो चुकी थी। अनाथनाथ ने मौक़ा देखकर चन्दे की लिस्ट एकादशी के आगे रख दी और उससे कहा, "हम और अधिक देर नहीं रूक सकते। आपको जो देना है, देकर हमें चलता कीजिए।"

एकादशी ने लिस्ट उठाई और पन्द्रह मिनट तक बड़े ध्यान से आदि से अन्त तक उसे देखता रहा और फिर लम्बी साँस लेकर बोला, "क्या मुझ-जैसे बूढ़े आदमी को भी चन्दा देना पड़ेगा?"

बड़ी कठिनाई से अपने क्रोध को दबाते हुए अपूर्व ने कहा, "बड़े-बूढ़े दान नहीं करेंगे, तो क्या बच्चे करेंगे? बच्चे देना भी चाहे, तो भी वे बड़े-बूढ़ों से ही तो माँगेगे? क्यों, क्या मैंने कुछ ग़लत कहा है?"

इस प्रश्न का उत्तर दिए बिना एकादशी बोला, "स्कूल को बने, तो बीस-पच्चीस साल हो गए हैं, आज तक तो लायब्रेरी के लिए चन्दा माँगने कभी कोई नहीं आया। पता नहीं, आप लोग यह नया बखेड़ा क्यों ले बैठे हो? खैर, छोड़ो। अब आप लोग आये ही हैं, तो कुछ देना ही पड़ेगा। मेरे अपने बच्चे भले ही लायब्रेरी की पुस्तकें न पढ़ें, गाँव के लड़के तो पढ़ेंगे। घोषालजी, तुम्हारी क्या राय है?"

बात टालने की इच्छा से गुमाश्ता बोला, "मैं कुछ समझा नहीं।" एकादशी ने कहा, "ठीक है, मैं चन्दा देने को सहमत हूँ, आप लोग किसी दिन आकर चार आने ले जाइएगा।" गुमाश्ते की ओर उन्मुख होकर एकादशी बोला, "क्यों घोषालजी, चार आने से कम देना, तो अच्छा नहीं लगता? ये बेचारे इतनी दूर से मेरा नाम सुनकर और आशा लगाकर आए हैं, इन्हें निराश करना भी तो ठीक नहीं।"

क्रोधावेश में अपूर्व कुछ-नहीं बोल सका। अनाथनाथ ने कहा, "क्या हम

लोग चार आने के लिए इतनी दूर से आए हैं? और वह लेने के लिए भी किसी और दिन आना पड़ेगा।''

एकादशी विनर्म और धीमे स्वर में बोला, ''क्या आप लोगों ने अपनी आँखों से नहीं देखा कि अपने हक़ के दो पैसे वसूल करने में कितने कष्ट उठाने पड़ते हैं? कितने घटिया तरीक़े अपनाने पड़ते हैं? बिना कुछ वसूली किए तो देने का सुभीता हो ही नहीं सकता।''

अब अपूर्व अपने क्रोध पर क़ाबू न रख सका। वह खड़ा होकर उत्तेजित स्वर में बोला, ''जब यहाँ भी नाई-धोबी तुम्हार बहिष्कार करेंगे, तो सुभीता होते देर नहीं लगेगी। अरे नीचपिशाच! चन्दन लगाकर यहाँ रंगा सियार बना बैठा है। तुझे नहीं पता कि हम तेरी असलियत को भली-भाँति जानते हैं।''

विपिन ने अँगुली से धमकाते हुए एकादशी से कहा, ''बारुईपुर के ज़मींदार राखालदास बाबू हमारे सम्बन्धी हैं, उन्हें तुम्हारी वास्तविकता बतानी ही पड़ेगी।''

बूढ़ा एकादशीा हतबुद्धि होकर टुकुर-टुकुर देखता रहा। बच्चों के इस क्रोधावेश के कारण को जानना उसकी समझ के बाहर था। अपूर्व ने कहा, ''गरीबों का खून चूस-चूसकर तू मोटा होता जा रहा है। तुम्हें पाठ पढ़ाये बिना हम जाने वाले नहीं।''

अपने को अपमानित करके गाँठ से दो पैसे निकलवाने वाले एकादशी की इस दुर्दशा पर नफ़र का प्रसन्न होना स्वाभाविक था। वह बोला, ''आप लोगों ने इसे ठीक ही पहचाना है, यह वैरागी नहीं, पिशाच है, पिशाच। मेरे साथ दो पैसों के लिए इसके द्वारा किए दुर्व्यवहार को तो आप लोगों ने अपनी आँखों से देख ही लिया है।''

बूढ़े वैरागी पर पड़ रही फटकार से वहाँ बैठे आसामी मन-ही-मन प्रसन्न हो रहे थे। उनके चेहरे के हाव-भाव को देखकर विपिन उत्साहित हो उठा और वैरागी को धमकाता हुआ बोला, ''यहाँ तुम लोगों को इनके भीतरी रूप का भले ही पता न हो, किन्तु हम तो इनकी सारी पोल जानते हैं। यह हमारे गाँव के ही आदमी हैं, क़ोई बाहर के थोड़े ही हैं।'' एकादशी की ओर उन्मुख होकर वह बोला, ''क्यों रे बुड्ढ़े सच-सच बताना, क्या अपने गाँव में नाई, धोबी और मोची आदि ने तुम्हारा काम करने से इन्कार किया था या नहीं?''

पुरानी बात होने पर भी, यह सभी लोगों को मालूम थी। वह वैष्णव न होकर गोप जाति में उत्पन्न हुआ था। उसकी इकलौती सौतेली बहिन ने किसी प्रलोभनवश किसी विजातीय को अपना लिया था। एकादशी बड़े श्रम से उसे ढूँढ़ सका था। लोगों ने उसके इस कुत्सित आचरण पर थू-थू की थी, किन्तु एकादशी मातृ-पितृविहीन उस बहिन को छोड़ नहीं सका। एकादशी का भी इस संसार में अपना कहलाने वाला कोई नहीं था। अपनी इस सौतेली बहिन को उसने बचपन में खूब लाड़-प्यार

किया था। एकादशी ने पूरे ठाट-बाट से उसका विवाह किया था और फिर छोटी आयु में उसके विधवा हो जाने पर उसे अपने घर ले आया था। कच्ची आयु में समझ की कमी से बहिन के पैर फिसलने पर एकादशी ने रो-रोकर अपना बुरा हाल कर दिया था। उसका खाना-पीना, सुख-आराम सब हराम हो गया था। उसे ढूँढ़ने में वह कितना अधिक परेशान और दुखी हुआ, इसे केवल वह और उसके अन्तर्यामी ही जानते हैं। गाँव वालों ने एकादशी से अपनी इस कलंकिनी बहिन को घर से निकालने और प्रायश्चित करने को कहा, किन्तु वह अपनी बहिन को घर से निकाल बाहर करने को सहमत नहीं हुआ। उसके इस हठ के कारण समाज ने उसका हुक़्क़ा-पानी बन्द कर दिया। गाँव के धोबी, नाई आदि ने उसे अछूत मानकर उसका काम करना छोड़ दिया, जिसमें परेशान होकर एकादशी अपने गृहगाँव को छोड़कर बारुईपुर आ बसा। यद्यपि उसकी कहानी किसी से छिपी नहीं, तथापि इसकी चर्चा से एकादशी को न तो सुख मिलता है और न ही किसी की दृष्टि में उसका सम्मान बढ़ता है। अतः किसी के कलंक की कहानी को सुनने में लोगों का मज़ा लेना तो स्वाभाविक ही है। कलंक कितना भी पुराना क्यों न हो, फिर भी अपयश और अपमान का कारण तो बना ही रहता है। एकादशी से यह तथ्य छिपा नहीं है। इसकी भनक कहीं उसकी बहिन गौरी के कान में न पड़ जाये और वह फिर से दुखी और परेशान न हो उठे, इस चिन्ता से एकादशी जड़ बनकर बैठा चुपचाप सब सुनता रहा। उसने अपने मुँह से एक शब्द भी नहीं बोला। एकादशी की इस विवशता पर अपूर्व का ध्यान गया, तो वह चुप हो गया।

विपिन गरजता हुआ बोला, "क्या तुमने हमें भिखारी समझ रखा है, जो इस कड़ी धूप में दो कोस पैदल चलकर चार आने लेने आये हैं? अब हम क्या इसी ताक में रहें कि कब तुम्हारा आसामी तुम्हारा ब्याज चुकाता है और कब तुम्हारा मन हमें कुछ देने का बनता है? पता लग जाने पर, फिर इसी तरह हमें एक दिन आना होगा और बाबू साहब की खुशामद करनी पड़ेगी। लोगों का खून चूस-चूसकर तुम्हारा पेट ही मोटा नहीं हो गया, अक़्ल भी मोटी हो गयी है। तुम सोचते हो कि तुम्हारा कोई कुछ नहीं बिगाड़ सकता, किन्तु मैं प्रतिज्ञा करता हूँ कि यदि मैंने तुम्हारी जड़ न हिला दी, तो मेरा नाम विपिन भट्टाचार्य नहीं। पैसा आ जाने पर छोटी जाति के लोगों का अकड़ना स्वाभाविक ही है। चलो अपूर्व, उठो, इसका जो कुछ करना होगा, सोच-विचार के बाद वह सब अवश्य ही करेंगे।" यह कहकर वह अपूर्व को खींचता हुआ बाहर चल दिया।

इस प्रतीक्षा और वाद-विवाद में ग्यारह बज गए थे। धूप में पैदल चलने से अपूर्व को प्यास सताने लगी थी और उसने किसी नौकरानी को थोड़ी देर पहले पानी लाने को कह दिया था। विपिन द्वारा किए गए तर्जन-गर्जन में अपूर्व को यह सब विस्मृत-सा हो गया था, किन्तु अब सहसा उसने देखा कि एक युवती पानी

का गिलास और बताशे की तश्तरी लिए उसकी ओर आ रही है। इस पर अपूर्व को अपनी प्यास और पानी मँगाने की बात याद हो आयी। सत्ताइस-अट्ठाइस वर्ष की गौरी देखने में छोटी जाति की बिल्कुल नहीं लगती थी। लगता था कि स्नान करके और सफ़ेद पट्ट धारण कर पूजा पर बैठने जा रही होगी कि दासी से ब्राह्मण द्वारा जल की माँग का पता चला होगा और पूजा छोड़कर स्वयं जल लेकर आ गयी है। समीप आकर उसने पूछा, ''जल किसे पीना है?''

विपिन ने व्यंग्य किया कि, ''क्या तुम्हारे द्वारा पाट की साड़ी पहन लेने से ब्राह्मण के लिए तुम्हारे हाथ का जल ग्रहण करना उचित हो जाएगा? अरे, इस अप्सरा को देखो तो सही।''

सुनते ही विधवा गौरी के हाथ से बताशों से भरी तश्तरी नीचे गिर गयी। विपिन द्वारा किए गए महिला के इस अपमान से अपूर्व अपने को अत्यन्त लज्जित अनुभव करने लगा। उसने विपिन को कुहनी मारते हुए कहा, ''यह सब क्या बचपना कर रहे हो, लगता है कि तुम्हें किससे क्या बोलना चाहिए इसका कुछ भी ज्ञान नहीं है।''

ठेठ गाँव का आदमी होने के कारण विपिन किसी को भी खरी-खोटी सुनाने में कोई कोर-कसर उठा नहीं रखता। उसकी दृष्टि में नर-नारी का भी कोई भेद नहीं। उसकी मान्यता है कि काने को करना कहना असभ्यता नहीं। अतः वह अपूर्व की सीख पर और भी अधिक बिगड़ गया और चिल्लाकर बोला, ''क्या मैंने कुछ झूठ कहा है? सत्य कहने में भय अथवा संकोच कैसा? इसका साहस तो देखो, ब्राह्मणों को जल पिलाने आ गयी है। अरे, मैं तो सारे बाज़ार में, सबके सामने इसकी पोल खोल सकता हूँ। इसे थोड़ी-सी भी लाज होती, तो चुल्लू-भर पानी में डूब मरती।''

अपूर्व समझ गया कि इस हठी साथी को समझाना जलती आग में तेल डालने-जैसा कर्म है। इसलिए वह बोला, ''बन्धु, शान्त हो जाओ, जल लाने को मैंने कहा था, अब निकल चलो यहाँ से।''

तश्तरी उठाकर खम्भे की ओट में खड़ी गौरी एकादशी की ओर उन्मुख होकर बोली, ''भैया, चन्दा लेने आये इन लोगों को तुमने चन्दा तो दे दिया होगा।''

अब तक जड़ बनकर बैठा एकादशी व्याकुल स्वर में बोला, ''बहिन, अभी दे रहा हूँ।''

अपूर्व की ओर देखता और हाथ जोड़ता एकादशी बोला, ''मुझ ग़रीब के लिए चार आना बहुत है, इन्हें स्वीकार करने की कृपा करें।''

कुछ कठोर कहने जा रहे विपिन को अपूर्व ने संकेत से रोक दिया। चार आने के पीछे ऐसी बेहूदगी हो जाने के बाद स्वयं अपूर्व को वैरागी का दान अग्राह्य लगा। इससे वह बोला, ''वैरागी, तुम-जैसे गरीब से कुछ लेकर हम तुम्हें भूखा नहीं

मारना चाहते। अब तुम्हें कुछ नहीं देना है, तुम निश्चित हो जाओ।''

वैरागी के लिए यह समझना कठिन नहीं था कि इस इन्कार का कारण क्रोध है। अतः लम्बी साँस छोड़कर बोला, ''यह भी कैसा कलिकाल है, श्रद्धापूर्वक दिए जाने वाले दान को नकारा जा रहा है। इसका अर्थ तो यह हुआ कि आप लोग दान के नाम पर दूसरे का गला काटने में भी संकोच नहीं करेंगे। घोषालजी, जब ये लोग इस राशि से सन्तुष्ट नहीं, तो इन्हें पाँच आना दे दीजिए और इस राशि को मेरे खाते में डाल दीजिए।'' यह कहकर वैरागी ने एक बार पुनः ठण्डी आह भरी। उसके चेहरे पर उभरी विवाद की रेखाओं को देखकर अपूर्व को हँसी हो गयी और वह सोचने लगा कि सूद पर पलने वाला यह महाजन एक आने को बड़ी राशि समझ रहा है। साथ ही इस राशि के निकल जाने से कितना अधिक व्यथित, चिन्तित और परेशान भी हो रहा है। अपूर्व हँसकर बोला, ''वैरागी, क्यों दुखी हो रहे हो, हम चन्दे में चार-पाँच आने लेते ही नहीं है। हम लोग जा रहे हैं। तुम्हें परेशान होने की कोई आवश्यकता नहीं है।''

अपूर्व को पूरी आशा थी कि ओट में खड़ी होकर सब कुछ सुनती वैरागी की बहिन गौरी इस राशि को बढ़ाने की वकालत अवश्य करेगी, परन्तु उधर से ऐसी कोई प्रतिक्रिया सुनने को नहीं मिली। लिहाज़ा अपूर्व को पक्का विश्वास हो गया कि वैरागी सचमुच बहुत ही छोटा और कृपण प्रकृति का व्यक्ति है, जिसके लिए चार-पाँच आने बहुत राशि है। लगता है कि ये लोग पैसे को अपने जीवन तथा मान-सम्मान से कहीं अधिक महत्त्व देते हैं। ये लोग पैसे के लिए किसी भी स्तर तक गिर सकते हैं और पैसे के लिए किसी भी निकृष्टतम कार्य को कर सकते हैं।

अपने साथियों के साथ अपूर्व वहाँ से प्रस्थान करने ही वाला था कि अनाथ की दृष्टि गले मे उत्तरीय डाले (बंगाल में किसी सम्बन्धी की मृत्यु का सूचक) एक दस-ग्यारह वर्षीय बालक के साथ आयी विधवा स्त्री पर पड़ी।

बालक को पहचानकर अनाथ ने पूछा, ''पुण्टू, तू यहाँ कैसे आया है?'' पुण्टू ने ओट में बैठी माँ की ओर संकेत किया, तो बेचारी विधवा एकादशी की ओर संकेत करके बोली, ''पुण्टू के पिता का स्वर्गवास हो गया है। उन्होंने इनके पास काफ़ी रुपया जमा कर रखा है।'' एकादशी इन बेचारों के साथ कैसा व्यवहार करता है, यह देखने की उत्सुकता से अपूर्व और उसके साथी फिर से बैठ गए। अपूर्व को काफ़ी देर से प्यास सता रही थी, किन्तु वह भी वहाँ बैठ गया।

एकादशी ने पूछा, ''बेटा, तुम्हारा क्या नाम है और तुम कहाँ रहते हो?''

लड़के ने उत्तर दिया, ''मेरा नाम शशांक है और मैं इन्हीं के गाँव कालीदह में रहता हूँ।''

''तुम्हारे पिताजी का क्या नाम था?''

लड़के की ओर से अनाथनाथ ने उत्तर दिया, "इसके पिता तो बहुत दिन पहले चल बसे थे। इसके बाबा रामलोचन चटर्जी जवान लड़के की मृत्यु का दुःख न सह पाने के कारण घर-गृहस्थ को छोड़कर विरक्त हो गए थे। सात वर्षों के बाद एक महीना पहले वह घर लौट थे कि परसों इन बेचारों के घर में लगी आग में वह शहीद हो गए हैं। इनके परिवार में कोई और पुरुष सदस्य नहीं है। यह लड़का, उनका इकलौता नाती ही उत्तराधिकारी है।" यह सब सुनकर जहाँ और सब तो काफ़ी दुखी हुए, किन्तु एकादशी निर्विकार बना रहा। थोड़ी देर में वह बालक से बोला, "बेटा, अपनी माँ से पूछो, रुपये जमा कराने की कोई रसीद तो होगी?"

माँ से पूछकर लौटा बालक बोला, "माँ कहती है कि घर में लगी आग में सब कुछ जल जाने के कारण हमारे पास कुछ भी नहीं बचा।"

एकादशी ने पूछा, "कितने रुपये जमा कराये थे?"

आगे बढ़कर आयी विधवा स्त्री बोली, "मरते समय बाबा ने पाँच सौ रुपये बताये थे। वह आपके पास पैसा जमा कराकर तीर्थ यात्रा पर निकल गए थे, लौटने पर वह भगवान् को प्यारे हो गए।" अपने आँसू पोंछती हुई वह बेचारी बोली, "साहूजी, हम बहुत ही अभाव-पीड़ित दरिद्र व्यक्ति हैं। सारे रुपये न सही, कुछ थोड़े-बहुत भीख समझकर ही दे दीजिए।" खाता लिखना छोड़कर बड़े ध्यान से पूरी बात सुनते हुए गुमाश्ते घोषाल ने पूछा, "रसीद-पर्ची न सही, कोई गवाह तो होगा।"

विधवा बोली, "बाबा ने हमसे छिपाकर रुपये जमा कराये थे, फिर हम क्या जानें कि उस समय कोई प्रत्यक्षदर्शी उपस्थित था या नहीं?"

घोषाल ने कहा, "लिखा-पढ़ी की रसीद नहीं, कोई गवाह नहीं, फिर क्या केवल कह देने से इतनी भारी रक़म दी जा सकती है?"

विधवा फूट-फूटकर रोने लगी, किन्तु इस रोने के परिणाम से सभी लोग भली प्रकार परिचित थे। घोषाल की ओर उन्मुख होकर एकादशी ने कहा,

"घोषालजी, मुझे कुछ-कुछ स्मरण हो रहा है कि किसी ने पाँच सौ रुपये जमा कराये थे और फिर वापस नहीं लिये। तुम ज़रा पुराने खाते को खँगालने का कष्ट तो करो, शायद कहीं कुछ लिखा मिल जाये।"

घोषाल बोला, "इतना माथा-पच्ची करने का क्या लाभ है साहब? जब न कोई लिखित प्रमाण है, न कोई साक्ष्य, तो फिर कौन-कौन-सा खाता देखा जाये?" अभी घोषाल की बात पूरी ही नहीं हुई थी कि दरवाज़े की ओट से गौरी की आवाज़ सुनाई दी, "रसीद अथवा गवाह न होने पर, क्या ब्राह्मण की रक़म डूब जाएगी? पुराने खाते को देखिए। आपका मन नहीं है, तो बही-खाता मुझे दीजिए, मैं देख लेती हूँ।"

सुनकर विस्मित हुए सभी लोगों की दृष्टि उठी, किन्तु वह देवी किसी की

दृष्टिगोचर नहीं हुई।

विनम्र स्वर में घोषाल ने कहा, "इतने सारे पुराने खातों को देखने में काफ़ी समय लगना निश्चित है, फिर खाते कोई क्रम से रखे भी नहीं हैं, अतः एकदम किसी परिणाम पर पहुँचना मुझे सम्भव नहीं लगता। हाँ, इसमें कोई सन्देह नहीं कि जमा कराये होंगे, तो कहीं लिखे हुए अवश्य मिलेंगे।"

विधवा ब्राह्मणी की ओर उन्मुख होकर घोषाल ने कहा, "बेटी, रोने-धोने का कोई काम नहीं। ईमानदारी का रुपया कभी नहीं डूबता। कल तुम मेरे घर आना, विस्तार से मैं तुमसे सब कुछ पूछूँगा और वहीं बही-खाते निकालकर जाँच भी लूँगा। इस समय तुम्हारे लिए कुछ किया जाना सम्भव नहीं। देख लो, शाम होने वाली है।"

अपनी सहमति जतलाती हुई विधवा बोली, "ठीक है, कल प्रातः आपके घर आ जाऊँगी।"

"ठीक है, आ जाना।" कहकर गुमाश्ते ने वही-खाते बन्द करके आज की छुट्टी की घोषणा-सी कर दी।

गौरी को यह सब ठीक नहीं लगा। पूछताछ के लिए किसी महिला को अपने घर बुलाने में क्या औचित्य है—यह उसकी समझ में न आया। किवाड़ की ओट से गौरी बोली, "घोषालजी, आठ साल पहले की ही तो बात है, आप सम्वत् 1951 का खाता मुझे दीजिए, मैं ही देख लूँगी, आपको कष्ट नहीं करना पड़ेगा।"

घोषाल ने कहा, "किन्तु बेटी जल्दी क्या पड़ी है?"

गौरी बोली, "दो कोस पैदल चलकर यह बेचारी यहाँ आयी है, फिर इस जलती धूप में पैदल चलकर वापस जाएगी और फिर कल आपके पास आकर गिड़गिड़ायेगी। कमाल है! लाइये, खाता मुझे दीजिए, आपको परेशान नहीं होना पड़ेगा।"

एकादशी ने कहा, "घोषालजी, गौरी बहिन ठीक तो कह रही है, विधवा ब्राह्मणी को व्यर्थ में चक्कर लगवाना और परेशान करना उचित नहीं। जल्दी से खाता देखिए।"

घोषाल को बुरा तो बहुत लगा, किन्तु मालिक के उचित मन्तव्य के विरुद्ध कुछ कहना भी नहीं बनता था। इसीलिए उन महाशय को 1951 का खाता निकालना ही पड़ा। दस एक मिनटों तक पन्ने उलटने-पलटने के बाद प्रसन्न होकर गुमाश्ते ने कहा, "गौरी बेटी की स्मरणशक्ति सचमुच कमाल की है। इसी साल में रामलोचन चटर्जी की जमा रक़म लिखी मिल गयी है।"

एकादशी बोला, "घोषालजी, अब ज़रा जल्दी से इसका सूद भी गिनकर जोड़ लीजिए।"

चकित घोषाल ने पूछा, "क्या ब्याज भी चुकाना होगा?"

एकादशी ने कहा, "क्यों नहीं देना होगा? जब हमने रुपये अपने काम में लगाये हैं, तो क्या ब्याज नहीं देंगे? एक-दो महीने की छोड़ दीजिए, किन्तु सालों का भुगतान तो करना है, गिन लीजिए।"

सूद गिनकर घोषाल ने कहा, "मूलधन पांच सौ, ब्याज राशि दो सौ पचास। दोनों का जोड़ हुआ सात सौ पचास रुपये।"

विधवा ब्राह्मणी मन-ही-मन भगवान् का धन्यवाद करने लगी, जिसने अत्यन्त कृपापूर्वक उसकी प्रार्थना सुन ली। वह एकादशी की ओर देखकर बोली, "नहीं, नहीं, सारे रुपये मैं कहाँ रखूँगी? अभी तो आप मुझे केवल पचास रुपये ही दे दीजिए।"

एकादशी ने कहा, "ठीक है, जितना चाहिए, उतने ले जाओ। मुनीमजी, खाता मुझे दिखाइए, इसे सही कर दूँ। हाँ, तुम उसे बाक़ी रुपये की पक्की रसीद लिख दो।"

घोषाल बोला, "मैं ही रक़म को सही किए देता हूँ।"

एकादशी ने कहा, "मुझे क्यों नहीं दिखाते हो? मैं अपनी आँखों से देखना चाहता हूँ।"

चार-पाँच मिनटों तक खाते को ध्यान से देखने के बाद एकादशी ने घोषाल की ओर देखते हुए कहा, "इस खाते में नक़द रुपये के साथ एक जोड़ी मोती भी लिखे हैं। मुझे यह सब याद है। क्या तुम खाते को कभी सरसरी नज़र से भी देखते हो?" आसामियों के सामने मालिक द्वारा किए इस अपमान घोषाल मन-ही-मन तिलमिला उठा।

काम निबट जाने पर अपने साथियों के साथ जाते अपूर्व के मन में गहरी हलचल मची हुई थी। साथ चल रहे घोषाल ने अपने घर चलने और जलपान करने का विनम्र अनुरोध किया।

अपूर्व और उसके साथी चुपचाप घोषाल के पीछे चल दिए। एकादशी की आलोचना करते हुए घोषाल बोला, "इस छोटी जाति के लाला का साहस तो देखो कि मुझे छोटी-सी भूल के लिए सबके सामने अपमानित एवं लज्जित कर दिया। आप-जैसे ब्राह्मणों के चरण इस दुष्ट के घर में पड़े, इसे यह अपना सौभाग्य मानता, आप लोगों को प्रसन्न करके भेजता, तो इसकी सात पीढ़ियाँ तर जातीं, किन्तु यह कृपण तो पाँच आने में आप लोगों को चलता करने पर तुला था।"

विपिन बोला, "दो-चार दिनों की देर है, मैं यहाँ भी इसके धोबी, नाई, मोची आदि से काम बन्द कराकर अपने अपमान का बदला चुका लूँगा। राखाल बाबू हमारे निकट सम्बन्धी हैं, वह हमारी बात को अनसुना नहीं करेंगे।"

घोषाल बोला, "मै कर्मकाण्डी ब्राह्मण हूँ। दानों समय सन्ध्या-पूजन किए बिना जल पीने तक को पाप समझता हूँ। दुष्ट एकादशी ने एक जोड़ी मोती के

लिए मेरा पानी उतार दिया। क्या ऐसे दुष्ट का कभी भला हो सकता है? और उस हरामजादी को देखो, जिसे छूने पर प्रायश्चित करना पड़ता है, ब्राह्मण को पानी पिलाने का साहस करती है। यह धन का नशा नहीं, तो और क्या है?"

अपूर्व अब तक सुनता आ रहा था, उसने अपनी ओर से एक भी शब्द नहीं कहा था, किन्तु अब वह आगे बढ़ना छोड़कर और रास्ते में खड़ा होकर अनाथ से बोला, "मुझे प्यास सता रही है, मैं वापस जा रहा हूँ।"

आश्चर्य प्रकट करता हुआ घोषाल बोला, "सामने ही तो मेरा घर है, यहाँ से आप क्यों लौटने लगे हैं?"

अपूर्व बोला, "आप इन लड़कों को अपने घर ले जाकर जलपान कराइए, मैं एकादशी के घर का ही जल पीऊँगा"

"एकादशी के घर का पानी?" सबके चेहरे तमतमाने लगे। विपिन ने अपूर्व के हाथ को अपने हाथ से खींचते हुए कहा, "इस दोपहर की कड़ी धूप में यह मज़ाक़ अच्छा नहीं लगता। क्या तुम इतने गिर गए हो, जो एकादशी के घर का जल ग्रहण करोगे?"

झटका देकर अपना हाथ छुड़ाते हुए अपूर्व दृढ़ स्वर में बोला, "मैं सचमुच ही एकादशी के घर का पानी पीऊँगा। तुम लोग घोषाल महाशय के घर से खा-पीकर लौटोगे, तो मुझे वृक्ष के नीचे बैठा पाओगे।"

अपूर्व के दृढ़ निश्चय को देखकर घोषाल ने कहा, "यह तो आप जानते होंगे कि आपको अपनी इस नादानी का प्रायश्चित करना पड़ेगा।"

अनाथ बोला, "कहीं तुम्हारा सिर तो नहीं फिर गया?"

अपूर्व ने कहा, "मुझे कुछ नहीं मालूम। जहाँ तक प्रायश्चित की बात है, उस पर फुरसत में विचार कर लूँगा, किन्तु अभी तो मैं अपने विचार पर दृढ़ हूँ।" कहता हुआ वह उस चिलचिलाती धूप में एकादशी के घर की ओर क़दम बढ़ाने लगा।

4. बाल्य-स्मृति

मेरा नाम सुकुमार रखते समय मेरे बाबा ने यह देखने की चेष्टा नहीं की कि मैं आगे चलकर अपने नाम को सार्थक भी कर सकूँगा अथवा नहीं, अर्थात् मैं नाम के अनुरूप कोमल बना रहूँगा या नहीं? बाबा तो चार साल में ही इस निष्कर्ष पर पहुँच गए थे कि मेरे नाम के साथ मेरे व्यक्तित्व का कोई सम्बन्ध नहीं है। अब मैं बारह-तेरह साल का हो गया हूँ, लेकिन आज भी मेरे नाम के साथ मेरे व्यक्तित्व का कोई मेल नहीं बैठता।

वंश-परम्परा से गाँव में रहने के अभ्यस्त अपने परिवार के अन्य सदस्यों के समान मेरा बचपन भी गाँव में ही बीता है। पश्चिम के किसी नगर में सेवारत पिताजी के पास मैं कभी-कभार ही जा पाता था। मैं दादी के साथ गाँव में रहता था और ख़ूब ऊधम मचाता था। यदि कोई मुझे रावण का लघु संस्करण कहना चाहे, तो उसमें कुछ भी ग़लत नहीं होगा। मेरे उत्पातों से तंग आकर जब बाबा मुझे मेरे पिता से शिकायत करने की धमकी देते, तो मैं हँसकर मज़ाक़ उड़ाता, मेरे बाप को लिखने से क्या होगा, उसके भी बाप को लिखिए न? मैं किसी से कहाँ डरता हूँ? और फिर दादी के रहते, तो मुझे शैतान का भी कोई डर नहीं रहता था। यदि बाबा सचमुच मेरी शिकायत की चिट्ठी लिख भी देते, तो जब तक वह उसे फाड़ न देते, तब तक मैं उनकी अफ़ीम की डिबिया उन्हें न लौटाता। बाबा समय पर नशा न कर पाने के कारण बेचैन हो उठते थे, अतः वह मुझसे उलझना पसन्द नहीं करते थे, जिसका अर्थ था—मुझे खुली छूट मिल जाना, इसलिए मैं खुला खेलता था।

संसार का नियम है कि प्रत्येक वस्तु की एक सीमा होती है। मैं भी इसका अपवाद नहीं हो सकता था। इलाहाबाद की नौकरी से रिटायर होकर बाबा के चचेरे भाई गोविन्द बाबू अब रहने के लिए गाँव में आ गए थे। उनके बी. ए. पास नाती रजनीकान्त भी उनके पास रहते थे। मैं रजनी को "मझला भैया" कहकर पुकारता था। मैं उन्हें पहले नहीं जानता था और अलग मकान होने से उनका आना-जाना भी कभी-कभार ही हो पाता था। इसके अतिरिक्त वह मेरी ओर ध्यान भी नहीं देते थे। कभी सामना हो भी गया, तो केवल इतना पूछते थे, "क्यों रे, कैसा है? और हाँ, कुछ पढ़ता-लिखता भी है या नहीं?"

किन्तु इस बार वह आए, तो गाँव में जम गए और मेरे प्रति विशेष ध्यान देने लगे। दो-चार दिनों के सम्पर्क से ही मैं उनसे भयभीत रहने लगा। उनका सामना होते ही मेरे प्राण सूख जाते, छाती धड़कने लगती और सच कहूँ, तो कलेजा मुँह को आ जाता। मुझे ऐसे लगता, मानो मैंने कोई भारी अपराध किया हो और

इन महाशय के हाथों दण्ड मिलना निश्चित है। उन दिनों शरारती होने के कारण मुझसे एक-न-एक ग़लती हो ही जाया करती थी। वस्तुतः दो-चार उलटे-सीधे काम किए बिना मुझे चैन भी नहीं पड़ता था।

भैया से इतना अधिक डरने पर भी, मैं उनसे बहुत प्यार करता था। भाई-भाई में इतना अधिक प्यार मेरे लिए आश्चर्य का विषय था और एकदम नया अनुभव था। यह प्रेम एकपक्षीय नहीं था, वह भी मुझे बहुत चाहते थे। वह अपने सामने किए गए मेरे अपराधों तथा शैतानियों को अनदेखा कर दिया करते थे। इससे मेरी यह धारणा बन गयी थी कि वह मेरी किसी ग़लती को कभी याद ही नहीं रख पाते होंगे।

यदि गाँव में आ बसने पर भैया चाहते, तो मुझे सुधार सकते थे, किन्तु उनके द्वारा ऐसा कुछ न किए जाने पर, मैं आज भी पहले-जैसा बिगड़ैल लड़का हूँ।

मैं बाबा का तमाखू चुराकर हुक़्क़ा पीता था। बूढ़े बाबा जहाँ-कहीं चारपाई के कोने में, बिस्तर की चादर के नीचे, सिरहाने के गिलाफ़ में अथवा और किसी स्थान पर भी रखते, मेरे लिए ढूँढ़ निकालना कठिन न होता। इस प्रकार मैं गाँव में रहते हुए खुले बैल की तरह खाता-पीता और मौज-मस्ती करता था। कोई काम नहीं, कोई झंझट नहीं, "न माधो का देना और न ऊधो से लेना, "जैसी मौजमस्ती की ज़िन्दगी चल रही थी। बाग़ों में जाकर चिड़ियों, गिलहरियों को मारता और उन्हें भूनकर मज़े से खाता था। जंगलों में जाकर गड्ढ़ों में खरगोशों की खोज करता, बस, इसी प्रकार दिन बीतता, न किसी का डर था और न कोई फ़िक्र-फाका था।

बक्सर में सेवारत पिताजी मुझे देखने न आते। बाबा और दादी को मैंने अपने वश में कर रखा था। इस प्रकार मेरा बचपन खूब मज़े से बीत रहा था।

एक दिन दोपहर को मेरे घर लौटने पर दादी के मुँह में सुना कि मुझे मझले भैया के साथ कलकत्ता जाकर पढ़ाई-लिखाई करनी है। बाबा के लिए हुक़्क़ा तैयार करके मैंने उनके सामने रखा और दुखी स्वर में पूछा, "बाबा, क्या आप मझे कलकत्ता भेज रहे हैं?"

बाबा के 'हाँ' कहने पर मैं समझ गया कि यह बाबा की योजना है। मैंने कहा, "यदि मुझे भेजना ही है, तो आज ही भेज दीजिए।"

बाबा हँस दिए और बोले, "बेटा, तेरी यह इच्छा भी पूरी की जाएगी। मकान ठीक हो गया है और रजनी ने आज ही कलकत्ता जाने का कार्यक्रम निश्चित किया है।"

उस दिन बाबा द्वारा छिपाये तमाखू को न ढूँढ़ पाने के कारण मैं पहले ही काफ़ी उखड़ा हुआ था, बाबा के इस उत्तर से तो मेरे तन-बदन में आग लग गई। मैंने जाने की अपनी स्वीकृति देकर स्वयं अपने लिए गड्ढ़ा खोदा था, अब न जाने का कोई बहाना नहीं बनाया जा सकता था। लिहाज़ा बाबा के पैर छूकर उसी दिन

कलकत्ता को रवाना हो लिया। मन-ही-मन भगवान् से यही विनती किए जा रहा था कि एक बाबा के लिए मुझे गाँव लौटना पड़ जाए, फिर देखता हूँ कि कौन मुझे वापस कलकत्ता भेजता है?

2

पहली बार कलकत्ता आने पर, मैं इस शहर की विशालता को देखकर हक्का-बक्का रह गया। मैं सोच में पड़ गया कि यदि कहीं मैं पुलों पर से गुज़रती भीड़ में अथवा मस्तूल वाले बड़े-बड़े जहाज़ों के जमघट में भटक गया, तो शायद मेरे लिए घर लौटना आसान नहीं होगा। कलकत्ता मुझे पसन्द नहीं आया। वस्तुतः ऐसी भीड़भाड़ वाले नगर में शान्ति से रह पाना मुझे एकदम असम्भव एवं अस्वाभाविक लगा।

यहाँ न तो नदी का किनारा था, न बाँसों के झुरमुट, न बेलों के झाड़ और न ही फलदार वृक्ष थे। यहाँ थे आकाश को छूते ऊँचे-ऊँचे मकान और चीटियों की तरह रेंगती लोगों की भीड़। लम्बी-चौड़ी सड़कों के किनारे बनी ऊँची अट्टालिकाओं के किसी कोने में बाग़-बाग़ीचे का कोई नाम तक नहीं था, जहाँ ज़रा बैठकर चैन की साँस ली जा सकें या कहीं छिपकर चिलम के कश खींचे जा सकें। आँसू पोंछकर मैं मन-ही-मन बोला, "जब दाँत न थे, तब दूध दिया, अब दाँत दिए, तो अन्न क्यों न दे?" बंगाल की प्रचलित कहावत मेरे होंठों पर नाचने लगी, "दिया है जिसने तन, वही देगा कफ़न।"

कलकत्ता आने पर मुझे स्कूल में भरती करा दिया गया है, इसएि मैं पढ़ने-लिखने लगा हूँ और अच्छा बच्चा बन जाने का गर्व कर सकता हूँ। गाँव में आने पर मुझे अवश्य सम्मान मिलेगा, अतः इस बात को मैं यहीं छोड़ता हूँ।

भैया के मित्रों द्वारा बनाए मैंस में हम चार आदमी—मैं, भैया, रामबाबू और जगन्नाथ बाबू—रहते हैं। दोनों बाबू मझले भैया के मित्र हैं। मैंस को चलाने के लिए एक ब्राह्मण रसोइया और एक नौकर है। रसोइये का नाम गदाधर था, जो आयु में मुझसे तीन-चार साल बड़ा था। मैंने अपने जीवन में ऐसा भला आदमी कोई दूसरा नहीं देखा था। महल्ले की किसी लड़की से बातचीत न करने वाला और मेलजोल न रखने वाला तथा मुझसे अलग स्वभाव का गदाधर न जाने मुझसे कैसे हिलमिल ही नहीं गया था, अपितु मेरा गहरा मित्र भी बन गया था? मेरे साथ उसकी ख़ूब निभती थी और हम दोनों कितने समय गपशप करते थे, इसका तो कोई हिसाब ही नहीं था। उसने मेदिनीपुर ज़िले के अपने गाँव की सभी बातें, पता नहीं, मुझे इतनी बार सुनाई होंगी कि यदि अब मुझे उसके गाँव जाना पड़े, तो किसी से उसके घर का रास्ता नहीं पूछना पड़ेगा। इसके साथ मैं पूरा गाँव इस प्रकार घूम-फिर सकता हूँ, जैसे दसियों बार वह मेरा देखा-भाला हो।

रविवार के दिन मैं गदाधर के साथ क़िले के मैदान में घूमने जाता था। शाम के समय रसोईघर में, मैं उसके साथ शतरंज खेला करता था, खाना खाने और काम निपटने के बाद हम दोनों एक साथ उसका हुक़्क़ा गुड़गुड़ाते थे। मेरी जान-पहचान भी महल्ले में और किसी से नहीं हुई थी, इसीलिए वही मेरा संगी-साथी था। उसने कभी अपने मुँह से किसी के लिए ओछी बात नहीं निकाली। किसी के द्वारा उसका अनादर किए जाने पर मैं उत्तेजित हो उठता, किन्तु उसे चुपचाप सबकी सुनते और किसी से कुछ न कहते देखकर ऐसा लगता था, मानो वह सचमुच ही दोषी हो।

सबको खिलाने-पिलाने से निपटे गदाधर द्वारा एकान्त में पीतल की छोटी-सी थाली में खाना शुरू करते ही मैं सब काम छोड़कर उसके पास पहुँच जाता और फिर उस बेचारे को भरपेट खाना नसीब न होता। मुझे हमेशा ऐसा लगता था कि उसे भात तक कम पड़ जाता था। मुझे अपने विषय में ऐसा कभी नहीं लगा कि दाल, भात, दूध, दही या रोटी आदि कभी कोई पदार्थ कम पड़ा हो।

बचपन में, मैंने दादी को अपने विषय में हमेशा यही कहते सुना है, बेचारा छोरा भरपेट न खा पाने के कारण सुखकर काँटा होता जा रहा है, यही स्थिति रही, तो बेचारे का क्या अन्त होगा? मैं दादी के मानदण्ड के अनुसार कभी भरपेट नहीं खा सका था। भले ही सूखकर काँटा क्यों न हो जाना पड़े, किन्तु यहाँ कलकत्ता आने पर स्थिति बदल गई थी। यहाँ आकर मुझे भरपेट खाने और आधा पेट खाने का अन्तर मालूम पड़ा। किसी को भरपेट खाना न मिलने पर कैसे उसकी आँखों से आँसू बह निकलते हैं, यह अनुभव मुझे कलकत्ता आने पर ही हुआ। मुझे याद हो आया कि गाँव के घर में बाबा की थाली में पानी डालकर मैंने कितनी बार उन्हें भूखा उठने पर विवश किया है, किन्तु मैंने कभी उनकी आँखों में आँसू नहीं देखे। घर के लोग मुझे बहुत प्यार करते थे, वे मेरे पूज्य भी थे, किन्तु फिर भी, मुझे पूरा-अधूरा खाने का न तो पता चला और न ही दुःख हुआ। सच कहूँ, तो अपनी शैतानी और शरारत से उन्हें खाना निबटाये बिना अधभूखा उठाने में मुझे प्रसन्नता ही हुई है, किन्तु गदाधर–जिसके साथ मेरा दूर का भी कोई सम्बन्ध नहीं–को अधभूखा रखने पर मैं अपने आँसुओं को नहीं रोक सका हूँ।

कलकत्ता आने पर मैं इतना भावुक कैसे हो गया, मेरी आँखों से इतने आँसू क्यों बहने लगे, यह सब मेरी समझ से बाहर है। गाँव में, मैं कभी रोया, ऐसा मुझे याद नहीं पड़ता और पण्डितजी का मेरी पीठ पर पड़ती बेत के टूट जाने पर भी मेरी हठधर्मिता में न रत्ती-भर फ़र्क़ पड़ा और न ही मैंने रोकर अपनी दुर्बलता प्रकट की। मेरे साथी मेरे शरीर को पत्थर का बताते, तो मैं उन्हें टोकता हुआ कहता, पत्थर का नहीं, पत्थर ही है। मैं रोने को लज्जाजनक और छोटे बच्चों का विषय मानता था, किन्तु अब तो आँसू रोके नहीं रुकते, कहीं कोई मुझे रोता देख न ले, इसलिए छिपकर रो लेता हूँ और रोने के बाद एकदम आँसू पोंछ लेता हूँ, ताकि

दूसरों को सामान्य दिखूँ। स्कूल जाते समय सैकड़ों भिखारियों को देखता हूँ, कोई लंगड़ा है, तो कोई लूला है, कोई अन्धा हैं, तो कोई बहरा है। मैं विभिन्न प्रकार के दीन-दुखी लोगों को देखकर द्रवित हो उठता हूँ। अब तक तो मैं तिलकधारी और खंजरी बजाकर 'जय राधे' कहते हुए भीख माँगने वालों को जानता था, किन्तु कलकत्ता के भिखारियों को देखकर, तो कलेजा मुँह को आता है। मैं भगवान् से प्रार्थना करता रहता हूँ कि क्या इन भिखारियों का किसी गाँव में पुनर्वास नहीं किया जा सकता?

भिखारियों को देखने का अभ्यास हो गया है, अतः मैं अब इनकी चर्चा को छोड़कर अपनी बात करता हूँ। मैं यहाँ पढ़ने आया अवश्य हूँ, किन्तु विद्या मेरे भाग्य में लिखी ही नहीं। फिर भी, कभी-कभी मेरे दिमाग़ में पढ़ने का फ़तूर सवार हो जाता है, किन्तु मैं पढ़ाई-लिखाई के विरुद्ध इस प्रकार मोर्चा खोल देता हूँ कि मुझे सामान्य होने पर पश्चाताप होने लगता है। घर पहुँचने पर मेरी सोच का विषय रहता है—दूसरों को कष्ट पहुँचाकर आनन्द-लाभ करना। इस सम्बन्ध में मेरे एक-दो कारनामे सुनिए—

एक दिन रामबाबू ने पूरा एक घण्टा मेहनत करके अपनी धोती को चुनकर रखा। शाम को घूमने जाते समय उन्होंने इस धोती को पहनना था। मैंने छिप-छिपाकर धोती की सारी चुन्नटें खोलकर उसे लपेटकर रख दिया। शाम को धोती को देखते ही उन्होंने दुःख से अपना हाथ अपने माथे पर दे मारा। बस, मैं अपनी सफलता पर प्रसन्नता से फूला नहीं समाया।

जगन्नाथ बाबू के अपने कार्यालय जाने का समय हो गया है, वह खाने-पीने को जल्दी मचा रहे हैं। मैंने आव देखा, न ताव, उसी समय छिपकर उनकी अचकन के सारे बटन तोड़-खींचकर अलग कर दिए। स्कूल जाने से पहले मैंने उनकी ओर देखा, बेचारे के आँसू निकल आए थे, पर मेरी प्रसन्नता का कोई ठिकाना नहीं था। रास्ते-भर मैं अपनी हँसी को रोक नहीं सका। शाम को मैंने उन्हें क्रुद्ध स्वर में चिल्लाकर यह कहते हुए सुना—लगता है कि दुष्ट गदाधर ने मेरे कोट के बटन चुराकर बेच डाले हैं। अब तो इस चोर को इस घर से निकालना ही पड़ेगा। भैया ने चुटकी लेते हुए कहा, मैंने अनेक प्रकार के सामान को बेचने वाले चोर तो सुने हैं, किन्तु कोट के बटनों की चोरी के बारे में पहली बार सुना है। जगन्नाथ तो इस मज़ाक़ को गम्भीरता से लेते हुए तिलमिला उठा। वह उत्तेजित स्वर में बोला, "इस धूर्त को देखो तो सही, दुष्ट ने रात, प्रभात अथवा छुट्टी के दिन बटन नहीं चुराये, बल्कि ठीक उसी समय चुराये, जब मुझे कोट पहनकर ऑफ़िस जाना था। इस बदमाश की कुरता के कारण काला करतूत पहनकर मुझे अपने कार्यालय जाना पड़ा।"

वहाँ बैठे लोगों को हँसता देखकर जगन्नाथ बाबू भी हँस दिए, किन्तु मैं इस आशंका से भयभीत होने के कारण नहीं हँस सका कि कहीं मेरी शरारत के कारण बेचारे निरपराध गदाधकर को नौकरी से बेदखल न होना पड़े। मैं जानता था कि

गदाधर अपनी निर्दोषिता को सिद्ध करने का प्रयास नहीं करेगा। वह चुपचाप चलता बनेगा।

भैया को शायद पता चल गया था कि गदाधर का इसमें कोई हाथ नहीं यह सारी हरकत मेरी ही है। इसलिए गदाधर अन्याय का शिकार होने से बच गया, किन्तु उस दिन मैंने भी अपने कान छूकर ऐसे किसी काम को न करने की प्रतिज्ञा कर ली, जिसका परिणाम किसी दूसरे निरपराध को भुगतना पड़े। मैंने ऐसी प्रतिज्ञा न तो पहले कभी की थी और न ही इस समय करना चाहता था, किन्तु गदाधर के प्रति सहानुभूति ने मुझे ऐसा करने पर विवश कर दिया। मेरी इस प्रतिज्ञा का परिणाम यह निकला कि मेरा जीवन एकदम नीरस तथा स्वादहीन हो गया।

किसके जीवन में कब और कैसे व किस प्रकार का परिवर्तन आता है, इसे पहले से कोई नहीं जानता। बाबा, पण्डितजी और भैया की लाख चेष्टाओं के बावजूद भी जहाँ मेरे जीवन में कोई परिवर्तन नहीं आया, वहाँ गदाधर के दुर्भाग्य की कल्पना ने मेरे जीवन में आमूल-चूल परिवर्तन कर दिया। मैं सहसा हैवान से इन्सान बना गया। मुझे यह स्मरण नहीं है कि मैं अपनी इस प्रतिज्ञा पर दृढ़ रहा भी हूँ या नहीं, किन्तु यह मैं पूर्ण विश्वास के साथ कह सकता हूँ कि मैंने जान-बूझकर ऐसा कुछ नहीं किया, जिससे मेरी प्रतिज्ञा भंग हो।

अब मैं अपने एक दूसरे नौकर रामा के विषय में कुछ कहना चाहता हूँ। हमारा यह नौकर जाति से पता नहीं कायस्थ अथवा ग्वाला था, यह मुझे ठीक से मालूम नहीं। उसके जन्म-स्थान के बारे में भी मेरी सही जानकारी नहीं है, किन्तु मैंने उस-जैसा समझदार, कार्यकुशल और फुर्तीला कोई दूसरा नौकर आज तक नहीं देखा। यदि उससे फिर कभी मिलने का अवसर मिला, तो उसके गाम-धाम आदि के बारे में अवश्य पूछूँगा।

रामा अपने कामों को ऐसी फुर्ती और कुशलता से निपटाता था कि देखने वाला आश्चर्यचकित रह जाता था। अभी वह कपड़े धो रहा है, तो अभी नहाते भैया की पीठ मल-रगड़ रहा है, पल-भर में क्या देखता हूँ कि वह पान लगा रहा है। इस प्रकार वह एक काम को निबटाकर दूसरे काम को निबटाने लगता, किन्तु मुझे रामा अच्छा नहीं लगता था; क्योंकि इसके लिए ही मुझे प्रायः अपने भैया की नाराज़गी झेलनी पड़ती थी। इसके अतिरिक्त वह गदाधर को परेशान किए रखता था, इसलिए भी वह मुझे फूटी आँख नहीं सुहाता था, किन्तु भैया का कृपापात्र होने के कारण मेरे रुष्ट अथवा तुष्ट होने का रामा की नौकरी पर कोई फ़र्क नहीं पड़ता था। रामबाबू भी इस नौकर से चिढ़े रहते थे। वह उसे 'रंगा-सियार' कहते थे, किन्तु इसके अर्थ से वह सर्वथा अपरिचित थे। हाँ, इतना तो सभी समझते थे कि रामा दिखावा करने में खूब विश्वास करता था। रामबाबू के इस नौकर से चिढ़ने का एक कारण यह था कि यह नालायक़ अपने नाम के साथ बाबू लगाता था और

अपने को रामबाबू कहता था। यहाँ तक कि भैया भी कभी-कभी उसे 'रामबाबू' पुकारते, जिसे रामबाबू पसन्द तो नहीं करते थे, किन्तु फिर भी कुछ कहते नहीं थे।

एक दिन भैया पचास-साठ रुपये मूल्य का एक नया एवं बहुत बढ़िया लैम्प खरीदकर लाए। शाम को घर के बड़ों के घूमने चले जाने पर मैंने गदाधर को बुलाकर वह लैम्प दिखाया। ऐसा लैम्प पहली बार देख रहे गदाधर ने उत्सुकता से बत्ती को ऊपर-नीचे घुमाया। इसके बाद प्रसन्नता अनुभव करता हुआ वह तो चला गया और अपने काम में जुट गया, किन्तु मेरी उत्सुकता शान्त नहीं हुई थी। मैं इसके खुलने-बन्द होने, जलाने-बुझाने तथा बत्ती ऊँचा-नीचा करने के ढंग को समझना चाहता था। अतः काफ़ी प्रयत्न करने पर भी मैं इसकी चिमनी को खोल न सका। घुमाने-फिराने की बहुत चेष्टा की, किन्तु सफलता न मिली। काफ़ी देर तक लैम्प का निरीक्षण करने पर मुझे लैम्प के निचले भाग में एक स्क्रू मिला, उसे ज्यों ही मैंने घुमाया, त्यों ही लैम्प का निचला हिस्सा अलग हो गया। यह सब इतना अचानक और इतनी जल्दी से हुआ कि मैं उसे हाथ से न थाम सका और लैम्प का शीशा टूटकर टुकड़े-टुकड़े हो गया।

3

देर रात पर लौटने पर मैंने देखा कि घर में कोहराम मचा हुआ है। गदाधर को दोषी मानकर उससे उलटे-सीधे सवाल पूछे जा रहे हैं और भैया उस पर बुरी तरह से बरस रहे हैं।

आँसू बहाता और गिडगिड़ाता हुआ गदाधर बार-बार अपने इस कथन को दोहराए जा रहा था, "मैंने लैम्प को छुआ अवश्य था, नई चीज़ होने से इसे देखने की मेरी उत्सुकता अवश्य जागी थी, किन्तु यह मेरे हाथों नहीं टूटा। आप लोगों के घूमने जाने पर मैं भी रसोई घर में चला गया था।"

बेचारे गदाधर के स्पष्टीकरण पर किसी ने विश्वास ही नहीं किया। उसे अपराधी मानकर उसके बक़ाया वेतन से साढ़े तीन रुपये काटकर नई चिमनी मँगाई गई। शाम को इस नए लैम्प को जलाने पर, जहाँ घर के लोग प्रसन्न हो रहे थे, वहाँ मैं भीतर-ही-भीतर रो रहा था। मुझे ऐसा लग रहा था, मानो मैंने उसकी जेब से साढ़े तीन रुपये चुरा लिए हैं।

इस घटना के बाद मेरे लिए वहाँ रहना और घुट-घुटकर जीना सम्भव नहीं था। अतः मैंने रो-धोकर भैया को गाँव लौटने की अनुमति देने को राज़ी कर लिया। मैंने सोचा था कि गाँव में पहुँचकर दादी से किसी बहाने साढ़े तीन रुपये के बदले सात रुपये लेकर गदाधर के पास भेज दूँगा। मेरे पास शहर में तो फूटी कौड़ी भी नहीं थी और भैया से बहानेबाजी चल नहीं सकती थी, अतः गाँव लौटने

के सिवा दूसरा कोई चारा नहीं था। मैंने सोचा था कि एक दिन गाँव में बिताकर रुपयों का जुगाड़ कर लूँगा, किन्तु जल्दी लौटा न जा सका। एक न एक कारणवश सात-आठ दिनों तक, गाँव में ही रुकना पड़ा।

सात-आठ दिनों के बाद कलकत्ता लौटने पर घर में पैर रखते ही मैंने गदाधर को पुकारा, किन्तु कोई उत्तर नहीं मिला। दो-चार आवाजें और लगायीं, किन्तु कोई उत्तर नहीं। इतने में रामा मेरे सामने आ खड़ा हुआ और पूछने लगा, "क्यों छोटे बाबू, क्या अभी आ रहे हैं?"

"हाँ, किन्तु महाराज दिखाई नहीं देता, वह कहाँ है?"

"महाराज तो यहाँ नहीं है।" रामा ने उत्तर दिया।

"कहाँ गया है?"

"बाबू साहब ने उसे निकाल दिया है।"

"क्यों निकाला है?"

"उसने चोरी जो की थी।"

रामा का कथन विश्वसनीय न होने के कारण मैं काफ़ी देर तक उसके चेहरे पर ताकता रहा। रामा मेरे मनोभाव को समझकर बोला, "आपको विश्वास नहीं हो रहा न, इसीलिए आप हैरान हो रहे हैं। वास्तव में, आप उसे ठीक से जानते नही थे। वह भेड़ की खाल में भेड़िया था। उस धूर्त की वास्तविकता को मैं भली प्रकार समझ गया था।"

रामा की बातें मेरी समझ से बाहर थी। मैंने पूछा कि, "उसने किसका क्या चुराया था?"

"उसने बड़े बाबू के चार रुपये चुराये थे?"

"कहाँ से चुराये थे?"

"उनके कोट की जेब से।"

"क्या किसी ने उसे चुराते देखा था?"

"रंगे हाथों तो उसे न किसी ने पकड़ा और न ही अपनी आँखों से देखा, फिर भी, देखे-जैसा समझना होगा।"

"तुम यह कैसे कह सकते हो?"

"इसमें कौन-सी बड़ी बात है? आप घर में थे नहीं, रामबाबू ने लिए नहीं, जगन्नाथ बाबू तो यह काम कर नहीं सकते, मैं तो...राम...राम...फिर और कौन ले सकता है?"

मैंने पूछा, "इसका अर्थ है कि तूने गदाधर को चोरी करते पकड़ा है।"

हँसते हुए रामा बोला, "इस घर में और कौन अपनी आँखें खुली रखता है?"

मैंने अपने पैरों से जूता उतारा और उसकी जमकर ठुकाई की।

रसोई में जाने पर गदाधर के छोटे-से काले हुक़्क़े को देखते ही मुझे रोना आ गया। चार-पांच रोज से पड़े और अनछुए उस हुक़्क़े पर धूल जमने लगी थी। एक

कोने की दीवार पर कोयले से लिखा था "सुकुमार बाबू, आप मुझे चोर समझते हैं, तो मेरा यहाँ रहना नहीं बनता। मैं जा रहा हूँ। यदि जीवित रहा, तो कभी चरण-रज लेने आऊँगा।"

उन दिनों मैं नादान लड़का था, फिर भी, न जाने क्यों, उस हुक्के को छाती से लगाकर फूट-फुटकर रोने लगा।

इसके बाद मुझे उस मकान में रहना अच्छा नहीं लगा। शाम को दूसरे महाराज को खाने बनाते देखा, तो बिना बातचीत किए लौट आया। मुझे इन दिनों कुछ भी अच्छा नहीं लगता था, यहाँ तक कि भैया भी नहीं सुहाते थे और खाना भी कड़वा प्रतीत होता था।

बहुत दिनों के बीतने पर मैंने भैया से कहा, "भैया, गदाधर पर झूठा आरोप लगाकर आपने अच्छा नहीं किया।"

"तू यह बात कैसे कह सकता है?"

"भैया, मैं गदाधर को भली प्रकार जानता हूँ। वह कभी चोरी कर ही नहीं सकता। वह तो ईमानदार आदमी है।"

भैया बोले, "यदि ऐसा है, तो उसे निकाले जाने को अन्याय ही कहा जाएगा, किन्तु अब क्या किया जा सकता है? जो होना था, सो तो हो गया, किन्तु यह बता, तूने बेचारे रामा की इस बेरहमी से पिटाई क्यों की?"

मैंने कहा, "क्या आप मेरे इस कृत्य को अपराध मानकर मुझे भी घर से निकाल देंगे?"

भैया को मुझसे ऐसे उत्तर की अपेक्षा नहीं थी, इसलिए वह हैरान होकर चुप हो गए।

मैंने फिर पूछा, "भैया, क्या गदाधर को निकाल देने से आपके चोरी गए रुपये वसूल हो गए?"

भैया दुखी स्वर में बोले, "उस बेचारे के वेतन के बकाया ढाई रुपये चुकता न करके मैंने अच्छा नहीं किया। मुझे इसके लिए अब भारी पछतावा हो रहा है।"

उन दिनों में सड़कों पर घूम-फिरकर गदाधर की तलाश करता। किसी भी मैली धोती और फटी बनियान वाले को देखकर उधर दौड़ा जाता और समीप पहुँचने पर गदाधर के स्थान पर किसी और पाकर निराश हो जाता। मैंने कितना प्रयास किया, किन्तु न तो मेरा अरमान पूरा हुआ और न ही मेरे मन की मुराद पूरी हुई। मैं अपने मन का दुःखड़ा भला किसे सुनाता?

लगभग पाँच महीनों के बाद भैया के पास डेढ़ रुपये का मनीआर्डर आया। मैंने उस दिन पहली बार भैया को आँसू बहाते देखा। मनीआर्डर का कूपन अभी तक मेरे पास रखा है।

इतना समय बीत जाने पर गदाधर महाराज मेरे हृदय से बाहर जाने का नाम नहीं लेता। मेरे लिए उसे भूला पाना सम्भव नहीं हो रहा है।

5. मुकद्दमे का नतीजा

वृद्ध सामन्त वृन्दावन की मृत्यु के उपरान्त उनके दोनों बेटे—शिब्बू और शम्भू—प्रतिदिन लड़ते रहते रहने पर भी पाँच-छह महीनों तक एक साथ पकाते खाते रहे, किन्तु निर्वाह न कर पाने के कारण बाद में दोनों अलग हो गये।

स्वयं गाँव के ज़मींदार चौधरी साहब ने संयुक्त सम्पत्ति—खेती-बाड़ी, ज़मीन-जायदाद और बाग़-तालाब आदि—का दोनों में विभाजन कर दिया। इस आधार पर बड़ा भाई पुराने घर में ही रहता रहा और छोटा भाई शम्भू तालाब के पास मिट्टी का घर बनाकर अपनी पत्नी (छोटी बहू) और बाल-बच्चों के साथ उसमें रहने लगा।

सारी सम्पत्ति का बँटवारा हो गया, किन्तु बाँसों का एक झुरमुट संयुक्त अधिकर में बना रहा। शिब्बू का तर्क था कि उसे पुराने पड़ गए अपने मकान को नए सिरे से बनवाना है और इसके लिए उसे बाँसों की भारी आवश्यकता पड़ेगी। छप्पर-खूँटी आदि सभी कामों के लिए बाँस चाहिए ही होंगे, अपना यह झाड़ न रहा, तो किसके आगे हाथ फैलाऊँगा?

विरोध करता हुआ शम्भू व्यंग्य की भाषा में बोला, "क्या, इनकी आवश्यकता ही वास्तविक आवश्यकता है? क्या मेरी आवश्यकता का कोई महत्त्व नहीं? क्या मेरा काम केले के पत्तों से चल जाएगा? मेरा अनुरोध है कि मेरी आवश्यकता की उपेक्षा करना उचित नहीं।"

इस प्रकार दोनों की आवश्यकता की पूर्ति के इस साधन को दोनों के संयुक्त अधिकार में रहने दिया गया। इसका दुष्परिणाम यह हुआ कि शम्भू द्वारा एक टहनी को काटने की चेष्ट करने पर शिब्बू गंडासा लेकर उसपर झपटता और शम्भू यदि शिब्बू की पत्नी को बाँस के पास खड़ा भी देख लेता, तो लाठी लेकर आ जाता।

षष्ठी देवी की पूजा-जैसे किसी धार्मिक अनुष्ठान के अवसर पर बड़ी बहू गंगामणि को थोड़े-से बाँस के पत्तों की आवश्यकता थी। इस गाँव में यह आवश्यकता कहीं से भी पूरी की जा सकती थी, किन्तु अपने यहाँ पत्ते सुलभ होने पर किसी दूसरे के आगे हाथ पसारना उचित नहीं लगता था। इसके अलावा उसने सोचा था कि उसका देवर अब तक खेत पर चला गया होगा और घर में अकेली रह गयी छोटी बहू कोई बखेड़ा खड़ा नहीं करेगी।

किन्तु न जाने शम्भू किस कारण उस दिन अभी तक खेत पर न जाकर घर पर ही बैठा था। बासी भात खाकर हाथ-मुँह धोने जा रहे शम्भू के पास आकर छोटी बहू ने बड़ी बहू द्वारा किए जा रहे उत्पात की जानकारी दी, तो क्रोध से तमतमाते

शम्भू ने बाँस के झुरमुट के पास पहुँचकर भाभी के हाथ से पत्ते छीन लिए और तोड़-मरोड़कर इधर-उधर फेंक दिये। इसी के साथ उसने अपनी भाभी की ऐसी खरी-खोटी सुनायी कि बड़ी बहू तिलमिला उठी। भाभी के प्रति शम्भू का यह व्यवहार निस्सन्देह निन्दनीय था।

क्रोध से उफनती बड़ी बहू ने खलिहाना से अपने पति को बुलवा भेजा। शिब्बू कुछ असामान्य घट जाने की आशंका से हल चलाना छोड़कर हाथ में हँसिया लेकर घर आ पहुँचा। पत्नी के रुदन पर उत्तेजित शिब्बू ने हवा में हँसिया घुमाते हुए शम्भू को चुनौती के स्वर में भद्दी गालियाँ दीं, जिन्हें सुनकर लोग इकट्ठे हो गए। इतने पर भी सन्तुष्ट न होने पर वह अपनी शिकायत लेकर चौधरी साहब के यहाँ जा पहुँचा और उत्तेजित स्वर में बोला, "यदि आपसे भी मुझे न्याय नहीं मिलेगा, तो मैं न्यायलय में शम्भू के विरुद्ध मुक़द्दमा ठोक दूँगा। ऐसा न करने पर तो मुझे अपने को मर्द कहलाने पर लज्जा आयेगी।"

शम्भू अपनी भाभी के हाथ से पत्ते छीनने के बाद हल चलाने खेत में चला गया था। स्त्री ने घर में अकेली रह जाने पर रोना रोया, किन्तु शम्भू ने ध्यान ही नहीं दिया। पति के आने पर शेरनी बनी जेठानी ने आसमान सिर पर उठाकर सारा महल्ला इकट्ठा कर लिया। जेठ ने आकर जो सुनाया, उसका वर्णन करना भी उचित नहीं लगता। छोटी बहू ने छोटी होने की लोकमर्यादा का निर्वाह करते हुए चुपचाप सब कुछ सुन-सह लिया। इससे उसका तन-बदन जलने लगा, पति पर भी उसका क्रोध अपने चरम उत्कर्ष पर था, जिसके कारण उसने खाना पकाने का विचार ही छोड़ दिया। वह उदास भाव से पैर पसारकर लेट गयी और सुबकने लगी।

बाँस के दो पत्तों के लिए देवर द्वारा किये अपमान को न पचाती बड़ी बहू भी अपने घर में अनशन किये बैठी थी। उसने भी प्रण ठान लिया था कि इस झगड़े का अन्तिम फ़ैसला न होने तक वह अन्न-जल ग्रहण नहीं करेगी। इसी के साथ उसने स्वामी के घर को छोड़कर मायके चली जाने की धमकी भी दे डाली थी।

डेढ़े पहर दिन चढ़ जाने पर भी शिब्बू के घर न लौटने पर बड़ी बहू आशंकित हो उठी थी कि चौधरी साहब के व्यवहार से आश्वस्त न होने पर कहीं उसका पति सीधे कचहरी न चला गया हो।

इतने में बड़े ज़ोर से दरवाज़ा खुलने की आवाज़ आयी और उसी के साथ शम्भू का सोलह साल का बड़ा लड़का गयाराम भीतर प्रविष्ट हुआ। आयु में छोटा होने पर भी उसका क्रोध अपने पिता के क्रोध से भी कहीं बढ़-चढ़कर था। इसी के साथ वह बड़ी ओछी भाषा का प्रयोग करता था। वह गाँव के छोटे-से स्कूल में पढ़ता था और आज के दिन साढ़े दस बजे स्कूल में छुट्टी हो जाती थी।

गयाराम अभी एक साल का ही हुआ था कि उसकी माँ स्वर्ग सिधार गयी। शम्भू ने दूसरा विवाह तो कर लिया, किन्तु बालक के पालन-पोषण का भार बड़ी

बहू ने अपने ऊपर ले लिया था। दोनों भाइयों के अलग होने तक ताई ने अपने कर्त्तव्य का पूरी ईमानदारी से पालन किया। नयी बहू के साथ बालक का कोई ख़ास लगाव नहीं बन पाया। इसलिए दोनों भाइयों के अलग हो जाने पर भी बालक का ताई के घर आना-जाना पहले-जैसा ही बना रहा।

आज अपने घर में जाने पर गयाराम ने चूल्हा ठण्डा देखा, तो वह अत्यन्त क्रुद्ध हो उठा और ताई के घर चला आया फिर ताई के चेहरे को देखकर, तो बालक के भीतर की ज्वाला और भी अधिक धधकने लगी। वह बिना कुछ पूछताछ किये बोला, "ताई, भूख लगी है, खाने को भात दो।"

ताई ने सुनकर अनसुना कर दिया। वह पूर्ववत् जड़ बनी चुपचाप बैठी रही। इससे तिलमिलाते हुए गयाराम ने धरती पर पैर पटककर कहा, "बोल तो सही, भात देना है या नहीं?"

गंगामणि भी क्रुद्ध स्वर में बोली, "मैंने भात कब पकाया है, जो मुझे दूँ? क्या तेरी सौतेली माँ ने तुझे खाने के लिए कुछ भी नहीं दिया, जो तू इधर भाग आया है।"

गयाराम भी चिल्लाकर बोला, "तू उसकी बात छोड़ और हाँ, अपनी बात बता कि तू मुझे भात देती है या नहीं? नहीं देती, तो मैं तेरी सारी हांडियाँ और मटकियाँ अभी तोड़ता-फोड़ता हूँ।" कहता हुआ वह रसोई घर की ओर चल दिया।

रसोई का किवाड़ खोलने से पूर्व रुक गया गयाराम कुछ सोचता हुआ शान्त स्वर में बोला, "तू भात नहीं देती, तो न दे, कोई बात नहीं। मैं अभी अपनी आँखों से देख आया हूँ कि नदी के किनारे पर स्थित बड़ के पेड़ के नीचे पूजा करी हुई ब्राह्मणों की लड़कियाँ मुट्ठी भर-भरकर चिउड़ा-मुड़की जिस किसी को दे रही हैं। मैं उन्हीं से लेकर अपनी भूख मिटा लूँगा।"

गयाराम की बात सनते ही गंगामणि को आज अरण्यषष्ठी होने की सुधि हो आयी और फिर अपने क्रोध पर नियन्त्रण पाकर वह शान्त स्वर में बोली, "देखती हूँ कि तू खाली पेट इस घर से कैसे जाता है?"

"तुम देखती रहना, मैं तो जा रहा हूँ।" कहते हुए गयाराम ने फटे-अंगोछे को कमर पर लपेटा और बाहर निकल लाया। उसे उच्च स्वर में रोकती और डाँटती हुई गंगामणि बोली, "अभागे, जानता है कि छठ के दिन दूसरों से माँगकर खाने से दुर्गति होती है। अपने हित की थोड़ी-सी तो चिन्ता कर ले।"

गयाराम ने ताई के कथन को अनसुना कर दिया। रसोई में जाकर उसने सरसों का तेल सिर पर लगाया और बाहर जाने लगा, तो ताई दौड़कर आँगन में आयी और बोली, "देख, आज मैं क्रोध में हूँ। यदि तू नदी में डुबकी लगाकर सीधा मेरे पास न आया, तो मैं तेरे साथ नाता तोड़ दूँगी। आज के दिन किसी का दिया हुआ नहीं खाना चाहिए।" गयाराम निश्चिन्त प्रकृति का लड़का था। वह ताई को अँगूठा

दिखाकर चलता बना।

गंगामणि उसके पीछे-पीछे सड़क पर भागती चली गयी और उसे सुनाती हुई बोली, "लल्ला, आज के दिन कोई भात नहीं खाता। तू जल्दी से नहाकर लौट आ। मैं तुम्हें केले, सन्देस, बर्फ़ी और दूध-दही का भोजन कराऊँगी। आज के दिन भीख माँगकर खाएगा, तो शूद्र कहलाएगा।" गयाराम थोड़ीर दूर जाकर रुका और बोला, "झूठी कहीं की, घर में यह सब कुछ था, तो फिर खाने को दिया क्यों नहीं? कुछ नहीं है, कहकर टरका क्यों दिया?"

गाल पर हाथ रखकर हैरानी प्रकट करती हुई गंगामणि बोली, "अरे दुष्ट, मैंने कब कहा कि घर में खाने को कुछ नहीं। डाकुओं की तरह तुम्हारा घर मे घुसना, बिना नहाये और बिना बातचीत किये खाने पर लपकना, यह भी कोई तरीक़ा है? तू पूछता–ताई, आज क्या खाने को देती है, तो मैं तुम्हें सब बताती। अब बहस मत कर, जल्दी से नहाकर आ, खाने को बहुत कुछ मिलेगा, कोई कमी नहीं है।"

गयाराम बोला, "रोज़-रोज़ तो तुम दोनों लड़ती हो और कुप्पा होकर बैठी रहती हो। रसोई की ओर झाँकती तक नहीं हो। इसलिए दोपहर में मुझे सूखा भात खाकर पेट भरना पड़ता है। आज न मुझे तुम्हारा फलाहार चाहिए, न दूध-दही और न ही कुछ और चाहिए, मैं चला।"

गंगामणि बेटे के व्यवहार पर व्यथित हो उठी और अपनी क़सम देकर बोली, "मेरा राजा बेटा, मेरा कहना मान ले, आज किसी की भीख का सेवन बिल्कुल न करना। देख, जल्दी से नहाकर लौट आयेगा, तो तुझे चार पैसे भी दूँगी।"

गयाराम ने मुँह फेरकर ताई की ओर देखा तक नहीं। वह चलते-चलते बोला, "मुझे न तुम्हारे पैसे चाहिए और न ही तुम्हारा बढ़िया खाना-पीना। तुम्हारे पैसों और फल-दूध पर मैं...।" कहता हुआ वह चला गया।

निराश, खिन्न और व्यथित गंगामणि घर लौट आयी। वह गया के इस बुरे व्यवहार के लिए उसकी सौतेली माँ को उत्तरदायी मानकर उसे कोसती हुई उदास होकर बैठ गयी।

नदी की ओर बढ़ते गयाराम के कानों में ताई की गुहार गूँजने लगी। एक तो वह वैसे ही खाने का शौक़ीन था, फिर आज पटाली गुड़ और सन्देस के साथ दूध ा-दही का प्रलोभन भी थ। इसके अलावा खिलाने के लिए खुशामद भी की जा रही थी। अतः बहुत जल्द ही लड़के का क्रोध शान्त हो गया। फलतः वह जल्दी से नदी में नहा-धोकर भूख से व्याकुलता अनुभव करता हुआ ताई के सामने आ खड़ा हुआ। आँगन में पहुँचते ही वह चिल्लाकर बोला, "ताई, जल्दी से फल, दूध, दही, आदि अब हाजिर कर। आज यदि तुमने गुड़, सन्देस आदि के देने में कुछ कंजूसी की, तो अपनी भूख मिटाने के लिए मैं तुम्हें ही खा जाऊँगा।"

गाय की सेवा के लिए गौशाला में घुसती गंगामणि ने गयाराम की चिल्लाहट

सुनी, तो वह झूठा आश्वासन देने की अपनी ग़लती पर पछताने लगी। घर में दूध, दही, चिउड़ा और गुड़ तो था, परन्तु केले, सन्देस और पटाली गुड़ आदि का तो उसने वैसे ही नाम ले दिया था। उस समय, तो गया को भीख का अन्न खाने से रोकना था, वह प्रयोजन तो सिद्ध हो गया, किन्तु अब समस्या स्थिति को सँभालने की थी। वह बोली, ''गया, तू कपड़े बदल, इस बीच मैं नदी से पानी लेकर लौटती हूँ।''

''जल्दी आना,'' कहकर गयाराम ने जल्दी-से कपड़े बदले, अनपे आप आसन बिछाया, पानी का गिलास भरा और पेट-पूजा के लिए तैयार होकर बैठ गया। गंगामणि पानी लेकर जल्दी से लौट आयी और गया को प्रसन्न देखकर सन्तुष्ट भाव से बोली, ''देख, हँसता हुआ मेरा बेटा कैसा प्यारा और सुन्दर लगता है? अच्छे बच्चे बात-बात पर बिगड़ा नहीं करते।'' इसके साथ ही वह भण्डार-घर से खाने का सामान लाने चल दी।

पल-भर में खाद्य सामग्री पर दृष्टि डालने के बाद गयाराम उच्च स्वर में बोला, ''केले और सन्देस कहाँ हैं?''

गंगामणि हकलाती हुई बोली, ''बेटा, सच कहती हूँ, अन्तर्यामी साक्षी हैं। ढकना भूल गयी थी, इसलिए चूहों ने सब गड़बड़ कर दी। मुझे तो लगता है कि अब घर में एक बिल्ली को पाले बिना काम नहीं चलने वाला।''

गयाराम हँसकर बोला, ''मेरे सामने चालाकी करती है। क्या चूहे कहीं केले खाते हैं? मान क्यों नहीं लेती कि केले घर में थे ही नहीं?''

आश्चर्य प्रकट करती हुई गंगामणि बोली, ''यह तू क्या कहता है, क्या चूहे केले नहीं खाते? मेरे पास नहीं थे, ऐसा तू किस आधारपर कह सकता है?''

''अच्छा, इस बहस को छोड़। मैं मान लेता हूँ कि चूहे केले खाते हैं। मुझे केले नहीं चाहिए। अब तुम मुझे पटाली गुड़ और सन्देस तो दे। इन्हें देने में न देर लगा और न ही कंजूसी कर।''

गयाराम दही-चिउड़ा मिलाकर खाने लगा और इधर गंगामणि फिर से भण्डार की ओर चल दी। वह खाली मटकियों और हांडियों को हिलाने का अभिनय करने के साथ बिलखती हुई बोली, ''मैं तो लुट गयी, सारे सन्देस भी चूहे खा गए। अब तो गया मेरी बात पर विश्वास ही नहीं करेगा।''

संयम खोकर चिल्लाता हुआ गया बोला, ''डाइन, मुझे बेवकूफ बनाती है? क्या चूहे पटाली गुड़ भी खाते हैं? जब तेरे पास यह सब था ही नहीं, तो तुझे झूठ बोलने की क्या आवश्यकता थी?''

गंगामणि ने कहा, ''मैं सच कहती हूँ, सब कुछ था।''

गयाराम क्रोधावेश में उठकर खड़ा हो गया और बोला, ''ताई, यह नाटक मेरे साथ नहीं चलेगा, मैं तेरी नस-नस पहचानता हूँ। यह ले, मुझे तेरे यहाँ कुछ नहीं

खाना है?'' कहते हुए उसने पाँव की ठोकर से सारा सामान बिखेर दिया और एक लकड़ी की चोट से भण्डार में रखी मटकियों और हांडियों को भी तोड़-फोड़ डाला। इसके बाद वह बोला, ''क्यों, तुम्हारे झूठ बोलने का इतना दण्ड काफ़ी है या नहीं?'' ताई द्वारा रोकने की चेष्टा का परिणाम यह हुआ कि उसका हाथ भी ज़ख्मी हो गया।

इस बीच ज़मींदार के यहाँ से शिब्बू को लौटा देखकर गंगामणि रोने लगी, तो गयाराम घात लगाकर घर से भाग लिया।

शिब्बू ने क्रुद्ध स्वर में पूछा, ''क्या मामला है?''

रोती हुई गंगामणि बोली, ''घर में घुसकर गया मेरे भण्डार की मटकियाँ और हांडियाँ तोड़ गया है। मुझे भी घायल कर गया है?''

शिब्बू ने ज़मींदार के यहाँ जाने से पहले अपने पढ़े-लिखे साले को उसके घर से अपने साथ ले लिया था। इस समय वह भी यहाँ उपस्थित था। वह बोला, ''मुझे तो यह सब आपके छोटे भाई की शैतानी लगती है। उसने लड़के को सिखा-पढ़ाकर यह नुकसान कराया है। क्यों दीदी, क्या मैं गलत कह रहा हूँ?''

उस समय उत्तेजित एवं दुखी गंगामणि अपने भाई की हाँ-में-हाँ मिलाकर बोली, ''भैया, तुम सच कहते हो, यह इनके भाई और छोटी बहू की शिक्षा का फल है।' यह कहकर उसने अपने घर पर साँकल लगायी और हाथ में लकड़ी लेकर आँगन में आकर चिल्लाने लगी, ''क्यों देवरजी, बेचारे लड़के को क्यों सिखाते फिरते हो? लो, मैं खड़ी हूँ, मुझे जितना पीटना हो, आकर पीट लो। चाहो, तो दोनों बाप-बेटे मिलकर ही प्रयास कर लो।''

फलाहार करने से निवृत्त हुए शम्भू ने हाथ में जलती लकड़ी लिये आँगन में खड़ी भाभी के रौद्र रूप को देखा, तो हैरान होकर बोला, ''आख़िर हुआ क्या है? कुछ बताओगे, तो पता चलेगा।'' अपनी पत्नी को उलझता देखकर जमींदार के यहाँ से निराश लौटे शिब्बू का अभी तक नहाना-खाना कुछ भी नहीं हुआ था। घर में इस नये काण्ड को देखकर वह एकदम असंयत और असन्तुलित हो उठा, वह मोटी-सी क़सम खाकर थाने पर रिपोर्ट लिखाने चल दिया।

शिब्बू का प्रशिक्षित और समझदार साले का गयाराम से पहले से मन-मुटाव था। वह बोला, ''किसी के घर में घुसकर तोड़-फोड़कर करना कानूनन अपराध है। इसके लिए छह महीने की जेल का प्रावधान है। जीजाजी, आप चाहो, तो मैं बाप-बेटे से चक्की चलवा सकता हूँ।''

शिब्बू साले के हाथ को पकड़कर थाने को चल दिया। इधर गंगामणि ने फिर से देवर को ललकारा, तो वह बोला, ''भाभी, भगवान् की कसम, मुझे कुछ मालूम नहीं कि किसने क्या किया है।''

गंगामणि चिढ़ाती हुई बोली, ''दारोग़ाजी के आते ही सब मालूम हो जायेगा।''

छोटी बहू खम्भे के पास आकर चुपचाप खड़ी हो गयी और इधर शम्भू ने

गयाराम को धौल लगाते हुए कहा, "सुअर के बच्चे! क्या शैतानी कर आया है?" फिर वह भाभी से बोला, "भाभी, मुझे अपनी कसम, विश्वास करो, मुझे कुछ भी नहीं मालूम।"

ताई जानती थी कि उसका देवर शम्भू इस घटना से एकदम अपरिचित है, किन्तु यह समय क्षमा करने अथवा उदारता दिखाने का नहीं था। अतः बाप पर बेटे के आने का दोष लगाती हुई गंगामणि ने खूब बढ़ा-चढ़ाकर गयाराम की धूर्तता का वर्णन कर दिया।

कम बोलने वाली छोटी बहू ने कहा, "कब से मैं आपसे इस लड़के के उद्धत-उद्दण्ड होने की शिकायत कर रही हूँ? एक दिन यह मेरे बेटे को भी निगल जायेगा। पक्का पिशाच है यह। मेरी बात पर तुम्हें विश्वास नहीं आता था, अब क्या अपनी भाभी के कथन को भी अनसुना कर दोगे?"

शम्भू ने गिड़गिड़ाकर पूछा, "भाभी, कहीं भैया सचमुच ही तो थाने नहीं चले गये?"

देवर की दीनता से द्रवित होकर गंगामणि बोली, "देवरजी, तुम्हारे भैया पंचू को साथ लेकर थाने ही गये हैं।"

पति को डर से काँपते देखकर छोटी बहू बोली, "कितने दिनों से आपसे कह रही हूँ कि नदी के उस पार बन रहे सरकारी पुल पर गया को काम पर लगवा दो। वे चाबुक की चोट से काम लेंगे। लाला को अकल आ जायेगी। मेरी न मानकर लड़के को स्कूल भेजने का क्या लाभ होगा? इसने कौन-सा वकील या जज बनना है?"

शम्भू दुखी स्वर में बोला, "क्या तुझे इस लड़के से कोई मोह नहीं? मैंने सुना है कि बहुत सारे मज़दूर खुदाई में दबकर मर जाते हैं। इस हालत में, मैं अपनी छाती पर पत्थर कैसे रख सकता हूँ?"

छोटी बहू बोली, "तो फिर बाप-बेटा जेल की रोटियाँ तोड़ो।"

भाभी की खुशामद करता हुआ शम्भू बोला, "अबकी बार क्षमा कर दो और भैया को संभाल लो। मैं कल ही लड़के को पुल के काम में लगाता हूँ। न यह यहाँ रहेगा, न शैतानी कर सकेगा।"

छोटी बहू जेठानी से बोली, "जब झगड़े की जड़ यह लड़का ही है, तो जीजी, मेरी समझ में नहीं आता कि तुम इसे अपने घर में घुसने ही क्यों देती हो? मेरा कहना, तो सबको बुरा लगता है किन्तु पिछली बार भी तो इसने तुम्हारा मर्तबान तोड़ डाला था। अरे, लातों के भूत कहीं बातों से मानते हैं? मैं कहती हूँ कि पुल के काम में लगा दो, आदमी बन जायेगा।"

शम्भू ने क़सम खाकर कहा, "कल इस छोकरे को काम पर लगाऊँगा, उसके बाद ही अन्न-जल ग्रहण करूँगा।"

गंगामणि ने हाथ की लकड़ी फेंक दी और वह बिना कुछ बोले चली गयी।

तीसरे पहर गंगामणि अपने भूखे-प्यासे पति और भाई को भोजन खिलाने की तैयारी में जुटी थी कि गयाराम आ धमका। घर में ताई को अकेला पाकर वह उसके पीछे आकर खड़ा होकर उसे पुकारता हुआ बोला, ''ताई।''

थका-माँदा गयाराम धम से बैठ गया और बोला, ''ताई, पेट में चूहे कूद रहे हैं, तेरे पास जो हैं, दे दे, मैं वही खा लूँगा। अब भूख नहीं सही जाती।''

शान्त हुई गंगामणि फिर क्रुद्ध हो उठी। वह उत्तेजित स्वर में बोली, ''ढीठ, बेशर्म, बेहया, फिर यहाँ चला आया माँगने....चल, निकल यहाँ से, नहीं तो जूतों से पिटाई करूँगी।''

''क्या सचमुच चले जाने को कह रही है?''

गाली बकती हुई ताई बोली, ''हरामज़ादे, नहीं तो क्या मैं तुम्हारे साथ मज़ाक़ कर रही हूँ?''

''ताई, तेरे सिवा मुझे और किसका सहारा है? तूने चूहे का नाम लेकर झूठ बोला, इस पर मुझे क्रोध आ गया। सीधे-सीधे कह देती, घर में यही कुछ है, फिर देखती कि मैं खाता या नहीं? डाइन, अब भूखा मत मार, जल्दी से खाने को कुछ दे।''

थोड़ा शान्त होकर गंगामणि बोली, ''भूख लगी है, तो सौतेली माँ के पास क्यों नहीं जाता?''

सौतेली माँ के नाम को सुनते ही उत्तेजित होकर गया बोला, ''उसका तो मैं कभी मुँह भी नहीं देखूँगा। उस ससुरी से खाना माँगा, तो बोली, जेल का भात खाना। मैंने तेरे पास आने की कहीं, तो फिर उस ससुरी ने मेरे पिता को उलटी-सीधी पट्टी पढ़ाई, तभी तो उसने तुम्हारे हाथ से पत्ते छीने।' इसके बाद रोते और धरती पर पैर पटकते हुए गया ने कहा, ''तुझे स्वयं पत्ते लाने के लिए जाने की क्या आवश्यकता थी और इससे तुझे क्या मिला? अपना सम्मान गँवाया और तकरार बढ़ायी। एक दिन मैं बाँस के झुरमुट में आग लगा दूँगा। मुझे कहा होता, तो क्या मैं न ला देता? जानती हो कि मेरी सौतेली माँ क्या कहती है? वह कहती है—तेरी ताई ने तेरे विरुद्ध थाने में रपट लिखा दी है, अब दारोग़ा तुझे बाधकर ले जाएगा और जेल में डाल देगा। ताई! क्या तू ऐसा कर सकती है?''

ताई बोली, ''तूने भी तो मुझे पीटने की हिम्मत दिखाई ह। तेरे तायाजी पंचू के साथ थाने में रपट लिखाने गये हुए तो हैं?''

गया जानता था कि वह पंचू को फूटी आँख नहीं सुहाता। इससे डरकर बोला, ''जब तू जानती है कि क्रोध में मुझे होश नहीं रहता, तो बीच में क्यों टपक पड़ी थी?''

''तो क्या तू मुझ पर हाथ उठायेगा? अब जेल की काल-कोठरी में जाकर सड़ना।''

ताई को ठेंगा दिखाकर गया बोला, ''मुझे जेल में भेजकर क्या तू चैन की नींद सो सकेगी? रोती-रोती अन्धी हो जाएगी।''

"तू मेरा कौन है, जो मैं तेरे लिए रोऊँगी? मेरी बला से, तू कहीं पड़ा सड़ता रह।"

चिल्लाकर गया बोला, "पहले कुछ खाने को तो दे। सुबह का भूखा हूँ। ये बातें बाद में करती रहना।"

गंगामणि के मुँह खोलने से पहले शिब्बू घर लौट आया और अपने घर पर गयाराम को देखकर आग बबूला हो उठा। गया को गालियाँ बकता हुआ शिब्बू पंचू से छोकरे को पकड़ने और उसकी पिटाई करने को कहने लगा।

बिजली की तेज़ी से गया भाग गया और पंचू को सुनाकर बोला, "एक दिन मैंने तेरी टाँग न तोड़ी, तो मैं भी अपने बाप का बेटा नहीं।"

पलक झपकने की देर में यह सब हो गया, गंगामणि देखती रह गयी, वह बेचारी किसी को कुछ कह भी न सकी। शिब्बू ने क्रुद्ध स्वर में अपनी पत्नी से कहा, "यह सब तेरे लाड़-प्यार का नतीजा है। मैं तुझे अपने सिर की क़सम देता हूँ, आज के बाद यह छोकरा कभी इस घर में घुसना नहीं चाहिए।"

पंचू बोला, "दीदी, यदि तू इसे अपने घर में आने देगी, तो यह दुष्ट अपने प्रण को सच करने के लिए मेरी टाँग भी तोड़ सकता है। तेरा तो कुछ नहीं बिगड़ेगा, किन्तु मैं अपंग हो जाऊँगा।"

शिब्बू ने कहा, "पंचू तू चिन्ता न कर, मैं कल सवेरे ही उसे पुलिस के हवाले कर दूँगा।"

गंगामणि जड़ बनी चुपचाप बैठी रही। वह मुँह से एक शब्द भी नहीं बोल सकी। पंचू डरपोक था, अतः वह रात में घर न आकर जीजी के यहाँ ही सो गया।

दूसरे दिन, दक्षिणा मिलने पर दारोग़ाजी सिपाही और चौकीदार के साथ मामले की तहक़ीकात करने के लिए घटना-स्थल पर आ पहुँचे। अभियोग काफ़ी बड़े थे—दूसरे के घर में ज़बर्दस्ती घुसना, सामान की चोरी तथा जलती लकड़ी से महिला को मारना-पीटना तथा ऊधम मचाना आदि। दारोग़ा साहब के आने से पूरे गाँव में तहलका तथा हलचल का मचना स्वाभाविक ही था।

मुख्य अभियुक्त गयाराम को फुसलाकर पकड़ लाया गया। दारोग़ाजी और उनके अमले को देखते ही गयाराम फूट-फूटकर रोने लगा और बोला, "घर के सब लोग मेरी जान के दुश्मन बन गये हैं और मुझ निरपराध को जेल भेजने पर तुले हैं।"

वृद्ध दारोग़ा अभियुक्त की आयु और उसके करूण क्रन्दन से द्रवित हो उठे और उन्होंने मधुर कण्ठ से पूछा, "गयाराम, क्या तुझे घर में कोई प्यार नहीं करता?"

गया बोला, "केवल ताईजी को छोड़कर और कोई व्यक्ति मुझे प्यार नहीं करता।"

दारोग़ा ने पूछा, "अपने को प्यार करने वाली ताई को तुमने क्यों पीटा?"

गया बोला, "नहीं साहब, मैं उसे क्यो मारूँगा?" किवाड़ की ओट में खड़ी

तायी की ओर उन्मुख होकर वह बोला, "ताई, साहब को बता न, क्या मैंने तुझ पर हाथ उठाया है?"

समीप बैठे पंचू ने कहा, "जीजी! हुजूर को सच-सच बता दे। कल दोपहर में तुम्हारे घर में घुसकर इस झूठे शैतान ने लकड़ी से तुझ पर प्रहार किया था या नहीं? धर्ममूर्ति दारोग़ाजी के सामने झूठ बोलने का परिणाम अच्छा नहीं होगा।"

गंगामणि को फुसफुसाहट को स्पष्ट वाणी देते हुए पंचू ने कहा, "हुजूर, मेरी जीजी मारे जाने की हामी भर रही है।"

गया क्रोधावेश में आकर बोला, "पंचू, तुझे झूठ बोलने का दण्ड देना ही पड़ेगा। तू अकारण मेरे पीछे पड़ा है, मैंने तेरी टाँग न तोड़ी, तो..." बात पूरी करने से पहले ही उसे रुलाई आ गयी।

पंचू दारोग़ा की ओर उन्मुख होकर चिल्लाते हुए बोला, "हुजूर, अब तो आपने अपने कानों से सुना लिया है। जब हुजूर के सामने इस तरह बक रहा है, तो हुजूर के पीछे तो यह कुछ भी कर सकता है? हुजूर, इस साँड को खुला मत छोड़िए।"

सुनकर दारोग़ा मुसकरा दिये।

रोता-बिलखता गया बोला, "मेरी अम्मा नहीं है न! तो फिर मेरा पक्ष..." बात अधूरी छोड़कर वह माँ की याद में टप-टप आँसू बहाने लगा। आज तक उसने न कभी माँ को याद किया था और न ही उसे याद करने की आवश्यकता पड़ी थी, किन्तु आज वह बुरी तरह उसकी याद में बिलख रहा था।

अभियुक्त शम्भू के विरुद्ध कुछ प्रमाणित नहीं हो सका। दारोग़ा ने रिपोर्ट लिखी और सिपाही को अदालत में पेश करने की कहकर चल दिये। पंचू ने अदालत में मामला चलाने और मुक़द्दमे की पैरवी करने का ज़िम्मा ले लिया। गाँव में उसने यह प्रचार प्रारम्भ कर दिया कि उसकी बहिन को पीटने के जुर्म में दारोग़ाजी गया को जेल भेजने की अदालत से सिफ़ारिश कर गये हैं।

गया लापता हो गया। गाँव में शिब्बू के इस आचरण पर थू-थू हो रही है। शिब्बू एक-एक से तकरार करता फिरता है, किन्तु उसकी पत्नी किसी से कुछ नहीं कहती। गया की दूर की मौसी ने गंगामणि के पास आकर उसे खूब खरी-खोटी सुनायी, किन्तु गंगामणि ने मुँह तक नहीं खोला। शिब्बू ने पड़ोसिन से यह सब सुना, तो पत्नी से बोला, "क्या तू गूँगी हो गयी है, जो चुपचाप अपना अपमान कराती रहती है?"

गंगामणि बोली, "बहस करने का क्या लाभ?"

शिब्बू ने कहा, "मैं घर पर होता, तो उस शैतान स्त्री को झाड़ू मारकर घर से भगा देता।"

"तो फिर अब तुम अपना काम-धन्धा छोड़कर घर में ही बैठे रहा करो।" कहती हुई वह अपना काम निपटाने लगी।

शिब्बू को घर पर न पाकर शम्भू झुरमुट से कितने बाँस काटकर ले गया, काटने की अवाज़ सुनकर बाहर आयी गंगामणि ने यह सब अपनी आँखों से देखा, किन्तु रोकना-टोकना तो दूर रहा, बिना पास फटके, उलटे पैर लौट गयी। दो दिनों के बाद शिब्बू को पता चला, तो वह पत्नी से बोला, "क्या तुमने अपने कानों में रुई ठूँस रखी है, जो पास में हो रही कटाई की आवाज़ को तू सुन ही नहीं सकी?"

गंगामणि बोली, "मैंने सुना ही नहीं, अपितु अपनी आँखों से देवर को बाँस काटते देखा भी है।"

क्रुद्ध हुए शिब्बू ने कहा, "तो फिर मुझे बताया क्यों नहीं?"

"क्या बताती? क्या देवरजी उसके बराबर के भागीदार नहीं हैं? यह अकेले हम लोगों का ही तो नहीं है।"

हैरान-परेशान हुआ शिब्बू बोला, "तेरा तो दिमाग़ ख़राब हो गया लगता है।" शाम को कचहरी से थका-माँदा घर लौटा पंचू धम से धरती पर बैठ गया। गाय-बैलों के लिए कुट्टी तैयार करते शिब्बू को दृष्टि पंचू के खिले चेहरे पर नहीं पड़ी। उसने सकुचाते हुए पूछा, "क्या कोई नई और अद्भुत घटना घटी है?"

मुस्कराता हुआ पंचू बोला, "जो मुझे करना चाहिए था, वह करके आया हूँ। उस साले गया की गिरफ़्तारी का वारण्ट निकलवा दिया है। अब साला दिख जाये, तो गिरफ़्तार होकर जेल की हवा खाये।"

शिब्बू पकड़कर बोला, "चाहे, जितना पैसा खर्च करना पड़े। एक बार तो इस साले छोकरे को जेल की कोठरी में बन्द कराना ही है। इसके बिना मुझे शान्ति मिलनी ही नहीं है।"

शिब्बू और पंचू को घुटकर बातें करते और हुक़्क़ा गुड़गुड़ाते रात के ग्यारह बज गये, किन्तु खाने-पीने की पुकार नहीं हुई। शिब्बू उठकर रसोई में गया, तो अंधेरा और खामोशी देखकर लौटकर आया।

सोने के कमरे में जाकर शिब्बू ने देखा कि उसकी पत्नी चटाई पर लेटी पड़ी है। उसने पूछा, "क्या तूने खाया या नहीं? तूने हमें आवाज़ क्यों नहीं लगायी?" गंगामणि बोली, "मैंने कहाँ खाया है?"

"क्या तूने अभी तक कुछ पकाया ही नहीं?"

"नहीं, मेरी तबियत ठीक नहीं है।"

भूख से बिलबिलाते और क्रोध से तिलमिलाते शिब्बू ने अपनी पत्नी को लात मारते हुए कहा, "निकम्मी कहीं की, रोज़-रोज़ तबियत खराब होने का बहाना करके सोती रहती है। खाना नहीं पकाना, तो फिर यहाँ रहती किसलिए है? मेरे घर से निकल जा।" कहते हुए शिब्बू ने अपनी पत्नी की चोटी खींचकर उसे घर से बाहर धकेल दिया।

घर की चौखट के पास धरती पर रात-भर गंगामणि चुपचाप पड़ी रही। फलतः

उस रात न खाना बना और न ही किसी ने कुछ खाया।

सवेरे गंगामणि कहीं दिखाई नहीं दी। पंचू का अनुमान था कि वह उसके घर चली गयी होगी, किन्तु शिब्बू इस पर विश्वास न कर सका। पत्नी के इस व्यवहार से चिन्तित और व्यथित शिब्बू मुक़द्दमे की पैरवी में दिलचस्पी न ले सका। इसके साथ वह पत्नी से भी विरक्त हो उठा, जिससे उसने पत्नी को ढूँढ़ने का भी कोई प्रयास नहीं किया।

शाम को गंगामणि के मायके में न होने का समाचार पाकर पंचू बोला, "तो फिर बुआ के घर गयी होगी।"

धनी परिवार में विवाहित पंचू की बुआ गाँव से पाँच-छह कोस की दूरी पर रहती थी। विशेष पर्वों, उत्सवों और समारोहों पर वह गंगामणि को आमन्त्रित करती रहती थी। अपनी पत्नी से अत्यधिक प्रेम करने वाले शिब्बू ने क्रोधावेश में कह तो दिया, जहाँ उसके सींग समायें, चली जाये, मुझे उसकी कोई चिन्ता नहीं, किन्तु भीतर-ही-भीतर वह उसकी चिन्ता में घुलने लगा। किसी भी काम में उसका मन नहीं लगता था और वह विक्षिप्त-सा बन गया था।

सातवें दिन अपने अहंकार को दबाकर शिब्बू ने पत्नी को लाने के लिए उसकी बुआ के घर गाड़ी भेज दी। दूसरे दिन गाड़ीवान ने आकर बताया कि बड़ी बहू वहाँ नहीं है।

शिब्बू सारा दिन बिना नहाये और खाये-पिये पागलों की तरह घर में लेटा पड़ा रहा। शाम को पंचू ने आकर कहा, "जीजाजी, उसका पता चल गया है।"

उत्सुकता से एकदम चौकन्ने हुए शिब्बू ने पूछा, "कहाँ है वह? स्वस्थ तो है न? चलो, उसे लेने के लिए अभी गाड़ी लेकर चलते हैं।"

पंचू बोला, "सामन्त साहब! मैं जीजी की नहीं, गया के पता चलने की बात कह रहा था।"

शिब्बू बिना कुछ बोले फिर से चित हो गया।

पंचू अपने जीजा को समझाने लगा कि गया को गिरफ़्तार कराने के अवसर को हाथ से जाने नहीं देना चाहिए। मैं तो कहता हूँ कि जीजी को भनक पड़ने से पहले ही उस पापी को जेल मे भिजवा देना चाहिए।

उदास स्वर में शिब्बू बोला, "पंचू, पहले तेरी जीजी घर लौट आये, फिर गया के बारे में सोच लेंगे।"

पंचू बोला, "नहीं, जीजी रुकावट डाल सकती है। उसके लौट आने पर यह काम कभी हो ही नहीं सकेगा। शुभकार्य को निपटाने में देर नहीं करनी चाहिए।"

शिब्बू राज़ी हो गया, किन्तु किसी उजड़े घर वाले का किसी दूसरे का घर उजाड़ने में उत्साह कैसे हो सकता है?

अगले दिन पंचू सरकारी अमले को लेकर गया को गिरफ़्मार कराने चल पड़ा।

मार्ग में उसने बताया कि बड़ी कठिनाई से कहीं से पक्की सूचना मिली है कि शम्भू ने लड़के का नाम बदलकर, उसे पांचला के सरकारी पुल के काम में लगवा दिया है। उसे वहीं से गिरफ़्तार करना होगा।

शिब्बू ने कोई प्रतिक्रिया प्रकट नहीं की। वह एकदम चुप्पी साधे रहा।

दोपहर को व उस गाँव में प्रविष्ट हुए। गाँव के मैदान में पुल बनाने के काम आने वाला सामान–लोहा, लकड़ी आदि–बिखरा पड़ा था। चारों ओर मज़दूरों के निवास के लिए छोटी-छोटी झोंपड़ियाँ थीं। काफ़ी पूछताछ के बाद किसी एक ने बताया कि क्या आप लोग साहब के बंगले में लिखा-पढ़ी का काम करने वाले नये छोकरे के बारे में पूछ रहे हैं?

पंचू के 'हाँ' कहने पर उस आदमी ने एक कोठरी की ओर संकेत किया, तो वे लोग चुपके से दबे पाँव वहाँ पहुँचे। गयाराम की आवाज़ को सुनकर पंचू की तो बाँछें खिल गयीं, परन्तु भीतर के दृश्य पर दृष्टि डालते ही उसका चेहरा क्रोध, दुःख और लज्जा से काला पड़ गया। उसने देखा कि जीजी द्वारा पकाये और परोसे भात को गयाराम आनन्द से खा रहा है और गंगामणि उसे प्रेम से पंखा कर रही है।

अपने पति को देखकर गंगामणि ने पल्लू खींचकर सिर को ढका और संयत स्वर में बोली, "आप दोनों शान्त होकर नदी में स्नान करके लौटो, तब तक मै फिर से भात पकाकर तैयार करती हूँ।"

६. अभागिनी का स्वर्ग

धान के व्यापार से सम्पन्न बने ठाकुरदास मुखर्जी की वृद्धा भार्या सात दिनों तक ज्वर-ग्रस्त रहने के बाद स्वर्ग सिधार गयी। मुखर्जी महाशय का भरा-पूरा परिवार था। उनके चार लड़कों और तीन लड़कियों के भी बाल-बच्चे थे। मुखर्जी की पत्नी की मृत्यु पर उनके परिवारजनों के अतिरिक्त इष्ट-मित्रों, बन्ध-बान्धवों और अड़ोसी-पड़ोसियों के जमावड़े से शोक ने उत्सव-समारोह का रूप ले लिया था। धूमधाम से निकाली जाने वाली अरथी को देखने के लिए गाँव-भर के लिए लोग घर के बाहर आ जुड़े। रोती हुई लड़कियों ने माँ के दोनों पैरों के तलवों में गाढ़ा महावर तथा माथे और सिर पर सिन्दूर लगाया। बहुओं ने बड़े आदर से बुढ़िया के शरीर पर चन्दन लगाया और फिर बहुमूल्य रेशमी वस्त्रों से शव को ढक दिया गया। सभी स्त्रियों ने श्रद्धापूर्वक वृद्धा को प्रणाम किया और उसकी चरण-धूलि को सिर-माथे पर चढ़ाया। पुष्प, गन्ध, धूप, दीप, इत्र आदि देते समय ऐसा लगा, मानो किसी नव-विवाहिता को मायके से आनन्द-उल्लास के साथ ससुराल भेजा जा रहा हो। वृद्ध मुखर्जी अपनी जीवनसंगिनी को अन्तिम विदा देते समय अपने आँसुओं पर नियन्त्रण नहीं रख सके, लेकिन फिर भी, अपनी गीली आँखों को पोंछकर शोक-मग्न पुत्रियों, बहुओं तथा परिवार की अन्य स्त्रियों को सान्त्वना देने लगे। 'हरिबोल' का तुमुल नाद करता हुआ सारा गाँव अरथी के साथ श्मशान को चल दिया। इस भीड़ से हटकर अपनी कुटिया की बगिया में बैंगन तोड़ती कंगाली की माँ भी ऐसी शानदार शवयात्रा से इतनी अधिक प्रभावित हुई कि सारे काम-धन्धे को भूलकर अपनी आँखें पोंछती हुई अरथी के पीछे-पीछे चल पड़ी।

गाँव के बाहर गरुड़ नदी के तट पर श्मशान है। वहाँ पहले से ही लकड़ी, घी, चन्दन, धूप, दीप, मधु और राल आदि सारा सामान पहुँचा दिया गया था। दूले नामक छोटी जाति की स्त्री होने के कारण कंगाली की माँ के लिए श्मशान भूमि में जाना निषिद्ध था। अतः वह दूर किसी ऊँचे टीले पर खड़ी होकर अन्त्येष्टि-क्रिया देखने लगी।

शानदार ढंग से सजी-धजी चिता पर शव को रखा गया। वृद्धा के पैरों में महावर को देखकर कंगाली की माँ निहाल हो उठी। उसका बस चलता, तो उसके पैरों के तलवों में लगे महावर को अपने माथे पर लगाकर अपना जीवन धन्य कर लेती। लोगों के कण्ठों से निकलती 'हरिबोल' की ध्वनि और ब्राह्मणों द्वारा मन्त्रोच्चारण

की ध्वनि के साथ जब वृद्धा के पुत्रों ने उसे मुखाग्नि दी, तो कंगाली भी द्रवित होकर अश्रुवर्षा करने लगी और भगवान् से प्रार्थना करने लगी कि उसे भी यथासमय कंगाली से मुखाग्नि पाना सुलभ हो। वह मुखर्जी महिला के भाग्य को सराहती हुई बोली, "इसमें रत्ती-भर भी सन्देह नहीं है कि तुम सीधी स्वर्ग को जा रही हो। पुत्र के हाथ से दाह-संस्कार का होना कोई साधारण बात नहीं, अपितु सौभाग्य का सूचक है, फिर पति, पुत्र, पुत्री, पौत्र-पौत्री, नाती-नातिन तथा दास-दासियों आदि की उपस्थिति में विदाई तो विरले भाग्य वालों को ही मिलती है। यह सौभाग्य कितना अधिक महत्त्वपूर्ण है, इसका अनुमान लगाना सम्भव नहीं है। चिता में जलती लकड़ियों के नीले-काले आकार के धुएँ को आकाश में उड़ते देखकर कंगाली की माँ यह कल्पना करने लगी कि इस पुण्यात्मा महिला को ले जाने के लिए स्वर्ग से विमान पृथ्वी पर उतर रहा है। विमान खूब सजा हुआ है, चारों ओर फहराती ध्वजाएँ उसकी विचित्रता एवं दिव्यता का उद्घोष कर रही हैं। विमान के भीतर दिव्य पुरुष बैठा है, जिसका दीप्त चेहरा अपरिचित-सा लगता है, किन्तु वेशभूषा और सजावट से वह दिव्य पुरुष प्रतीत होता है। इस विचार के आते ही वह महिला इतनी अधिक द्रवित हो उठी कि उमड़ते आँसुओं के प्रवाह को रोक न सकी। उसे ढूँढ़ता हुआ उसके पास आ खड़ा हुआ उसका चौदह-पन्द्रह साल का बेटा कंगाली उसकी धोती के पल्लू को खींचता हुआ बोला, "तू यहाँ खड़ी क्या कर रही है? और किसलिए आँसू बहा रही है?" क्या तुझे मेरी भूख की कोई चिन्ता नहीं, चल घर, चलकर रोटी बना।"

लड़के की आवाज़ सुनकर महिला बोली, "बेटे, चलती हूँ, खाना भी बनाऊँगी। पहले यह तो देख कि यह ब्राह्मणी विमान पर सवार होकर स्वर्ग को जा रही है।"

लड़का आश्चर्य से इधर-उधर देखता हुआ बोला, "कहाँ है विमान?" माँ द्वारा अँगुली से धुएँ की ओर संकेत किय जाने पर लड़का बोला, "माँ, तुम तो पागल गयी हो, जो धुएँ में मनमानी कल्पना कर रही हो। मुझे समझ नहीं आता कि तुम क्यों आँसू बहा रही हो? आश्चर्य है कि अपना काम-धन्धा छोड़कर बेकार में यहाँ खड़ी हो। मुझे कब तक भूखा मारोगी? पता नहीं, कब खाना बनाओगी?"

सचेत हुई कंगाली की माँ इस प्रकार श्मशान में अपने आने और निरर्थक आँसू बहाने पर लज्जित हो उठी। पुत्र के अकल्याण की कल्पना से भयभीत होकर वह तत्काल आँसू पोंछकर बोली, "मैं क्यों रोऊँगी? यह तो आँखों में धुआँ लग जाने से आँसू निकल आये थे।"

"माँ, यह बहानेबाज़ी छोड़। धुआँ नहीं लगा था, तू तो टप-टप आँसू बहा रही थी।"

माँ सत्य को कब तक छिपाती-झूठलाती। लड़के का हाथ पकड़कर घाट पर आ गयी। खुद भी नहायी, लड़के को भी नहलाया और फिर यह सोचती हुई लौट आयी कि शायद दाह-संस्कार को पूरी तरह से देखना उसके भाग्य में नहीं लिखा था।

2

माँ-बाप द्वारा अपनी सन्तान को अनुपयुक्त नाम दिये जाने पर विधाता मुस्कराता ही नहीं है, अपितु विरोध का स्वर भी मुखर करता है, इसीलिए व्यक्ति जीवन-भर गुण-विरोधी नाम के लिए जन-साधारण के उपहास का पात्र बनता है। शुक्र है कि कंगाली की माँ को इस प्रकार से किसी के उपहास का पात्र नहीं बनना पड़ा है। उसे जन्म देते ही उसकी माँ चल बसी, तो क्रुद्ध हुए बाप ने उसे 'अभागिनी' नाम दे दिया।

इस अभागिनी का बाप नदी से मछलियाँ पकड़कर अपना निर्वाह करता था। इसके लिए उसे दिन-रात जुटा रहना पड़ता। किसी तरह पलकर बड़ी होकर अभागिनी ब्याही गयी और कंगाली की माँ बन गयी। इस अभागिनी के पति का नाम था—रसिक बाध, जो कुछ समय बाद इसे छोड़कर अपनी पहली पत्नी के पास दूसरे गाँव चला गया। अभागिनी को अपना और अपने बच्चे का पेट पालने के लिए इसी गाँव में मेहनत-मजदूरी का सहारा लेना पड़ा।

अब अभागिनी का इकलौता बेटा कंगाली पन्द्रह साल का हो गया है। वह अपनी आजीविका कमाने के लिए बेत का काम सीख रहा है। अभागिनी आशा करने लगी है कि साल-भर में लड़के के अपने काम में निपुण हो जाने पर उसके बुरे दिन टल जायेंगे। उसकी दरिद्रता और दुःख की विषमता को केवल प्रत्यक्षदर्शी ही जानते-समझते हैं।

तालाब से स्नान करके लौटे कंगाली ने हंडिया को थाली से ढका हुआ देखा, तो माँ से पूछा, "क्यों, क्या तुम्हें नहीं खाना है माँ?"

"बेटे, देर हो जाने के कारण भूख जाती रही है।"

विश्वास न करते हुए भी बालक ने हंडिया देखने का हठ किया।

अभागिनी इसी बहाने से बेटे को कई दिनों से टालती आ रही थी, किन्तु आज पोल खुल गयी। हांड़ी में एक व्यक्ति के खाने जितना भात था। वह माँ की गोदी में आ बैठा। इतनी बड़ी आयु के लड़के प्रायः माँ की गोदी में नहीं बैठते, किन्तु रुग्ण रहने के कारण कंगाली अपना कोई संगी-साथी नहीं बना सका था, अतः वह प्रायः माँ की गोदी में चिपका रहता था। आज भी उसने अभ्यावश वही किया।

माँ के गले में अपना एक हाथ डालकर उसके गाल से अपना गाल सटाते हुए वह बोला, "माँ, तुम्हें तो ताप है, इस स्थिति में गरमी में खड़ी होकर जलते मुरदे को देखना कहाँ की समझदारी है?"

बेटे के मुँह पर हाथ रखती हुई अभागिनी बोली, "बेटे, सती महारानी के विमान पर सवार होकर स्वर्ग जाने को मुरदा जलना नहीं कहते। इससे पाप लगता है।"

"बार-बार तुम यही कहे जा रही हो। यहाँ से कोई मुरदा विमान पर सवार होकर कहीं नहीं जाता। सब कुछ यहीं राख हो जाता है।"

"बेटे, मैंने ब्राह्मण महारानी को अपनी आँखों से विमान में बैठे देखा है। उसके

लाल पैरों को मेरे साथ और भी बहुतों ने देखा है।''

''क्या कहती हो, औरों ने भी देखा है?''

''हाँ, बहुतों ने देखा है।''

माँ की छाती से लगा कंगाली सोच में पड़ गया कि क्या उसके कथन पर विश्वास करे अथवा नहीं? अब तक तो वह उसके प्रत्येक कथन पर विश्वास करता आया है, ऐसा वह अपना अभ्यास बना चुका है। जब वह कहती है कि केवल अकेली उसने ही नहीं, अपितु बहतो ने यह सब देखा है, तो सच ही होगा। थोड़ी देर में वह बोला, ''माँ, तब तो एक दिन तुम भी स्वर्ग को जाओगी? उस दिन राखाल की बुआ से लक्ष्मी की माँ कह रही थी, दूलों में सतीत्व का आदर्श तो कंगाली की भाँ है।''

अभागिनी के चुप रहने पर कंगाली बोला, ''माँ, बापू के तुझे छोड़ देने पर कितने लोगों ने तुझसे विवाह का प्रस्ताव रखा, प्रलोभन दिये, किन्तु तूने किसी की नहीं सुनी। सबसे यही कहा–कंगाली बड़ा हो जायेगा, तो मेरे सारे दुःख-कष्ट मिट जायेंगे। अच्छा माँ, यदि तू विवाह कर लेती, तो मेरा क्या होता? मैं तो भूखा-प्यासा मर जाता।'' माँ ने बेटे को अपनी छाती से चिपका लिया। वस्तुतः उसे उस दिन ऐसी सलाह देने वालों की ही नहीं, अपितु दबाव डालने वालों की भी कमी नहीं थी। कुछ तो धमकाने-डराने से भी बाज़ नहीं आये। उस दिन को याद करके वह रो पड़ी। माँ के आँसू पोंछते हुए कंगाली बोला, ''बिछौना लगा दूँ, क्या नींद लेना चाहेगी?''

माँ की चुप्पी पर कंगाली ने चटाई बिछाकर बिस्तर लगा दिया, छोटा तकिया भी साथ रख दिया। इसके बाद वह माँ के हाथ को पकड़कर उसे बिस्तर पर सुलाने लगा, तो माँ बोली, ''बेटे, आज तुम मेरे पास ही बैठे रहा, तुझे काम पर नहीं जाना है?''

काम पर न जाने के माँ के सुझाव से कंगाली प्रसन्न हो उठा, फिर वह बोला, ''माँ, यदि काम पर न गया, तो जलपान के लिए दो पैसे भी नहीं मिलेंगे।''

''न मिलें आ मेरे पास। मैं तुझे कहानी सुनाती हूँ।'' अधिक विवाद किये बिना कंगाली माँ की छाती से लग गया और बोला, ''हाँ, माँ, राजकुमार, कोतवाल, घोड़ा और पक्षिराज वाली कहानी सुना।''

अभागिनी कई बार सुना चुकी कहानी फिर से सुनाने लगी, किन्तु बीच में ही वह उस घिसी-पिटी कहानी को छोड़कर दूसरों से सुनी कहानी सुनाने लगी।

बुख़ार के तेज़ी से बढ़ने के साथ वह नयी-नयी कहानियाँ सुनाने लगी। इधर कंगाली भय, विस्मय और आशंका से घबराकर माँ की छाती से और अधिक दृढ़ता से चिपक गया।

दिन डूबने के कारण सन्ध्या का अन्धकार बढ़ने लगा, किन्तु घर में दीपक जलाने की सुधि किसी को नहीं थी। अंधेरे में माँ की छाती से चिपका कंगाली माँ के दिल की बढ़ती धड़कन को सुन रहा था। वह ब्राह्मणी की श्मशान-यात्रा और स्वर्गरोहण की चर्चा को दोहराये जा रही थी। शोक-विह्वल परिवारजनों का उस सती की चरण-धूलि को लेकर उसे विदा देने का वर्णन बड़ा ही मार्मिक था। 'हरिबोल' की व्यापक ध्वनि के साथ वृद्धा ब्राह्मणी की अरथी का उठना भी अभागिनी के लिए

आनन्द का विषय था। वह बार-बार कहे जा रही थी, "बेटे, वह आग से उठा धुआँ नहीं था, वह तो स्वर्ग से उतरा विमान था। मेरे बेटे कंगालीचरण, यही सत्य है।" कहकर वह हाँफने लगी।

कंगाली ने पूछा, "क्या बेचैनी हो रही है?"

महिला अपनी रौ में बोली, "यदि मुझे तेरे हाथों आग नसीब हो जाये, तो मैं भी स्वर्ग जा सकती हूँ।"

कंगाली बोला, "क्या तुझे ऐसी बातें कहना अच्छा लगता है?"

लेकिन वह अपनी धुन में कहती गयी, "फिर मेरी छोओी जाति के कारण कोई घृणा नहीं करेगा आर निर्धन होने पर भी, मै किसी की उपेक्षा का पात्र नहीं बनूँगी।" माँ के मुँह पर हाथ रखकर कंगाली बोला, "माँ, तेरी बातों को सुनकर मुझे डर लगता है।" "हाँ, कंगाली, एक काम और करना। अपने बापू को पकड़ लाना और उसके पाँव की धूलि से मेरे माथे पर सिन्दूर-तिलक आदि भी लगा देना—यह सब करेगा न बेटा? मेरा राजा बेटा, तभी तो तेरी माँ को स्वर्ग-लाभ होगा।" कहते हुए अभागिनी ने फिर से लड़के को अपनी छाती से लगा लिया।

3

अभागिनी की जीवन-लीला का अन्त होने जा रहा है। उसकी आयु मुश्किल से तीस की होगी। इतनी भी होगी या इससे भी छोटी होगी, कुछ कहा नहीं जा सकता, परन्तु किसे, कब बुलावा आ जाता है, इसमें आयु की न्यूनाधिकता की कोई भूमिका नहीं रहती। यह तो ऊपर वाला ही जानता होगा कि उसने इस सम्बन्ध में क्या मानदण्ड बना रखा है। माँ की दशा बिगड़ती देखकर कंगाली चिन्तित हो उठा। पड़ोस के गाँव में रहते वैद्य के पास जाकर रोया-गिड़गिड़ाया, हाथ-पाँव जोड़े, किन्तु वैद्यजी बिना फ़ीस लिये, आने को सहमत न हुए। घर का लोटा गिरवी रखकर लड़के ने प्राप्त एक रुपया वैद्य के हवाले किया, किन्तु वह फिर भी रुग्णा को देखने नहीं आये। हाँ, दो-चार गोलियाँ अवश्य दे दीं और कह दिया कि वह माँ को शहद में अदरक और तुलसी का रस मिलाकर पिलाता रहे। कंगाली की माँ ने यह सब सुना, तो उसने बिना उससे पूछे लोटा गिरवी रखने के लिए कंगाली को डाँटा-डपटा। उसने क्रोधावेश में वैद्य की गोलियों को चूल्हे में फेंक दिया और बोली, "अच्छा होना होगा, तो वैसे ठीक हो जाऊँगी। दूलों के परिवारों में वैद्य की दवा खाने का कोई प्रचलन नहीं है।"

दो-तीन दिन और इस प्रकार बीत गये। पड़ोसी पूछताछ के लिए आने लगे और अपनी हिकमत बघारते हुए नुस्खे भी बताने लगे। एक ने कहा, मूठ चलाओ, तो दूसरे ने कहा, हिरन के सींग का छुआ पानी पियो, तीसरे ने राय दी, गट्टी कौड़ी की राख शहद में मिलाकर चाटो, अर्थात् जितने मुँह उतने उपचार। सभी अनुभवी होने का दावा कर रहे थे। छोटा बालक कंगाली किस नुस्खें को अपनाये और किसे

न अपनाये? वह तो यह सब सुनकर परेशान हो उठा था। माँ ने बेटे की परेशानी को भाँपा और उसे अपने समीप खींचकर बोली, "बेटे, जब मैंने वैद्य की दवा नहीं ली, तो यह सब भी नहीं लूँगी। तुझे किसी दवा के जुगाड़ के पचड़े में नहीं पड़ना है। मेरे भाग्य में ठीक होना लिखा होगा, तो मैं वैसे ही ठीक हो जाऊँगी।"

रोता हुआ कंगाली बोला, "माँ, वैद्य की गोलियों को चूल्हे में फेंककर तुमने ठीक नहीं किया।"

कंगाली आज अपने जीवन में पहली बार भात बना रहा था। अनुभव न होने के कारण वह न ठीक से माँड निकाल सका और न ही भात को पका सका। ठीक से चूल्हा ही नहीं जल सका। भात का उबलता हुआ पानी उफान से गिरा, तो जलता चूल्हा बुझ गया। भात को परोसने लगा, तो वह चारों ओर बिखर गया। ध्यान से इस ओर देखती महिला की आँखों में आँसू भर आये। उसने उठने और बेटे की सहायता करने की चेष्टा की, किन्तु उठ न सकी। भात जैसा भी पका था, माँ-बेटे ने खाया और उसके बाद माँ ने बेटे को अपने पास बुलाकर प्यार से भात पकाने की सारी विधि विस्तार से तथा ब्योरेवार समझायी। यह कहते हुए रुग्णा की वाणी रुक गयी और उसकी आँखों से अश्रुधारा बहने लगी।

नाड़ी-परीक्षण में कुशल गाँव के नाई ईश्वर ने कंगाली की माँ की नाड़ी जाँची, तो वह निराश हो गया। दीर्घ विश्वास छोड़ते हुए वह चेहरे पर गम्भीरता लाकर चुपचाप चलता बना। महिला इसका अर्थ समझ गयी, किन्तु उसने किसी प्रकार की कोई परेशानी प्रकट नहीं की। हाँ, हाल-चाल पूछने आयी पड़ोसिनों के चले जाने पर अभागिनी ने बेटे को 'उसे' बुलाकर लाने को कहा, तो न समझ पाने के कारण लड़के ने पूछा, "माँ, किसे बुलाने को कहती हो? क्या बापू को बुला लाऊँ?"

महिला के चुप रहने पर लड़का बोला, "माँ, वह नहीं आयेंगे।"

महिला बोली, "बेटा, जाकर कह तो सही कि अन्त समय में माँ उनके दर्शन और चरण-स्पर्श करना चाहती है।"

जाने के लिए उद्यत लड़के को समझाती हुई रुग्णा बोली, "बेटे, थोड़ा रो-धो लेना और कहना, माँ अन्तिम साँस ले रही है। हाँ, उधर से लौटती बार नाइन से थोड़ा-सा महावर भी लेते आना। मुझे वह बहुत प्यार करती है, मेरा नाम लेगा, तो वह मना नहीं करेगी।"

तेज़ बुखार में तड़पती माँ को कंगाली ने बड़बड़ाते हुए सुना, तो वह डर गया। वह उसे अकेला छोड़ना नहीं चाहता था, किन्तु कोई दूसरा चारा नहीं था।

4

दूसरे दिन रसिकलाल दूले के आने पर अभागिनी अचेत पड़ी थी। चेहरे पर मृत्यु की छाया स्पष्ट दिख रही थी। नेत्रों की ज्योति पहले ही साथ छोड़ चुकी थी।

किसी अज्ञात लहर से आयी थोड़ी-सी चेतना से उसने पति के चरणों को छूने की इच्छा से अपने अशक्त हाथ को आगे करके फैलाया।

रसिक जड़ बना खड़ा था, वह तो सपने में भी नहीं सोच सकता था कि कोई उसके चरणों की धूलि से अपनी मुक्ति की कामना कर सकता है। जिस स्त्री को वह असहाय अवस्था में छोड़ गया था, वही स्त्री उसकी पूजा करेगी, यह उसकी कल्पना से बाहर था। फिर भी, उपस्थित महिलाओं के अनुरोध पर उसे अपनी पत्नी को अपनी चरण-धूलि देनी ही पड़ी।

राखाल की माँ बोली, "ऐसी सती को तो ब्राह्मणों-कायस्थों के घर जन्म लेना चाहिए था। न जाने किस अपराध से यह बेचारी दूलों के यहाँ उत्पन्न हुई है? अब भगवान् इसका उद्धार करे। कंगाली के हाथ से मुखाग्नि पाने के लोभ में बेचारी ने असयम में प्राण दे दिये हैं।"

घट-घट में व्याप्त अन्तर्यामी की प्रतिक्रिया के बारे में तो स्वयं अन्तर्यामी ही जान सकता है, किन्तु बेचारे कंगाली के कानों में पड़े ये शब्द उसकी छाती को छलनी कर गये।

एक दिन और एक रात काटने के बाद अभागिनी ने अन्तिम साँस ली। यह तो मालूम नहीं कि हमारे शास्त्रों में छोटी जाति वालों को स्वर्ग ले जाने के लिए विमान की व्यवस्था रहती है अथवा उन्हें पैदल चलकर जाना पड़ता है, परन्तु हमें यह अवश्य पता है कि पौ फटने से पहले कंगाली की माँ इस संसार को छोड़ चुकी थी।

झोंपड़ी के सामने खड़े पेड़ को काटने के लिए रसिक ने कुल्हाड़ी चलायी होगी अथवा चलाने वाला होगा कि कहीं से आये ज़मींदार के दरबान ने उसके गाल पर एक चपत लगायी और फिर उसके हाथ की कुल्हाड़ी को छीनकर एक ओर फेंकते हुए बोला, "क्या यह पेड़ तेरे बाप का है, जो तू इसे काट रहा है?"

रसिक अपने गाल को सहलाने लगा और कंगाली चिल्लाकर बोला, "दरबानजी, यह पेड़ तो मेरी माँ ने अपने हाथ से रोपा था। आपने तो बिना सोचे-समझे मेरे बापू को पीट दिया है।"

दरबान ने कंगाली को मोटी-सी गाली दी। माँ के शव के पास बैठे कंगाली को छूने से अपवित्र होने की आशंका न होती, तो दरबान ने उसकी पूरी खबर ली होती। शोर-गुल सुनकर इकट्ठे हुए लोगों में किसी को भी यह कहने का साहस न हुआ कि रसिक का बिना पूर्व अनुमति के वृक्ष काटना उचित था। लोग हाथ जोड़कर और पैरों में गिरकर दरबान से पेड़ काटने की अनुमति देने की गुहार लगाने लगे। इसका कारण सभी का कंगाली की माँ की अन्तिम इच्छा—अग्नि में जलना—से परिचित होना था। उन्होंने दरबान को भी इस बात से अवगत कराया, किन्तु दरबान बोला, "यह सब चालाकी मेरे साथ नहीं चल सकती।"

इधर लोग दरबान की खुशामद कर रहे थे, उधर कंगाली तेज़ी से दौड़कर ज़मींदार की कचहरी में जा पहुँचा। उसने लोगों से सुन रखा था कि छोटे लोग

अत्याचारी और क्रूर होते हैं, ज़मींदार साहब तो उदार और दयालु हैं। उसने सोचा कि यदि मैं दरबान की ज़्यादती की बात ज़मींदार के कान में डाल दूँगा, तो शायद मुझे उनकी कृपा सुलभ हो जायेगी, किन्तु उस नादान एवं भोले-भाले बालक को यह नहीं मालूम था कि बंगाल में ज़मींदार और उसके कारिन्दे एक ही थैली के चट्टे-बट्टे हैं। ज़मींदार साहब का गुमाश्ता अधरराय सन्ध्या-पूजा से निपटा ही था कि कंगाली उनके सामने आ खड़ा हुआ। गुमाश्ता जी द्वारा ''कौन है?'' पूछे जाने पर कंगाली अपना परिचय देकर बोला, ''आपके दरबान ने मेरे बाप को पीटा है।''

''लगान न देने पर पीटा होगा?''

''नहीं साहब, मेरी अम्मा मर गयी है, उसे जलाने के लिए मेरा बापू पेड़ काट रहा था।'' कहते हुए वह अपने ऊपर नियन्त्रण न रख पाने के कारण रोने लगा।

सवेरे-सवेरे रोना-धोना सुनना अधरराय को बहुत बुरा लगा। लड़का माँ के मरने की बात कर रहा है, क्या पता, इधर आते समय यहाँ की किसी वस्तु को छू दिया हो। इससे वह काफ़ी क्षुब्ध हो उठे। चिल्लाकर बोले, ''माँ मरी है, तो यहाँ क्या लेने आ गया है? तुम्हें नीचे खड़ा होना चाहिए था।'' इसके बाद अपने कर्मचारी को आवाज़ देते हुए बोले, '' अरे, कौन है नीचे, थोड़ा गोबर-पानी छिड़ककर इस स्थान को पवित्र करो।''

कंगाली नीचे चला गया।

अधरराय द्वारा जाति पूछने पर कंगाली ने नीचे से उत्तर दिया, ''मैं दूला ज्राति का हूँ।''

गुमाश्ता ने कहा, ''दूलों को मुरदे के लिए लकड़ी की ज़रूरत कहाँ पड़ती है?'' कंगालाी बोला, ''माँ मुझे आग देने के लिए कह गयी है। आप किसी से भी पूछ सकते हैं।'' कहते हुए वह फूट-फूटकर रोने लगा।

अधरराय ने कहा, ''माँ को जलाना है, तो पेड़ की क़ीमत पाँच रुपये चुका दे।'' कंगाली के लिए पाँच रुपये जुटाना असम्भव था। कफ़न खरीदने के लिए उसे थाली बेचनी पड़ी है, घर में और कुछ भी नहीं है। वह हाथ जोड़कर बोला, ''मेरे पास रुपये नहीं हैं।'' ''तो फिर माँ को नदी के पास गढ़ा खोदकर गाड़ दे। काहे के लिए बेकार दुखी हो रहा है। तुम्हारी जालि में यही चलता है।''

कंगाली बोला, ''यह पेड़ तो हमारे आँगन में है और इसे मेरी माँ ने ही रोपा था। इस पर हमारा अधिकार है।''

सुनते ही गुमाश्ता क्रोध से तिलमिला उठा। मोटी-मोटी गालियाँ देते हुए बोला, ''प्रजा होकर आँगन को अपना बताता है। अरे, कौन है? इसे धक्के देकर बाहर निकाल दो।''

पांडे ने कंगाली को गले से पकड़ा और दरबान से भी अधिक गन्दी गाला दत हुए उसे धक्का देकर घर से बाहर निकाल दिया।

धरती पर पड़ा कंगाली साहस जुटाकर उठ खड़ा हुआ। उसकी समझ में नहीं

आया कि उसके किस अपराध के कारण उसे इस प्रकार अपमानित और दण्डित किया गया है।

गुमाश्ते के मन में नाममात्र के लिए भी सहानुभूति नहीं उमड़ी। उसके चरित्र की इस निर्ममता को विशेषता मानकर ही तो उसे यह नौकरी मिली थी। उलटे उसने अपने मातहत पारस से कहा, "पारस, खाता जाँच ले, कहीं इसका कुछ बकाया निकलता हो, तो बरतन आदि अपने अधिकार में ले ले। क्या मालूम, यह साला कब गाँव छोड़ जाये?"

मुखर्जी परिवार में परिवार के स्तर के अनुरूप मृत महिला के श्राद्ध की ज़ोर-शोर से तैयारियाँ चल रही हैं। वृद्ध गृहस्वामी ठाकुरदास स्वयं सारे कार्य की देख-रेख कर रहे हैं। कंगाली उनके सामने आकर बोला, "पण्डितजी, मेरी माँ मर गयी है।"

मुखर्जी ने पूछा, "तू कौन है और मुझसे क्या चाहता है?"

"मैं कंगाली हूँ। मेरी माँ की अन्तिम इच्छा अग्निदाह की थी।"

"तो फिर जाकर माँ का संस्कार कर।"

तब तक कचहरी की घटना की जानकारी सबको हो गयी थी। एक आदमी ने मुखर्जी को सारी घटना कह सुनायी और बोला, "यह एक पेड़ की माँग लेकर आया है।" मुखर्जी महाशय आश्चर्य और क्रोध-मिश्रित स्वर में बोले, "क्या तुझे मालूम नहीं कि कल के श्राद्ध में हमें काफी लकड़ी की ज़रूरत पड़ेगी। यहाँ से चलता बन, मैं तेरी कोई सहायता नहीं कर सकता।" कहकर वह स्वयं एक ओर हो लिये।

समीप बैठे और खाता लिखते भट्टाचार्य ने कहा, "पगले, तेरी जात में जलाने का प्रचलन ही नहीं है। यदि तेरी कोई इच्छा है, तो दो-चार लकड़ी जलाकर माँ का मुँह झुलसा दे और फिर मुरदे को नदी-किनारे गाड दे।"

उधर से किसी काम से गुज़रते मुखर्जी महाशय के बड़े लड़के ने कंगाली की माँग के बारे में सुना, तो उत्तेजित स्वर में बोला, "आजकल सभी शूद्र ब्राह्मण और कायस्थ बनना चाहते हैं। घोर कलियुग आ गया है पण्डितजी।" कहते हुए वह भी अपने काम को चल दिया।

इसके बाद कंगाली ने किसी और के आगे गिड़गिड़ाना उचित नहीं समझा। वस्तुतः, दो घण्टों के अनुभव ने उसे काफ़ी समझदार बना दिया था। अतः वह सीधा माँ के शव के पास जा पहुँचा।

नदी को तलहटी में गढ़ा खोदकर अभागिनी को सुला दिया गया। राखाल की माँ ने पुआल की आग से मृतका का मुँह झुलसा दिया और उसके बाद मिट्टी डालकर मुरदे को धरती के भीतर दवा दिया गया।

इस काम से निबटकर सब लोग चलते बने। अकेला कंगाली जलते पुआल से निकलते धुएँ को देखकर कल्पना कर रहा था कि शायद उसकी माँ विमान पर बैठकर स्वर्ग जा रही है।

7. दर्प–चूर्ण

सन्ध्या होने पर साधारण ढंग से सजी-धजी इन्दुमती पति के कमरे में प्रविष्ट होकर पति से पूछने लगी, "क्या कर रहे हैं आप?"

एक मासिक पत्रिका को पढ़ रहे नरेन्द्र ने पत्नी के प्रश्न का उत्तर तो नहीं दिया; किन्तु हाँ, कुछ देर तक वह पत्नी के चेहरे पर देखता रहा और फिर उसने पत्नी के सामने पत्रिका रख दी।

पत्रिका के खुले पृष्ठ पर देखती और भौंहे सिकोड़ती इन्दु बोली, "अच्छा, तुम्हारी कविता छपी है? ज़रा दिखाना, कौन-सी पत्रिका है यह?" देखने के बाद वह बोली, "अरे, यह तो 'सरस्वती' है। क्या 'विशाल-भारत' ने छापना स्वीकार नहीं किया?"

नरेन्द्र का प्रसन्न मुख इस अपमानजनक टिप्पणी से काला पड़ गया।

इन्दु ने फिर से पूछा, "तुमने बताया नहीं, क्या 'विशाल भारत' ने वापस लौटा दी थी?"

नरेन्द्र बोला, "मैंने उनके पास अपनी रचना भेजी ही नहीं थी।" इन्दु बोली, "एक बार वहाँ भेजते तो सही। 'सरस्वती' की अपेक्षा 'विशाल भारत' कहीं अधिक उत्तरदायी और प्रतिष्ठित पत्र है। मैं तो ऐसी-वैसी पत्रिका को पढ़ना पसन्द ही नहीं करती।

थोड़ी देर चुप रहकर मुस्कराती हुई इन्दु बोली, "अच्छा, अपनी ही रचना को इतने अधिक मनोयोग से पढ़ते हो? इसमें कोई बुराई नहीं है। हाँ, सुनो, आज शनिवार है, मैं पड़ोस की ननद के साथ सिनेमा देखने जा रही हूँ। वैसे तो कमला सो गयी है, किन्तु फिर भी पढ़ने से समय निकालकर ज़रा बीच-बीच में उसे देख लेना। क्या मैं जाऊँ?"

पत्रिका को बन्द करके मेज़ पर रखते हुए नरेन्द्र ने कहाँ, "हाँ-हाँ, निश्चिन्त होकर जाओ।"

जा रही इन्दु ने नरेन्द्र की गहरी-लम्बी साँस सुनी, तो एकदम लौट पड़ी और बोली, "यह भी अजीब तमाशा है कि जब भी कहीं जाती हूँ, तुम ठण्डी आहें भरने लगते हो। यदि तुम्हें मेरे जाने में दुःख अथवा ईर्ष्या होती है, तो साफ़-साफ़ क्यों नहीं कह देते?"

इन्दु के उपालम्भ पर नरेन्द्र ने मुँह ऊपर उठाया। लगता था, मानो वह कुछ कहेगा, किन्तु बिना कुछ बोले ही उसने फिर से सिर झुका लिया।

नरेन्द्र को ममेरी बहन बिमला सड़क के मोड़ पर रहती है, वह इन्दु की सहेली

बन गयी है। गाड़ी बाहर रोककर भीतरी पहुँची इन्दु ने बिमला से कहा, "यह क्या, तुम तो अभी तैयार ही नहीं हुईं, क्या तुम्हें मेरा सन्देशा नहीं मिला था?"

अपने को लज्जित अनुभव करती और झेंप मिटाने के लिए मुस्कराती हुई बिमला बोली, "भाभी, सूचना तो यथासम्भव मिल गई थी, किन्तु मेरे पतिदेव घर पर नहीं हैं। उनकी अनुमति के बिना, तो मैं घर के बाहर पैर भी नहीं रख सकती।"

मन-ही-मन कुढ़ती हुई इन्दु बोली, "इसका अर्थ है कि अभी तक स्वामी की आज्ञा नहीं मिली है।"

बिमला ने अपनी सहेली की इस चुटकी का बुरा नहीं माना, अपितु वह इसे अपनी प्रशंसा मानकर प्रसन्न हो उठी। थोड़ी लजाती और मुस्कराती हुई वह बोली, "हाँ, अभी अपनी विनयपत्रिका प्रस्तुत नहीं की, किन्तु हाँ, प्रस्तुत किये जाने पर स्वीकृति मिलने का पक्का भरोसा है।"

इन्दु और भी अधिक परेशान हो उठी। कुढ़ती हुई-सी बोली, "जब मैंने काफ़ी पहले सूचना भेज दी थी, तो तुमने अब तक अपने पति से पूछ क्यों नहीं लिया?"

झिझकती हुई बिमला बोली, "भाभी, ऑफ़िस से लौटने पर उनके मुँह से सिरदर्द की बात सुनकर मुझे अपनी बात कहने का साहस नहीं हुआ। सोचा, उनके जलपान और थोड़ा विश्राम कर लेने के बाद अपनी बात कहूँगी, किन्तु वह जी बहलाने के लिए घूमने चल दिये। अभी, ज़रा बैठो, अभी कौन-सी देर हुई है? वह आते ही होंगे।

इन्दु बोली, "बीबीजी, आश्चर्य है कि तुम यह सब कैसे निभा पाती हो? मुझे तो ऐसी बात किसी से कहते नहीं बनता। अच्छा, तो क्या किसी दास-दासी को अपने पति को सूचना देने का काम सौंपकर तुम चल नहीं सकतीं?

बिमला भय का प्रदर्शन करती हुई बोली, "इसका परिणाम होगा, इस घर से सदा के लिए छुट्टी और फिर जीवन-भर सम्बन्ध-विच्छेद।

क्रोध और अहंकार से उफनती हई इन्दु बोली, "किसी भी पुरुष को अपनी स्त्री को घर से निकालने का कोई अधिकार नहीं है। 'क़ानून पुरुष को ऐसी अनुमति नहीं देता। तुम्हें ऐसी चिन्ता करनी ही नहीं चाहिए।"

बिमला इस पर सहज भाव से बोली, "भाभी, वह मालिक हैं और मैं दासी हूँ। मालिक जब चाहे अपने दास-दासी को निकाल सकता है। इसमें क़ानून कहाँ आड़े आता है?"

"बीबीजी, यहाँ भी शासन और क़ानून से बचाव किया जा सकता है। इन बातों को छोड़ो, इनकी चर्चा व्यर्थ है। मैं पूछती हूँ कि क्या तुम्हें अपने मुँह से अपने को दासी कहते हुए बुरा नहीं लगता? अपने को इतना हीन, तुच्छ और साधारण बताने में अपने आपको गौरव का अनुभव करते देखकर मुझे तो बड़ी हैरानी होती है।" इन्दु की व्याकुलता का आनन्द लेती हुई बिमला बोली, "क्या करूँ, गँवार

अनाड़ी जो ठहरी, इसीलिए अपने को पति की दासी बताने में गौरव को अनुभव होता है। अच्छा, भाभी, क्या तुमने घर छोड़ने से पहले पति की अनुमति नहीं ली?"

"किससे और काहे की अनुमति? जब वह कहीं बाहर जाते हैं, तो क्या मुझसे पूछकर जाते हैं? मैं तो केवल उन्हें अपने जाने की कहकर चली आयी हूँ।"

थोड़ी देर की चुप्पी के बाद इन्दुमती फिर बोली, "मैं मानती हूँ कि मेरे गुणी पति-जैसे पति कम, बहुत कम स्त्रियों को मिलते हैं। मुझे इस बात का गर्व है कि मेरी किसी इच्छा की पूर्ति में वह बाधक नहीं बनते। यदि ऐसा न होता, मेरे पति अपने अविवेक से मेरी राह में रोड़े अटकाते, तो मुझे अपनी राह निकालनी आती है। तुम्हारी तरह मैं अपने को पति की खरीदी हुई दासी कभी नहीं मान सकती। वस्तुतः हम स्त्रियों ने स्वयं अपने को हीन और तुच्छ मानकर ही पुरुषों को उच्छृंखल, अविवेकी और अन्यायी बनाया है। आज स्थिति यह है कि स्त्रियाँ पुरुषों के हाथ की कठपुतली बन गयी हैं और उनके इशारों पर नाचने की अभ्यस्त हो गयी हैं। जो व्यक्ति स्वयं अपने को सम्मान नहीं देता, वह किसी दूसरे से सम्मान पाने की अपेक्षा कैसे कर सकता है? मेरे पति काफ़ी भले आदमी है, किन्तु फिर भी, मैं उन्हें अपने सिर पर सवार होने अथवा स्वयं को बड़ा समझने का अवसर कभी नहीं देती। मैं पति-पत्नी को स्वामी-दासी न मानकर सखा'-बन्धु मानती हूँ। पुरुष से किसी भी रूप में स्त्री हीन नहीं, इस तथ्य को न मैं स्वयं कभी भूलती हूँ और न ही उन्हें कभी भूलने देती हूँ।"

सुनकर बिमला ने केवल गहरी साँस छोड़ी। उसने किसी प्रकार का कोई विस्मय, दुःख अथवा क्रोध प्रकट नहीं किया। वह सहज भाव से बोली, "भाभी, मैं मान-अपमान आदि के विषय में कुछ नहीं जानती। मैं तो आत्मसमर्पण और आत्मविसर्जन में ही नारी-जीवन की सार्थकता मानती हूँ। लो, वह आ गये हैं। तुम क्षण-भर बैठो, मैं अभी अनुमति लेकर लौटती हूँ।" कहती और मुस्कराती हुई बिमला पति की ओर चल दी।

बिमला की मुस्कान से इन्दु इस प्रकार तिलमिला उठी कि यदि उसके वश में होता, तो वह बिमला को गोली मार देती।

सिनेमा से लौटती इन्दु ने बिमला की चुटकी लेते हुए, पुनः कहा, "बीबीजी, शुक्र मनाओ कि हुक्म मिल गया, नहीं तो तुम आ ही न सकतीं।" सड़क की ओर देखने में खोयी बिमला ने यूँ ही उत्तर दिया, "इसमें तो कोई सन्देह नहीं।" "मैं सोचती हूँ कि मेरा इस तरह आये दिन तुम्हें ज़ोर-ज़बरदस्ती करके इधर-उधर खींच ले जाना, तुम्हारे पति को नागवार तो नहीं लगता?"

"भाभी, यदि ऐसा कुछ संकेत मिलता, तो क्या मैं तुम्हारा साथ देने से मना न कर देती? उलटे मैं तो सोचती हूँ कि तुम्हारा अकसर इस प्रकार मेरे पास चले आने का कहीं भैया (इन्दु के पति) बुरा तो नहीं मनाते होंगे?"

इन्दु अहंकार का प्रदर्शन करती हुई बोली, "पहले तो मेरे काम में दखल देने का नरेन्द्र का स्वभाव ही नहीं। वह अपने काम से काम रखने वाले व्यक्ति हैं। दूसरे, मेरे किसी काम में रुष्ट होने का उनमें साहस ही कहाँ है?"

सुनकर चकित हुई बिमला एक लम्बी व ठण्डी साँस छोड़कर बोली, "भाभी, भैया तुम्हें इतना प्यार करते हैं, क्या तुम्हें उनके सम्बन्ध में ऐसी हलकी बात कहना बुरा नहीं लगता?"

अपने चेहरे पर मुस्कान बिखेरती हुई इन्दुमती बोली, "तुम्हारे भैया द्वारा मुझे प्यार किये जाने में तो कोई सन्देह नहीं, किन्तु मैं उनका अवमूल्यन कर रही हूँ, यह तुमने कैसे समझ लिया?"

"क्या कहूँ भाभी, मुझे कुछ ऐसा ही आभास हुआ। मैं बताती हूँ कि तुमने ऐसा क्यों सोच लिया। वस्तुतः मैं पति के चरणों में लौटने को प्रेम नहीं मानती। मैं नारी-सम्मान की उपेक्षा के मूल्य पर पति के प्रेम पाने को महत्त्व नहीं देती। स्त्री के अधिकारों और उसकी स्वाधीनता की बलि चढ़ाकर पति का प्रेम पाने की मैं इच्छुक ही नहीं। वस्तुतः मेरी दृष्टि में यह प्रेम प्रेम न होकर स्वेच्छा से ओढ़ी दासता है।" बिमला मन-ही-मन अपने को व्यथित अनुभव करने लगी। बिमला की चुप्पी से ऊबी इन्दु बोली, "दीदी, किस सोच में पड़ गयी हो, जो तुम कोई बात ही नहीं करती?"

"मैं भगवान् से प्रार्थना करूँगी कि मेरे भैया तुम्हें इसी प्रकार प्रेम करते रहें। भाभी, एक दिन तुम इस तथ्य को जान ही नहीं जाओगी, अपितु अनुभव भी करोगी कि स्त्रियों के लिए पति के प्रेम को पाने से अधिक महत्त्वपूर्ण एवं सार्थक जीवन में और कुछ है ही नहीं।"

कुछ देर की चुप्पी के बाद बिमला बोली, "भाभी, मुझे तुम्हारी नारी-मर्यादा और नारी-स्वतन्त्रता के बारे में कोई जानकारी नहीं है। मैं तो पति के चरणों में समर्पित होने में ही अपने जीवन की सार्थकता मानती हूँ। भाभी, इसे तुम मेरी बनावट या दिखावा भले ही समझो, किन्तु मेरे लिए यह जीवन का यथार्थ बन गया है कि मेरी अपनी कोई निजी इच्छा तथा भिन्न व्यक्तित्व रह ही नहीं गया है।

इन्दु विस्मित होकर बोली, "राम-राम! क्या ऐसा भी कभी होता है?" बिमला दुखी और परेशान तो हुई, किन्तु उसने विवाद करना उचित नहीं समझा। इन्दु ननद के माध्यम से भारतीय नारी का अपमान करती हुई बोली, "हमारे देश की स्त्रियाँ पुरुषों के हाथ की कठपुतलियाँ हैं। लगता है, मानो वे निर्जीव देहमात्र है। अच्छा, मैं तुमसे ही पूछती हूँ कि तुम्हें इस प्रकार अपने व्यक्तित्व को मिटाने से क्या मिला? क्या तुम्हें अपने पति से दूसरी स्त्रियों को उनके पतियों से मिले प्यार से कहीं कुछ अधिक प्यार मिला है?"

बिमला ने उत्तर में कहा, "भाभी, यदि इस संसार में प्रेम को नापने का कोई यन्त्र होता, तो मैं तुम्हें दिखा देती कि मुझ-जैसी समर्पित और तुम-जैसी नारी

स्वतन्त्रता की पक्षधर को अपने-अपने पति से मिलने वाले प्रेम में कितना अन्तर है। तुम अपने को भाग्यशाली समझो कि तुम्हें मेरे भैया-जैसा शान्त, निरीह और सीधा-सादा पति मिला, जो तुम्हें कभी किसी बात के लिए रोकते-टोकते नहीं। यदि कहीं तुम किसी कठोर और निमर्म पुरुष के पल्ले पड़ जातीं, तो तुम्हें पति की उपेक्षा के परिणाम की जानकारी मिल जाती। तुम्हें यह पता चल जाता कि पति के रूप में ऐसे पुरुष भी होते हैं।''

इन्दु को हँसता देखकर बिमला गम्भीर हो उठी, किन्तु इन्दु निश्चिन्त होकर बोली, ''भाभी, तुमने भी मुझ-जैसी स्त्रियाँ नहीं देखीं, जो बड़े-बड़े धूर्त-शैतानों को आदमी बनाने की सामर्थ्य रखती हैं

अब बिमला के हँसने की बारी थी। वह बोली, ''भाभी, तुम्हें नरेन्द्र जैसा सीधा-सादा पति मिला है, तभी ऐसी बातें कर रही हो।

क्रुद्ध स्वर में इन्द्र ने पूछा, ''यदि नरेन्द्र भिन्न स्वभाव का होता, तो क्या हो जाता?''

''फिर तुम इस प्रकार हँस न पातीं। ननदजी, यह तुम्हारी सरासर भूल है। वास्तव में, तुम-जैसी स्त्रियाँ इससे अलग कुछ सोच ही नहीं पाती हैं। संसार में सभी स्त्रियाँ भिखारिन नहीं होतीं, आत्मगौरव की रक्षा करने वाली स्त्रियों का भी संसार में अभाव नहीं है।''

बिमला की हँसी जाती रही और उसका चेहरे पर उदासी की काला छाया घिर आयी। वह बोली, ''मैं सब जानती हूँ।''

इन्दु बोली, ''तुम नहीं जानतीं, अन्यथा ऐसा कदापि न कहतीं। अब तुम ज़रूर जान जाओगी कि संसार में ऐसी स्त्रियाँ भी हैं, जो अपने अधिकार को छीनना जानती हैं

बिमला दुखी हो उठी। वह बोली, ''तुम्हारा घर आ गया है, क्या उतरने की इच्छा नहीं है?''

उतरती हुई इन्दु ने बिमला से भी अपने यहाँ कुछ देर रुकने का अनुरोध किया, किन्तु बिमला बोली, ''गाड़ी नहीं है, अब मुझे घर जाना है,'' कहती हुई बिमला ने गाड़ीवान् को गाड़ी आगे बढ़ाने को कहा।

चलते-चलते बिमला ने इन्दु से कहा, ''भैया को मेरा नमस्कार कह देना।''
''ठीक है, कह दूँगी,'' इन्दु ने उत्तर दिया।

2

इन्दु ने नरेन्द्र से कहा, ''अब इस तरह गाड़ी नहीं चल सकेगी, आपको घर के खर्च के लिए कुछ रुपये तो देने ही होंगे।''

नरेन्द्र बोला, ''क्या अभी-अभी दिये दौ सौ रुपये खर्च हो गये?''

कठोर स्वर में इन्दु बोली, "नहीं, रुपये छिपाकर मैं झूठ-मूठ खर्च हो जाने की बात कह रही हू।"

नरेन्द्र की आँखों के आगे अंधेरा छा गया। वह सोचने लगा कि यह स्त्री समझती है कि रुपये खेत में उगते हैं। इसे क्या मालूम कि रुपये जुटाने में कितने हाथ-पैर चलाने पड़ते है?

इन्दु ने नरेन्द्र के चेहरे पर निराशा और चिन्ता को देखा, तो सही, किन्तु उसने इसका ग़लत अर्थ लगाया। वह बोली, "यदि तुम्हें विश्वास नहीं आता, तो एक कॉपी ला दो, उस पर पैसे-पेसे का हिसाब लिख दिया करूँगी। एक विकल्प यह भी है कि तुम ही घर का ख़र्च चलाया करो। इससे तुम्हें सारा हिसाब मालूम रहेगा तथा ग़लत-सही का परेशानी भी नहीं रहेगी। इसके अतिरिक्त मुझे स्पष्टीकरण देने तथा तुम्हारे अविश्वास का पात्र बनने के झंझट से भी मुक्ति मिल जायेगी।" यह कहकर इन्दुमती ने अपने पति को इस प्रकार घूरा कि वह बेचारा घबरा गया।

नरेन्द्र धीरे-से बोला, "मैंने विश्वास न करने की बात कब कही है, किन्तु विश्वास आया भी तो नहीं है।"

"ठीक है, जाती हूँ और जितना याद आता है, खर्च लिखकर लाती हूँ। यह भी अजीब तरह की सुखी गृहस्थी है?"

कहती हुई वह क्रोधित होकर चल दी, फिर एकदम उलटे पाँव लौटकर बोली, "आखिर मुझे हिसाब लिखकर देने की क्या पड़ी है? क्या मैं झूठ बोलती हूँ? मोटा-मोटा ख़र्च तो मुझे मुँह-जुबानी याद है। मेरी ममेरी बहन के विवाह के अवसर पर खरीदे कपड़ों का दाम पचास रुपये, कमला के दो फ्रॉकों की क़ीमत बारह रुपये, बायस्कोप का ख़र्च दस-बारह रुपये। अब इनका जोड़ कर लो। इसके बाद दस-पन्द्रह दिनों का घर का ख़र्च है। इसमें कौन-सी ऐसी ज़्यादती हुई है, जो तुम्हारा सिर चकराने लगा है? मेरे भैया के घर में तो हर महीने सात-आठ सौ रुपये भी कम पड़ जाते हैं। यदि तुम्हारा यही हाल रहा, तो मेरा इस घर में टिकना नहीं हो सकेगा। भैया का मेदिनीपुर में स्थानान्तरण हो गया है। मैं लड़की के साथ वहाँ चली जाती हूँ। इससे तुम भी सुखी हो जाओगे और मैं भी चैन से रह सकूँगी।"

काफ़ी देर तक सिर झुकाकर बैठे नरेन्द्र ने साहस जुटाकर कहा, "शाम तक किसी जुगाड़ का प्रयास करूँगा।"

"यदि जुगाड़ न कर सके, तो क्या होगा? सुनो, मुझे तो तुम कल ही मेदिनीपुर विदा कर दो और तुम भी इस दलाली के धन्धे को छोड़ दो। मेरे भैया की सिफ़ारिश से कोई नौकरी कर लो। इससे तुम्हारा भविष्य सुरक्षित हो जायेगा और जीवन सुधर जायेगा। जिस काम को तुम कर नहीं सकते, उससे चिपके रहकर अपना और मेरा जीवन नष्ट मत करो।" नरेन्द्र के चुप रहने पर इन्दु अपने प्रवचन को और अधिक लम्बा खींचना चाहती थी, किन्तु इस बीच नौकर ने शम्भू बाबू के आने की

सूचना दी। इसके साथ ही उनकी पदचाप भी सुनाई देने लगा। इन्दु बग़ल के दरवाज़े से निकलकर ओट में खड़ी हो गयी।

महाजन शम्भू नरेन्द्र के पास उसके पिता द्वारा लिये ऋण के भुगतान का तक़ाज़ा करने आया है। यह मृदुभाषी सज्जन पहले भी इस घर में इसी प्रयोजन से कई बार आ चुका है। उसने आज कुछ ऐसी कड़ी बातें कहीं कि जिन्हें लिखने में हमें लज्जा आती है।

शम्भू के चले जाने पर इन्दु ने उदास बने नरेन्द्र के पास आकर उससे पूछा, "यह कौन था?"

"यह महाजन था।"

"यहाँ हमारे घर किसलिए आया था?"

"अपने ऋण के भुगतान का तक़ाज़ा करने के लिए आया था।" "यह तो मैं जान गयी हूँ, किन्तु यह जानना चाहती हूँ कि किसने और किसलिए ऋण लिया था?"

नरेन्द्र ने सीधा उत्तर नहीं दिया। घुमा-फिराकर बोला, "पिताजी की अचानक मृत्यु हो जाने से ऋण चुकाया नहीं जा सका।"

तीखी आवाज़ में कटाक्ष करती हुई इन्दु बोली, "क्या तुम्हारे पिताजी सारे संसार का देना हमारे माथे मढ़ गये हैं? क्या तुम्हारे लिए इसका भुगतान करना सम्भव है? तुमने इस बारे में कुछ सोचा तो होगा, ज़रा मैं भी तो सुनूँ?"

इन्दु के प्रश्नों की झड़ी का एकदम उत्तर नहीं दिया जा सकता था। इन्द्र भी यह सब जानती थी, अतः वह रुकी नहीं रही। उसने अपना मुँह फिर भी बन्द नहीं किया। वह अपने पति को लताड़ती हुई बोली, "माना कि तुम्हारे पिताजी अचानक चल बसे, किन्तु तुमने तो अचानक विवाह नहीं किया। तुम्हें अपने ऋण में दबा होने के बारे में मेरे परिवार वालों को बताना चाहिए था और मुझसे तो छिपाना कदापि उचित नहीं था। लोग तुम्हें बहुत बड़ा धर्मात्मा कहते हैं। क्या धर्मशास्त्र तुम्हें इसी प्रकार के छल-कपट करने की खुली छूट देते हैं?" इस प्रकार युद्ध को घोषणा करके पति की प्रतिक्रिया को जानने के लिए वह उसके चेहरे को देखने लगी।

इन्दु ने अपने तरकस के सारे तीर अपने पति पर छोड़ दिये, परन्तु भगवान् ने उसके पति को तो एक भी अस्त्र नहीं दिया था, जिसका प्रयोग वह आत्मरक्षा में कर सकता। अतः चुपचाप सब कुछ सहना उसकी नियति बन गयी थी। अब तो बड़े से बड़ा व्यंग्य-बाण भी क्षणिक आघात के बाद शान्त हो जाया करता था, किन्तु आज स्थिति भिन्न थी। शम्भू महाजन के तक़ाज़े की पीड़ा से वह अभी उबर भी नहीं पाया था कि पत्नी ने मोर्चा खोल दिया। फलतः आज उसने अपनी पत्नी को खरी-खोटी सुनाने की ठान ली, किन्तु थोड़ी देर में विवेक के जाग्रत हो जाने पर वह अण्डबण्ड नहीं बोल सका। वह सधे-स्वर में इतना ही कह सका, "पिताजी के

सम्बन्ध में ऐसा कुछ कहना तुम्हें शोभा नहीं देखता।''

इन्दु ने तड़ककर जवाब दिया, ''मुझे तुम से यह नहीं सीखना है कि क्या ग़लत है और क्या सही है? मैं तो केवल यह जानना चाहती हूँ कि तुमने अपनी आर्थिक स्थिति की वास्तविकता से मेरे पिताजी को परिचित क्यों नहीं कराया?

''वस्तुतः मैंने कुछ भी नहीं छिपाया। तुम्हारे पिताजी मेरे पिताजी के बालसखा रहे हैं। दोनों का एक-दूसरे से कुछ भी छिपा हुआ था ही नहीं।''

''तो क्या तुम कहना चाहते हो कि मेरे पिताजी ने जान-बूझकर मुझे अन्धे कुएँ में धकेल दिया है?''

सुनकर नरेन्द्र ने लज्जा और क्रोध से सिर झुका लिया। उसकी समझ में नहीं आ रहा था कि उसकी पत्नी सचमुच युद्ध करने पर तुली है अथवा वाद-विवाद करने का कौतुक कर रही है?

यहाँ हम दोनों परिवारों की पृष्ठभूमि का संक्षेप में परिचय देना उपयुक्त समझते हैं।

बहुत समय तक दोनों परिवार एक-दूसरे के पड़ोसी थे और उन्हीं दिनों दोनों–नरेन्द्र और इन्दुमती–के विवाह की बात पक्की हो गयी थी, किन्तु अचानक इन्दु के पिता का विचार बदल गया। उन्होंने अपनी लड़की को बड़ी आयु तक अविवाहित रखने और उसे उच्च शिक्षा दिलाने का निश्चय किया। फलतः विवाह स्थगित कर दिया गया। इन्दु के अठारह वर्ष की होने पर जब उसके लिए लड़का ढूँढ़ा जाने लगा, तो कलकत्ता आने पर लड़की के पिता को नरेन्द्र के पिता के दिवंगत हो जाने का पता चला। इन्दु के नरेन्द्र से विवाह के बीच नरेन्द्र की आर्थिक स्थिति आड़े आयी। यहाँ तक कि विवाह का विचार भी छोड़ दिया गया, किन्तु पढ़ी-लिखी और बड़ी हो गयी लड़की को यथाशीघ्र व्यवस्थित करने की विवशता थी। इन्दु के माता-पिता के पास बेटी के लिए नरेन्द्र को अपनाने के सिवा और कोई चारा न रहा। इन्दुमती इस सत्य से परिचित थी, किन्तु बहुत जल्दी या तो वह इसे भूल गयी अथवा जान-बूझकर अपने को धोखा दे रही थी, नरेन्द्र इस सत्य का निर्णय नहीं कर सका। फिर भी, उसने पत्नी के आरोप का खण्डन करना उचित नहीं समझा, इसलिए वह सिर झुकाकर चुपचाप बैठा रहा।

पति को चुप और सिर झुकाकर बैठा देखकर इन्दु के लिए कुछ कहना सम्भव न हुआ, इसलिए वह भी चुपचाप कमरे से बाहर चली आयी। इस प्रकार इन्दु का नरेन्द्र को व्यथित करके बाहर निकल जाना कोइ नहीं बात नहीं थी, किन्तु आज नरेन्द्र को ऐसा लगा, मानो इन्दु जान-बूझकर उसके मर्मस्थल को बींधने में एक विलक्षण आनन्द का अनुभव कर रही है। नरेन्द्र ने सिर उठाकर और पैर बढ़ाकर जाती पत्नी की ओर एक बार देखा, किन्तु उसके आँखों से ओझल हो जाने पर एक गहरी-लम्बी साँस लेकर निर्जीव बना बैठा रहा। आज पहली बार उसके मन में आया

कि प्रेम-प्यार, रिश्ता-नाता, पति-पत्नी का सम्बन्ध तथा गृहस्थ-सुख सब झूठा है, मायाजाल है, मरुभूमि में सूर्य की धूप में चमकते रेत-कणों में शीतल जलबिन्दु ढूँढ़ने-जैसी मूर्खता है।

3

''भैया'' सम्बोधन को सुनकर नरेन्द्र ने उठकर बिमला का स्वागत किया और फिर उससे पलंग पर बैठने का अनुरोध किया। बिमला की दृष्टि से नरेन्द्र के चेहरे पर घिरी व्यथा-घटा छिपी न रही।

''कैसे हो भैया? बहुत दिनों से देखा नहीं थ, इसलिए चली आयी,'' कहती हुई बिमला की आँखों में पानी भर आया। वह नरेन्द्र के समीप आकार बोली, ''भैया, यह भी अजीब बात है कि तुमने मुझे अपनी बीमारी की सूचना तक नहीं दी।'' नरेन्द्र ने कहा, ''बहिन, वही पुराना छाती का दर्द था, कोई और नयी बीमारी तो थी नहीं, जो किसी को बताता।''

''मैं तुम्हारी बात मान लेती हूँ, किन्तु मुझसे अपने एकमात्र भैया का कष्ट नहीं देखा जाता। मैं तुम्हारे कहने पर तुम्हारे रोग की उपेक्षा भी नहीं कर सकती। लो, पालकी आ गयी है, इसमें बैठो। भैया, मैं तुम्हें इस हालत में अकेला नहीं छोड़ सकती। मेरी आँखों के सामने रहोगे, तो मुझे तसल्ली रहेगी।''

नरेन्द्र बोला, ''मुझे ऐसा मालूम होता, तो मैं तुम्हें खबर ही न करता, ग़लती हो गयी।''

''खबर न मिलती, तो और बात थी, किन्तु देखकर तो अनदेखा नहीं किया जा सकता। मैं तुम्हें यहाँ घर पर अकेला छोड़कर चली जाऊँगी, ऐसा तुमने कैसे सोच लिया?''

एक ठण्डा गहरा साँस लेकर नरेन्द्र बोला, ''ठीक है, चलता हूँ।'' बिमला बोली, ''भाभी को भी एक तार भेजकर बुलवा लेती हूँ। कल सवेरे उसे चलने को लिख देती हूँ।''

परेशान होकर नरेन्द्र बोला, ''बहिन, ऐसी ग़लती भूलकर भी न करना।''

''क्यों, मेदिनीपुर कौन-सा दूर है? तुम्हारे स्वस्थ हो जाने पर वह चाहेगी, तो चली जायेगी।''

''बहिन, गेरी बात पर विश्वास कर। उसकी तबियत सचमुच खराब है, उसे कुछ दिन आराम करने के लिए वहीं रहने दे।''

कुछ देर बाद नरेन्द्र बोला, ''बहिन, मुझे तुम्हारी सेवा से स्वस्थ हो जाने का तो पक्का भरोसा है, किन्तु यह बता कि क्या तुमने गगन बाबू से बात कर ली है?

''वह अभी ऑफ़िस से नहीं लौटे, किन्तु वह क्यों मना करेंगे? उनके घर आने पर तुम उनके मनोभाव को अपनी आँखों से देख लेना कि वह कितने प्रसन्न होते हैं?

बिस्तर पर पसरकर नरेन्द्र ने कहा, "बहिन, मैं तुम्हारे घर नहीं चलूँगा।" चकित हुई बिमला द्वारा कारण पूछे जाने पर नरेन्द्र बोला, "पहले गगन बाबू की अनुमति का मिलना आवश्यक है।"

"भैया, क्यों मुझे इस प्रकार अपमानित कर रहे हो? तुम भली प्रकार जानते हो कि वह कदापि इन्कार नहीं करेंगे। चलो, हठ न करो।"

"मैं जानता हूँ कि गगन बाबू बुरा नहीं मनायेंगे, किन्तु फिर भी मैं नहीं चलूँगा।"

नरेन्द्र के आवश्यक कपड़ों को सँभालती बिमला नरेन्द्र के हठ को देखकर रुक गयी और अपने को लज्जित अनुभव करती हुई, बोली, "तो यह तुम्हारा अन्तिम निर्णय है?"

"हाँ," कहकर नरेन्द्र ने करवट फेर ली।

बिमला ने पूछा, "भैया, आज दर्द कैसा है?"

"वैसा ही लगता है," नरेन्द्र ने उत्तर दिया। "आठ दिनों से तुम लोगों पर भार बना कष्ट दे रहा हूँ, किन्तु लाभ-रत्ती-भर भी नहीं। अब तो तुम मुझे अपने घर जाने दो।"

"भैया, घर में किसके पास जाओगे और कौन तुम्हारी खोज-खबर लेगा? भाभी ने सोलह-सत्रह दिन बीत जाने पर कोई पत्र नहीं लिखा।" "यह तुम क्या कह रही हो बहिन? इन्दु ने मायके पहुँचते ही अपने सकुशल पहुँचने का पत्र लिखा है। एक पत्र तो कल ही आया है। इस विषय में तो उत्तर न दे पाने का दोष मुझ पर है।"

नरेन्द्र के इस व्यवहार से मन-ही-मन कुढ़ती हुई बिमला प्रश्नवाचक मुद्रा में उसका मुँह देखने लगी। खिसियाते हुए नरेन्द्र ने अपना कथन जारी रखा। वह बोला, "इन्दु मायके पहुँचते ही खाँसी, सर्दी, जुक़ाम आदि से घिर गयी है। पत्र में उसने स्पष्ट लिखा है कि एक-न-एक रोग से घिरी होने पर भी, वह मुझे पत्र लिखना नहीं भूली।"

"तुमने शायद इसीलिए आज उसके पास रुपये भेजे हैं?"

इस कटाक्ष से लज्जित हो उठा नरेन्द्र दबी आवाज़ में बोला, "यहाँ से खाली हाथ जो चली गयी है। पत्र में उसने गाँव में लगने वाले मेले की समाप्ति के बाद घर लौट आने का लिखा है। हाँ, तुम्हें उसने अलग से पत्र नहीं लिखा है।

बिमला बोली, "नहीं, ऐसी बात नहीं हैं। मुझे भी कल उसका एक पत्र मिला है।"

"अच्छा, वह तुम्हें भला कैसे भुला सकती है? हाँ, तुम अपने उत्तर में कहीं मेरी..."

बीच में ही बिमला बोल उठी, "चिन्ता मत करो, मैं तुम्हारी बीमारी के बारे के हरगिज़ नहीं लिखूँगी। वस्तुतः, मेरे पास फ़ुज़ूल की बातें लिखने का समय ही

नहीं है।"

सायँकाल के समय जंगले के सामने उदास बैठा नरेन्द्र बादलों से घिरे मटमैले आकाश की ओर देख रहा था। बिमला उसके पास आकर बोली, "भैया, यहाँ गुमसुम होकर बैठे क्या सोच रहे हो?"

"बहिन, सोचना क्या है? मन-ही-मन भगवान् से तुम्हारे इसी प्रकार सुखी जीवन के लिए प्रार्थना कर रहा हूँ और तुम्हें ढेरों आशीर्वाद दे रहा हूँ।"

नरेन्द्र के पास आयी बिमला उसे प्रणाम करके पास पड़ी चौकी पर बैठ गई।

नरेन्द्र बोला, "दोपहर को तुम रुष्ट क्यों हो गयी थीं?" बिमला बोली, "मुझसे अन्याय नहीं सहा जाता। तुम इतने अधिक...।"

बीच में ही नरेन्द्र बोल पड़ा, "मैं इतना अधिक या...?"

"ज़रा उस बेचारी की दशा पर भी तो विचार करो, क्या मैं उसे थोड़ा-सा भी सुख दे सका हूँ।"

"भैया, भाग्य के लिखे से अधिक कभी किसी को नहीं मिलता। फिर, मैं तो समझती हूँ कि उसे तुमसे जितना मिला है, वह साधारण नहीं है। मैं तो समझती हूँ कि स्त्री को पति के प्यार को अपना सौभाग्य मानकर उसे सिर माथे रखना चाहिए अन्यथा..." कहने से रुकी बिमला ने किसी अनिष्ट की आशंका से सिर झुका लिया।

स्नेह और सम्मान-भरी दृष्टि से बहिन को देखते और थोड़ा झिझकाते हुए नरेन्द्र ने पूछा, "बहिन, सच बोलना, क्या तुम्हारे यहाँ पति-पत्नी में कभी झगड़ा नहीं होता?" बिमला बोली, "तुम कहना चाहते हो कि वह कभी तो मुझे डाँटते-फटकारते होंगे?"

नरेन्द्र बोला, "आखिर गगन बाबू भी आदमी हैं, कभी तो ताव खा जाते होंगे।" चेहरे पर गर्व की लाली आ जाने से प्रसन्न हो उठी बिमला बोली, "मैं इस तथ्य को जानती हूँ कि पति-पत्नी के झगड़े में क़ुसूर चाहे किसी का हो, हार पत्नी को ही माननी पड़ती है। उसे अपने पति के प्रति समर्पण करके उसे मनाना पड़ता है। अरे, उधर कौन खड़ा है?"

"मैं हूँ गगन। बिमला, रुक क्यों गयी हो, अपनी बात करो, कितनी बार तुम्हें अपने पति के तलवे सहलाने पड़े हैं, कहीं लिख रखा हो, तो सारा विवरण पढ़कर सुना दो।"

खिसिया गयी बिमला बोली, "छिपकर किसी की बातों को न तो सुनना उचित है और न ही ऐसे लोगों के किसी प्रश्न का उत्तर देना उचित है।" यह कहकर क्रोध का प्रदर्शन करती और अपनी हँसी को दबाती हुई विमला बाहर चल दी। नरेन्द्र उठकर गावतकिये के सहारे बैठ गया। गगन बाबू ने पूछा, "नरेन्द्र बाबू, अब तबीयत कैसी है?"

"अच्छा हो गया हूँ और अब तो आपसे छुट्टी देने की विनती करता हूँ।"

"इतनी जल्दी क्या पड़ी है? अभी दो-चार दिन और रुक जाइये। तुम्हारी बहिन के हाथ में जादू है। इनके यहाँ जितने दिन कोई रुकता है, उतने वर्ष उसकी आयु में वृद्धि हो जाती है।"

"यह तो आपने नया रहस्य खोला है। मुझे इस पर विश्वास है।"

गगन बाबू उत्तेजित होकर बोले, "विश्वास न करने को कुछ है ही नहीं। प्रत्यक्ष को भी भला किसी प्रमाण की आवश्यकता होती है? मैं तो ऐसे अमूल्य रत्न को पाने के लिए अपने को बहुत बड़ा भाग्यशाली समझता हूँ और इस कथन पर पूर्ण विश्वास करता हूँ—"भाग्यं फलति सर्वत्र न च विद्या न च पौरुषम्।" मनुष्य को विद्या और पुरुषार्थ का फल भी भाग्य से ही मिलता है। मुझ अभागे को ऐसी पत्नी मिलेगी, इसकी तो मैंने कभी स्वप्न में भी कल्पना नहीं की थी। एक कहावत है न कनरेन्द्र बाबू—"दुलहन वही जो पिया मन भाये।" मेरी दृष्टि में पति की मनभावन बनने का आधा तो एक ही है--सेवा और समर्पण। अच्छा, तुम्हारी दुलहिन तो घर पर नहीं है, इसलिए कहता हूँ कि दो-चार दिन और यहीं रुक जाओ। मेरा विचार है कि इस घर-जैसा सुख तो तुम्हें स्वर्ग में भी नहीं मिलेगा। हाँ, यदि रूठकर चले जाओगे, तो तुम्हें पछताना पड़ेगा। मेरी बात हँसी में उड़ाने योग्य नहीं है।"

परदे की ओट में खड़ी विमला जहाँ पति के प्रति कृतज्ञता से अभिभूत हो गयी, वहीं उसने अन्धकार में भी नरेन्द्र के चेहरे पर वेदना की काली घटा को घिरा स्पष्ट रूप से देख लिया।

4

दो सप्ताह के बाद एक दोपहर को इन्दु अपनी लड़की के साथ अपने मायके से घर लौट आयी। पुत्री और पत्नी को स्वस्थ-प्रसन्न देखकर नरेन्द्र के उदास चेहरे पर क्षण-भर के लिए चमक आ गयी। लड़की को बड़े प्यार से अपनी छाती से लगाते हुए नरेन्द्र ने मधुर स्वर में पत्नी से पूछा, "इन्दु, कैसी हो?"

"अच्छी हूँ, किन्तु तुम यह क्यों पूछ रहे हो?"

"तुम्हारे ज्वर, ज़ुक़ाम आदि की जानकार मैं काफ़ी चिन्तित था। अब रोगमुक्त हो गयी हो न?"

"यदि मैं कहूँ, नहीं हुई, तो क्या मेरे परीक्षण के लिए डॉक्टर को बुलाओगे?"

नरेन्द्र का प्रसन्न चेहरा फिर से बुझ गया। बोला, "वैसे ठीक हो न?"

"पूछकर क्या करोगे? पचाय रुपये भेजकर मेरी नाक कटवा दी और फिर पत्रों की झड़ी लगा दी। सभी पत्रों में एक ही रट—कैसी हो, तबीअत का ख्याल रखना, परहेज़ से रहना। क्या मेरे भैया मुझे पचास रुपये नहीं दे सकते थे? क्या तुम्हें अपनी दरिद्रता का ढिंढोरा जरूर पीटना था? तुम्हारी इस चेष्टा से मुझे कई दिनों तक दूसरों

की हँसी झेलनी पड़ी और लज्जा से अपना मुँह छिपाना पड़ा।''

नरेन्द्र की उदासी और अधिक गहरी हो उठी। वह रुआंसी आवाज़ में बोला, ''इससे अधिक का जुगाड़ ही नहीं हो सका।''

''रुपये भेजने के बादले यही बात साफ़ शब्दों में लिख देनी थी। अब तो यहाँ आने पर वही रोज़ की खिच-खिच होगी। एक-एक पैसे के लिए 'जुटा नहीं पाय'—सुनना पड़ेगा। क्या मज़े में थी वहाँ? वस्तुतः किसी सम्पन्न परिवार की लड़की का किसी दरिद्र व्यक्ति से विवाह होना उसके दुर्भाग्य का ही सूचक है, लड़की के लिए बहुत बड़ा अभिशाप है। मैं तो कहती हूँ कि माँ-बाप लड़की को गंगा में क्यों नहीं फेंक देते? बेचारी लड़की को जीवन-भर रोना तो नहीं पड़ेगा,'' कहती और पति को अपमानित करती हुई इन्दु बाहर चली गयी।

यह थी, एक महीने बाद पति-पत्नी को पहली भेंट और यह था, मधुर सम्भाषण।

बाहर आने पर इन्दु ने दासी को अपने कक्ष को विशेष श्रम और सावधानी से साफ़-सुथरा करते और सारे सामान की सजा-धजा कर रखते देखा, तो उसने चकित होकर दासी से पूछा, ''यह सारा ताम-झाम किसके लिए किया जा रहा है?''

दासी बोली, ''आपको जो आना था?''

''मुझे आना था, मैं समझी नहीं?''

''बाबू ने कहा था कि आपको मैलेपन से घृणा है, इसलिए पिछले तीन दिनों से.... ।''

भीतर-ही-भीतर अपनी अहम्मन्यता की सन्तुष्टि और सुरुचि के गौरव से उल्लसित होकर इन्दु बोली, ''गन्दगी भला किसे अच्छी लगती है? चलो, ठीक है।''

दासी बोली, ''माँजी, आदमी लगाकर ऊपर-नीचे खूब सफ़ाई कराई गयी है। कल बाज़ार से फल भी लाकर रखे हैं। आज सवेरे बाबू खुद बाज़ार से छाँटकर बढ़िया सामान लाये हैं। चलकर स्वयं देख लीजिए।''

इन्दु ने देखा, आम, अँगूर, सेब बहुत कुछ था। इससे इन्दु का प्रसन्न होना स्वाभाविक था। उसे अब पति को डाँटने-फटकारने पर पश्चाताप होने लगा।

दो घण्टे बाद इन्दु ने पति की बैठक में जाकर देखा कि नरेन्द्र झुककर कुछ लिखने में व्यस्त है। इन्दु ने मधुर स्वर में पूछा, ''इतनी अधिक तन्मयता से क्या लिखा जा रहा है? क्या कविता लिख रहे हो?''

''नहीं'' सुनकर इन्दु बोली, ''तो फिर क्या है?''

''कुछ नहीं'' कहकर नरेन्द्र ने काग़ज़ को ढक लिया।

इन्दु का खिला चेहरा मुरझा गया। वह तीखे स्वर में बोली, ''जब यह कुछ नहीं, तो फिर कमर, गरदन, झुकाने-तोड़ने की आवश्यकता ही क्या है? इसके बदले तो कोई ऐसा काम ढूँढ़े, जिससे चार पैसे मिलें और दुःख-दरिद्रता का नाश हो। मैंने

सुना है कि मेरे भाई के हाथ में कई तरह की नौकरियाँ हैं। इसके साथ ही वह नरेन्द्र के चेहरे पर ताकती रही। इन्दु इस सत्य से परिचित थी कि नौकरी के नाम से नरेन्द्र को चिढ़ है, वह इससे तिलमिला उठता है, किन्तु आज नरेन्द्र के चेहरे पर ऐसी किसी प्रतिक्रिया को न देखकर इन्दु आश्चर्यचकित हो उठी।

नरेन्द्र ने शान्त भाव से कहा, "नौकरियाँ बहुत हैं, तो नौकरी पाने वाले भी तो थोड़े नहीं हैं।" ऐसे उत्तर की अपेक्षा न रखने से इन्दु बेहद परेशान हो उठी। थोड़ी देर चुप रहने के बाद वह बोली, "मैं यह सब जानती हूँ, किन्तु क्या नौकरी चाहने वालों की यहाँ पर भी कमी नहीं? वस्तुतः तुम्हें आजकल मेरी कोई बात अच्छी नहीं लगती। मेरे साथ तो बातचीत करने में तुम्हें शर्म आती है, किसी एक कोने में बैठकर कविता लिखने में तुम्हें कोई शर्म नहीं आती!" इस प्रकार क्रोध से पैर पटकती और बड़बड़ाती हुई इन्दु जल्दी से बाहर निकल गयी।

"अरे भाभी हो, कब आयी हो?"

"परसों शाम को।"

"वाह! तीन दिन हो गये और सूचना तक नहीं दी। इसका अर्थ हुआ कि तुम्हारा मेरे साथ कोई विशेष लगाव नहीं है।"

"ननदजी, मेरे पत्र का तो आप उत्तर नहीं देतीं और मुझसे अपेक्षा रखती हैं। प्यार कभी एकतरफ़ा तो नहीं होता।"

"भाभी, सच मानो, उन दिनों साँस लेने की भी फ़ुरसत नहीं थी। पहले भैया की हालत बिगड़ गयी। उसमें कुछ सुधार हुआ, तो किरायेदार ने परेशान कर दिया। उन दिनों बहुत बुरी हालत थी।"

कुछ समझने की अन्च्छिुक होने के कारण बिन्दु बिमला का मुँह ताकती रह गयी।

बिमला इन्दु की प्रतिक्रिया की उपेक्षा करती हुई बोली, "उस मंगलवार की घटना तो भुले नहीं भूलती। सात दिनों बाद सूचना मिली पर मैं इन्हें अपने घर ले गयी। दो दिनों के बाद इनके छाती के दर्द ने हमें गहरी चिन्ता में डाल दिया, इसी के साथ अम्बिका बाबू का रोग भी बढ़ गया। सेक करने और लेप लगाने में घर के सभी सदस्यों की अँगुलियाँ तक छिल गयीं। चौबीस घण्टे तक किसी का सोना-खाना-पीना नहीं हो सका। अम्बिका आयु की होने पर भी यह लड़की पति के प्रति जिस प्रकार समर्पित है, जिस प्रकार जी-जान से पति की सेवा में जुटी रहती है, वह सब देखकर तो हैरानी होती है। यदि अम्बिका बाबू और यमराज के बीच में यह लड़की डटकर न खड़ी होती, तो उन्हें बचाना डॉक्टर-वैद्यों के वश में बिल्कुल ही नहीं था।

इन्दु ने पूछा, "यह अम्बिका बाबू कौन हैं?"

बिमला बोली, "ठीक से तो मालूम नहीं, फिर भी सुना है कि इलाज के लिए यहाँ आये हुए हैं और बग़ल वाला कमरा उन्होंने किराये पर ले रखा है। आश्चर्य

तो यह है कि बहू के सिवा न तो दूसरा कोई सेवा करने वाला है और न धन की ही सुविधा है।''बीच में ही पड़ी इन्दु ने कहा, ''तुम कह रही थीं कि सुरेन्द्र की तबियत काफ़ी बिगड़ गयी थी।''

''हाँ-हाँ, इतनी अधिक कि मैं तो डर ही गयी थी। उस तख़्ते पर रखी ख़ाली शीशियों की संख्यां से रोग की भीषणता का अनुमान लगा सकती है। तीन डॉक्टर एक साथ देखभाल कर रहे थे। क्या भैया ने यह सब तुम्हें पत्र में नहीं लिखा है?'' उदास चेहरा लिये इन्दु ने मुँह फेरकर कहा, ''नहीं।''

''तो तुम्हें यहाँ आने पर इस सबका पता चला?''

''हाँ।''

''मैंने तो तुम्हें तार द्वारा बुलाने का सुझाव दिया था। मेरा कहना था कि दो-तीन घण्टों का तो सफ़र है, आने में कोई विशेष कठिनाई वाली बात नहीं थी, किन्तु भैया ने एकदम मना कर दिया। वस्तुतः, तुमने इन पर कुछ ऐसा जादू कर दिया है कि ये सोचते रहे कि कहीं तुम घबरा जाओगी और तुम्हें आने-जाने में असुविधा होगी। चलो, भगवान् की कृपा से ठीक हो गये हैं, यही बहुत बड़ी बात है। मैं तो डरी थी कि यदि कहीं कुछ...।''

''ननदजी, और क्या हो जाता? न तो उन्हें बीमारी में मेरी जरूरत पड़ी और न ही बीमार ठीक हो जाने पर मेरी ज़रूरत महसूस हुई।'' कहती और पैर पटकती इन्दु खाली तथा आधी दवा वाली शीशियों पर चिपके लेबिल पढ़ने लगी।

आज पहली बार इन्दु की आँखें डबडबा आयीं। वह सोचने लगी कि नरेन्द्र ने अपनी इस विषम स्थिति में भी मुझे न बुलाकर यही आभास दिया है, मानो हम दोनों का कोई गहरा रिश्ता-नाता नहीं। वह मुझे अपने लिए किसी रूप में उपयोगी नहीं समझते। मैंने तो ऐसी अपनी कोई दुःख पीड़ा की बात नहीं लिखी थी, जिसके कारण मुझे अपने कष्ट की सूचना देना इन्हें अनुपयुक्त लगा हो। स्वस्थ होने पर भी इन्होंने अपने पत्रों में इधर-उधर की न जाने कितनी बातें लिखी हैं, किन्तु अपने कष्ट का कोई संकेत नहीं दिया। मुझे यहाँ आये हुए तीन दिन हो गये हैं, किन्तु इन्होंने एक बार भी किसी कष्ट की चर्चा नहीं की।

इन्दु द्वारा अपने को अपमानित एव उपेक्षित किय जाने के दुःख को बिमला समझ गयी और बोली, ''भाभी, शीशियों के लेबल देखने या हिला-डुला कर इनकी जाँच करने का कोई लाभ नहीं। ये शीशियाँ न सजावट के लिए मँगायी गयी हैं और न ही शौक़ को पूरा करने के लिए। छोड़ो इन्हें, मैं चाय तैयार कर लायी हूँ, पीजिये।'' चाय समाप्त करने पर बिमला ने न जाने व्यंग्य करने के लिए अथवा सामान्य रूप से कहा, ''देखो न भाभी, एक ही मकान में दो रोगी थे, किन्तु दोनों की नियति कितनी भिन्न थी? एक ओर भैया थे, जिन्हें अपने स्वास्थ्य से कहीं अधिक चिन्ता तुम्हारे स्वास्थ्य की थी। तुम्हारे स्वास्थ्य में किसी गड़बड़ी को न आने देने के लिए

मरणासन्न होने पर भी तुम्हें बुलाना तो दूर रहा, सूचना देना तक उचित नहीं समझा। दूसरी ओर अम्बिका बाबू थे, जिनकी पत्नी एक पल के लिए भी पति को अकेला छोड़ने को तैयार नहीं थी। पति भी उसके बिना न रह पाने के कारण उसे अपने से एक पल के लिए भी दूर नहीं होन दे रहा था। उसे लगता था कि पत्नी के उठते ही वह निष्प्राण हो जायेगा। वह तो पत्नी को छोड़कर किसी और के हाथ से दवा तक नहीं पीते थे, मानो किसी अन्य पर उन्हें विश्वास ही नहीं था। भाभी, क्या तुम्हें आज तक ऐसा कहीं देखने को मिला है? तुम क्या, कोई भी उनके इस स्त्री-प्रेम के लिए भले ही उनका मज़ाक़ उड़ाये, परन्तु उन्हें इस बात की कोई चिन्ता नहीं थी। रात-दिन की मेहनत, थकावट, चिन्ता, जागने और परेशान होने से बहू भी अधमरी-सी हो गयी थी।

''ऊहं,'' कहकर उठ खड़ी हुई इन्दु बोली, ''किसी दिन तुम्हारे यहाँ आकर तुम्हारी उस त्याग की मूर्ति सती महिला के दर्शन और उससे बातचीत करूँगी। आज तो जाने की अनुमति चाहूँगी।''

''तो कल आने का कार्यक्रम निश्चित कर लो। मैं तुम्हें विश्वास दिलाती हूँ कि तुम्हें उससे मिलकर सचमुच प्रसन्नता होगी।''

''यदि कुछ देखने योग्य होगा, तो देख लूँगी।'' कहकर इन्दु झट से गाड़ी पर सवार हो गई। रास्ते में वह अम्बिका बाबू और उसकी पत्नी की अपने पति और अपने साथ तुलना करती रही।

दो-तीन दिनों के बाद इन्दु ने क्रुद्ध और उत्तेजित स्वर में बिमला से कहा, ''तुम्हें बुरा तो लगेगा, किन्तु यह नितान्त सत्य है कि तुम्हारे भाई नरेन्द्र के लिए और अम्बिका बाबू के लिए विवाह करना सुखद सिद्ध नहीं हुआ।''

बिमला ने पूछा, ''ऐसा तुम कैसे कह सकती हो?''

इन्दु बोली, ''गृहस्थी चलाने की सामर्थ्य न होने पर विवाह करने को मैं पाप समझती हूँ।''

इन्दु से लगाव होने के कारण बिमला ने उसे कचोटा तो नहीं, फिर भी बोली, ''मान लिया कि अम्बिका ने ग़लती की है, किन्तु इसका अर्थ यह तो नहीं कि उसकी पत्नी भी अपने कर्त्तव्य का निर्वाह न करे। एक की ग़लती का दूसरे को लाभ नहीं उठाना चाहिए। अपने किए का फल सभी को भुगतना होता है।''

विरोध करती हुई इन्दु बोली, ''अधिकार न होने पर भी, पत्नी अन्याय करने वाले पति की सेवा करे, तो क्यों करे? जिसने अधिकारी न होने पर भी विवाह किया है, वह अपनी ग़लती तथा मूर्खता का फल भुगते। असल में तुम्हारा कोई क़ुसूर नहीं, तुम न तो अंग्रेजी पढ़ी हो और न ही तुम्हें किसी दूसरे समाज का परिचय है। यदि तुम्हें यह जानकारी होती, तो तुम्हें बताने की आवश्यकता न पड़ती कि कर्त्तव्य और अधिकार एकतरफ़ा नहीं होते। या तो दोनों अपना कर्त्तव्य निभाएगें या दोनों नहीं

निभाएँगे। पुरुष हमें इस सच्चाई को समझने ही नहीं देते। हम मूर्खतावश ही, निठल्ले पति की सेवा में जुटी स्त्री को महिमा-मण्डित करते हैं।"

कुछ देर तक इन्दु के चेहरे पर नज़र गड़ाने के बाद बिमला बोली, "क्या तुम पत्नी द्वारा पति की सेवा को दुःख-कष्ट और कोरा कर्त्तव्य-पालन समझती हो? पत्नी को पति की सेवा से मिलने वाले आत्मिक आह्लाद का तुम्हें कुछ पता नहीं नहीं।"

"मैं इस कल्पित मान्यता को जानना भी नहीं चाहती।"

"पति के प्रेम को भी तुम शायद काल्पनिक मानती होगी?"

"मैं इन बातों से ऊब चुकी हूँ। यदि मैं इन ढकोसलों से हटकर कहीं अपना कर्त्तव्य-पालन कर सकूँ, तो मुझे प्रसन्नता मिलेगी।"

लम्बी साँस छोड़कर बिमला ने कहा, "तुम एक बार पहले भी यह बात कह चुकी हो, किन्तु मुझे न तो तब कुछ समझ आई थी और न ही मैं अब समझ पा रही हूँ। तुम मुझे यह बताओ कि नरेन्द्र भैया अपने किस कर्त्तव्य का पालन नहीं करते? यदि ऐसे किसी कर्त्तव्य की तुम्हें जानकारी हो, तो मुझे बतलाने की कृपा करो। तुम बहुत पढ़ी-लिखी हो, देश-विदेश में घूमी हो, तुम्हारे साथ तक-वितर्क करने की बुद्धि मुझ में नहीं है, किन्तु फिर भी, मैं इतना निश्चयपूर्वक से कह सकती हूँ कि किसी भी देश की स्त्रियाँ अपने पति द्वारा कर्त्तव्य-पालन न किए जाने पर उसके विरुद्ध मोर्चा नहीं खोल देतीं। मैं तो समझती हूँ कि पति के प्रेम और विश्वास को खो देने वाली स्त्री के जीवन की कोई सार्थकता ही नहीं है।"

"यह बात मेरे गले के नीचे नहीं उतरती।"

"सब मानती हो। हाँ, मेरे साथ मज़ाक़ करने में तुम्हें खूब मज़ा आता है, कोई बात नहीं। किन्तु हाँ, मैंने तुमसे जो भी कहना था, कह लिया, किन्तु भैया से यह सब न कहना ; क्योंकि बुद्धिमान, उदार और सहनशील होने पर भी पुरुष अन्ततः पुरुष है। कभी उलटा भी पड़ सकता है। कई दफ़ा वह...।"

"क्या कहना चाहती हो?"

"यही कि वह कभी-कभी मज़ाक़ को भी गम्भीरता से ले लेते हैं।"

इन्दु बोली, "कौन क्या समझता है, मुझे इसकी कोई चिन्ता नहीं।"

"हमें तो चिन्ता करनी पड़ती है।"

"तुम लोगों की ऐसी कौन-सी विवशता है?"

बिमला बोली, "भाभी, नाराज़ मत होना, सच कड़वा होता है। सुन सको, तो अच्छी बात है। भैया की बीमारी में मैंने जाना कि एक समय वह तुम्हारे प्रेम में इतने अधिक दीवाने थे कि तुम्हारा पसीना गिरने पर वह अपना रक्त बहाने तक को तत्पर थे, किन्तु अब शायद वह मनःस्थिति नहीं रही।"

इन्दु का चेहरा विषाद से स्याह पड़ गया फिर सूखी हँसी हँसती हुई वह बोली, "तुम अपने भैया से कह सकती हो। मेरे प्रति उनके मन में आए किसी बदलाव

को देखने के लिए मेरे पास समय नहीं है। हाँ, तुम्हें भी यह मालूम होना चाहिए कि अपना अच्छा-बुरा समझने की शक्ति मुझ में है। मुझे किसी दूसरे के सलाह-मशवरे की कोई आवश्यकता नहीं।''

घर पहुँचते ही इन्दु ने पति पर सवाला दाग़ा कि ''क्या मेरे मेदिनीपुर चले जाने पर तुम बीमार पड़ गए थे?''

लिखने में व्यस्त नरेन्द्र ने इन्दु की ओर देखकर कहा, ''बीमार तो नहीं पड़ा था, हाँ, पुराना दर्द अवश्य जाग उठा था।''

''क्या इलाज और खर्च के लिए बहिन की शरण मों जा पहुँचे थे?''

पत्नी को इस व्यंग्य से आहत नरेन्द्र दुखी स्वर में बोला, ''मैं अपने आप नहीं गया था। बिमला हठ करके मुझे ले गई थी।''

''यदि मैं यहाँ होती, तो तुम्हें समझाती कि तुम-जैसे दीन-हीन, असमर्थ एवं असहाय लोगों के लिए सरकार ने अपने अस्पतालों में मुफ्त चिकित्सा की व्यवस्था की हुई है। अतः तुम लोगों को दूसरों पर भार न बनकर किसी अस्पताल में जाना चाहिए।''

सिर झुकाकर बैठा नरेन्द्र चुप रह गया।

इन्दु धक्के से परदे को हटाकर बाहर चल दी। परदे से टकराया फूलदान नीचे गिर पड़ा और टूटकर बिखर गया, किन्तु इन्दु ने रुकने अथवा मुड़कर देखने की आवश्यकता नहीं समझी।

पाँच-सात मिनटों के बाद उसी तेज़ी से परदे को हटाकर भीतर आयी इन्दु ने अपने पति से पूछा, ''ननदजी को तुमने अपनी बीमारी की मुझे सूचना देने से क्यों रोका?''

''मैंने सोचा कि इससे तुम चिन्तित हो उठोगी और फिर इसका तुम्हारे स्वास्थ्य पर दुष्प्रभाव भी पड़ सकता था।''

''मेरे स्वास्थ्य का बिगड़ना मेरे लिए अच्छा होता। सूचना मिलने पर भी मुझे नहीं आना था, यह पक्की बात है, किन्तु मैंने तुम्हें कब लिखा था कि मैं अस्वस्थ हूँ। ननंदजी को झूठ-मूठ में रोकना तो ठीक नहीं था,'' कहकर वह फिर पहले-जैसी तेज़ी से बाहर चली गई। नरेन्द्र झुककर पुनः लिखने लगा, किन्तु आँखों के आगे अन्धेरा छा जाने के कारण उसे अपना लिखा दिखाई ही नहीं दे रहा था।

परदे की ओट में खड़ी इन्दु ने डॉक्टर से पूछा, ''श्रीमन्, क्या गगन बाबू के घर में रुग्ण पड़े मेरे पति का उपचार आपने किया था?''

वृद्ध डॉक्टर ने चिन्ता, परेशानी और व्यथा से कुम्हलाए एवं स्याह पड़ गए इन्दु के मुख की ओर देखते हुए उत्तर दिया, ''जी हाँ।''

इन्दु बोली, ''मुझे तो ये अब भी पूरे तरह से स्वस्थ नहीं लगते। यदि आप एक बार घर पर आकर इनका पुनः परीक्षण करने का कष्ट करें, तो उपकार होगा।''

कहती हुई इन्दु ने डॉक्टर की फ़ीस के रुपये उनके आगे रख दिए।

डॉक्टर को विस्मित देखकर इन्दु बोली, ''रोग की उपेक्षा करना और चिकित्सा के प्रति सावधानी न बरतना मेरे पति का स्वभाव है। अतः आप अपना नुस्खा भी मुझे दे देना। उनसे अधिक बात करने की आवश्यकता नहीं है।''

डॉक्टर ने किसी विवाद में पड़ना ठीक नही समझा। वह इन्दु के प्रस्ताव को स्वीकृति देकर चल दिए।

रामटहल ने इन्द को वल्लभ सुनार के आने की सूचना दी, तो इन्दु ने नौकर से कहा, ''उसे इधर ही भेज दो।''

इन्दु वल्लभ से बोली, ''देखो, तुम हमारे विश्वास के जौहरी हो, इसलिए मैंने तुम्हें बुलाया है। पुराने फ़ैशन की इन चूड़ियों को पहनने का मेरा मन नहीं करता, इसलिए मैं इन्हें निकालना चाहती हूँ। इनके बदले में कुछ नया खरीदने की सोचती हूँ।

जौहरी बोला, ''दिखाइए, बिकवा दूँगा।''

इन्दु ने पूछा, ''काँटा तो साथ लाए होंगे, वज़न करके देखो, क्या हिसाब बनता है? हाँ, रुपये मुझे आज-कल में चाहिए, मैं इन्तज़ार नहीं कर सकती।''

वल्लभ बोला, ''कोई बात नहीं, सब हो जायेगा।''

चूड़ियों को देखकर वल्लभ बोला, ''ये तो नये फ़ैशन की बनी हैं, इन्हें बेचने से तो आप को बेकार में हानि होगी।''

इन्दु बोला, ''वल्लभ, नए फ़ैशन की होंगी, पर मुझे यह डिज़ाइन पसन्द नहीं। हाँ, एक बात और, इस बारे में तुम्हें बाबूजी को कुछ नहीं बताना है।''

अपने पतियों से छिपाकर आभूषण बेचने वाली स्त्रियों की प्रकृति से वल्लभ भली प्रकार परिचित था। अतः वह किसी प्रकार का तर्क-वितर्क किए बिना चूड़ियों को लेकर चलता बना।

5

आश्चर्यचकित इन्दु ने शिकायत करते हुए कहा, ''डॉक्टर महाशय, आपके द्वारा बताई दवा की पाँच-छह शीशियों को पी जाने के बाद भी इन्हें कुछ लाभ हुआ नहीं लगता।''

डॉक्टर ने हैरानी प्रकट करते हुए को कहा, ''बाबू ने तो ऐसा कुछ भी नहीं कहा।''

''मैं आपको पहले ही बता चुकी हूँ कि शिकायत करना उनके स्वभाव में ही नहीं है।''

थोड़ा सोच-विचार करने के बाद डॉक्टर ने कहा, ''पूर्ण सन्तुष्ट तो मैं भी नहीं हूँ, किन्तु मुझे लगता है कि खाली औषधि से पूर्ण लाभ होने वाला नहीं। मेरी राय

में तो जलवायु परिवर्तन आवश्यक है।'' कहकर वह थोड़ा मुस्करा दिया।

इन्दु अपनी उत्तेजना के लिए अपने को लज्जित अनुभव करने लगी। वह डॉक्टर से यह बात अपने पति को कहने और उन्हें समझाने का अनुरोध करने लगी।

डॉक्टर बोला, ''मैंने एक दिन पूरी गम्भीरता के साथ उन्हें यह सुझाव दिया था, किन्तु वे सहमत ही नहीं हुए।''

इन्दु क्रुद्ध स्वर में बोली, ''आपके परामर्श को न मानने की बात क्या है? आपको तो उन्हें अपनी बात मानने के लिए विवश करना चाहिए।''

सुनकर डॉक्टर थोड़ा-सा मुस्करा दिए। थोड़ी झिझक के साथ इन्दु बोली, ''मुझे इनके स्वास्थ्य की अत्यधिक चिन्ता है। आप इन्हें अपनी सलाह को न मानने के परिणाम को इतना अधिक दुहराइए कि यह सहमत हो जाएँ।''

डॉक्टर ने गम्भीर स्वर में कहा, ''इस तरह की बीमारी में यथोचित न करने का परिणाम भयंकर तो है ही।''

इन्दु रुआँसी होकर बोली, ''क्या रोग सचमुच भयंकर है?''

डॉक्टर इन्दु के चेहरे पर देखते रहे। उन्होंने कुछ कहना उचित नहीं समझा।

इन्दु की आँखों से आँसू बहाने लगे। वह अत्यन्त विनम्र और मधुर स्वर में बोली, ''डॉक्टर साहब, मैं आपकी लड़की-जैसी हूँ और आपसे विनती करती हूँ कि आप मुझसे कुछ भी न छिपाएँ। सब कुछ साफ़-साफ़ बताने की कृपा करें।''

डॉक्टर साफ़-साफ़ क्या कहते? उन्होंने अपनी ओर से जिस प्रकार इन्दु को समझाया, उससे उसका मन शान्त और निश्चिन्त न हुआ। इसीलिए वह अपने कमरे में जाकर बिलख-बिलखकर रोने लगी।

नरेन्द्र सायँकाल को लिखना छोड़कर बाहर खुले आकाश को देख रहा था कि इन्दु उसके कमरे में चली आयी और एक चौकी पर बैठ गई। नरेन्द्र भी कमरे के भीतर चला आया। कुछ देर तक वह इन्दु की ओर देखता रहा और फिर अपने लेखन-कार्य में जुट गया।

कुछ दिनों से इन्दु ने रुपये नहीं माँगे थे। आज उसके आने के पीछे इसी उद्देश्य का अनुमान करके नरेन्द्र की छाती धड़कने लगी और वह अपने को परेशान महसूस करने लगा।

इन्दु ने रुपये के लेन-देन की कोई बात नही की। वह बोली, ''डॉक्टर ने तुम्हें बताया है कि दवाइयों से तुम्हें पूर्ण लाभ होने वाला नहीं। इसके लिए कहीं घूमना-फिरना और जलवायु बदलना आवश्यक है। तुम डॉक्टर की सलाह को मान क्यों नहीं लेते?''

इन्दु के इस विनम्र, स्निग्ध और मधुर कण्ठ एवं व्यवहार को नरेन्द्र मानो भूल ही गया था, इसलिए वह काफ़ी हैरान हो गया। अपने मन में इसके पीछे के किसी कारण को ढूँढ़ता हुआ वह उसके चेहरे पर ताकता रहा।

नरेन्द्र की चुप्पी को स्वीकृति समझते हुए इन्दु बोली, ''तो फिर कल ही सामान बाँधने और तैयारी करने में लग जाऊँ? अधिक दूर न जाकर, यहीं बैजनाथ के आस-पास चल दें। साथ में कमला और एक दासी को ले लेंगे। इस प्रकार हम दोनों कुछ दिन मौज से घूम-फिर लेंगे। रामटहल पुराना होने के साथ भरोसे का भी है। घर की देखरेख का ज़िम्मा उसे सौंप देंगे। वहाँ एक छोटा-सा मकान किराए पर लेने से काम चल जाएगा। अब मैं सारी व्यवस्था करने में लगती हूँ।''

नरेन्द्र पहले ही रुपये की माँग से डरा हुआ था। अब तो इन्दु ने ख़र्च का पिटारा खोल दिया था। इसलिए उसका परेशान होना स्वाभाविक था। उसने व्यथित स्वर में पूछा, ''इस डॉक्टर को घर पर किसने बुलाया था?''

इन्दु के उत्तर देने से पहले ही नरेन्द्र बड़बड़ाया और बोला, ''पता नहीं, बिमला को मेरे पास डॉक्टर लाकर मुझे परेशान करने की क्या सूझी है?'

बिमला ही नरेन्द्र की शुभचिन्तक है, वही गुप्त अथवा प्रकट रूप से उसके स्वास्थ्य की चिन्ता में घुलती रहती है और वही उसके पास डॉक्टर को भेजती है। नरेन्द्र के इस मनोभाव से इन्दु को ठेस तो लगी, किन्तु इस समय ईर्ष्या को दबाकर वह बोली, ''क्या तुम अपने को ठीक हो गया समझते हो?

''क्या तुम्हारा दर्द थोड़ा-सा भी कम हुआ है?''

''नहीं, मैं बिल्कुल ठीक हूँ।''

''तुम्हारा चेहरा इस बात का साक्षी है कि तुम अभी ठीक नहीं हुए हो। घूम-फिर आने में कोई हानि नहीं होगी, कुछ-न-कुछ लाभ ही होगा।''

वस्तुतः इस समय तक नरेन्द्र की सहनशक्ति पूर्णतः समाप्त हो चुकी थी, फिर भी उसने अपने ऊपर संयम रखकर कहा, ''घूमने-फिरने के लिए जाने का मुझमें सामर्थ्य नहीं है।''

दृढ़ स्वर में इन्दु बोली, ''प्राण-रक्षा से अधिक महत्त्वपूर्ण कुछ भी नहीं। अतः सामर्थ्य न होने पर भी कुछ करना पड़ेगा।''

इन्दु के इस हठ को नरेन्द्र ने अपने को अपमानित-लज्जित करने का एक नया कौशल समझा। वह उसकी सद्भावना और शुभाकाँक्षा को समझ ही नहीं सका, अतः इतने दिनों से अपने को कठिनाई से सँभाले नरेन्द्र के लिए और अधिक संयम रखना सम्भव न हुआ। वह एकदम उत्तेजित होकर उग्र स्वर में बोला, ''क्या मूल्य है मेरे प्राणों का? क्यों मैं चिन्ता करूँ इन्हें बचाने की? न मुझे अपने प्राणों से कोई मोह है और न ही इन्हें बचाने की कोई आवश्यकता है। इन्दु, मैं तुम्हारे आगे नतमस्तक होकर तुमसे निवेदन करता हूँ, कि तुमने मुझे सुखपूर्वक जीने तो नहीं दिया, अब सुखपूर्वक मरने तो दो।''

इन्दु को पति के मुँह से ऐसी कठोर बातें सुनने को क़तई आशा नहीं थी। वह एकदम लज्जित एवं स्तब्ध हो उठी, किन्तु नरेन्द्र उसकी प्रतिक्रिया की उपेक्षा

करके अपनी बात कहता गया, ''इन्दु, तुम्हें यह भली प्रकार से मालूम है कि मेरी आर्थिक स्थिति कितनी विषम है और मैं किस कठिनाई से अपने दिन बिता रहा हू? फिर भी, तुम मुझे परेशान करने के लिएं दिन-रात कोई-न-कोई तरीका ढूँढ़ा करती हो। क्या इसके सिवा तुम्हारे पास और कुछ करने को नहीं है? मैंने तुम्हारा ऐसा क्या बिगाड़ा है, जो मुझे सताये बिना तुम्हें खाना हज़म नहीं हो पाता?''

यह सब सुनकर इन्दु इस प्रकार सन्न रह गई कि उसके लिए मुँह खोलना सम्भव नहीं हुआ। वह फटी आँखों से नरेन्द्र को देखती रह गई।

अब नरेन्द्र ने अनुभव किया कि उसका चीखना-चिल्लाना और उत्तेजित होना कितना असामान्य और अशोभनीय था। इस तथ्य को भाँपते ही वह कुछ धीमी और संयत आवाज़ में बोला, ''ठीक है, मेरे स्वास्थ्य के लिए जलवायु परिवर्तन आवश्यक है। मैं इस बात से सहमत हूँ, किन्तु क्या मैं हवा में उड़कर चला जाऊँगा? जो आदमी घर के खर्च का भी जुगाड़ नहीं कर सकता, उसे घूमने-फिरने के लिए कहना क्या एक भद्दा मज़ाक़ नहीं है?''

इन्दु भी झुकने और समझौता करने की अभ्यस्त नहीं थी। सत्य तो यह थी कि वह सिर कटा सकती थी, किन्तु सिर झुका नहीं सकती थी, लेकिन आज उसे पति की दशा पर दया आ गई। अतः वह विनम्र और मधुर स्वर में बोली, ''आप चिन्ता क्यों करते हैं, नक़द रुपये हमारे पास भले न हों, किन्तु जो गहने अपने पास हैं, उनसे रुपये प्राप्त किए जा सकते हैं।''

नरेन्द्र बोला, ''इन्दु, वे आभूषण तुम्हारे हैं। उन पर मेरा कोई अधिकार नहीं है। इस तथ्य को मेरी अपेक्षा तुम अच्छी तरह से जानती हो।''

इन्दु ने कहा, ''आप मेरे आभूषण नहीं लेना चाहते, कोई बात नहीं, मत लीजिए। मैं आपके लिए नक़द की व्यवस्था करने का ज़िम्मा लेती हूँ?''

कहाँ से लाओगी? क्या घर-खर्च में से कुछ बचा रखा है?''

झूठ बोलने का अभ्यास न रखने वाली इन्दु ने आज झूठ बोल दिया। चूड़ियों को बेचने से प्राप्त रुपयों को घर-खर्च से बचाये कह दिया। सुनकर नरेन्द्र अस्थिर हो गया। उसने कठोर स्वर में कहा, ''ठीक है, इन रुपयों को अपने पास सँभालकर रखो। तुम्हारे गहने बनवाने के काम आएँगे। यह तुम्हारी एक प्रकार से बुद्धिमत्ता और मतव्ययिता का ही परिणाम है। मैंने आज तक तुम्हारे प्रति कभी कठोर भाषा का प्रयोग नहीं किया, उलटे तुमसे सदैव अण्डबण्ड ही सुनता आया हूँ। तुम्हें याद होगा कि एक दिन तुमने सिर उठाकर कहा था कि तुम कभी मिथ्या भाषण नहीं करती, किन्तु आज, राम-राम!''

परदा हटाकर कमला दासी ने बुआजी के आने की सूचना दी। ''क्या कर रही हो भाभी?'' कहती हुई बिमला भीतर चली आई। इन्दु अपनी लड़की को पकड़ लाई और उसके गले के हार को खींचकर अपने पति के सामने फेंक दिया। क्रुद्ध स्वर

में बोली, "मुझे झूठ बोलना तो तुम्हीं ने सिखाया है।

"फिर भी मेरा अभी तक इतना पतन नहीं हुआ कि अपनी लड़की को सोना कहकर पीतल थमाऊँ? आश्चर्य है कि ठगने वाला व्यक्ति अपनी बेटी और पत्नी को दूसरों के सामने झूठा बताकर सिर ऊँचा करता है।"

हार को हाथ में लेकर नरेन्द्र ने पूछा, "तुम्हें कैसे मालूम हुा कि यह सोने का न होकर पीतल का है? क्या तुमने इसकी जाँच कराई है?"

"अपनी बहन को जाँच कराने के लिए कह दो, "कहती हुई इन्दु लाल-पीली आँखों से नरेन्द्र को घूरने लगी।

बिमला बोली, "भैया द्वारा बनवाए किसी गहने की किसी सुनार से भला मैं क्यों जाँच कराने लगी?"

नरेन्द्र बोला, "इन्दु, क्या तुमने मेरे द्वारा तुम्हें दिए दो-एक गहनों की भी जाँच-परख कराई है?"

अब तक तो जाँच नहीं कराई, किन्तु अब करानी होगी।"

"अवश्य जाँच कराना। तुम्हें पता चल जाएगा कि वे पीतल के नहीं हैं।"

बिमला को हार दिखाते हुए नरेन्द्र बोला, "बहिन, यह सोने का नहीं, पीतल का है। मुझे यह क्यों करना पड़ा, इस सत्य को तुम भली प्रकार जानती हो। मुझे इस बात का सन्तोष है कि मैंने अपनी पुत्री से अवश्य छल किया है, किन्तु तुम्हें तो धोखा नहीं दिया है।"

6

बिमला ने सुझाव दिया, "भाभी, मेरी मानो, तो चरण छूकर क्षमा-याचना कर लो।"

"क्यों, मैंने कौन-सा अपराध किया है? यह सिर कट सकता है, किन्तु झुक नहीं सकता।"

"पति से क्षमा माँगने में पत्नी के संकोच की क्या बात है? चलो, मान लिया कि तुम्हारा कोई अपराध नहीं, फिर भी, पति की प्रसन्नता के लिए झुकने में क़्या आपत्ति है? यह तो स्त्री के लिए पुण्य का काम है।"

"मैं आपके इस विचार से सहमत नहीं? जब मैंने कुछ ग़लत किया ही नहीं, तो किसीसे क्षमा याचना किसलिए? भगवान् साक्षी हैं कि मैं बिना कुछ अनुचित किए किसी से डरने तथा किसी के आगे क्षमा के लिए गिड़गिड़ाते का एकदम मूर्खता समझती हूँ।"

बिमला क्रुद्ध स्वर में बोली, "बढ़-चढ़कर इस तरह की बातें करना तथा शेखी बघारना किसी के लिए भी कठिन नहीं। मैं भी यह सब कर सकती हूँ, किन्तु इतना निश्चित है कि इस तरह की बातें कभी किसी काम नहीं आती। कबूतर के आँख

मीच लेने से वह बिल्ली का शिकार होने से बच नहीं जाता। तुमने अपने पति को अपनी मूर्खता के कारण अपने से बहुत दूर कर दिया है।''

इन्दु बोली, ''इससे मुझे कोई अन्तर नहीं पड़ता।''

जल-भुन गई बिमला बोली, ''भगवान् तुम्हें इसका परिणाम न दिखाए। इतना जान लो कि भैया जितने सीधे, भले और कोमल हैं, उतने ही टेढ़े और कठोर भी है। तुमने उनका एक रूप देखा है। यदि दूसरा रूप देखा होता, तो यह सब कहने का साहस न कर पातीं।''

''समय आने पर दूसरा रूप भी देख लूँगी।''

बिमला ने इसके आगे कुछ भी कहना उचित नहीं समझा। थोड़ी देर बाद वह धीरे-से बुदबुदायी, ''पता नहीं, तुम इस सत्य को क्यों नहीं समझतीं कि ऐसे व्यवहार से स्त्री अपने पति से कोसों दूर चली जाती है। यह बात अलग है कि भैया कोमल-हृदय और सत्यनिष्ठ व्यक्ति हैं। उनकी बीमारी के दिनों में मुझे उनके गुणों से परिचित होने का अवसर मिला है। फिर भी, किसी व्यक्ति को पासा पलटते देर नहीं लगती। पति की उपेक्षा से बड़ा कोई दुर्भाग्य कभी किसी स्त्री के लिए हो ही नहीं सकता।''

सुनकर इन्दु गम्भीर होकर बोली, ''जिस दिन पति को अपने से दूर पाऊंगी और समीप लाना सम्भव नहीं लगेगा, उस दिन स्वयं ही उन्हें छोड़कर चलती बनूंगी। न तो मैं किसी के पैरो पर लोटूंगी और न ही किसी से सहायता व दया की भीख मांगूगी।''

सुनकर क्रुद्ध होकर जा रही बिमला को रोककर इन्दु ने कहा, ''बस, क्या नाराज़ होकर जा रही हो?''

बिमला बोली, ''मैं क्रुद्ध होकर नहीं, दुखी होकर जा रही हूँ। भाभी, सच मानो, मैं तुम्हें सगी बहिन से भी अधिक प्यार करती हूँ, इसीलिए मैं अपने को सँभाल नहीं पा रही हूँ। मेरा दिल रो उठता है। यदि मैंने अपने कानों से न सुना होता, तो मुझे अपने भैया द्वारा ऐसे व्यवहार किए जाने का विश्वास नहीं होता।''

हँसती हुई इन्दु बोली, ''चलो, आपने उनका यह रूप भी देख लिया।''

बिमला बोली, ''तुम्हारा रणचण्डी का रूप देखना भी एक अनोखा अनुभव था। हाँ, मैं यह बात दावे के साथ कह सकती हूँ कि भैया एक बात को दोबारा कभी नहीं कहते। दोहराना उनके स्वभाव में नहीं है।''

इन्दु हँसकर बोली, ''दोनों के एक-दूसरे के प्रति इस दुर्व्यवहार के न दोहराए जाने का एक और कारण भी निकल आया है। मेरे पिताजी ने पत्र द्वारा मुझे सूचित किया है कि उन्होंने दस हज़ार रुपये मेरे जमा करा दिए हैं। रुपये की शक्ति को तो तुम समझती ही होगी? क्या अब भी मुझे किसी के पैरों के तलवे सहलाने पड़ेंगे?

बिमला और भी अधिक दुखी हो उठी और बोली, ''भाभी, मेरे विचार में भैया

ने इससे पहले कभी तुम्हारे साथ दुर्व्यवहार नहीं किया। तुम उन्हें जिस हाल में छोड़कर मेदिनीपुर चली गई थीं, वह सब मैं जानती हूँ, फिर भी, उन्होंने कभी तुम्हारे विरुद्ध एक शब्द नहीं कहा। मेरे बार-बार पूछने पर भी वह तुम्हारी ग़लतियों को छिपा गए। उलटे तुम्हारे प्रति अपने कर्त्तव्य को न निभा पाने के लिए स्वयं को दोषी बताते रहे थे। भाभी, पति नाम के जिस अमूल्य पदार्थ के महत्त्व की आज तुम उपेक्षा कर रही हो, यदि सचमुच तुम इसे कभी गँवा बैठीं, तो तुम्हें इसके वास्तविक महत्त्व की जानकारी हो जाएगी। हाँ, एक बात का मैं तुम्हें विश्वास दिलाती हूँ कि मेरे भैया इतने नीच नहीं कि वह तुम्हारे से किसी प्रकार का प्रतिशोध लें। अच्छा, अब देर हो रही है, मुझे जाना होगा, किसी दिन घर आना, खुलकर बातचीत करेंगे।''

बिमला के चल देने पर इन्दु घर के मुख्य द्वारा तक उसे छोड़ने गई। अब से पहले गाड़ी पर सवार होने से पहले दोनों एक-दूसरे से गले लगती थीं, एक-दूसरे से जल्दी मिलने का आग्रह करती थीं, किन्तु आज ऐसा कुछ भी न हुआ। बिमला ने गाड़ी में बैठते ही द्वार बन्द कर दिया और इन्दु चुपचाप वापस लौट पड़ी। उदास, खिन्न और व्याकुल इन्दु अपनी बेटी को अपनी छाती से चिपकाकर बिस्तर पर लेट गई।

बिमला चली तो गई, किन्तु अपने दिल का गुबार निकालकर गई। उसके मन में कितनी कड़वाहट भरी थी, इसकी जानकारी इन्दु को आज ही मिली। इससे जहाँ उसका आसमान से बातें करना अहंकार धीरे-धीरे गलने लगा, वहाँ उसके लिए यह सोचना कठिन हो गया कि इतने दिनों तक ऊपर से इतनी अधिक शान्त दिखती बिमला ने इतना क्रोध, इतनी तिलमिलाहट तथा इतनी गरमी दिल के किस कोने में और किस प्रकार से इकट्ठी करके सँभाल रखी थी।

मन-ही-मन इन्दु सोचने लगी कि कहीं सचमुच उसे उसके पति ने छोड़ दिया, वह उनके पास गई और उन्होंने मुँह मोड़ लिया, तो उस स्थिति में उसकी क्या दशा होगी? क्या वह पति के इस व्यवहार की उपेक्षा कर सकेगी? इस सोच के आते ही वह किसी भावी विपत्ति की आशंका से काँपने लगी। माँ को इस प्रकार चिन्तित एवं व्यथित देखकर कमला ने पूछा, ''माँ, क्या बात है, तुम इतनी परेशान क्यों हो?''

इन्दु ने कमला को अपनी छाती के साथ और अधिक सटा लिया और उसका मुँह चूमती हुई बोली, ''तेरी बुआ ने ही इतना अधिक डरा दिया है।''

''माँ, ऐसा क्या कह दिया है बुआ ने?''

बेटी का एक और चुम्बन लेते हुए इन्दु ने कहा, ''कमल बेटी, ज़रा देख कर बता कि तेरे बापू क्या कर रहे हैं।''

दो दिनों से पति-पत्नी में बोलचाल बन्द थी। कमला पिता के कमरे में गई और लौटकर बोली, ''माँ, बाप तो सो रहे हैं।''

''अच्छा बेटी, तू थोड़ी देर रुक, मैं तेरे बापू को ठीक तरह से देखकर आती

हूँ। परदा हटाकर इन्दु ने देखा, तो उसे पता चला कि लड़की ने ठीक ही बताया है। नरेन्द्र सचमुच सो रहा था। पाँच-छह मिनटों तक वह पति के कमरे के बाहर खड़ी रही और फिर वापस आ गई। आज वह पति के कमरे में प्रवेश न कर पाने और सोये पति को न जगाने की अपनी दुर्बलता और साहसहीनता पर आश्चर्य प्रकट करने लगी।''

इन्दु की आवाज़ सुनकर उत्तर देती हुई कमला बोली, ''हाँ माँ, बोली, क्या बात है?''

''बिटिया, तेरे बापू के सिर की काफ़ी दर्द था, ज़रा जाकर उनके सिर पर थोड़ी देर धीरे-से हाथ फेर दे।''

लड़की को पति से शयनकक्ष में भेजकर इन्दु ओट में छिपकर खड़ी हो गई और बाप-बेटी में होने वाली बातचीत को सुनने लगी।

लड़की ने पूछा, ''बाबूजी, क्या आपका सिर काफ़ी दुख रहा है?''

''नहीं, तुम्हें किसने मेरे सिर में दर्द होने की कही है?''

''माँ कहती है कि आपका सिर फट-सा रहा है।''

थोड़ी देर की चुप्पी के बाद लड़की के चेहरे पर देखते हुए नरेन्द्र बोला, ''तुम्हारी माँ को वहम हो गया लगता है।''

परदे की ओट में खड़ी और सब कुछ सुनती इन्दु भीतर चली गई और पति से बोली, ''ऐसी दुर्बल देह और गिरते स्वास्थ्य में इतना कठोर श्रम कैसे कर सकोगे? ''फिर वह अपनी बेटी से बोली, ''कमला, ऊपर से ओडिकोलन की शीशी तो ले आ और रामटहल को कहती जा कि वह थोड़ी-सी बर्फ ले आये।''

सिरहाने के पास आ बैठी इन्दु ने ज्यों ही पति के सिर पर हाथ फेरा, त्यों ही चौंककर बोली, ''अरे, यहाँ तो आग निकल रही है।''

आँखें मूँदकर सोये नरेन्द्र ने कुछ भी नहीं कहा। पति के बालों पर हाथ फेरती हुई इन्दु ने अतिरिक्त मधुर और कोमल स्वर में पूछा, ''आज छाती का दर्द कैसा है?''

नरेन्द्र के मुँह से, ''वैसा ही है'' सुनकर इन्दु बोली, ''दो दिनों से दवा भी तो नहीं ली। अपने साथ ऐसा अन्याय करना अच्छा नहीं। जरा सोचो तो, इससे कष्ट बढ़ भी सकता है।''

थके स्वर में नरेन्द्र बोला, ''इन्दु तबीयत कुछ ज़्यादा खराब है, इसलिए बातचीत का मन नहीं करता, मुझे अकेला छोड़ दोगी, तो कृपा होगी।''

पति के इस व्यवहार से इन्दु तिलमिला उठी। वह हैरान थी कि उसकी सहानुभूति और विनम्रता का यह उत्तर! वह उत्तेजित स्वर में बोली, ''ठीक है, अकेले पड़े सड़ते रहो।''

दरवाज़े से बाहर निकलती इन्दु रुककर बोली, ''यदि तुम अपने स्वास्थ्य की उपेक्षा करके मुझे दण्डित करने की सोचते हो, तो यह तुम्हारी गलती है। मेरे पिताजी

के इस पत्र को पढ़ो, पिताजी ने मुझे दस हजार रुपए दिए हैं....'' कहते हुए इन्दु पत्र को सोफे पर रखकर कमरे के बाहर चल दी। बाहर आने पर अपने रोने को दबाकर वह तेजी से अपने कमरे में चली गई और फिर किवाड़ बन्द करके जी हल्का करने के लिए खुलकर रोने लगी। वस्तुतः, किसी की बात सुनने अथवा चुपचाप सहने को वह अपनी हार मानती थी, जिसका न उसका स्वभाव था और न ही जिसके लिए वह कभी तैयार थी। अपनी इस हठधर्मिता के कारण बहुत-सी अच्छी बातें जानने और उन्हें अपनाने की इच्छा रखते हुए भी वह अपने में कोई बदलाव न ला सकी, इसीलिए करने गई थी और कुछ और, करके लौटी कुछ और।

7

''तुम्हारे अंगारे-जैसी लाल आँखों को देखकर तो यही लगता है, मानो आप गा रही थीं।''

अम्बिका बाबू की पत्नी यह सब सुन रही थी और औंधी लेटी विमला किसी पुस्तक को पढ़ रही थी। सुनते ही वह उठकर बैठ गयी और आँसू पोंछ कर हँसने लगी। वह बोली, ''दुर्गामणि का दुःख तो सचमुच विषम होने के कारण चिन्तनीय है।''

इन्दु के मुँह से, ''कौन दुर्गामणि'' सुनकर विमला बोली, ''जान-बूझकर अनजान क्यों बनती हो? आज चारों ओर उसकी चर्चा हो रही है और तुम्हें कुछ मालूम नहीं।''

इन्दु ने समझा कि विमला किसी रोचक पुस्तक की बात कह रही है। इसलिए हाथ आगे करके वह बोली, ''अच्छा, देखूँ तो, कौन-सी पुस्तक है?''

विमला ने पुस्तक इन्दु को थमा दी। इन्दु ने देखा कि ग्रन्थ के रचयिता उसके पति हैं और पुस्तक विमला को समर्पित हो गई है। इन्दु ने पुस्तक को उलट-पलटकर, पन्ने बदल-बदलकर पूरे ध्यान से देखा, लेखक, प्रकाशक और समर्पण आदि से जुड़े पृष्ठों को ध्यान से पढ़ा, उसे तो कविता का क, ख, ग भी मालूम नहीं था, इसलिए उसके चेहरे के मनोभावों को देखकर विमला को पुस्तक के विषय में इन्दु से कोई बात करना ठीक नहीं लगा। इन्दु स्वयं ही बोली, ''मेरी नाटक-उपन्यास आदि के पढ़ने में न तो कोई रुचि है, और न ही ये मुझे अच्छे लगते हैं। कुछ भी हो, पुस्तक अच्छी प्रतीत होती है, इसलिए मैं प्रसन्न हूँ।''

अम्बिका बाबू की स्त्री के पास आकर उसके नौकर ने कहा, ''बाबूजी पूछ रहे हैं कि अजायबघर जाने के आपके कार्यक्रम के विषय में आपका क्या विचार है?''

विमला सबसे छोटी बहू थी, उसने सिर झुकाकर धीमी आवाज में कहा, ''उनका स्वास्थ्य अभी पूरी तरह से नहीं सुधरा, अतः वहाँ जाना नहीं होगा।''

नौकर चला गया। इन्दु के लिए किसी स्त्री का अपने पति की ऐसी चिन्ता

करना एकदम आश्चर्य का विषय था। इस बीच नौकर विमला के पास आकर बोला, ''बाबूजी के ऑफिस से एक आदमी यह पूछने आया है कि एक बड़े ड्राअर वाली मेज नीलामी में बिक रही है, बड़े कमरे में प्रयोग के लिए ठीक समझो, तो खरीद ली जाये?''

विमला बोली, ''नहीं, खरीदने की कोई आवश्यकता नहीं है।''

भोला भी चला गया। इन्दु पति की इस प्रकृति का अभिनन्दन न कर सकी। ये भी कैसे पति हैं, जो पत्नियों को आदेश न देकर उनकी रुचि-अरुचि को जानने के लिए मिमियाते फिरते हैं। इन दोनों स्त्रियों के उत्तर में भी कृतज्ञता और विनम्रता-जैसा कोई भाव उसे दिखाई नहीं दिया। न जाने क्यों, वह अपने को इन दोनों स्त्रियों के सामने तुच्छ और नीचा समझने लगी।

विमला ने जाते समय इन्दु से चुपके से पूछा, ''क्यों भाभी, क्या भैया की इस पुस्तक के बारे में तुम्हें सचमुच कोई जानकारी नहीं है?''

उपेक्षा से उत्तर देते हुए इन्दु बोली, ''न तो मुझे जानकारी है और न ही मैं जानकारी न होने के कारण चिन्तित अथवा परेशान हूँ। ये दिन-भर बैठे हुए कुछ-न-कुछ लिखते ही रहते हैं। क्या लिखते हैं, इसके पचड़े में कौन पड़े? हाँ, एक बात तुम्हें बताना न भूल जाऊँ, पहले उसे सुन लो। कल मैं अपने मायके जा रही हूँ।''

उदास भाव से विमला बोली, ''भाभी, मेरी मानो, तो भैया को छोड़कर अभी नहीं जाना चाहिए।''

इन्दु के 'क्यों' का उत्तर देती हुई विमला बोली, ''भाभी, क्या यह भी तुम्हें बताना पड़ेगा? तुम्हारे पति अपने मुँह से कुछ कहें अथवा न कहें, किन्तु यह तो तुम जानती हो कि वह स्वस्थ नहीं है।''

इन्दु रुष्ट होकर बोली, ''जब पति अपनी पत्नी को अपने सुख-दुःख का सहभागी बनाना नहीं चाहता, तो मुझे उनके तलवे नहीं सहलाने। मैं अपने भैया के घर पर सुख-चैन से रह सकूँगी। मुझे इस बात की कोई चिन्ता नहीं कि वह मुझे मायके से बुलाते हैं अथवा नहीं? मैं यहाँ रहकर और अधिक मानसिक तनाव नहीं झेल सकती।''

सुनकर विमला भी क्रुद्ध हो उठी। वह बोली, ''भाभी, ये डींगें अपने भाइयों के सामने हाँकना। माना कि वे सम्पन्न लोग हैं और उन्होंने तुम्हारी व्यवस्था भी आसानी से कर दी होगी। इस बात का तुम्हें अहंकार भी हो सकता है, किन्तु एक दिन तुम्हें पता चल जाएगा कि तुम्हारी सोच कितनी गलत है, तुम्हारा फैसला कितना मूर्खतापूर्ण है। तुम नहीं जानतीं कि कुछ न पाकर, तुम बहुत कुछ खो रही हो और यह बहुत कुछ तुम्हारे जीवन में कितना महत्त्वपूर्ण है, इसका पता तुम्हें आज भले ही न चले, किन्तु एक दिन अवश्य चल जायेगा, किन्तु उस दिन हाथ मलने और

सिर धुनने के सिवा कुछ करना तुम्हारे वश में नहीं होगा। तुम्हें नहीं मालूम कि पति का प्रेम कितना बड़ा वरदान है और यह जिन स्त्रियों को मिलता है, वे अपने को परम सौभाग्यशालिनी समझती हैं।"

विमला के हाथ की पुस्तक को देखकर भीतर तक हिल उठी इन्दु बोली, "जिसके पास अहंकार करने योग्य कुछ होता है, वही उस पर अहंकार करता है। यदि मेरे भाग्य में मेरा सर्वनाश लिखा है, तो उसे कौन रोक सकता है? तुम्हें मेरे लिए हैरान-परेशान होने की जरूरत नहीं। मुझे मेरे भाग्य पर छोड़ दो। मैं सोचती हूँ कि मुझे इन बातों को सुनना ही नहीं चाहिए। जब मुझे किसी की सलाह ही नहीं लेनी, तो वाद-विवाद के चक्कर में ही क्यों पड़ना?"

विमला ने अपनी इस उपेक्षा और इन्दु की निर्ममता को अपना भारी अपमान समझा, किन्तु इसकी शिकायत वह भगवान् के सिवा और किससे करती?

बाहर जाती हुई इन्दु से विमला ने कहा, "रुको, जरा अपनी चरण-रज ले लेने दो, फिर चली जाना।"

8

शाम के अँधेरे के घिरने से पहले आकाश में बादल छा गये थे और रिमझिम वर्षा होने लगी थी। इन्दु अपनी लड़की के साथ सो गयी। आज उसके घर में जीजाजी आए हैं। साथ वाले कमरे से उन्हें खिलाने-पिलाने, उनके साथ हँसी-मजाक और गपशप करने की आवाज को सुनकर इन्दु अपने को अत्यधिक लज्जित अनुभव करने लगी।

इन्दु को मेदिनीपुर आये तीन महीने हो गए हैं। इस बीच उसकी छोटी बहिन भी यहाँ आई है। इन दो महीनों में उसके पति कम-से-कम पाँच-छह बार आ-जा चुके हैं, किन्तु नरेन्द्र एक बार भी यहाँ नहीं आया। यहाँ तक कि उसने इन्दु का कुशल-क्षेम पूछने के लिए एक पत्र तक लिखने-भेजने का कष्ट नहीं किया।

कुछ दिनों से इन्दु के मायके वाले काफी गम्भीरता से इस तथ्य की चर्चा कर रहे हैं। छोटे भाई-बहिनों के सामने उसे इस बात से कहीं अपमानित न होना पड़े, इसी डर से वह अपने कमरे में आकर सो गई है।

पति द्वारा खोज-खबर न लिये जाने की वेदना की साक्षी या तो स्वयं इन्दु है या उसके अन्तर्यामी। इस बात के लिए उसे मायके के लोगों में लज्जित-अपमानित भी होना पड़ता है। जिसकी उसने कभी स्वप्न में भी कल्पना नहीं की थी। इसके अतिरिक्त वह सिर उठाकर किसी के सामने यह कहने का साहस भी नहीं जुटा पाती कि न तो वह अपने पति की परवाह करती है और न ही उसके पति उसकी परवाह करते हैं।

इससे पहले इन्दु अपने घर में, अपने पति को नीचा दिखाकर, अपनी

तथाकथित मान-मर्यादा को ऊँचा उठाने और अपने थोथे अहंकार की तुष्टि में ही लगी रहती थी, किन्तु अब मायके-भाई-भाभियों के घर—में उसकी आँखों के सामने उसकी मान-मर्यादा को आघात लग रहा है, उसका अहं आहत हो रहा है, किन्तु वह अपना बचाव करने में असमर्थ है। वह यह सब चुपचाप सहने को विवश है।

आज जीजाजी के आने पर इन्दु को अपनी ओर देखती प्रत्येक दृष्टि में अपने प्रति करुणा और सहानुभूति ही दिखाई दी है। किसी के द्वारा कमला से उसके पिता के बारे में पूछे जाने पर इन्दु की हालत पतली हो जाती है। वह भीतर-ही-भीतर आँसू बहाने लगती है। यदि कोई, "घर कब लौट रही हो?" जैसा प्रश्न करता है, तो लज्जा और अपमान से इन्दु बगलें झाँकने लगती है। इन्दु के लिए चिन्ता और दुःख की बात यह है कि वह मायके आते समय अपने पति को चुनौती और चेतावनी देकर आयी है कि यदि उसमें पत्नी और पुत्री के पालन की सामर्थ्य हो अथवा आ जाये, तो ही उसे उन्हें घर लाने के लिए सोचना चाहिए, अन्यथा दोनों का अलग-अलग रहना ही ठीक है।

बेटी के रुदन को सुनकर इन्दु का ध्यान भंग हुआ और वह कमला से बोली, "बेटी, क्या बात है, तुम रोती क्यों हो?"

कमला बोली, "पिताजी से मिलने के लिए मन कर रहा है।"

सुनकर इन्दु को लगा, मानो किसी ने उसकी छाती पर हथौड़ा दे मारा हो। कमला को छाती से चिपकाकर वह भी फूट-फूटकर रोने लगी।

इसे भगवान् की कृपा समझनी चाहिए और इसके लिए भगवान् को धन्यवाद भी देना चाहिए कि बाहर हो रही तेज वर्षा के कारण इन्दु के रोने की आवाज किसी के कान में नहीं पड़ी।

अन्तर्यामी ही जानते होंगे कि यह इन्दु के प्रशिक्षण का परिणाम था अथवा कमला की स्वाभाविक उत्सुकता थी कि अगले दिन सवेरे उठते ही वह पिता के पास जाने की रट लगाने लगी। इन्दु ने पहले तो साम, दाम तथा दण्ड आदि उपायों से कमला की जिद छुड़वाने के लिए बहुत प्रयास किया, किन्तुतः अन्ततः उसे बालहठ के सामने हार माननी पड़ी। इन्दु ने अपने भाई को सूचित किया, "कमला अपने पिता से मिलने को मचल रही है, मुझे कलकत्ता जाना ही होगा।"

भैया ने कहा, "बहिन, तुम्हें कौन रोक रहा है? कल सवेरे ही लड़की को लेकर जा सकती हो। क्या तुम्हें नरेन्द्र का पत्र मिला है? मुझे तो वह कभी याद ही नहीं करते।"

सिर झुकाकर इन्दु ने झूठ बोल दिया, "हाँ, उनका पत्र आया है।"

"वह कुशलतापूर्वक हैं न?"

इन्दु फिर से झूठ बोली, "हाँ, वह ठीक-ठाक है।"

हैरान हुई विमला हँसकर बोली, "भाभी, कब आयी हो?

"अभी आ ही रही हूँ।" इन्दु ने उत्तर दिया।

नौकर ने गाड़ी से इन्दु का सामान उतारा। विमला अपनी उत्सुकता को दबाकर बोली, "क्या अभी तक तुम अपने घर नहीं गई?"

"नहीं, कमला अपने पिता को मिलने के लिए अत्यन्त उत्सुक थी। इसलिए आना पड़ा है। उसे घर के द्वार पर उतारकर आयी हूँ।"

गहरी-लम्बी साँस खींचकर विमला बोली, "अब तुम्हें क्या बताऊँ, तुम्हारे यहाँ आने का तो अब कोई प्रयोजन ही नहीं रह गया है।"

सुनकर घबरा गई इन्दु बोली, "यह तुम क्या कह रही हो?"

विमला सहज गम्भीरता से बोली, "सारी कहानी बाद में सुन लेना, पहले नहा-धोकर कपड़े बदल लो। जो हो गया है, वह बदला नहीं जा सकता। इसलिए सुनने में जल्दबाजी काहे की?"

इन्दु का उदास चेहरा काला पड़ गया और रुँधे स्वर में बोली, "सब कुछ जाने-सुने बिना, एक बूँद पानी भी नहीं पी सकूँगी। मैंने उनकी एक झलक तो देखी थी। अतः यह तो विश्वास है कि वह जीवित हैं। फिर मैं वहाँ क्यों नहीं जा सकती, यह बात मुझे समझ नहीं आ रही है।"

कुछ देर की चुप्पी के बाद ठण्डी आह भरती हुई विमला बोली, "भाभी, अब सचमुच तुम्हारे लिए उस घर में कोई जगह नहीं है। अब तुम्हारे लिए जैसे मायका बेगाना है, वैसे ही यह घर भी बेगाना हो गया है।"

आँसू बहाते हुए इन्दु बोली, "कितना तड़पाओगी, क्या हुआ है, कुछ साफ़-साफ कहती क्यों नहीं हो? क्या नरेन्द्र ने दूसरा विवाह कर लिया है?"

"क्या तुम ऐसा सोच सकती हो?"

"कदापि नहीं, मेरे अपराध के बड़ा होने पर भी वह ऐसा अन्याय कभी नहीं कर सकते। इस स्थिति में आप मेरे लिए उस घर में स्थान न होने की बात कहकर मुझे चक्कर में डाल रही हैं। साफ-साफ बताती क्यों नहीं है?"

विमला की आँखें भी गीली हो गईं, किन्तु उसने फिर भी संयम को नहीं जाने दिया, अपने को संभाले रखा। रुक-रुककर विमला बोली, "भाभी, समझ नहीं आता कि कहाँ से शुरू करूँ और कैसे तुम्हें बताऊँ, कि अब उस घर में तुम्हारे लिए स्थान नहीं रहा। अच्छा सुनो, अपना ऋण वसूल न होने पर शम्भू महाजन ने नरेन्द्र को जेल करा दी थी।"

आँसू गिराती इन्दु ने पूछा, "फिर, उसे बाद?"

"उन दिनों हम लोग काशी गये हुए थे। शम्भू ने इन्हें अपने चार हजार रुपए ऋण के भुगतान के लिए दो दिनों का समय दिया था। इस अवधि में इतनी बड़ी राशि नहीं जुटाई जा सकती थी। भैया ने भोला को हमारे पास काशी भेजा, किन्तु हम इस बीच इलाहाबाद चले गये थे, अतः वह वापस लौट आया। एक-एक दिन

करते दस दिन बीत गये। लौटने पर हमें यह सब मालूम हुआ, किन्तु हमारे पास भी इतना नकद रुपया नहीं था। अतः अगले दिन अपना गहना गिरवी रखकर पैसे का प्रबन्ध किया और फिर भैया को जेल से छुड़ा लाये। भाभी, सोचती हूँ कि तुम्हारे पास भी चार-पाँच हजार का जेवर तो होगा और मेदिनीपुर कोई खास दूर भी नहीं। यदि भैया तुम्हें एक पत्र भेज देते, तो शायद उन्हें जेल की हवा न खानी पड़ती। भैया ने यह संकट झेलना तो मंजूर किया, किन्तु तुम्हारे आगे हाथ पसारना पसन्द नहीं किया। अब तुम ही बताओ कि उस घर में तुम किस अधिकार से जाओगी? तुम उन्हें पहले ही काफी सता चुकी हो, अब अच्छा है कि उन्हें और अधिक परेशान न करो। दो दिन सुख से जीने दो। मैं तुम्हारे हाथ जोड़ती हूँ, तुम उनका पिण्ड छोड़ दो।''

सिर झुकाकर बैठी इन्दु ने चुपचाप सब कुछ सुना, फिर एक-एक करके अपने सारे आभूषण उतारकर और विमला के आगे रखकर बोली, ''इन्हें गिरवी रखकर तुम अपने जेवर मँगवा लो, मैं अपने घर, उनके पास जा रही हूँ। तुम कहती हो कि मेरे लिए वहाँ कोई स्थान नहीं, किन्तु मैं कहती हूँ कि वास्तव में मेरे लिए अब वही सही स्थान सिद्ध होगा। जिस अहंकार ने मुझे मेरे पति से दूर रखा था, मैं उस धन और उससे उत्पन्न घमण्ड को तुम्हारे पास छोड़कर जा रही हूँ। अब मेरे लिए अपना स्थान बनाना सम्भव होगा। कल एक बार मेरे घर आना और हम दोनों में उत्पन्न सद्भाव, सौमनस्य और सौहार्द को अपनी आँखों से देख लेना। चलती हूँ,'' कहकर वह किसी गाड़ी की अपेक्षा किये बिना पैदल ही चल दी।''

''अरे ओ भोला, जरा भाभी के साथ जा,'' कहते हुए विमला अपने आँसू पोंछने लगी।

8. अनुराधा

1

विवाह के लिए सामान्यः स्वीकृत अथवा निर्धारित आयु की सीमा को काफी अधिक लाँघ जाने पर लड़की जितनी कम आयु की बताई जा सकती है, उतना सब कुछ किए जाने पर भी, अनुराधा का विवाह हो जाने की कोई सम्भावना अब बिल्कुल नहीं रही। अब तो स्थिति यहाँ तक पहुँच गई है कि लड़के वाले इतनी बड़ी आयु की लड़की की ओर पहले तो देखते ही नहीं, यदि कहीं से दबाव पड़ता है, तो उस प्रस्ताव में रुचि नहीं लेते। इतना ही नहीं, उलटे उस पर फब्तियाँ कसने से भी नहीं चूकते। अनुराधा के बारे में तो अब मजाक के नाम पर भी किसी को चर्चा करना नहीं सुहाता।

अनुराधा की घटना का सम्बन्ध बाबा आदम के जमाने से नहीं, अपितु आजकल से है। आज के युग में भी इस बेचारी की जन्मपत्री मिलाने और कुल-शील की जाँच-परख करने में यह लड़की तेईस की आयु पार कर गई, किन्तु उपयुक्त वर नहीं मिल सका। यह तथ्य अविश्वसनीय लगने पर भी नितान्त सत्य है। आज सवेरे इस गाँव के नए जमींदार कलकत्ता निवासी हरिहर घोषाल की कचहरी में यह घटना चर्चा का विषय बनी हुई थी। गाँव को देखने आए हरिहर के लड़के विजय ने चुरुट को नीचे रखकर कहा, "क्या गगन चटर्जी की बहिन मकान नहीं छोड़ती और अपनी बात हमसे कहना चाहती है?"

विजय ने क्रुद्ध स्वर में कहा, "इसका अर्थ तो यह हुआ कि हमें अपना मकान खाली कराने के लिए किराएदार के पास चलकर जाना पड़ेगा।"

नौकर के चुप रहने पर उत्तेजित विजय बोला, "उसे आखिर क्या कहना है? जो भी कहना है, वह यहाँ आकर क्यों नहीं कह सकती? मैं उसके पास चलकर क्यों जाऊँ?"

विनोद बोला, "हुजूर, मैंने उस लड़की से यह सब कहा था, किन्तु उसका कहना था कि वह भी किसी साधारण कुल से सम्बन्ध नहीं रखती। भद्र परिवार की महिला है। यदि मालिक मुझे बे-घरबार करना ही चाहते हैं, तो ठीक है, मैं सदा के लिए गाँव छोड़ दूँगी। मुझसे बार-बार यह अपमान नहीं सहा जाता।"

विजय बोला, "अनुराधा नाम है न उस लड़की का? नाम तो बढ़िया है। नाम के अनुरूप ही उसका व्यवहार भी उत्तम है, तभी तो उसने कोई अकड़ नहीं दिखाई।"

"हाँ जी, उसमें अकड़ तो बिल्कुल भी नहीं है।"

अनुराधा के गाँव का आदमी होने के कारण विनोद उसके कुल, परिवार और जीवन से भली प्रकार से परिचित है। प्रत्येक व्यक्ति के जीवन में ऐसा कुछ अवश्य होता है, जिसे सार्वजनिक करना उचित नहीं होता। हम अनुराधा के जीवन के प्रकाशन-योग्य कुछ अंश यहाँ उद्धृत कर रहे हैं—

अनुराधा के पुरखे पाँच-छह साल पहले तक गणेशपुर नामक इस गाँव के जमींदार थे। अब यह गाँव दूसरों के अधिकार में चला गया है। इस गाँव की वार्षिक आय केवल दो हजार रुएए थी, जबकि अनुराधा के पिता अमर चटर्जी का वार्षिक खर्च बीस हजार रुपए प्रतिवर्ष था। परिणाम स्पष्ट था, पैतृक सम्पत्ति बिकती गई, रहने का मकान तक बिक गया। डर कहें अथवा लिहाज कहें, महाजन ने उनसे मकान खाली नहीं कराया। चटर्जी जहाँ एक ओर विलासी थे, वहाँ दूसरी ओर, वह नियम-पालन, कर्म-काण्ड और जप-तप में भी अनुपम आदर्श थे। दूर-दूर तक के लोग उन्हें श्रद्धा और सम्मान की दृष्टि से देखते थे। इसीलिए भीतर से खोखले हो जाने पर भी चटर्जी महाशय ऊपर से शान-शौकत बनाए रखने में सफल रहे। इस प्रकार उन्होंने अपनी आयु तो काट दी, किन्तु अपनी अगली पीढ़ी के लिए काँटे बो गए। इतने दिनों से ऊँची नाक किए रहने वाले परिवार को दर-दर की ठोकरें खाने के लिए विवश होना पड़ा।

चटर्जी की मृत्यु के बाद उनके सुपुत्र को एक टूटा-फूटा मकान मिला, उस पर भी महाजन ने डिग्री ले रखी थी। इसके अतिरिक्त जो दूसरी अचल सम्पत्ति मिली, वह ऋण के बदले गिरवी पड़ी हुई थी। थोड़े-बहुत पालतू पशु-गाय, बकरी, कुत्ते, बिल्ली आदि—मिले और दाद में खुजली के रूप में अपने पिता की दूसरी पत्नी से उत्पन्न कुंआरी कन्या अनुराधा का भार वहन करने को मिला।

अनुराधा के लिए जुटा वर ऐसा व्यक्ति था, जिसकी पत्नी पाँच-छह लड़के और पोते-धेवते छोड़कर स्वर्ग सिधार चुकी थी। यह आदमी अनुराधा से विवाह के लिए राजी है।

भाई की चिन्ता को देखकर अनुराधा बोली, "भैया, भाग्य के लिखे को बदलने की सामर्थ्य जब किसी में नहीं है, तो फिर चिन्ता किसलिए? आदमी मालदार है, मेरा पालन-पोषण तो ठीक से कर सकेगा। मेरे लिए कहीं से कोई राजकुमार तो घोड़े पर सवार होकर आएगा नहीं।"

गगन बोला, "तुम यह क्यों भूलती हो कि इसी त्रिलोचन के बाबा ने सतीपुर के चक्रवर्तियों के यहाँ विवाह करके अपने कुल को कलंकित किया था। आज वह पैसे वाला हो गया, तो क्या कुलीन बन जाएगा?"

अनुराधा बोली, "भैया, कुलीनता के चक्कर में पड़कर अभाव का जीवन जीने से तो धनवान् का वरण करना ही अच्छा है। खाने-पीने की चिन्ता तो नहीं रहेगी।"

गगन बोला, "मैं तुम्हारे विचार से सहमत नहीं हो सकता। मैं तुम्हें कुएँ में

नहीं धकेल सकता।"

बहिन बोली, "क्या बाबूजी जात-पात में विश्वास रखते थे? यदि वह जीवित होते, तो क्या इस सम्बन्ध को स्वीकार कर लेते? फिर, तुम इतने परेशान क्यों होते हो?"

गगन अपने पिता के समान धम-कर्म में आस्था नहीं रखता? यहाँ तक कि मद्य, मांस, द्यूत और मैथुन आदि से भी उसे कोई परहेज नहीं। पत्नी की मृत्यु के बाद वह आज भी दूसरे गाँव के नीच कुल की एक स्त्री से सम्बन्ध बनाए हुए है। यह तथ्य किसी से छिपा नहीं है।

गगन अनुराधा के संकेत को समझ गया और उत्तेजित होकर बोला, "कट्टरता में मेरे विश्वास न करने का अर्थ यह तो नहीं है कि कन्या को कलंकित कुल में फेंककर अपनी चौदह पीढ़ियों को नरक में धकेलने का पाप मोल ले लूँ। हम श्रीकृष्ण की सन्तान हैं, हमें इस प्रकार अपने को गिराना शोभा नहीं देता। इसकी चर्चा मेरे सामने बिल्कुल न करना।" कहकर गगन चलता बना। फलतः अनुराधा के लिए त्रिलोचन गंगोपाध्याय का अध्याय बन्द हो गया।

गगन ने कलकत्ता में लकड़ी के व्यापार बने हरिहर घोषाल से कुलीन ब्राह्मण को उपकृत करने की प्रार्थना की। घोषाल की ननिहाल इसी गाँव में होने के कारण वह चटर्जी परिवार की समृद्धि और प्रतिष्ठा से परिचित था। उसने कई बार इस परिवार के आतिथ्य का भी आनन्द उठाया है। घोषाल इस समय तक काफी सम्पन्न हो गया था, अतः उसने चटर्जी का सारा ऋण चुकाकर इस गाँव को खरीद लिया। गगन के रहने का मकान भी ऋणमुक्त करा लिया गया। इसके दो-तीन कमरे कचहरी के लिए सुरक्षित करके, शेष भाग गगन को पहले की तरह रहने के लिए दे दिया गया। यह समझौता अथवा रियायत जबानी ही थी, इस सम्बन्ध में कोई लिखा-पढ़ी नहीं की गई थी।

जमींदारी का मालिक बदल गया, किन्तु प्रजा ने नए मालिक को स्वीकार नहीं किया। गाँव के छोटा और आय के अल्प होने के कारण बड़े स्तर पर किसी प्रकार की नई व्यवस्था सम्भव नहीं। इसका लाभ उठाकर गगन ने अपनी धूर्तता से ऐसी स्थिति उत्पन्न कर दी कि गणेशपुर गाँव में जमींदार का कोई कर्मचारी टिक ही नहीं सका। फलतः घोषाल ने गगन को ही अपना कर्मचारी नियुक्त कर दिया, अर्थात् कल का जमींदार आज के जमींदार का गुमाश्ता बन गया। दो साल ऐसी गड़बड़ी रही कि वसूली का एक भी पेसा खजाने में जमा नहीं हुआ। कुछ दिनों बाद गगन लापता हो गया, जमींदार के कर्मचारी की जाँच के अनुसार गगन जमींदारी से वसूल की गई रकम का गबन करके भूमिगत हो गया है। थाने में रिपोर्ट तथा कचहरी में मुकदमे-जैसी सभी सम्भव कार्रवायी की गई, किन्तु न गगन का पता चला और न ही रुपया वसूल हो सका। अनुराधा और उसके साथ रहते दूर के सम्बन्धी को पुलिस ने खूब धमकाया-डराया, किन्तु परिणाम कुछ भी नहीं निकला।

उन्हें कोई जानकारी नहीं थी, इसलिए वे कुछ नहीं बता सके। इस प्रकार गगन का कोई पता नहीं चल सका।

विलायत में शिक्षा-प्राप्ति के लिए गए विजय के बार-बार असफल रहने पर हरिहर को लम्बे समय तक काफी रुपया खर्च करना पड़ा हैं इधर विजय असफल होकर देश लौटा है, किन्तु फिर भी, उसके दिमाग पर बहुत उच्च शिक्षित होने का भूत सवार है। वह सफल-असफल होने में न तो कोई अन्तर करता है और न ही सफलता को कोई महत्त्व देता हैं उसके विचार में रट्टा लगाकर कोई भी पास हो सकता है। यदि पुस्तकीय ज्ञान का ही महत्त्व होता, तो उसे विलायत जाने की आवश्यकता ही क्या थी? अपने देश में शिक्षण-संस्थाओं की कौन-सी कमी है? घर लौटने पर विजय ने पिता को उनके लकड़ी के व्यापार के डूबने का कल्पित भय दिखाया और वह उसके उद्धार में जुट गया। इस बीच उसने कर्मचारियों के साथ ऐसा व्यवहार किया कि वे उसके नाम से थर-थर काँपने लगे। जिस समय काम की अधिकता के कारण वह काफी परेशान था, उन्हीं दिनों गणेशपुर का मामला उसके सामने आया। उसकी पहली प्रतिक्रिया यह थी कि वह पिताजी के निर्णय के विरुद्ध नहीं जाएगा और साथ ही अपने कर्तव्य-पालन तथा यथोचित कार्रवाई करने से भी नहीं चूकेगा। यह सब सोचकर ही वह स्वयं गणेशपुर चला आया है, किन्तु इस छोटे-से गाँव में अधिक दिन बिताना उसे असुविधाजनक लग रहा है। अतः वह यथाशीघ्र अपने काम को निपटाकर कलकत्ता लौटने को उत्सुक है। जमींदारी को संभालने का सारा दायित्व अकेले विजय पर है। उसके भाई अटार्नी जनरल हैं।, किन्तु वह अत्यन्त स्वार्थी हैं तथा अपने स्त्री-पुत्रों के हितचिन्तन में ही व्यस्त रहते हैं। वह पारिवारिक सम्पत्ति के बँटवारे को छोड़कर और किसी बात में रुचि नहीं लेतें उनकी पत्नी प्रभामयी ने कलकत्ता विश्वविद्यालय से स्नातक परीक्षा उत्तीर्ण की हुई है। वह सास-ससुर की सेवा-सुश्रूषा तो दूर रही, उनके जीवित होने-न-होने तक से वास्ता नहीं रखती। यहाँ तक कि उनके रहने के मकान के हिस्से में परिवार के अन्य सदस्यों का आना-जाना भी निषिद्ध है। उनके नौकर-चाकर भी अलग हैं। बड़े बाबू के कठोर रुख के कारण इन लोगों ने मुसलमान खानसामा नहीं रखा, इसलिए प्रभा इतनी अधिक दुखी है कि दिन-रात यही मनाती रहती है कि कब बाबूजी की साँस बन्द हो और कब इन्हें मनमानी करने की छूट मिले। प्रभा अपने देवर विजय को सदैव तुच्छ दृष्टि से देखती रही है। हाँ, उसके विलायत से लौटने के कारण प्रभा के हृदय में थोड़ी उदारता आई है। अपनी बहिन अनीता के लिए वह विजय को उपयुक्त वर मान बैठी है। इसलिए पभा ने एक-दो बार उसे निमन्त्रित करके अपने हाथ से परोसकर खिलाया-पिलाया भी है। अनीता बी.ए. पास कर चुकी है और एम. ए. में प्रवेश लेने जा रही है। प्रभा ने विजय और अनीता का एक-दूसरे से परिचय भी कराया है।

पत्नी की मृत्यु के बाद विजय विलायत चला गया था और उसने किस प्रकार रंगरलियाँ रचाईं, इस विषय की खोजबीन करने की कोई आवश्यकता नहीं। हाँ, देश लौटने पर वह स्त्री-जाति के प्रति कुछ विमुख हो गया। यहाँ तक कि उसने माँ द्वारा रखे पुनर्विवाह के प्रस्ताव को भी बड़ी तीव्रता से ठुकरा दिया। इसलिए आज तक वह विधुर जीवन जी रहा है और उसके पुनर्विवाह पर कभी किसी ने कोई विचार नहीं किया। विजय ने गणेशपुर में आकर किसी एक प्रजाजन के मकान के दो कमरों में कचहरी बना ली है और जमींदारी से सम्बन्धित सभी उपलब्ध रिकॉर्ड गगन के घर से जबर्दस्ती अपने अधिकार में कर लिया है। अब विजय गगन की बहिन अनुराधा और उसके बहनोई को घर से निकालने के सम्बन्ध में विनोद घोष के साथ विचार विमर्श कर रहा है।

कलकत्ता से आते समय विजय अपने सात-आठ साल के बेटे को साथ लेता आया है। माँ की आपत्ति—गाँव में साँप-बिच्छू आदि की आशंका आदि—के विरुद्ध उसका कहना था, "माँ, भगवान् की कृपा से तुम्हारे पोते-पोतियों की संख्या अच्छी-खासी हैं इस बालक को परिस्थितियों से जूझने में समर्थ बनने का अवसर लेने दो। बाधक बनकर इसे डरपोक और कायर मत बनाओ।"

सुनने में आता है कि विलायती साहब प्रायः इस प्रकार की ही बातें किया करते हैं, किन्तु विजय के इस निर्णय का एक गुप्त रहस्य यह था कि उसकी अनुपस्थिति में यह मातृहीन बालक उपेक्षित जीवन जिया है। बालक की दादी के चारपाई पर पड़े रहने के कारण कोई दूसरा उसकी खोज-खबर रखता ही नहीं था। विलायत से लौटने पर विजय को अपने पुत्र के दुःख-कष्टों का पता चल गया, इसलिए उसने उसे अपने साथ रखना ही उचित समझा।

विजय के गणेशपुर को रवाना होते समय भाभी ने कृत्रिम सहानुभूति दिखाते हुए गँवई-गाँव में सावधानी से रहने का तथा यथाशीघ्र लौटने का अनुरोध किया।

विजय से यथा-शीघ्र लौटने का आश्वासन पाकर प्रभा ने पूछा, "लालाजी, सुना है कि वहाँ बाबूजी द्वारा खरीदा अपना एक मकान भी है?"

विजय बोला, "भाभी, बाबूजी ने मकान खरीदा अवश्य था, किन्तु अब वह दूसरों के अधिकार में होने के कारण अपना होने पर भी अपना नहीं है।"

"लालाजी, अब, जब तुम स्वयं जा ही रहे हो, तो उसका कब्जा ले ही लोगे।"

"हाँ, आशा तो यही है।"

"सफलता मिलने पर सूचना अवश्य देना।"

"क्यों, ऐसी क्या आवश्यकता है?

"अरे लालाजी, सुना है कि यह गाँव यहाँ के समीप ही है। मैंने तो कभी आज तक कोई गाँव देखा ही नहीं, सुविधा होने पर देखने आ जाएँगे। अनीता के कालेज बन्द हैं, वह भी साथ आ सकेगी।"

भाभी के इस प्रस्ताव से पुलकित होकर विजय बोला, "मकान का कब्जा हाथ में आते ही सूचना दूँगा। हाँ, तब मैं आपसे न नहीं सुनना चाहूँगा, और साथ ही आपकी बहिन को भी आपके साथ आना होगा।"

विजय का स्त्रियों के प्रति अवज्ञा का भाव एक सामान्य प्रवृत्ति थी। अनीता युवकी होने के साथ सुन्दरी, गुणवती, कुलीन तथा सुशिक्षिता थी। बी.ए. ऑनर्स के बाद एम.ए. में प्रवेश लेने जा रही थी, अतः उसके प्रति उपेक्षा दिखाना विजय के लिए सम्भव नहीं था। गाँव के शान्त, सुरम्य और मादक वातावरण में उस रमणी के साथ विचरण की कल्पना विजय को पुलकित बनाए हुए थी।

2

ठेठ विलायती वेशभूषा—कोट, पैंट व हैट—पहने और जेब में पिस्तौल रखे, चुरुट सुलगाते-पीते और छड़ी घुमाते हुए विजय घर के मुख्य द्वार पर आ पहुँचा। उसके साथ थे—दो मिर्जापुरी लठैत, कुछ प्रजाजन, विनोद घोष और बेटा कुमार।

मकान का कब्जा लेने में दंगा-फसाद होने की सम्भावना को देखते हुए भी विजय अपने बेटे को इसलिए अपने साथ लाया है, ताकि वह किसी संघर्ष को प्रत्यक्ष रूप से देख सके और आवश्यकता पड़ने पर साहस का परिचय दे सके। विनोद निरन्तर विजय को भरोसा दिलाता आ रहा था कि अकेली औरत अनुराधा संघर्ष का मार्ग कदापि नहीं अपनाएगी। यदि कहीं वह ऐसी मूर्खता करती है, तो उसे मुहँ की खानी पड़ेगी। फिर भी, रिवाल्वर रख लेने में कोई हर्ज नहीं है।

विजय ने कहा, "सुना है कि यह औरत अत्यन्त धूर्त है, लोगों की भीड़ जुटाकर उत्पात मचा देती है। इसी ने गगन को उलटी पट्टी पढ़ाई है। इसका चरित्र भी कलंकित कहा जाता है।"

विनोद ने कहा, "नहीं, ऐसा बिल्कुल नहीं है।"

"मैंने तो ऐसा ही सुना है" कहते हुए सूने आंगन में खड़ा विजय इधर-उधर देखकर बोला, "निस्संदेह, मकान बाबुओं के रहने योग्य ही है। सामने पूजा-घर है, जो अभी तक सुरक्षित तो है, किन्तु काफी पुराना पड़ चुका है। एक ओर बैठने के कमरे और बैठक-घर हैं। इनकी स्थिति भी जीर्ण-शीर्ण ही हैं कबूतरों, चिड़ियों और चमगादड़ों ने इसे अपना पक्का ठिकाना बना रखा है।"

विजय के साथ आए दरबान ने ऊँची आवाज लगाई, "घर में कोई है?"

दरबान की अशिष्ट चिल्लाहट को सुनकर सब ने लज्जा से सिर झुका लिया। विनोद बोला, "बाबूजी, मैं जाकर अनुराधा दीदी को आपके आने की सूचना देता हूँ।

विनोद के बात करने के ढंग से विजय को स्पष्ट आभास मिल गया कि आज भी इस परिवार के प्रति लोगों के मन में सम्मान तथ स्नेह का भाव है।

विनोद ने रसोई बनाने में लगी अनुराधा से कोमल स्वर में कहा, "दीदी, छोटे

बाबू बाहर खड़े हैं।''

इस संकट की पहले से ही आशा करती अनुराधा तत्काल उठ खड़ी हुई और सन्तोष को आसन बिछाने तथा उनके आ रही होने की सूचना देने को कहा। इसके बाद वह विनोद से बोली, ''भैया, तुम जरा बाबू को संभालो, मैं यथाशीघ्र तैयार होकर आती हूँ।''

विनोद ने अपनी सफाई में कहा, ''दीदी, गरीब प्रजाजन होने के कारण मैं मालिक के आदेश का पालन करने को विवश हूँ, अन्यथा....''

विनोद की बात को काटती हुई अनुराधा बोली, ''भैया, मैं यह सब भली प्रकार से जानती हूँ।''

विनोद विजय के पास लौट आया। इधर सन्तोष ने दरी बिछा दी, किन्तु उसका उपयोग नहीं हुआ। दोनों में से कोई नहीं बैठा, विजय टहलते हुए ही चुरुट के कश खींचने और धुआँ छोड़ने लगा।

पाँच मिनट बीतने से पहले ही सन्तोष ने घबराई आवाज में सूचना दी, ''मौसीजी आ गई हैं।''

विजय सावधान हो गया। वह निश्चय नहीं कर पा रहा था कि इस भद्र महिला को किस प्रकार सम्बोधित किया जाए और इसके साथ कैसा व्यवहार किया जाए? फिर भी अपनी दुर्बलता को प्रकट न करने की इच्छा से विजय ने दृढ़, रूखे और कठोर स्वर में भीतर खड़ी अनुराधा से कहा, ''तुम्हें यह बताने की तो कोई आवश्यकता नहीं कि यह मकान हमारी सम्पत्ति है।''

अनुराधा धीमी आवाज में बोली, ''मालूम है।''

''तो फिर तुम इसे खाली क्यों नहीं करती हो?''

ओट में खड़ी अनुराधा सन्तोष के माध्यम से अपना मन्तव्य विजय तक पहुँचाना चाहती थी, किन्तु एक तो लड़का भोला-भाला था, दूसरे, वह नए जमींदार के व्यवहार से सहम गया था। इसलिए अनुराधा अपना अभीष्ट सिद्ध न कर सकी। थोड़ी देर चुप रहकर विजय ने प्रत्युत्तर की प्रतीक्षा की, फिर लड़के को डाँट-धमकाकर विजय बोला, ''अपनी मौसी को कहो कि उसे जो कहना हो, वह सब सामने आकर कहे। मेरे पास गँवाने के लिए समय नहीं है। मैं कोई भालू-चीता नहीं, जो उसे खा जाऊँगा। मकान न छोड़ने का कारण तो उसे बताना ही होगा।''

अनुराधा बाहर नहीं आई, किन्तु सन्तोष को माध्यम न बनाकर तह सीधे विजय की ओर उन्मुख होकर बोली, ''आपके पिता हरिहर बाबू ने कभी हमें मकान छोड़ने के लिए नहीं कहा था। उन्होंने हमें भीतरी भाग में सदा के लिए बने रहने का आश्वासन दिया था।''

विजय ने पूछा, ''क्या इस सम्बन्ध में कोई लिखा-पढ़ी है?''

''नहीं, कोई लिखा-पढ़ी नहीं है, किन्तु वह जीवित हैं, उनसे इस तथ्य की

पुष्टि की जा सकती है।''

''मुझे उनसे कुछ नहीं पूछना। यदि उन्होंने ऐसा कोई आश्वासन दिया है, तो वह तुम्हें उनसे लिखवा लेना चाहिए था।''

अनुराधा बोली, ''भैया ने कभी यह नहीं सोचा कि बाबूजी के वचन से लिखा-पढ़ी का महत्त्व अधिक और बढ़कर हो सकता है। इसीलिए ऐसी आवश्यकता नहीं समझी।''

विजय को इसका उत्तर नहीं सूझा, इसलिए वह चुप रह गया।

थोड़ी देर बाद अनुराधा ही बोली, ''किन्तु अब भैया के आचरण के बाद किसी भी शर्त का कोई महत्त्व नहीं रहा। मुझे अब इस मकान में रहने का कोई अधिकार नहीं रहा, किन्तु आप यह भी तो सोचिए कि मैं अकेली स्त्री हूँ और मेरे साथ एक अनाथ बच्चा है। इस मातृ-पितृविहीन बच्चे का पालन-पोषण मैंने ही किया है। यदि मेरी इस दीन-हीन स्थिति पर विचार करके आप मुझे कुछ दिन यहाँ रहने देंगे, तो आपकी कृपा होगी, अन्यथा मैं सोच नहीं पा रही कि मैं अकेली कहाँ जाकर अपना सिर छिपाऊँगी?''

''क्या इसका उत्तरदायित्व मुझ पर है? तुम्हारे भाई कहाँ हैं?''

''मुझे भैया के बारे में कुछ भी मालूम नहीं। आपसे अब तक भेंट न कर पाने का कारण आपके रोष से मेरा भयभीत होना है।'' इतना कहकर वह थोड़ी देर रुकी और फिर अपने को संभालकर बोली, ''आप मालिक हैं, मैं आपसे अपनी दीन-हीन स्थिति को छिपाना नहीं चाहती थी, इसलिए आपको सबकुछ बतला दिया है। यदि मेरे पास कोई दूसरा ठिकाना होता, तो मैं एक दिन के लिए भी यहाँ न रुकती और आपको कुछ भी कहने का मौका न देती। मेरा इस मकान पर कब्जा करने का कोई इरादा नहीं, फिर भी, कुछ व्यवस्था होते ही मैं यथाशीघ्र यहाँ से चली जाऊँगी।''

अनुराधा के रुंधे कण्ठ से उसकी आँखों के सजल होने का स्पष्ट संकेत मिल रहा था। इस लड़की की दुर्दशा तक जहाँ विजय दुखी हुआ, वहीं इस बात से सन्तुष्ट भी हुआ कि मकान खाली कराने में उसे किसी झंझट-झमेले का सामना नहीं करना पड़ेगा। यहाँ तो जोर-जबरर्दस्तीकी कोई बात ही नहीं थी, दया की भीख माँगी जा रही थी। पिस्तौल और लाठियों के प्रयोग की सोचने वाला विजय अपने को लज्जित अनुभव करने लगा, किन्तु अपने पक्ष को सशक्त रूप में प्रस्तुत करने की इच्छा से वह बोला, ''आपके यहाँ कुछ दिन और बने रहने में कोई कोई आपत्ति नहीं, किन्तु मकान मुझे अपने लिए चाहिए था। जहाँ मैं रहता हूँ, वह स्थान सुविधाजनक नहीं है। इसके अतिरिक्त हमारे परिवार की स्त्रियाँ यहाँ गाँव में आने को उत्सुक हैं।''

अनुराधा बोली, ''यह तो अच्छी बात है। मुझे उन भद्र महिलाओं का स्वागत करने में प्रसन्नता होगी। वे बाहर के कमरों में आराम से ठहर सकती हैं। भीतर दूसरे तल्ले पर भी कमरे हैं, उन्हें किसी प्रकार का कष्ट होने का तो प्रश्न ही नहीं उठता।

वे सब यहाँ सुविधापूर्वक रह सकती हैं, फिर परदेश में उन्हें किसी जानकार की भी आवश्यकता पड़ सकती है, जिसकी पूर्ति मुझसे हो जाएगी, मैं उनके लिए काफी उपयोगी सिद्ध होऊँगी।"

अनुराधा के इस सहयोगी व्यवहार से विजय अपने को लज्जित अनुभव करने लगा और बोला, "नहीं, हमारे परिवार की स्त्रियों के लिए तुम्हें कुछ भी नहीं करना पड़ेगा। उनके साथ आने वाले पुरुष सब कर लेंगे। अच्छा, क्या मैं एक बार उस तल्ले के कमरों को देख सकता हूँ?"

"आपका अपना मकान है, इसे देखने के लिए आपको किसी से अनुमति लेने की क्या आवश्यकता है?"

घर के भीतर प्रवेश करते समय विजय ने अनुराधा के चेहरे को ठीक से देख लिया। वस्तुतः, इस महिला ने मस्तक पर पल्लू तो डाल रखा था, किन्तु मुँह को ढक नहीं रखा था। इसने साधारण-सी अधमैली धोती पहन रखी थी, कलाइयों में सोने की दो चूड़ियों को छोड़कर किसी अन्य आभूषण का कोई चिह्न तक नहीं था। ओट में खड़ी और आँसू बहाती इस असहाय महिला का स्वर अत्यन्त मधुर और कोमल था। वह विजय की सोच से उलट निकली, गरीब होने पर भी भद्र परिवार की इस महिला में, जो पाने की विजय ने कल्पना की थी, वह सब उसे नहीं मिला। लड़की का रंग गोरा न होकर गहरा साँवला है, गाँव की साधारण लड़कियों से भिन्न-जैसा इसमें कुछ भी नहीं है। इसका शरीर दुबला-छरहरा, किन्तु खूब गठा हुआ है। लगता है कि इसने खाली बैठकर अथवा सोकर, अर्थात् सुख-सुविधा से अपने दिन नहीं बिताये। इसके अतिरिक्त इसके चेहरे की दीप्ति भी देखने वाले को मन्त्र-मुग्ध करने वाली है।

अनुराधा ने विनोद की ओर उन्मुख होकर कहा, "भैया, मैं रसोईघर में हूँ, आप इन्हें पूरा मकान दिखा दें।

"क्यों बहिन, तुम साथ नहीं रहना चाहतीं?"

"नहीं।"

विजय को लेकर विनोद भीतर से ऊपर चल दिए। विजय ने देखा कि पुराने ढंग से बने कमरों में अब भी थोड़ा-बहुत पुराना सामान सभी कमरों में बिखरा पड़ा हैं कुछ टूट चुका है, तो कुछ टूटने के कगार पर है। एक समय बहुमूल्य रहा यह सामान अब तो कौड़ियों का भी नहीं रहा। बाहर के कमरों की तरह भीतर के कमरे भी जीर्ण-शीर्ण स्थिति में हैं। चिढ़ाती हुई ईंटें ऐसी लगती हैं, मानो कई दिनों के भूखे किसी गरीब के शरीर की हड्डियाँ बाहर दिखने लगी हों। मकान के दरवाजे और खिड़कियों पर भी पुरानेपन और गरीबी की छाप स्पष्ट झलकती थी।

विजय के नीचे उतर आने पर अनुराधा रसोईघर के दरवाजे के बाहर आ खड़ी हुई। अब तक अनुराधा को 'तुम' शब्द से सम्बोधन करते रहे विजय को उस भद्र

महिला के लिए अब 'आप' शब्द का प्रयोग करना ही उपयुक्त लगा। वह बोला, "अब आप इस मकान में और कितने दिनों तक रहना चाहती हैं?"

"मैं ठीक से समय-सीमा निश्चित करने की स्थिति में नहीं हूँ। आप जितनी अवधि के लिए कृपा करेंगे, मैं उतने दिन ही रह लूँगी।"

"मैं कुछ दिन आपको रहने दे सकता हूँ, किन्तु इसके बाद आप कहाँ जाएँगी?"

"यही चिन्ता मुझे रात-दिन खाए जा रही है।"

विजय बोला, "कुछ लोग कहते हैं कि आपको गगन के बारे में पूरी और सही जानकारी है।"

"कुछ लोग और भी बहुत कुछ कहते होंगे?"

विजय इस प्रश्न का कोई उत्तर नहीं दे सका। अनुराधा बोली, "आपको विश्वास आये अथवा न आये, मैं आपको बता चुकी हूँ कि मुझे भैया की कोई जानकारी नहीं है। यदि हो भी, तो क्या आप समझते हैं कि कोई बहिन अपने भाई को पकड़वा सकती है?"

महिला के कथन में तिरस्कर की झलक थी। यह सुनकर, विजय जहाँ लज्जित हुआ, वहाँ वह भी समझ गया कि यह लड़की कुलीनता के संस्कारों को सँभाले हुए है। वह बोला, "मैं आप पर गगन का पता बताने के लिए जोर नहीं डालूँगा। मैं स्वयं ही प्रयास करूँगा, कि वह मेरे शिकंजे से निकल न पाये। अच्छा, यह बताइए कि गगन इतने दिनों से हमारी जड़ खोदने में लगा था, क्या इस तथ्य की आपको कोई जानकारी बिल्कुल नहीं थी।"

अनुराधा से उत्तर न पाकर विजय बोला, "यह तो आप भी मानती होंगी कि संसार में कृतज्ञता का भी कोई महत्व है। क्या आपको अपने भाई का सही मार्गदर्शन करने की कभी कोई आवश्यकता महसूस नहीं हुई? मेरे पिताजी एक तो भोले-भाले आदमी हैं, दूसरे, उन्हें आपके परिवार से एक प्रकार का विशेष लगाव तथा गहरा विश्वास है। इसीलिए उन्होंने सब कुछ गगन को सौंप दिया और कभी उसके काम को जाँचने की आवश्यकता नहीं समझी। उनकी इस भलमनसाहत का आप लोगों ने क्या यही बदला चुकाया? वस्तुतः, उन दिनों मैं देश में नहीं था, अन्यथा गगन को ऐसी धूर्तता कदापि न करने देता।"

अनुराधा ने सब सुना, किन्तु वह एकदम चुप रही। अपने किसी भी आरोप का स्पष्टीकरण न मिलने पर विजय उत्तेजित हो उठा और वह क्रुद्ध स्वर में बोला, "सब लोग मेरे चरित्र से परिचित है, कि मैं दुष्ट व्यक्तियों के प्रति किसी प्रकार की करुणा अथवा दया-ममता कभी नहीं करतता। मैं तो ईंट का जवान पत्थर से देने में विश्वास रखता हूँ। यदि आपकी कभी अपने भाई से भेंट हो, तो उन्हें इस तथ्य की जानाकारी देना न भूलिएगा।"

इतने पर भी अनुराधा चुप्पी साधे रही। विजय बोला, "आज से यह मकान मेरे अधिकार में आ गया समझिए। दो-तीन दिनों में बाहर के कमरों की सफाई हो जाने पर, मैं यहाँ रहने लगूँगा। इसके बाद अपने परिवार की स्त्रियां को बुला भेजूँगा। जब तक आपकी कोई वैकल्पिक व्यवस्था नहीं हो जाती, तब तक आप नीचे के मकान में रह सकती हैं, किन्तु हाँ, कमरों का कुछ भी सामान इधर-से-उधर नहीं होना चाहिए।

इस बीच विजय के बेटे कुमार ने प्यास लगने की कहकर पानी पीने की इच्छा प्रकट की, तो विजय ने यहाँ पानी न होने की कही, किन्तु अनुराधा ने मन्द मुस्कान के साथ संकेत करते हुए बालक को अपने पास बुला लिया और रसोई के भीतर ले जाकर बोली, "क्यों बेटे, डाभ (हरे नारियल का पानी) पिओगे?"

कुमार के 'हाँ' कहने पर सन्तोष ने नारियल छीलकर उसके आगे कर दिया और फिर कुमार ने जी-भरकर उसके मधुर-शीतल जल का आनन्द लिया। बाहर आकर लड़का अपने पिता से बोला, "पिताजी, क्या आप भी डाभ पियेंगे, बड़ा ही मधुर और स्वादिष्ट जल है।"

विजय के न कहने पर अनुरोध करता हुआ कुमार बोला, "पी लो न पिताजी, सब अपने ही तो हैं।"

बच्चे के मुँह से निकली इस सामान्य बात से विजय अपने को दूसरों की दृष्टि में अपमानित-सा अनुभव करने लगा और दृढ़ स्वर में बोला, "मुझे पानी-वानी कुछ नहीं पीना है।"

3

बाबुओं के मकान को अपने अधिकार में करने के बाद, विजय ने दो कमरे अपने निवास के लिए सुरक्षित कर लिए, और शेष कमरों में कचहरी लगाने लगा। किसी समय किसी एक जमींदार के यहाँ गुमाश्ते का काम कर चुका विनोद घोषाल अपने इसी अनुभव के बल पर विजय के यहाँ गुमाश्ता नियुक्त कर लिया गया, किन्तु समस्या का समाधान नहीं हुआ। वस्तुतः गगन चटर्जी वसूल की गई रकम की तत्काल रसीद देने को लेने वाले और देने वाले के बीच में अविश्वास का कारण मानता था और इसे अपने कुल के लिए अपमानजनक समझता था। अतः उसके गायब होने जाने पर भुगतान कर चुकने वाले लोगों के सामने संकट की स्थिति उत्पन्न हो गई। वे लोग साक्षियों को लेकर अपना पक्ष प्रस्तुत कर रहे हैं। किसने कितना दिया, कितना शेष देय है, दिया भी है अथवा नहीं। इन बातों का निर्णय करना टेढ़ी खीर बन गया है। विजय के लिए अपने मन में निर्धारित अवधि में कलकत्ता लौटना सम्भव नहीं हो सका। आज नहीं कल, कल नहीं परसो करते-करते दस-बारह दिन बीत गए।

विजय के बेटे कुमार की अनुराधा के बेटे सन्तोष से मित्रता हो गई है। दोनों ही आयु में दो-तीन वर्षों के अन्तर के साथ दोनों ही सामाजिक और आर्थिक स्थिति में भी भारी अन्तर है, किन्तु फिर भी किसी अन्य साथी के न होने से दोनों एक-दूसरे से हिल-मिल गए हैं। दोनों इकट्ठे बाग-बगीचों में और नदी-किनारे घूमते-फिरते रहते हैं। दोनों एक साथ कच्चे आम खाते हैं और पक्षियों के घोसलों को तोड़ते-फोड़ते रहते हैं। सन्तोष के साथ कुमार भी उसके घर में रहता है और उसकी मौसी के दिये को खा-पी लेता है और सन्तोष की तरह कुमार भी अनुराधा को मौसी कहकर पुकारता हैं। विजय अपनी जमींदारी की व्यवस्था में व्यस्त रहने के कारण बालक का अपेक्षित ध्यान रख ही नहीं पाता। समय मिलने पर जब उसे बालक की याद आती है, तो वह उसकी पहुँच से बहुत दूर होता है। यदि किसी दिन संयोशवश विजय को उसका बेटा मिल जाता है, तो वह उसे बुरी तरह डाँटता-फटकरता है और बहुत देर तक अपने पास बिठाये रखता है, लेकिन अवसर पाते ही वह पिंजरे से छूटे पक्षी की तरह भागकर मौसी के पास चला जाता है। रसोईघर में सन्तोष के साथ दोपहर को दाल-भात खाता है तथा सायंकाल को रोटी और नारियल के लड्डू खाता है।

एक दिन सायंकाल लोगों के न आने पर अपने को अकेला पाकर चुरुट पीते विजय ने नदी किनारे घूमने-फिरने का विचार बनाया, तो अचानक लड़के की याद आ गई। सामने खड़े पुराने नौकर से उसने लड़के के बारे में पूछा, तो नौकर ने हाथ के इशारे से उसके भीतर होने का संकेत किया।

विजय ने पूछा, ''क्या कुमार ने आज खाना खाया था?''

नौकर के मुँह से 'नहीं' सुनकर विजय बोला, ''कुमार को पकड़कर उसे जबर्दस्ती कुछ खिला-पिला क्यों नहीं देते हो?''

''मालिक, हम क्या करें, वह जब खाना नहीं चाहता और परोसी थाली को नष्ट-भ्रष्ट कर डाला होता है, तो हम कुछ भी नहीं कर पाते।''

''अच्छा, कल से उसे मेरे साथ खाने के लिए बिठाना।'' उसके बाद वह नदीकिनारे न जाकर, न जाने क्या सोचकर चुपचाप भीतर चला गया। विस्तृत आँगन के दूसरी ओर उसे अपने बेटे की आवाज सुनाई दी। वह कह रहा था, ''मौसीजी, जल्दी से एक रोटी और दो लड्डू देना।''

आदेश पाने वाली अनुराधा बोली, ''बेटे, नीचे उतरकर ले जाओ, मेरे लिए तुम्हारी तरह पेड़ पर चढ़ना सम्भव नहीं हैं''

लड़का बोला, ''मौसी, कुछ भी कठिन नहीं है। इस मोटी डाल पर पैर रख लो और फिर छोटी डाल को पकड़कर आसानी से ऊपर चढ़ जाओ।''

विजय ने आगे बढ़कर देखा कि रसोईघर के सामने खड़े आम के एक पेड़ की मोटी डाल पर सन्तोष और कुमार बैठे हैं। तने से पीठ टिकाये और पैर लटकाये दोनों मजे से खा-पी रहे हैं। विजय की दृष्टि पड़ते ही दोनों बच्चों की सिट्टी-पिट्टी गुम हो गई।

इधर अनुराधा रसोईघर के किवाड़ के पीछे छिपकर खड़ी हो गई।

विजय ने पूछा, "क्या ये दोनों प्रतिदिन यहीं बैठकर भोजन करते हैं?"

उत्तर में कोई कुछ नहीं बोला। भीतर छिपी अनुराधा को सुनाते हुआ विजय बोला, "मुझे तो लगता है कि दोनों बालक आपको काफी परेशान करते रहते हैं।"

अनुराधा ने स्वीकृति में सिर हिलाया और बोली, "बच्चे तो ऐसा करते ही हैं।"

विजय बोला, "आपने भी तो इन्हें सिर पर चढ़ाने में कोई कसर नहीं छोड़ रखी है।"

"इनके लाड़ न मानने का परिणाम प्रतिकूल ही होगा। ये और अधिक ऊधम मचाएँगे।"

विजय बोला, "लेकिन घर पर तो कुमार कोई ऊधम नहीं मचाता।"

"क्या करे बेचारा? जानता है, माँ है नहीं, बीमार दादी चारपाई पर पड़ी रहती है, आप काम-काज में व्यस्त रहते हैं, फिर वह किसके बलबूते पर मनमानी करे?"

विजय इस तथ्य से भली प्रकार परिचित था, किन्तु फिर भी, दूसरे के मुँह से बच्चे की माँ का न होना उसे प्रिय नहीं लगा। वह बोला, "क्या आपकी इस जानकारी का आधार कुमार है? उसने आपको अपने घर के बारे में बहुत कुछ बता दिया लगता है।"

धीमे स्वर में अनुराधा बोली, "अभी उसकी आयु बहुत कुछ बताने योग्य नहीं हुई, फिर भी, जो कुछ मैं जान सकती हूँ, वह सब कुमार से ही सुना हुआ है। मैं पूरा प्रयास करती हूँ कि दोपहर को बच्चे धूप में न निकल सकें, फिर भी, मुझे चकमा देने में सफल हो जाते हैं। हाँ, जिस दिन इनका बस नहीं चलता, उस दिन लेटे-लेटे इधर-उधर घर-परिवार की कुछ बातें बताते रहते हैं।"

विजय आज भी अनुराधा के चेहरे को नहीं देख सका, किन्तु उसे लड़की का कण्ठ-स्वर आज भी शिष्ट और मधुर लगा। विजय ने केवल सुनाने की इच्छा से कहा, "आपके लाड़-प्यार का परिणाम कुमार के लिए घर जाने पर तो सुखद नहीं होगा।"

अनुराधा बोली, "ऐसा आप कैसे कह सकते हैं?"

विजय ने उत्तर दिया, "ऊधम मचाने में एक प्रकार का नशा है, अजीब-सा नशा है, जिसकी पूर्ति न होने पर दुख-कष्ट का होना स्वाभाविक ही है। वहाँ कौन उसे यह मजे लेने देगा? इसका परिणाम यह होगा कि दो ही दिनों में ऊब जाएगा और घर से भाग खड़ा होगा?"

"नहीं, नहीं, दो-एक दिनों में नये माहौल का अभ्यस्त हो जाएगा।" फिर वह कुमार की ओर उन्मुख होकर बोली, "बेटा, नीचे उतर आओ और ले जाओ।"

कुमार ने आज्ञा का पालन किया। मौसी से अपनी तश्तरी की रोटियाँ, लड्डू आदि लेकर वह पुनः वृक्ष की शाखा पर जा बैठा और चुपचाद आनन्द से खाने लगा। विजय ने देखा कि खाने-पीने का सामान उत्कृष्ट कोटि का न होने पर भी तुच्छ एवं अस्वास्थ्यकर कदापि नहीं था। विजय को लड़के के मौसी की रसोई के प्रति आकर्षण

का कारण समझने में देर नहीं लगी। वस्तुतः वह लड़के को इस प्रकार खिलाने-पिलाने के रूप में स्नेह और आत्मीयता दिखाने के लिए अनुराधा के प्रति कृतज्ञतासूचक शब्द कहने आया था और कहने जा ही रहा था कि लड़के की माँग को सुनकर वह रुक गया। लड़का शिकायत करने के साथ उलाहना देते हुआ आ रहा था, "मौसी, मैंने आपसे कल-जैसी चन्द्रपूली बनाने को कहा था, वह आपने क्यों नहीं बनाई?"

"बेटा, गलती हो गयी, बिल्ली मेरी आँख बचाकर दूध पी गई, कल जरूर बना दूँगी।"

कुमार बोला, "कौन-सी बिल्ली दूध पी गई है? क्या सफेद वाली थी?"

"हाँ, वही हो सकती है," कहकर अनुराधा अपने माथे की बिखरी लटों को सहलाने-सँवारने लगी।

विजय बोला, "मुझे तो बच्चों का ऊधम अत्याचार की सीमा को भी लाँघता प्रतीत होता है।"

कुमार ने कहा, "मौसी पीने का पानी तो तुमने अभी तक नहीं दिया।"

"अरे बेटा, भूल गई थी, अभी लाए देती हूँ।"

"मौसी, क्या तुम्हें भूलने का कोई रोग तो नहीं लग गया, जो सब कुछ भूल जाती हो?"

विजय ने कहा, "आपने अपने आप को इतना अधिक गिरा रखा है कि आपको कदम-कदम पर बच्चों से खेद प्रकट करना और क्षमा-प्रार्थना करनी पड़ती है।"

"बच्चों से यह सब करने में मुझे कुछ भी बुरा नहीं लगता।" कहती हुई अनुराधा हँस दी, जिसे विजय ने देख लिया। वह अपने पुत्र की अशिष्टता के लिए क्षमा-सूचक कुछ कहने जा ही रहा था, लेकिन यह सोचकर रुक गया कि कहीं यह भद्र महिला इसे अपनी निर्धनता और अभावग्रस्तता पर कटाक्ष न समझ बैठे।

दूसरे दिन, अनुराधा दोनों लड़कों को भात परोसने के बाद साग और तरकारी परोस रही थी। उस समय उसके सिर का पल्लू कहीं इधर-उधर पड़ा होने से मुँह पूरी तरह उघड़ा हुआ था। कि उसनें आँगन से कमरे में बढ़ती आ रही किसी व्यक्ति की परछाई को देखा, तो अभी वह सावधान नहीं हो सकी थी कि विजय सामने आ खड़ा हुआ। अनुराधा ने तत्काल आंचल से अपने सिर और मुँह को ढक लिया और उठकर खड़ी हो गई।

विजय ने कहा, "मैं इस समय एक आवश्यक परामर्श के लिए आपके पास आया हूँ। विनोद घोषाल इसी गाँव का निवासी है, इसलिए तुम उसे भली प्रकार से जानती होगी। मैंने उसे गणेशपुर का नया गुमाश्ता नियुक्त किया है, क्या वह पूर्ण रूप से विश्वसनीय हैं? क्या वह सचमुच गुमाश्ता नियुक्त किए जाने योग्य हैं या नहीं? आपकी राय जानना चाहता हूँ।"

एक सप्ताह से अधिक समय पूर्व विनोद गुमाश्ता नियुक्त किया गया है और

वह काम भी ठीक ढंग से कर रहा है? उसके चरित्र की जाँच-परख करने की आवश्यकता कहाँ से क्यों आ पड़ी? यह सोचकर अनुराधा विचलित हो उठी। अतः उसने कोमल-मधुर स्वर में पूछा, "क्या विनोद भैया से कोई भूल-चूक हो गई है?"

"अभी तक तो कुछ पकड़ में नहीं आया, किन्तु क्या सावधान रहने की भी आवश्यकता नहीं है?"

"मैं तो उन्हें भला आदमी समझती हूँ।"

"सचमुच वह भला आदमी है या फिर किसी के विरुद्ध कुछ न कहने की अपनी प्रकृति के अनुसार आप सामान्य रूप से ऐसा कह रही हैं।"

"किसी को मेरे द्वारा अच्छा-बुरा कहने का महत्त्व ही क्या है?"

"महत्त्व है, तभी तो पूछ रहा हूँ। विनोद घोषाल तो आपको ही प्रमाण रूप में उद्धृत कर रहा है।"

थोड़ा सोचती हुई अनुराधा बोली, "उनके भला आदमी होने में तो कोई सन्देह नहीं, फिर भी, उन पर दृष्टि बनाए रखना अनुचित नहीं होगा। वस्तुतः, मालिकों के बेपरवाह होते ही कर्मचारी लापरवाही करने लगते हैं।"

"आप बिल्कुल ठीक कह रही हैं। जब कभी किसी के पकड़े जाने पर मामले की तह पर पहुँचा जाता है, तो आश्चर्यचकित रह जाना पड़ता है।" फिर वह कुमार की ओर उन्मुख होकर बोला, "बेटे, तेरा भाग्य अच्छा है, जो तुझे ऐसी ममतामयी मौसी मिल गई है, अन्यथा इस गँवई गाँव में आधे दिन तुम्हें फाकामस्ती में ही बिताने पड़ते।"

अनुराधा ने सकुचाते हुए पूछा, "क्या आपको खाना-पीना जुटाने में असुविधा का सामना करना पड़ रहा है?"

हँसकर विजय ने कहा, "नहीं, ऐसी कोई बात नहीं। मेरा अधिक समय परदेस में ही बीता है और मैंने खाने-पीने के बारे में कभी सोच-विचार ही नहीं किया।"

यह कहकर विजय चलता बना। खिड़की के छिद्रों से अनुराधा ने देखा, तो लगा कि विजय अभी तक नहाया-धोया नहीं था।

4

इस मकान में आने पर मिली आरामकुर्सी पर दोनों हथेलियाँ टिकाकर विजय चुरुट पी रहा था कि उसके कान में अपने को पुकाने जाने की आवाज पड़ी। विजय ने सिर ऊपर किया, तो एक वृद्ध सज्जन को अपने प्रति सम्मान प्रकट करते हुए देखा। साठ की आयु के सज्जन गठे शरीर और गोल-मटोल चेहरे के स्वामी थे। उनका कद छोटा था, मूँछों के बाल सफेद थे, किन्तु टोपी से बाहर निकले सिर के बाल काले थे। मुँह के दो-चार दाँतों को छोड़कर शेष ठीक-ठाक था। उन्होंने टसर का कोट पहन रखा था और कन्धे पर चादर डाल रखी थी तथा अपने पैरों में शानदार

चीनी जूते डाल रखे थे। जेब में सोने की चेन वाली घड़ी थी और गले में सिंह-नख जड़ा लॉकेट लटक रहा था। इस गँवई गाँव में वह सज्जन अत्यधिक सम्पन्न महाशय प्रतीत होते थे। पास में रखी कुर्सी पर पड़े सामान को हटाकर विजय ने उन महाशय से बैठने का अनुरोध किया।

वृद्ध सज्जन ने स्थान ग्रहण करके ''बाबू साहब नमस्कार'' कहा, तो प्रत्युत्तर में विजय भी 'नमस्कार' बोला।

वृद्ध महाशय बोले, ''आप गाँव के जमींदार हैं, आपके पिता समृद्ध एवं प्रतिष्ठित होने के साथ-साथ उदार समाजसेवी होने के कारण प्रातः स्मरणीय बन गए हैं। आप उन्हीं के सुपुत्र हैं। यदि आप उस बेचारी अबला के प्रति उदारता नहीं दिखाएँगे, तो स्थिति अत्यन्त विषम हो जाएगी।''

विजय ने पूछा, ''आप किस बेचारी की बात कर रहे हैं और उस पर हमारा कितना बकाया निकलता है?''

वृद्ध बोला, ''मैं रुपये-पैसे को छुड़ाने की बात नहीं कर रहा हूँ। मैं स्वर्गीय अमर चटर्जी की बात कर रहा हूँ। वह भी काफी प्रतिष्ठित एवं धर्मात्मा व्यक्ति थे। आप समझ गए होंगे कि मेरा संकेत गगन चटर्जी को सौतली बहिन की ओर है। यह उनका पैतृक मकान है। उसका दूसरे स्थान पर रहने का प्रबन्ध हो गया है,अतः वह यहाँ से चली तो जाएगी, किन्तु आप उसे निकालने के लिए जो जल्दी कर रहे हैं, वह उचित नहीं।''

विजय समझ गया कि अशिक्षित होने के कारण वृद्ध क्रोध का नहीं, अपितु दया का पात्र है, फिर भी, उसे वृद्ध के बात करने का ढंग पसन्द नहीं आया। वह बोला, ''उचित-अनुचित व्यवहार की बात तो बाद में होगी, पहले आप अपना परिचय तो दीजिए और यह बताइए कि आप किस नाते उस महिला की वकालत करने आए हैं?''

''मैं समीप के मसजिदपुर गाँव का निवासी त्रिलोचन गंगोपाध्याय हूँ। सब लोग मुझे भली प्रकार जानते हैं भगवान् की कृपा से आस-पास के गाँवों का ऐसा कोई व्यक्ति नहीं, जिसे कभी-न-कभी मेरे आगे हाथ न पसारना पड़ा हो। मेरे विषय में आप विनोद घोष से सारी जानकारी ले सकते हैं।''

विजय बोला, ''यदि मुझे कभी हाथ पसारने की आवश्यकता प्रतीत हुई, तो मैं किसी से आपका पता पूछ लूँगा। हाँ, आप जिसकी सिफारिश करने आए हैं, उससे आपका क्या सम्बन्ध है, इस पर थोड़ा प्रकाश डालिए।''

थोड़ा मुस्कराते हुए वृद्ध बोले, ''वैशाख के बीतने पर मेरा उससे विवाह होना निश्चित हुआ है।''

विजय चौंक पड़ा, ''आपका विवाह। अनुराधा से?''

''जी हाँ, जेठ के बाद कोई शुभ मुहूर्त नहीं निकलता। इसलिए इसी महीने

इस शुभकार्य को समन्न करने का निश्चय किया है, अन्यथा मैं आपसे उस महिला को कुछ दिन रहने की अनुनय-विनय न करता।''

कुछ देर तक चुप रहने के बाद विजय ने पूछा, ''क्या यह प्रस्ताव गगन चटर्जी का है?''

वृद्ध उत्तेजित हो उठा और क्रुद्ध स्वर में बोला, ''उस फरारी और प्रजा का पैसा लूटकर चम्पत हो जाने वाले दुष्ट का तो नाम लेना भी पाप है। वास्तव में, इतने दिनों से वही बाधा डाल रहा था, नहीं तो अगहन में ही विवाह हो गया होता। वह शैतान मुझसे बोला था कि हम कृष्ण के वंशज होने के कारण कुलीन हैं, छोटे कुल में अपनी बहिन का विवाह कभी नहीं करेंगे। अब तो उस धूर्त का अहंकार मिट्टी में मिल गया। उसे मेरे पास प्रार्थी बनकर आना पड़ा। आज के युग में कुलीनता की बात करने को कोरी बकवास समझना चाहिए। सबसे बड़ी चीज रुपया है। जिसके पास रुपया है, वही धर्मात्मा है, श्रेष्ठ और कुलीन है। क्यों, क्या मैं कुछ गलत कह रहा हूँ?''

विजय बोला, ''यह तो ठीक है, किन्तु क्या अनुराधा इस विवाह के लिए सहमत है?''

अहंकार का प्रदर्शन करने के रूप में अपनी जाँघ पर थाप लगाता हुआ वृद्ध बोला, ''इनकार की हिम्मत ही कहाँ है? मेरी खुशामद की जा रही है। शहर से आकर आपने एक घुड़की क्या दी, मेरा काम आसान कर दिया। दिन में तारे दिखाई देने लगे और भगवान् से रक्षा करने की रट लगाई जाने लगी। मैंने तो आशा ही छोड़ दी थी। वस्तुतः, लड़के, बहुएँ, लड़कियाँ और दामाद कोई भी इस लड़की से मेरे विवाह के पक्ष में नहीं था। मैंने भी सोचा कि दो बार घर बसा लिया, अब तीसरी बार क्या करना है? किन्तु जब लड़की ने स्वयं सन्देश भेजकर मुझे बुलवा भेजा और चरणों में स्थान देने के लिए मेरे सामने गिड़गिड़ाई और मेरे घर में नौकरानी बनकर रहने की प्रार्थना करने लगी, तो मुझे उस पर दया करने को सहमत होना ही पड़ा।''

विजय तो हक्का-बक्का रह गया।

वृद्ध ने कहना जारी रखा, ''मैं चाहता हूँ कि विवाह इसी मकान में हो, तो अच्छा है। वैसे मेरा मकान काफी बड़ा है, स्थान की कोई कमी नहीं है, लेकिन गगन चटर्जी की बुआ इसी मकान में कन्यादान करने को इच्छुक हैं अब केवल आपकी सहमति मिल जाए, तो मैं दूसरे कागों को निबटाने में लगूँ।''

सिर ऊँचा करके विजय ने पूछा, ''मेरे सहमत होने पर मुझे क्या करना होगा? यदि इसका अर्थ केवल यही है कि मकान खाली कराने में जल्दबाजी न करूँ, तो ठीक है, मैं सहमत हूँ। अब आप जा सकते हैं, नमस्कार।''

वृद्ध ने भी नमस्कार कहा और वह फिर बोला, ''आपसे ऐसी ही आशा थी। आखिर आप प्रातः स्मरणीय, धर्मात्मा पिता के सुयोग्य पुत्र हैं। आप किसी की

सहायता से इनकार कैसे कर सकते हैं?''

''ठीक है, अब आप जाइए।''

''जाता हूँ, अच्छा नमस्कार।'' कहकर वृद्ध चल दिया।

वृद्ध के चले जाने पर कुछ देर के लिए अनुराधा के विचार में खोया विजय अपने को समझाने-बुझाने लगा। वह अपने आप से बोला, ''मुझे इस लड़की और इस बुड्ढे से क्या लेना-देना है? फिर यह कौन-सी नई अथवा अनहोनी बात है, वृद्ध-विवाह तो होते ही रहते हैं? इस बीच उसे विनोद घोष का यह कथन भी स्मरण हो आया कि अनुराधा सदैव अपने भाई से यही कहती रहती थी, ''भैया, कुलीनता से तो पेट नहीं भरता। जीवन की आवश्यकता रोटी और कपड़ा है, इसकी पूर्ति करने वाला ही कुलीन है।'

बहिन को डाँट-फटकारकर गगन कहा करता था, 'तो क्या तू अपने पिता-पितामह के कुल को कलंकित करने को तत्पर है?' अनुराधा का उत्तर था, 'तुम भी तो उन्हीं के वंशज हो, यदि तुम पर कुलीनता की रक्षा का भूत सवार है, तो यह काम तुम्हीं करना, मुझे इसके लिए विवश न करो, तो अच्छा है।''

यद्यपि कुल, आचार और चरित्र आदि बातों को विजय विशेष महत्त्व नहीं देता, फिर भी, उसे गगन चटर्जी का पक्ष अधिक उत्कृष्ट लगा। विजय जितना अधिक अनुराधा के दृष्टिकोण की समीक्षा करता, उतना ही वह इस लड़की को ओछी, सिद्धान्तहीन, निर्लज्ज और अवसरवादिनी मानकर उससे घृणा करने लगता।

बाहर आँगन में लोगों का कोलाहल मचा हुआ था। उसने काम-धन्धे के लिए श्रमिक बुला रखे थे, किन्तु मन की विकलता और कुछ अच्छा न लगने के कारण उसने सभी शिल्पियों और श्रमिकों को विदा कर दिया। बैठक में कुछ देर तक अकेला बैठने से ऊबा विजय, न जाने क्या सोचकर मकान के भीतर चला गया। उसने देखा कि बरामदे में चटाई बिछाकर लेटी पड़ी अनुराधा अपनी दोनों ओर बैठे दोनों लड़कों को महाभारत की कोई कहानी सुना रही है। रसोई का काम जल्दी से निबटाकर वह बच्चों को अपने साथ सुलाकर उन्हें कहानियाँ सुनाया करती है। कुमार को खिलाने-पिलाने के बाद उसे उसके पिता के पास भेज दिया करती है। छिटकी चाँदनी में किसी की छाया को देखकर अनुराधा ने ऊँची आवाज में पूछा, ''कौन है?''

''मैं हूँ विजय।''

सुनते ही तीनों सावधान हो गए और उठ बैठे। विजय के पहले दिन के व्यवहार से सन्तोष बहुत अधिक डरता है, इसलिए मौका देखकर वह कमरे से बाहर निकल गया, कुमार भी उसके पीछे बाहर हो लिया।

अनुराधा की ओर उन्मुख होकर विजय बोला, ''आज त्रिलोचन गंगो जी मेरे पास आए थे। आप तो उन्हें जानती होंगी।''

आश्चर्य प्रकट करते हुए अनुराधा बोली, ''आपके पास वह किसलिए आए

थे? आपने तो उनसे कोई ऋण नहीं ले रखा।''

''ऋण तो नहीं ले रखा। हाँ, यदि ले रखा होता, तो उससे आपको लाभ ही होता। उस स्थिति में आप मेरे एक दिन के अत्याचार का बदला मुझसे ले सकती थीं।''

अनुराधा के चुप रहने पर विजय बोला, ''उन्होंने तुम्हारे अनुरोध पर तुम्हारे साथ अपने विवाह की बात कही है। क्या यह सत्य है?''

अनुराधा के 'हाँ' कहने पर विजय ने पूछा, ''यह प्रस्ताव स्वयं आपने ही किया था? वह तो आप पर दया करके आपको उपकृत करने जा रहे हैं।''

''हाँ, यही वास्तविकता है।''

'यह तो परले दर्जे की शर्म की बात है। आपके साथ मैं भी अपने को अपमानित और लज्जित अनुभव कर रहा हूँ।''

''क्यों, आप मेरे कारण अपने को प्रभावित क्यों मानते हैं?''

''यही बतलाने के लिए तो यहाँ आया हूँ। त्रिलोचन बता रहा था कि मेरे द्वारा इस घर से निकाले जाने की धमकी दिए जाने के कारण ही आपको उसके सामने गिड़गिड़ाना पड़ा है। वह कह रहा था कि आपके पास सिर छिपाने का वैकल्पिक ठिकाना नहीं होने के कारण आपने उसकी खुशामद की है और इस सम्बन्ध के लिए उसे राजी किया है, नहीं, तो वह इस बुढ़ापे में इस प्रकार के झंझट में पड़ने को कतई तैयार नहीं था। आपकी दीन-हीन दशा और आपके रोने-चिल्लाने पर द्रवित होकर ही उसने ऐसा मन बनाया हैं''

''इसमें कुछ भी गलत नहीं, यही सत्य हैं''

''यदि यह बात है, तो मैं अपनी चेतावनी वापस लेता हूँ और अपने व्यवहार के लिए खेद प्रकट करता हूँ।''

अनुराधा को चुप देखकर विजय बोला, ''अब आप चाहें, तो अपना प्रस्ताव वापस ले सकती हैं।''

अनुराधा दृढ़ स्वर में बोली, ''नहीं, यह नहीं हो सकता। एक तो मैं अपने दिए वचन को भंग करने में विश्वास नहीं रखती, दूसरे, हमारे सम्बन्ध की बात सार्वजनिक हो चुकी है। मेरे इनकार करने पर लोग उनका मजाक उड़ाएँगे और उन्हें अपमानित करेंगे।''

''विवाह होने पर लोग उलटे और अधिक मजाक उड़ाएँगे। उनके काफी बड़ी आयु के लड़के, लड़कियाँ, बहुएँ और दामाद हैं, वे सब इस प्रस्ताव का डटकर विरोध करेंगे। परिवार में उपद्रव मच जाएगा, घर की शान्ति भंग हो जाएगी। स्वयं आपके लिए भी यह सम्बन्ध काँटों की सेज-जेसा कष्टप्रद सिद्ध होगा। आप एक बार शान्त चित्त से सभी बातों पर सोच-विचार कर लेंगी, तो आपको वास्तविकता समझ में आ जाएगी।''

अनुराधा कोमल स्वर में बोली, "मैंने सभी पक्षों पर खूब सोच-विचार किया है। मुझे विश्वास है कि आपके द्वारा प्रकट की गई आशंकाएँ निर्मल हैं। ऐसा कुछ भी नहीं होगा।"

सुनकर चकित हुआ विजय बोला, " उसका बुढ़ापा, तो आपसे छिपा नहीं, कौन जाने कितने दिनों का मेहमान है?"

अनुराधा बोली, "सभी स्त्रियाँ अपने पति की दीर्घायु की कामना करती हैं। कौन जाने कि उनसे पहले मैं ही परलोक सिधार जाऊँ?"

विजय के लिए इस तथ्य को नकारना सम्भव न हुआ, अतः वह जड़ बना खड़ा रहा। । दोनों ओर की चुप्पी को तोड़ते हुए अनुराधा कोमल कण्ठ से बोली, "आपने मुझे एक बार घर छोड़ने का आदेश अवश्य दिया था, किन्तु इसके बाद आपने कभी तकाजा नहीं किया। मैंने आपसे दया की भीख नहीं माँगी, किन्तु फिर भी आपने मुझ पर दया की हैं इसके लिए मैं आपके प्रति कितनी कृतज्ञ हूँ, इसका मैं वर्णन नहीं कर सकती।"

विजय द्वारा किसी प्रतिक्रिया के प्रकट न किए जाने पर अनुराधा अपनी बात जारी रखते हुए बोली, "भगवान जानते हैं कि मैंने आपके विरुद्ध कभी किसी से कुछ नहीं कहा, क्योंकि यदि मैं मैं ऐसा कुछ कहती, तो वह आपके प्रति अन्याय होता तथा वह सब एकदम गलत होता। यदि गाँगुली महाशय ने ऐसा कुछ आपसे कहा है, तो उसे आप उनका वक्तव्य समझिए, न कि मेरा, फिर भी मैं इसके लिए आपसे क्षमा-याचना करती हूँ।"

विजय बोला, "आप लोगों का विवाह जेठ मास के कृष्ण-पक्ष की त्रयोदशी को होना है, इसका अर्थ है कि अभी एक महीने का समय है।"

अनुराधा की 'हाँ' सुनकर विजय बोला, "क्या इसमें किसी परिवर्तन के लिए कोई अवकाश नहीं है?"

"गाँगुली महाशय द्वारा दिए भरोसे को देखकर तो शायद नहीं 'नहीं' कहना ठीक होगा।"

काफी देर चुप रहने के बाद विजय बोला, "इसके सिवा मैं और क्या कह सकता हूँ कि आपने अपने भविष्य के सम्बन्ध में ठीक ढंग से सोचा-विचारा नहीं है, इसका मुझे बहुत दुख है।"

अनुराधा बोली, "मैंने एक बार नहीं, सौ बार सोचा है। यह प्रश्न दिन-रात मेरी सोच का विषय रहा है। आप मेरे इतने बड़े हित चिन्तक हैं। आपके प्रति कृतज्ञता प्रकट करने के लिए मेरे पास शब्द नहीं हैं। मेरी आपसे प्रार्थना है कि आप स्वयं एक बार मेरी स्थिति पर विचार करेंगे, तो आपको मेरा निर्णय सही लगेगा। आप ही सोचिए कि ऐसी लड़की, जिसके पास न निर्वाह के लिए रुपया-पैसा है, न घर-द्वार है, न रूप-सौन्दर्य है और न ही कोई बन्धु-बान्धव अथवा अभिभावक है,

गाँव के अन्याय और अत्याचार से बचने का भी कोई साधन नहीं, फिर, तेईस-चौबीस की आयु हो गई है। ऐसी लड़की से भला कौन कुलीन युवक विवाह करना चाहेगा? इन तथ्यों पर आप जरा विचार करें। इस स्थिति में क्या आप दाने-दाने के लिए मेरे किसी के आगे हाथ पसारने का समर्थन कर सकेंगे?''

अनुराधा की बातों में ठोस सचाई थी। इन बातों का खण्डन नहीं किया जा सकता था। अतः विजय कुछ देर तक मौन साधे रहा, फिर बोला, ''यदि मैं आपकी किसी प्रकार की सहायता कर पाता, तो मुझे काफी प्रसन्नता होती।''

''आपने मेरा जिस प्रकार उपकार किया है, यह सब दूसरा कोई नहीं कर सकता। मैं आपके प्रति हृदय से आभारी हूँ। आपके आश्रय में मुझे निश्चिन्तता मिली है। सूर्य और चन्द्र-जैसे दोनों बच्चे मिले हैं। आपसे मेरी एक ही प्रार्थना है कि आप मेरे भैया द्वारा किए गए विश्वासघात में मुझे बराबर का भागीदार समझने की भूल कदापि न करें। मुझे भैया के किसी काम की वास्तव में कोई जानकारी नहीं है। आप मुझ पर विश्वास करेंगे, तो मुझे बड़ी तसल्ली मिलेगी।''

''आपको कुछ कहने की आवश्यकता नहीं। मैं सभी तथ्यों को ठीक से जान चुका हूँ।'' यह कहकर विजय धीरे से बाहर निकल गया।

5

कलकत्ता से आये फल, सब्जी, मिठाई आदि की टोकरी को रसोईघर के बाहर उतारने का नौकर को आदेश देकर विजय ने कहा, '' वह शायद भीतर होंगी।''

भतीर से अनुराधा ने उत्तर दिया, ''हाँ, मैं भीतर हूँ।''

विजय बोला, ''आपको किस तरह पुकारूँ, यह भी एक समस्या हैं यदि कहीं आप हमारे समाज से सम्बन्धित होतीं तो आपको 'मिस चटर्जी' अथवा 'मिस अनुराधा' कहकर पुकारना सही होता, किन्तु आपके समाज में तो ऐसा प्रचलन ही नहीं है। आपके लड़कों में से किसी के यहाँ उपस्थित होने पर उसे 'अपनी मौसी को बुला दे' कहकर काम चला लिया जाता। वे भी यहाँ इस समय आस-पास नहीं दिखते। इस स्थिति में समझ नहीं आता कि आपको क्या कहकर पुकारूँ?''

दरवाजे के पास आ खड़ी अनुराधा कोमल स्वर में बोली, ''मालिक, आप मुझे 'राधा' कहकर पुकारेंगे, तो भी काम चल जाएगा।''

विजय बोला, ''इस नाम से पुकार सकता हूँ, किन्तु इस नाते कदापि नहीं कि मैं आपका मालिक हूँ और आप मेरी आश्रित हैं। मैं गगन चटी पर मालिकाना हक जमा सकता था, किन्तु वह तो नौ-दो ग्यारह हो गया। आपको क्या पड़ी है कि आप मुझे अपना मालिक समझें?''

''आप ऐसा क्यों कहते हैं? मालिक तो मालिक ही होता है।''

विजय ने कहा, ''यह नाता मुझे कतई स्वीकार नहीं। हाँ, आयु में मैं आपसे

काफी बड़ा हूँ। यदि इस नाते मैं आपको नाम से पुकारता हूँ, तो आपको बुरा नहीं लगना चाहिए।''

''नहीं, बुरा लगने का प्रश्न ही नहीं उठता।''

विजय को इस तथ्य का आभास मिल गया कि वह घनिष्ठता बढ़ाने का कितना प्रयास क्यों न करे, किन्तु अनुराधा की ओर से अणुमात्र भी ऐसी कोई चेष्टा नहीं हो रही थी। वस्तुतः वह महिला किसी भी रूप में उघाड़ना नहीं चाहती थी, इसीलिए विजय के सभी प्रश्नो का 'हाँ', 'न', 'सही है'—जैसे संक्षिप्त वाक्यों से उत्तर दिए जा रही थी।

विजय बोला, ''घर से कुछ सब्जी, फल, मिठाई आदि आई हैं। इस टोकरी को भीतर रखवा लीजिए और फिर बच्चों को खिला दीजिएगा।''

''छोड़ जाइए, अपनी आवश्यकता का सामान रखकर शेष आपके पास भिजवा दूँगी।''

''नहीं, ऐसा अत्याचार भूलकर भी न कीजिएगा। वस्तुतः, मेरा रसोइया ठीक से कुछ भी नहीं बना पाता। आज तो वह दोपहर से चादर तानकर पड़ा है। शायद मलेरिया का शिकार हो गया है। यदि कहीं सचमुच ऐसा हुआ, तो काफी परेशानी झेलनी पड़ेगी।''

''तो फिर आपकी रसोई का क्या होगा?''

''रात को खाने की कोई चिन्ता नहीं, विशेष भूख भी नहीं है। हाँ, कल सवेरे तक इसकी दशा न सुधरी, तो विचार करना पड़ सकता है। मेरे पास कुकर है, उससे काम चला लिया जाएगा।''

''इससे आपको असुविधा तो अवश्य होगी।''

''नहीं, ऐसी कोई बात नहीं। मैं तो अभ्यस्त हो चुका हूँ। हाँ, लड़के की बात होती, तो अवश्य चिन्ता करता। उसका भार तो आपने संभाल ही रखा हैं इस समय क्या बना रही हैं आप? टोकरी खोलकर देख लीजिए, शायद कोई चीज इस समय के काम की निकल आए?''

''काम की चीज मिल सकती है, परन्तु मुझे तो इस समय रसोई बनानी ही नहीं है।''

''क्यों नहीं बनानी?''

''कुमार का शरीर थोड़ा गरम है, कुछ पकाया, तो वह खाने को मचलेगा। सन्तोष का काम सुबह के बचे खाने से चल जाएगा।''

''कुमार को हलका ज्वर है? वह है कहाँ?''

''मेरे बिस्तर पर लेटा हुआ सन्तोष के साथ गप-शप कर रहा है। आज वह बाहर न जाने और मेरे साथ सोने की कह रहा था।''

''ठीक है, सोया रहने दो। हाँ, अधिक लाड़-प्यार मिलने पर वह मौसी को

छोड़कर घर जाने को तैयार नहीं होगा, इसलिए उसे नई परेशानी का सामना करना पड़ सकता है।''

''ऐसा कुछ नहीं होगा, कुमार आज्ञाकारी बालक है।''

''वह आज्ञाकारी है अथवा उच्छृंखल लड़का है, इसकी सही जानकारी तो आपको होगी। मैंने सुना है कि वह आपको काफी परेशान करता है।''

कुछ देर की चुप्पी के बाद अनुराधा बोली, ''परेशान केवल मुझे करता है और किसी को कुछ नहीं कहता।''

''यह तो ठीक है, किन्तु आप उसकी आदत बिगाड़ रही हैं। मौसी जो सह लेती हे, वह चाची भी सह लेगी, यह निश्चित रूप से नहीं कहा जा सकता। फिर किसी दिन विमाता आ गई और उससे कुछ भी न सहा गया, तो कुमार को ही दुखी होना पड़ेगा।''

''बालक को न सह सकने वाली स्त्री को आप उसकी विमाता बनाना ही क्यों चाहेंगे?''

''लाने अथवा न लाने वाला मैं कौन हूँ? यह तो लड़के के अपने भाग्य पर निर्भर करता है कि उसे कैसी विमाता मिलती है। यदि उसे मन-माफिक माँ नहीं मिलती, तो वह फिर से मौसी की शरण लेने को विवश हो सकता है। किन्तु हाँ, इसके लिए पहले मौसी की स्वीकृति लेनी आवश्यक होगी।''

''मौसी मातृविहीन बच्चों को असहाय अवस्था में छोड़कर कभी नहीं जाती। इसके लिए उसे कैसी भी स्थिति का सामना क्यों न करना पड़े, ऐसे बच्चों को पालना मौसी अपना कर्तव्य समझती है।''

''आपके इस कथन को मैं गाँठ बाँध रखूँगा'' कहकर जाते हुए विजय लौटकर बोला, ''यदि धृष्टता न समझी जाए, तो एक बात कहूँ?''

''कहिए।''

''कुमार का पिता जीवित है, अतः उसकी चिन्ता से पहले आपको किसी और का भी ध्यान रखना चाहिए। आपने मेरे सम्बन्ध में कुछ गलत धारणा बना रखी है। सन्तोष की न तो माँ है और न पिता। यदि त्रिलोचन इस लड़के के रखने पर सहमत न हुए, तो यह बेचारा कहाँ जाएगा? इसके बारे में भी आपने कुछ सोचा होगा?''

अनुराधा बोली, ''जब पत्नी बनाएँगे, तो क्या उसके नाती को नहीं रखेंगे?''

''रखना तो चाहिए, किन्तु त्रिलोचन के स्वभाव को देखते हुए मुझे सन्देह होने लगा है।''

अनुराधा तत्काल उत्तर न दे सकी। कुछ सोचने के बाद वह बोली, ''तब तो हम दोनों सड़क के किनारे पेड़ के नीचे रह लेंगे।''

विजय बोला, ''आपने कह तो दिया, किन्तु आप यह कर नहीं सकेंगी। हाँ,

यदि ऐसी स्थिति आ जाए, तो सन्तोष को मेरे पास भेज देना, वह कुमार का साथी है। दोनों का मन लगा रहेगा, कुमार के साथ मैं उसे भी आदमी बना दूँगा।''

अनुराधा के उत्तर की प्रतीक्षा में कुछ देर रुका विजय अन्ततः बाहर चल दिया।

दो-तीन घण्टे बाद दरवाजे के बाहर खड़े होकर सन्तोष ने विजय से कहा, ''मौसीजी, आपको भोजन के लिए बुला रही हैं।''

आश्चर्य प्रकट करते हुए विजय ने पूछा, ''मुझे?''

''जी हाँ,'' कहकर सन्तोष वापस हो लिया।

रसोईघर में बिछे आसन पर बैठने के बाद विजय बोला, ''रात वैसे ही कट जाती, आपको व्यर्थ में कष्ट करने की कोई आवश्यकता नहीं थी।''

पास खड़ी अनुराधा ने सुना, किन्तु वह चुप्पी साधे रही।

परोसी गयी खाद्य-सामग्री में कुछ भी विशिष्ट नहीं था, किन्तु फिर भी परोसने में विशेष प्रयत्न और सतर्कता का आभास स्पष्ट रूप से मिल रहा था। सुन्दर ढंग से सजाकर रखे पदार्थों को देखकर विजय की भूख भड़क उठी। खाते हुए उसने पूछा, ''क्या कुमार ने खा-पी लिया है?''

''सागू पीकर सो गया है।''

''क्या उसने आज विरोध प्रकट नहीं किया?''

हँसती हुई अनुराधा बोली, ''मेरे पास सोने की अपनी इच्छा की पूर्ति से कुमार आज पूर्णतः शान्त है।''

''किन्तु उसके कारण आपको होने वाले कष्ट और असुविधा का अनुमान नहीं होगा। हाँ, इसके लिए आप मुझे दोष नहीं दे सकेंगी। आपने स्वयं उसे अपनी गृहस्थी में शामिल कर अपने संकट बढ़ाए हैं।''

''हाँ, मैं आपको बिल्कुल दोष नहीं देती।''

''मुझे लगता है कि कुमार के चले जाने पर आपके लिए उसे भुलाना सरल नहीं होगा।''

कुछ देर तक चुप रहने के बाद अनुराधा विनम्र स्वर में बोली, ''कुमार को अपने घर ले जाने से पहले आपको मुझे एक वचन देना होगा कि घर पर आप इस बात का पूरा-पूरा ध्यान रखेंगे कि उसे किसी प्रकार का कोई कष्ट अथवा अभाव न देखना पड़े।''

''मुझे तो काम-काज के झंझटों के कारण बाहर ही रहना होगा। इस स्थिति में, मैं ऐसा कोई वचन कैसे दे सकता हूँ?''

''तो फिर उसे ले जाने का हठ मत कीजिए। उसे यहीं, मेरे पास ही रहने दीजिए।''

''आप वास्तविकता से आँख मींचकर गलत प्रस्ताव कर रही हैं।'' कहकर

विजय भोजन करने लगा। थोड़ी देर में वह बोला, "भाभी आदि का इधर आने का मन था, किन्तु अब ऐसा नहीं लगता।"

"कार्यक्रम बदलने का कारण?"

"जोश में आकर भाभी ने कह तो दिया था, किन्तु अब शायद उनका जोश ठण्डा पड़ गया है। सामान्यतः ये शहरी लोग ठेठ गाँव की ओर पैर बढ़ाना पसन्द नहीं करते। सोचता हूँ कि यह एक प्रकार से अच्छा ही हुआ है, अन्यथा आपको मेरे साथ उनका भार भी उठाना पड़ता और इससे आपको काफी असुविधा होती।"

अनुराधा विरोध करती हुई बोली, "आपकी इस सोच से मैं सहमत नहीं हूँ। आपके घर में आपके अतिथियों के आने पर मुझे असुविधा होगी, ऐसा आपने सोच कैसे लिया? इसे तो मैं अपने प्रति आपका अन्याय समझती हूँ। क्या मैं आपकी उदारता का इस प्रकार दुरुपयोग कर सकती हूँ?"

अनुराधा ने इससे पहले विजय से इतना अधिक वाद-विवाद कभी नहीं किया था। अब विजय को पता लगा कि गाँव की यह लड़की उतनी अनाड़ी नहीं, जितना उसने सोचा था। काफी देर तक मन में सोचने-विचारने के बाद वह बोला, "मैं अपनी गलती मानता हूँ। वस्तुतः, जिन सामान्य स्त्रियों के विषय में ऐसा सोचा जा सकता है, आप उनसे हटकर हैं, एकदम अलग हैं। दो-तीन दिन बाद मेरा घर लौटने का कार्यक्रम हैं। यहाँ आने पर मैंने प्रारम्भ में जो कुछ अनुचित व्यवहार किया है, वह सब आपको न पहचानने के कारण हुआ है। अनजाने में प्रायः सब कहीं ऐसा ही होता है, किन्तु फिर भी मैं अपने व्यवहार पर लज्जित हूँ और आपसे क्षमा-प्रार्थना करता हूँ।"

हँसती हुई अनुराधा बोली, "आपको क्षमा नहीं मिल सकती।"

"ऐसा भला क्यों?"

"बात यह है कि अन्याय-अत्याचार की मात्रा इतनी अधिक है कि पूरी की पूरी क्षमा देना सम्भव ही नहीं।" कहकर वह मुस्करा दी। दीप के प्रकाश में अनुराधा के खिले चेहरे की चमक को देखकर विजय मुग्ध हो उठा। अपने को सँभालकर वह बोला, "अपराधी के रूप में आप मेरा स्मरण करेंगी, इसी को मैं अपना सौभाग्य समझूँगा।"

दोनों के चुप हो जाने पर कुछ देर के लिए कमरे में सन्नाटा छा गया। अन्ततः मौन भंग करते हुए अनुराधा ने पूछा, "आपका इधर लौटना कब होगा?"

"बीच-बीच में आना-जाना, तो चलता रहेगा, किन्तु आपसे भेंट नहीं हो सकेगी।"

अनुराधा ने 'क्यों' जैसा प्रश्न नहीं किया, क्योंकि वह इस यथार्थ से परिचित हो चुकी थी।

खा-पीकर विदा होते समय अनुराधा बोली, "टोकरी में बहुत-सी तरकारियाँ

हैं। यदि आप कल यहाँ जीमने को सहमत हो जाएँ, तो बाहर कुछ भेजना नहीं पड़ेगा।"

"ठीक है, किन्तु हाँ, मुझे कुछ अधिक भूख लगती है और दूसरों की अपेक्षा अधिक खाता हूँ। इस तथ्य से तो आप परिचित हो ही गई होंगी। यदि ऐसा न होता, तो मैं यह कहता कि केवल कल दिन में ही क्यों, आगे क्यों नहीं, जितने दिन यहाँ रहूँ, आपका प्रसाद क्यों न मिले?"

"इसे तो मैं अपना सौभाग्य समझूँगी।"

दूसरे दिन प्रातःकाल आए अनेक उत्तमोतम पदार्थों को अनुराधा ने बिना किसी ननुनच के सहेजकर रख लिया।

तीन दिन ही नहीं, पाँच दिनों तक विजय अनुराधा के आतिथ्य का आनन्द लेता रहा। इस बीच कुमार भी पूर्ण स्वस्थ हो गया। अनुराधा की सेवा में विजय को कहीं भी कोई त्रुटि दिखाई नहीं दी, किन्तु फिर भी, दोनों में दूरी बराबर पहले-जैसी बनी हुई है, इसमें तिल-भर भी अन्तर नहीं आया। बरामदे में विजय के लिए आसन लगाया जाता है और अनुराधा कमरे के भीतर से करीने से थाली सजाकर उसके आगे प्रस्तुत करती है। थाली लाने का दायित्व सन्तोष निभाता है और मछली का झोल छोड़ देने का उलाहना देने का काम कुमार करता है। वह कहता है, "मौसीजी आपके मछली छोड़ देने पर चिन्तित हो उठती हैं, किन्तु कटोरे में दूध छोड़ देने से तो उनकी व्यथा का अन्त ही नहीं रहता।" विजय बोला, "तुम्हारी मौसी परोसते समय यह क्यों भूल जाती है कि मैं मनुष्य हूँ, पशु नही हूँ।"

6

स्त्रियों के स्वभाव की कोमलता के सम्बन्ध में विजय की जानकारी पर्याप्त नहीं थी। उसकी माँ बचपन से अस्वस्थ चली आने के कारण कभी किसी गृह-कार्य को निपुणता से नहीं निभा सकी थी और उसकी अपनी पत्नी भी केवल दो-ढाई वर्ष जीवित रही। उन दिनों वह स्वयं पढ़ाई कर रहा था। उसके जीवन का अधिक समय प्रवास में ही बीता है। हाँ, उन दिनों की कुछ कटु-मधुर स्मृतियाँ समय-समय पर उसके मस्तिष्क में कौंधने लगती हैं, परन्तु वे सब उसे पुस्तकों में पढ़ी कल्पित कथाओं-जैसी ही आधारहीन लगती हैं। उनका जीवन के यथार्थ से किसी प्रकार जुड़ा होना विश्वासनीय नहीं लगता।

विजय की भाभी जिस परिवार से आई है और जिस प्रकार का उसका दृष्टिकोण तथा व्यवहार है, उसे देखकर विजय को उससे आत्मीयता स्थापित करना सम्भव नहीं लगता। वह माँ को सदैव इस बात के लिए रोते देखता है कि उसके पति घर के किसी काम में रुचि नहीं लेते हें। इन सब बातों को देखने का वह इस प्रकार अभ्यस्त हो गया है कि इसके विरुद्ध किसी प्रकार की चर्चा उसे एकदम

असंगत लगती है। वह तो ताई द्वारा देवर की और बहू द्वारा सास-ससुर की खोज-खबर न लेने-जैसे अपराध को भी कोई विशेष महत्त्व नहीं देता था, किन्तु इन पाँच दिनों में वह अपनी इस धारणा पर पुनर्विचार करने को विवश हुआ है। आज शाम की गाड़ी से उसने कलकत्ता जाने का कार्यक्रम बना रखा था। नौकरों ने सामान भली प्रकार बाँध रखा था। कुछ ही घण्टों के बाद घर से चल देना था। इस बीच सन्तोष ने आकर सन्देश दिया, "मौसीजी बुलाती है।"

विजय के, "इस समय?" के प्रश्न के उत्तर में, "हाँ' कहकर वह वहाँ से चला गया।

घर के भीतर पहुँचने पर विजय ने देखा कि आसन बिछा है और भोजन का सारा आयोजन ठीक ढंग से किया जा चुका है। अनुराधा कुमार को झूला झुला रही थी, विजय को देखते ही भोजन परोसने में जुट गई।

आसन पर बैठकर विजय बोला, "इस समय यह कष्ट क्यों?"

अनुराधा बोली, "खिचड़ी बनाई है, थोड़ी-सी खाते जाइए।"

गला साफ करने के बाद विजय बोला, "इतना अधिक कष्ट करने की क्या आवश्यकता थी? इसकी अपेक्षा दो-चार पूड़ियाँ ही उतार दी होतीं, तो काम चल जाता।"

अनुराधा बोली, "एक तो आप पूड़ी खाते नहीं, दूसरे, आपको अपने घर पहुँचते-पहुँचते काफी रात बीत चुकी होगी। इस स्थिति में आपके भूखे चले जाने पर मेरे कष्ट की कोई सीमा न रहती। पूरा समय यही चिन्ता सताती रहती कि बेचारा लड़का भूखा-प्यास गाड़ी में बैठा होगा।"

विजय चुपचाप भोजन करते समय बीच में बोल उठा, "मैंने विनोद को कह दिया है कि आप जब तक इस मकान में हैं, आपको किसी प्रकार का कोई कष्ट-असुविधा नहीं होनी चाहिए।"

थोड़ी देर के बाद वह फिर बोला, "देखो, यदि आपकी गगन से कभी भेंट हो जाए, तो उसे कह देना कि मैंने उसे माफ़ कर दिया है, किन्तु उसे इस गाँव में भूलकर भी नहीं आना चाहिए, अन्यथा उसे दण्ड भुगतना पड़ेगा।"

"ठीक है, भैया कभी मिल गए, तो उनसे कह दूँगी।" यह कहकर अनुराधा चुप हो गई। थोड़ी देर बाद वह फिर बोली, "एक समस्या उत्पन्न हो गई है। कुमार आज किसी भी स्थिति में यहाँ से जाने को सहमत नहीं हैं। आश्चर्य तो इस बात का है कि वह इसका कोई कारण भी नहीं बताता।"

"कारण जब वह जानता ही नहीं, तो बताएगा कहाँ से? हाँ, वह इस बात को भली प्रकार जानता है कि वहाँ जाने पर उसे यहाँ जैसा सुख-आराम तथा लाड़-प्यार नहीं मिल सकता। इसीलिए वह सहमा हुआ है।"

"वहाँ उसे सुख-चैन क्यों नहीं मिल सकता?"

अनुराधा के इस प्रश्न के उत्तर में विजय बोला, "उस घर का यही प्रचलन है। वहाँ कोई किसी की चिन्ता नहीं करता। ठीक है, उस घर में कुमार को इस घर-जैसा अपनापन भले ही न मिले, किन्तु फिर भी उसे जाना तो होगा ही। आखिर वहीं तो वह इतना बड़ा हुआ है।"

"तो फिर बच्चे को वहाँ मत ले जाइए, उसे यहीं रहने दीजिए।"

"मुझे तो कोई आपत्ति नहीं, किन्तु यह सोच लीजिए कि यहाँ कितने दिन रह पाएगा, अधिक से अधिक एक महीना? आखिर तो उसे एक दिन जाना ही होगा।"

दोनों चुप हो गए। कुछ देर बाद अनुराधा बोली, "सुना है कि बालक की आने वाली विमाता सुशिक्षिता हैं।"

"हाँ, वह बी. ए. पास हैं।"

"उसकी ताई ने भी बी.ए. पास किया हुआ है।"

"हाँ, यह सच है, किन्तु उन पुस्तकों में देवर को प्यार करना और उसकी खोज-खबर लेना कहीं नहीं लिखा है। ऐसी शिक्षा उन्हें मिली ही नहीं है?"

"रुग्ण सास-ससुर की सेवा का विधान भी क्या उनकी शिक्षा-पद्धति में नहीं है?"

"नहीं, यह तो और भी अधिक जटिल समस्या है। इस सम्बन्ध में कुछ जानने की उनकी कोई रुचि नहीं है।"

"किस काम में उनका मन लगता है?"

"अपनी मनमानी करने में ही उनका मन लगता है और इसे ही वह सही समझती हैं।"

थोड़ी देर की चुप्पी के बाद अनुराधा बोली, "बुरा न मानना, मैं तो कहूँगी कि बच्चे को ममता न देने वाली स्त्री बी.ए. पास हो अथवा एम.ए. पत्नी बनने योग्य कदापि नहीं।"

किन्तु हम जिस समाज में रहते हैं, वहाँ बी.ए. पास महिला ही सम्मानित समझी जाती है। अतः लाना तो किसी पढ़ी-लिखी को ही होगा, भले ही मन माने अथवा न माने। अच्छे व्यवहार वाली अशिक्षित महिला की हम प्रशंसा तो कर सकते हैं, किन्तु उसके साथ विवाह नहीं कर सकते।"

"बच्चे को किसी निर्मम विमाता के हाथों में सौंपना तो उसके प्रति घोर अन्याय और भारी अत्याचार होगा। मैं आपको ऐसा न करने की सलाह दूँगी।"

विजय बोला, "मैं इस तथ्य से भली प्रकार परिचित हूँ कि कुमार को स्नेह न रखने वाली स्त्री के हाथ में सौंपे जाने पर भी बालक उससे सँभाला नहीं जाएगा। वह उस माँ से दूर भाग जाएगा, किन्तु यह आवश्यक तो नहीं कि मेरी भावी पत्नी निष्करुण ही हो, वह ममतामयी भी हो सकती है। वह अत्यन्त उदार, स्नेह और सहानुभूति से छलकती हुई भी हो सकती है। आप हमारे समाज में सभी स्त्रियों को

एक लाठी से नहीं हाँक सकतीं।''

अनुराधा हँसती हुई बोली, ''कल्पना बड़ी मधुर, प्रिय एवं आकर्षक होती है, किन्तु वह यथार्थ का स्थान कदापि नहीं ले सकती। इसके साथ ही मैं इस तथ्य से भी इनकार नहीं करती कि अपवाद सब कहीं मिल जाते हैं यहाँ तो सामान्य की चर्चा की जा रही है।''

अपने पक्ष का समर्थन करते हुए विजय बोला, ''वस्तुतः आप ठेठ गाँव की लड़की हैं, आपने न कभी किसी स्कूल-कॉलेज का रूप-रंग देखा हे, न कभी किन्हीं पार्टियों में शामिल हुई हैं, इसलिए शायद आपको हमारे समाज की स्त्रियों के चरित्र और स्वभाव की सही जानकारी नहीं। मेरी नई बहू घर के किसी काम-काज में रुचि न ले, सास-ससुर की सेवा को महत्त्व न दे, किन्तु फिर भी वह हाथ में चाबुक लेकर न तो बालक की पिटाई करेगी और न ही उसे विष पिलाकर उसकी जीवनलीला समाप्त करने की सोचेगी। इस विषय में आप सर्वथा निश्चिन्त रहें।''

अनुराधा बोली, ''चलिए, मैं आपकी नई पत्नी के सम्बन्ध में कोई टिप्पणी नहीं करती, किन्तु फिर भी, आपसे एक वचन लेना चाहती हूँ कि आपसे जितना बन सकेगा, आप कुमार की देखभाल में कोताही नहीं बरतेंगे। इसे आप मेरी प्रार्थना समझिए।''

''मैं वचन देते हुए इसलिए घबराता हूँ, क्योंकि एक तो मैं स्वभाव से बेपरवाह हूँ और दूसरे, मेरी आदतें भी अनोखी हैं हाँ, फिर भी, आपके अनुरोध को गौरव देने का विश्वास दिलाता हूँ। जितना बन सकेगा, मैं बालक कुमार का ध्यान रखने का प्रयत्न करूँगा, किन्तु कितना रख पाता हूँ, यह तो अन्तर्यामी जानें। अच्छा, मेरा खाना निबट गया है, अब मैं उठना और जाना चाहूँगा।''

उठकर बाहर जाने से पहले रुककर विजय बोला, ''अभी तो कुमार आपके पास ही रहेगा। यदि आप मेरे आने से पहले यहाँ से चली जाना चाहेंगी, तो विनोद उसे मेरे पास कलकत्ता ले आएगा। यदि आप चाहें, तो कुमार के साथ सन्तोष को भी भेज सकती हैं। दोनों में खूब बनती है, मुझे निश्चिन्तता बनी रहेगी। प्रारम्भ में मुझसे आपके प्रति कुछ अत्याचार अवश्य हुआ है, किन्तु इसे मेरे स्वभाव का अंग समझने की भूल मत कीजिएगा। और हाँ, यदि आप सन्तोष को भेज देंगी, तो आपको किसी शिकायत का अवसर नहीं मिलेगा, मैं आपको इस बात का विश्वास दिलाता हूँ।''

मकान के सामने घोड़ा-गाड़ी तैयार खड़ी थी, सारा सामान लादा जा चुका था और विजय सवार होने ही जा रहा था कि कुमार ने अपने पिता को मौसी द्वारा बुलाए जाने का सन्देश दिया।

मुख्य द्वार पर खड़ी अनुराधा बोली, ''क्या मालूम, फिर भेंट होगी या नहीं, आपकी चरण-रज लेने के लिए आपको यहाँ आने का कष्ट दिया है।' कहते हुए

अनुराधा ने गले में आँचल डालकर दूर से ही विजय को प्रणाम किया। इसके बाद कुमार को अपने साथ सटाकर खड़ी वह बोली, ''दादीजी को कुमार के बारे में आश्वस्त कर दीजिएगा। जितने दिन वह मेरे पास रहेगा, उसका पूरा-पूरा ध्यान रखा जाएगा।''

हँसते हुए विजय बोला, ''विश्वास करने का मन तो नहीं करता।''

''किसे विश्वास नहीं होता, क्या आपको भी विश्वास नहीं होता?'' कहते हुए अनुराधा हल्के-से मुस्करा दी। इस बीच दोनों की आँखें चार हो गईं। विजय ने देखा कि अनुराधा की आँखें गीली हैं। उसने कहा, ''आप कुमार को अपने साथ ले जाने की गलती बिल्कुल मत कीजिएगा।'' फिर अनुराधा धीमे-से बोली, ''आपके घर की स्थिति को देखते हुए कुमार को वहाँ भेजने का मन भी तो नहीं करता।''

''तो फिर आप अपने मन की कीजिए।''

एक लम्बी साँस खींचकर अनुराधा चुप हो गई।

विजय बोला, ''जाने से पहले आपको अपने एक वचन की याद दिलाना आवश्यकता समझता हूँ। आप भूली न होंगी कि आपने अपनी आवश्यकता के समय मुझे सेवा का अवसर देने का प्रण किया है। मैं आपके प्रण निभाने के दिन की प्रतीक्षा में हूँ।''

''ठीक है, आपको भी मुझे एक वचन देना होगा। आवश्यकता पड़ने पर आप भी मुझे सेवा का अवसर देने में संकोच नहीं करेंगे।''

''मुझे भला आपसे कुछ कहने की क्या आवश्यकता पड़ सकती है? आपको देने के लिए भले ही मेरे पास कुछ न हो, किन्तु फिर भी, तन से तो आपकी सेवा किसी भी समय कर सकता हूँ।''

''क्या गाँगुली महाशय आपको इसकी छूट देंगे।''

''मुझे कुछ भी करने से कोई नहीं रोक सकता।''

7

कुमार के न आने से उसकी दादी विचलित होकर विजय से बोली, ''तू कैसा बाप है रे, जिसे घर से निकाल रहा है, उसी के पास बेटे को छोड़ आया?''

विजय बोला, ''माँ, चिन्ता की कोई बात नहीं। जिसके साथ लड़ाई-झगड़ा था, वह तो दुम दबाकर पाताल में जा छिपा हैं उसका साथ देने की तो किसी में हिम्मत नहीं। कुमार को तो मैं उसकी मौसी के पास छोड़ आया हूँ। वहाँ वह प्रसन्न रहेगा और कुछ दिनों में लौट आएगा।''

''तू कहाँ से अचानक कुमार की मौसी को ढूँढ़ लाया है?''

विजय बोला, ''माँ, संसार में बहुत सारे काम अचानक और अकारण होते हैं। किसका, किससे, कब और कैसे सम्बन्ध आ जुड़ता है, इसे पहले से कोई भी नहीं

जानता। कुमार की मौसी और कोई नहीं, तुम्हारा माल गोल करने वाले गगन की छोटी बहिन हैं मैं तो उसे घर से बेदखल करने की पूरी तैयारी करके निकला था, किन्तु तुम्हारे पोते ने सारा खेल बिगाड़ दिया। कुमार ने उस लड़की का इस दृढ़ता से दामन थामा कि उसे निकालने का अर्थ होता कुमार से भी छुट्टी पाना।''

सारी बात जल्दी से समझ गई दादी बोली, ''कुमार उसके प्यार में फँस गया लगता है। उस बेचारे को कभी किसी का लाड़-प्यार कहाँ मिला है? उस लड़की ने अपने लाड़-प्यार से उसे अपने बस में कर लिया होगा।'' कहकर वृद्धा अपनी अस्वस्थता का स्मरण करके चुप हो गई।

विजय ने कहा, ''माँ, मैं प्रायः बाहर ही रहता था, इसलिए अपनी आँखों से तो देख नहीं सका कि कौन 'किसे' कितना प्यार करता-करती है, किन्तु आते समय मैंने यह स्पष्ट देखा कि मेरे यहाँ के लिए तैयार होने पर कुमार अपनी मौसी को छोड़कर मेरे साथ आने को कतई सहमत नहीं था।''

माँ को यह सब सुनकर तसल्ली नहीं हुई। वह बोली, ''तुझे क्या पता, गाँव की लड़कियाँ कई तरह के जादू-टोने जानती हैं? कुमार को अपने साथ ले आता, तो अच्छा ही होता?''

विजय बोला, ''माँ, तम स्वयं ठेठ देहात की लड़की होकर गाँव की लड़की पर अविश्वास कर रही हो। इसका अर्थ तो यह हुआ कि तुम शहर की लड़कियों को अधिक विश्वसनीय मानती हो।''

''शहर की लड़कियों से तो भगवान् बचाए। मैं तो उन्हें कोसों दूर से प्रणाम करती हूँ।''

विजय को हँसते देखकर वृद्धा बोली, ''तुम्हें हँसी आ रही है, ठीक है। वस्तुतः मैं इसमें तुम्हारा भी कोई दोष नहीं मानती। तुम मेरी पीड़ा को समझ भी कैसे सकते हो? अच्छा बताओ, कया मेरे जमाने के गाँव के लोग अब इतने सीधे रह गए हैं?''

''माँ, मैं मानता हूँ कि बहुत कुछ बदल गया है, किन्तु जब तक तुम जीती हो, तुम्हारे पुण्य प्रताप से तब तक तो बीज का नाश कभी नहीं होगा। उसकी थोड़ी-सी झलक अपनी आँखों से देख भी आया हूँ, किन्तु तुम्हें वह सब दिखाया नहीं जा सकता। यही दुःख मुझे खाए जा रहा है।' यह कहकर विजय ऑफिस के जिस काम को निबटाने के लिए इधर आया था, उसे निबटाने चल दिया।

ऑफिस के काम से निवृत्त होकर विजय सायंकाल भाई-भाभी से भेंट करने गया। वहाँ उसने देखा कि महाभारत का युद्ध चल रहा है। शृंगार का सारा सामान इधर-उधर बिखरा पड़ा है। आरामकुर्सी पर बैठे पतिदेव चिल्लाकर कह रहे हैं, ''ऐसे रिश्ते-नाते में जाना चाहती हो, तो तुम अकेली ही जाओगी, मैं तुम्हारा साथ हरगिज नहीं दे सकता।''

अचानक विजय को आया देखकर प्रभा भाभी रोती हुई देवर को सम्बोधित

करके बोली, ''लालाजी, तुम्हीं बताओ, यदि उन लोगों ने सितांशु के साथ अनीता का सम्बन्ध स्थिर कर लिया, तो इसमें मेरा क्या दोष है? ये आज उसकी सगाई में चलने से इनकार कर रहे हैं।''

भैया उत्तेजित होकर उच्च स्वर में बोले, ''यही सब करना था, तो हमें इतने दिनों तक झाँसे में रखने की क्या आवश्यकता थी?''

मामले को ठीक से न समझ पाने के कारण विजय के लिए कुछ भी कहना सम्भव न हुआ। वह बावलों की भांति इधर-उधर देखता रहा। अनुमान लगाने पर वह बोला, ''जो मैं समझता हूँ, क्या वही बात है? क्या मुझे एक ओर धकेलकर अनीता को सितांशु घोष की झोली में डाल दिया गया है?''

भैया ने दुखी स्वर में कहा, ''हाँ, यही बात है और तुम्हारी भाभी अपने को अनजान बताती है।''

रोती हुई प्रभा बोली, ''देवरजी, एक तो लड़की सयानी हो गई है, दूसरे उसके सम्बन्ध का निर्णय करने वाले उसकी माँ और भाई हैं। यदि वे हमें आश्वासन देकर मुकर जाते हैं, तो मैं क्या कर सकती हूँ?''

भैया क्रूद्ध स्वर में बोले, ''वे लोग धूर्त, मक्कार, झूठे, धोखेबाज हैं। इधर हमारे साथ बातचीत करते हैं और उधर चोरी-छिपे दूसरी जगह हाथ मारते हैं अब क्या लोग हमारा मजाक नहीं उड़ाएँगे? मैं कौन-सा मुँह लेकर क्लब में जाऊँगा?''

प्रभा रुंधे स्वर में बोली, ''यह कौन-सी नई बात है, क्या ऐसा प्रायः होता नहीं, जो आप जमीन-आसमान सिर पर उठाए जा रहे हैं?''

''मेरे लिए चुल्लू-भर पानी में डूबने की बात यह है कि ये पाखण्डी मेरी ससुराल के लोग हैं लोग तुम्हें भी बराबर का दोषी मानेंगे।''

भैया के इस व्यवहार पर विजय को हँसी आ गई। वह भाभी के पैर छूकर बोला, ''भाभी, भैया इस स्थिति पर जितनी हाय-तौबा करें, मेरी प्रसन्नता की कोई तो सीमा नहीं। यदि इसमें तुम्हारी कोई भूमिका है, तो मैं इसके लिए तुम्हारे प्रति अपनी कृतज्ञता प्रकट करता हूँ''

भैया की ओर उन्मुख होकर विजय बोला, ''भैया, क्षमा करना, आप व्यर्थ में ही क्रुद्ध हो रहे हैं। आप जानते हैं कि लड़की-लड़के के मामले में जबान देने और बदलने का कोई महत्त्व नहीं होता। बात पक्की करने से पहले बदलने की छूट रहती है। सितांशु विलायत से आई.सी.एस. बनकर लौटा है, अनीता उच्च शिक्षित और सुन्दर है। सितांशु के सामने मेरी औकात ही क्या है? मैं तो एक डिग्री पाने में भी सफल नहीं हुआ। लकड़ी बेचकर गुजर-बसर करता हूँ। न मेरे पास कोई डिग्री है, न पद है, न गौरव है, और न ही मेरी प्रतिष्ठा है। उन लोगों ने सही निर्णय लेने में कोई गलती नहीं की।''

भैया उच्च स्वर में बोले, ''मैं कहता हूँ, उन्होंने एकदम गलत किया है, हमारा

अपमान किया है। क्या तुम्हें अनीता की खोने का कोई दुःख नहीं है?"

विजय बोला, "आप बड़े हैं, पूज्य हैं। आपसे झूठ बोलकर मैं पाप का भागी नहीं बनूँगा। आपके चरणों की सौगन्ध, मुझे लेशमात्र भी दुःख नहीं है। मैं तो सोचता हूँ कि किसी के पुण्य-प्रताप से स्थिति इस प्रकार बदल गई है। मैं तो इसे अपने लिए परम सौभाग्य मानता हूँ।"

भाभी की ओर उन्मुख होकर विजय बोला, "भाभी, तुम जल्दी से तैयार हो जाओ, मैं तुम्हें लेकर चलता हूँ। भैया घर में बैठे रहना चाहते हैं, तो खुशी से बैठे रहें। हम दोनों तुम्हारी बहिन की सगाई के समारोह में सम्मिलित होते हैं।"

रोती हुई प्रभा बोली, "देवरजी, आप तो मेरा मजाक न उड़ाइए।"

विजय बोला, "भाभी, मैं हृदय से तुम्हारा आभार मान रहा हूँ और मुझे समझ नहीं आता कि तुम मुझे गलत क्यों समझ रही हो? तुमने मेरे सिर से भार उतारकर, मेरे जीवन को सुखी बनाकर जो उपकार किया है, उसे मैं शब्दों में वर्णन नहीं कर सकता। मैं सचमुच तुम्हारा ऋणी हूँ। तुम जल्दी से तैयार हो लो और मैं दस मिनट में ऑफिस के कपड़े बदलकर लौटता हूँ।" यह कहकर जाते हुए विजय से उसके भाई बोले, "तुझे वहाँ किसने निमन्त्रित किया है? क्या किसी अनिमन्त्रित व्यक्ति के लिए किसी समारोह में सम्मिलित होना उचित होता है?"

ठिठककर रुका विजय बोला, "भाभी, यह बात तो ठीक है। कहीं मेरी उपस्थिति से वे अपने को लज्जित अनुभव न करने लगें। निमन्त्रण के बिना भी आज मैं वहाँ जाने में संकोच नहीं कर रहा। मैं तो दौड़कर अनीता से यह कहना चाहता हूँ कि अनीता, मुझे धोखा न देने के लिए तुम्हारा बहुत-बहुत धन्यवाद। मुझे तुमसे न कोई शिकायत है, न गिला, न ईर्ष्या और न ही तुम पर क्रोध है। मैं भगवान से तुम्हारी सुखी जीवन की प्रार्थना और मंगलकामना करता हूँ।"

फिर, विजय भाई से बोला, "भैया, मेरी मानो, गुस्सा थूक दो और भाभी के साथ जाकर अनीता को आशीर्वाद दे आओ।"

हक्का-बक्का बने पति-पत्नी विजय की ओर देखते रहे। दोनों ने विजय के चेहरे को देखा, वह सचमुच व्यंग्य अथवा परिहास नहीं कर रहा था, अपितु काफी प्रसन्न था। ऐसा लगता था, मानो किसी भारी संकट से बच जाने पर वह अपनी प्रसन्नता को संभाल न पा रहा हो। अनीता की बहिन होने के कारण प्रभा ने विजय की इस प्रसन्नता को अपना अपमान तो समझा, किन्तु कुछ कहना उचित नहीं समझा। अतः वह चुप रही।

विजय बोला, "भाभी, सारी बातें कहने-सुनने का समय नहीं है। कभी ऐसा समय आएगा भी या नहीं, यह भी मैं नहीं जानता, किन्तु हाँ, यदि कभी ऐसा अवसर मिला, तो मैं दावे के साथ कह सकता हूँ कि आप अनीता से विवाह न होने के लिए मुझे सौभाग्यशाली भी कहेंगी और इसके लिए मेरा अभिनन्दन भी करेंगी।"

९. विलासी

इस गांव के अस्सी प्रतिशत बच्चों को मेरी तरह शिक्षा ग्रहण करने के लिए प्रतिदिन दो कोस पैदल जाना और आना पड़ता है; क्योंकि स्कूल गांव से बाहर लगभग इतनी दूरी पर स्थित है। बच्चों को स्कूल जाने का कुछ लाभ होता है अथवा नहीं, वे विद्या-प्राप्ति में सफल होते हैं अथवा नहीं, इस विषय में स्वयं बच्चों ने अथवा उनके अभिभावकों ने कभी विचार नहीं किया।

कहने के लिए बच्चों के घर और स्कूल के बीच का फ़ासिला दो कोस, अर्थात् चार मील था। चार मील जाने और चार मील आने का अर्थ हुआ–आठ मील। किसी-किसी के घर की दूरी इससे थोड़ी-बहुत अधिक भी हो सकती है। बच्चों को गर्मी-सर्दी में कड़ी धूप और ठण्ड के अलावा वर्षा के दिनों में पानी में भीगते हुए तथा कीचड़ में धँसते हुए जाना पड़ता था। इतना कष्ट झेलने वाले बालकों पर माँ सरस्वती कभी प्रसन्न होती भी थी अथवा नहीं–इसका सर्वेक्षण तो कभी किसी ने नहीं किया था, फिर भी, विद्या–समाप्ति पर इस गांव में बसने वालों अथवा दूसरे गांव में चले जाने वालों को इस बात पर गर्व और गौरव अवश्य अनुभव करते कि वे अत्यन्त सुशिक्षित व्यक्ति हैं। सच तो यह था कि यदि वे आजीविका की खोज में अथवा अन्यान्य कारणों से इस गांव को छोड़कर न चले जाते, तो शायद इन गांवों की आज जैसी दुर्दशा न होती।

कुछ लोग गांव के जलवायु में मलेरिया के कीटाणुओं के कारण, तो कुछ लोग गांव में शिक्षा की सुचारू एवं सन्तोषजनक व्यवस्था न होने के कारण अथवा गांव और स्कूल के बीच लम्बे फ़ासिले के कारण गांवों को छोड़कर शहरों में जा बसते थे। बच्चों की पढ़ाई के लिए गांव छोड़रक शहर गए परिवार, बच्चों की शिक्षा पूरी हो जाने पर भी शहर की सुविधाओं के उपभोग के अभ्यस्त हो जाने के कारण गांव में वापस नहीं लौट पाते थे।

अब मैं मूल बात पर आता हूं। मैं प्रतिदिन दो कोस चलकर स्कूल जाता हूं। रास्ते में पड़ने वाले दो-तीन गांवों को भी पार करना पड़ता है। काफ़ी बच्चों का बहुत सारा समय तो इन बातों को पता लगाने में ही निकल जाता है कि किसके बाग़ में आम पक चुके हैं, किस क्षेत्र में करौंदे लगे हुए हैं, किसके यहां पेड़ों पर कटहल पक गए हैं, किसके यहां अनन्नास पकने लगे हैं और किसके तालाब के किनारे पड़े खजूर के पेड़ों पर चढ़कर फल खाना सुरक्षित है? इसका परिणाम यह निकलता है कि बच्चों को असली शिक्षा–गणित, भूगोल, इतिहास तथा भाषा आदि–को

सीखने का समय ही नहीं मिलता।

यही कारण है कि लड़के परीक्षा में पूछ गए प्रश्नों का अण्डबण्ड उत्तर लिखते हैं। उदारहणार्थ—एडन को परशिया का बन्दरगाह तथा हुमायूं के बाप का नाम तुगलक़खां बताते हैं। चालीस वर्ष की आयु में भी सामान्य ज्ञान के स्तर में कोई अन्तर नहीं पड़ता। परिणाम निकलने और असफल घोषित किए जाने पर सभी सहपाठी कभी चेहरा लटकाए चुपचाप घर लौट आतें, कभी मास्टरजी को दण्डित करने की उल्टी-सीधी योजना बनाते, तो कभी स्कूल को ही बेकार समझकर उसे छोड़ने का निश्चय कर लेते।

दूसरे गांव के निवासी और हमारे ही स्कूल में पढ़ने वाले मृत्युञ्जय नामक लड़के से प्रायः रास्ते में हमारी भेंट हो जाया करती है। तीसरी कक्षा का यह छात्र आयु में हमसे काफ़ी बड़ा है। हम बच्चों में से किसी को इस तथ्य की जानकारी नहीं कि वह कब से इस कक्षा में डटा हुआ है। यह अनुसन्धान का विषय हो सकता है, किन्तु हमने तो उसे सदा इसी कक्षा के छात्र के रूप में देखा है। हमें न तो कभी उसके अगली कक्षा में जाने की कोई जानकारी मिली और न ही यह पता लग सका कि वह किस वर्ष द्वितीय कक्षा से तृतीय कक्षा में आया है।

मृत्युञ्जय का आत्मीय—माता, पिता, भाई और बहिन—कोई भी नहीं था। गांव के एक किनारे पर उसका आमों और कटहल के वृक्षों का काफ़ी लम्बा-चौड़ा बाग़ था और उसके साथ सटा हुआ खण्डनुमा एक घर था, जिसकी देखरेख उसके दूर के रिश्ते के एक चाचा करते थे।

चाचा दिन रात अपने भतीजे को बदनाम करने में लगे रहते। वह गांव में एक प्रकार से उसके विरुद्ध ढिंढोरा पीटते रहते। किसी से कहते कि यह लड़का गांजा पीता है, किसी से कहते कि सुल्फ़ा पीता है, तो किसी से कहते कि यह शैतान चरस का सेवन करता है। वह मृत्युञ्जय की सम्पत्ति—बाग़-बाग़ीचे—में भी आधी पर अपना हक़ जलाते और कानून ले सकने का डंका पीटते, किन्तु उन्हें इसके लिए समय नहीं मिला, कुछ कर पाने से पहले ही उन्हें ऊपर से बुलावा आ गया।

मृत्युञ्जय अपने आमों की फ़सल को किसी के हाथ बेच देता और उसकी आय से उसका पूरा वर्ष का ख़र्च आराम से चल जाता। मैं सदैव उसे फटी किताबें बग़ल में दबाकर स्कूल जाता हुआ देखता। मैंने उसे कभी किसी से बातचीत करने को उत्सुक नहीं देखा, उलटे लड़कों को उसके साथ सम्पर्क साधने का प्रयत्न करते अवश्य देखा। इसका एक कारण तो यह था कि वह मांग करने पर जिस किसी को हलवाई से ख़रीदकर बढ़िया मिठाई खिलाने को सदैव तैयार रहता था। दूसरे, अपने साथियों द्वारा याचना किए जाने पर वह उनकी फ़ीस चुकाने तथा दूसरी आवश्यकताओं को पूरा करने में कभी पीछे नहीं हटता था। किसी ने किताब, कॉपी चोरी चली जाने की कहीं नहीं कि उसने तत्काल अपनी सहायता का हाथ आगे बढ़ाया, किसी ने

किसी और अभाव का रोना रोया नहीं कि मृत्युञ्जय ने उसकी झोली उसी समय भर दी। शोचनीय बात यही थी कि उससे सहायता लेने वाले लोग उसके प्रति कृतज्ञता प्रकट करना, तो दूर रहा, किसी के सामने उससे किसी प्रकार के सम्बन्ध होने की स्वीकृति करने तक से बचते थे; क्योंकि मृत्युञ्जय गांव में उपेक्षित तथा अवाञ्छनीय व्यक्ति के रूप में जाना जाता था।

बहुत दिनों तक मेरी मृत्युञ्जय से भेंट नहीं हुई। एक दिन मैंने उसके मृत्युशय्या पर पड़े होने का दुःखद समाचार सुना और कुछ दिनों बाद एक बूढ़े ओझा द्वारा उसकी चिकित्सा एवं उपचार करने का तथा उसकी लड़की द्वारा अपनी सेवा से उसे यमराज के मुंह से छीन लाने का दुःखद समाचार सुना।

मृत्युञ्जय ने मुझे अनेक अवसरों पर मिठाई खिलाई थी, अतः मेरा मन एक बार उससे मिलने को अकुलाने लगा। जब मुझे रहा न गया, तो एक दिन शाम के धुंधलके में छिपता-छिपाता मैं उसके घर जा पहुंचा। संयोगवश उसके घर के किवाड़ खुले थे, भीतर दिया जल रहा था और तख़्तपोश पर दूध से धुले साफ़'-सुथरे बिस्तर पर मृत्युञ्जय लेटा हुआ था। उसके कंकाल हो गए शरीर को देखकर कोई भी समझ सकता था कि उसने सचमुच बहुत कष्ट झेला है और वह मौत के मुंह से बचकर आया है। मृत्युञ्जय के पास बैठी एक लड़की उसे पंखा कर रही थी। उसी लड़की की सेवा से मृत्युञ्जय को पुनर्जीवन मिला लगता था। एक अपरिचित पुरुष को आया देखकर वह लड़की चौंककर उठ खड़ी हुई। बाद में पता चला कि वह ओझा (सपेरे) की लड़की थी और उसका नाम था—विलासी। वह दिन-रात मृत्युञ्जय की सेवा करते-करते इतनी अधिक कृश और दुर्बल हो गई थी कि अठारह वर्ष की वह लड़की अट्ठाइस वर्ष की लगती थी। उसकी शारीरिक दशा फूलदान में रखे मुरझाए, किन्तु पानी देकर जीवित रखे गए फूल-जैसी लगती थी, हाथ लगाते ही जिसके झड़ जाने का खतरा था।

मृत्युञ्जय मुझे पहचानकर बोला, "अरे, तुम नैड़ा!"

मेरे 'हां' कहने पर मृत्युञ्जय ने मुझे बैठने को कहा। मैं बैठ गया और विलासी सिर झुकाकर खड़ी रही। मृत्युञ्जय द्वारा दिए विवरण का निष्कर्ष यह था कि यह पिछले डेढ़ महीने से चारपाई पकड़े हुए है। दस-पन्द्रह दिनों तक वह अचेत रहा है। अब वह कुछ स्वस्थ है तथा लोगों को पहचानने लगा है। अभी तक वह उठकर खड़े होने लायक़ तो नहीं है, किन्तु फिर भी, अब वह खतरे से बाहर है।

मैं जंगल में अकेली रहकर मृत्युञ्जय की सेवा करने वाली इस लड़की के साहस और त्याग पर आश्चर्यचकित था। हमारे समाज में किसी भी जवान लड़की-लड़के के मेल-जोल का लोग एक ही अर्थ लगाते हैं। इस लड़की ने समाज की निन्दा की परवाह न करने का जो आदर्श प्रस्तुत किया, उसकी जितनी भी प्रशंसा की जाए, वह थोड़ी ही होगी। रात-दिन एक करके इस लड़की ने इस अजनबी की

सेवा में अपने को जिस प्रकार खपाया है, वह एक अनोखा आदर्श ही कहा जाएगा।

इन लोगों—मृत्युञ्जय, सपेरा और विलासी—के एक-दूसरे के सम्पर्क में आने की जानकारी उस दिन तो नहीं मिली, किन्तु बाद में सारी कहानी स्पष्ट हो गई।

मेरे लौटते समय विलासी अपने हाथ में दिया लेकर मेरे साथ-साथ चल रही थी, किन्तु उसने अभी तक मुंह नहीं खोला था। वह धीरे-से बोली, "क्या मैं आपको सड़क तक छोड़ आऊं?" मैंने कहा, "तुम्हें मेरे साथ चलने की कोई आवश्यकता नहीं। तुम केवल दिया मुझे दे दो।"

दिया मुझे थमाती हुई विलासी बोली, "बाबू, अकेले जाने में आपको डर तो नहीं लगेगा?"

यदि एक स्त्री किसी पुरुष से ऐसा प्रश्न करे, तो निश्चित है कि भीतर से डर रहा पुरुष भी 'नहीं' में ही उत्तर देगा। मैं भी 'नहीं' कहकर आगे बढ़ लिया।

उस लड़की ने मुझे सावधान किया, "सुनसान जंगल है, रात के अन्धेरे में सावधान होकर पैर रखिएगा।"

अब तो मेरा डर से कांपना स्वाभाविक था। अब मुझे यह भी समझ आ गया कि वह मुझे सड़क तक छोड़ आने के लिए क्यों कह रही थी। मैं देख रहा था कि वह बेचारी दुविधा में पड़ी थी। वह मुझे सड़क तक पहुंचाना आवश्यक समझती थी, लेकिन इतनी देर तक अस्वस्थ मृत्युञ्जय को अकेला छोड़ना भी नहीं चाहती थी।

बीस-पच्चीस बीघे वाले लम्बे रास्ते को पार करने में काफ़ी समय लगना निश्चित था। अंधेरे में तीव्र गति से चलना भी सम्भव नहीं था। संभल-संभलकर पैर रखना पड़ता था। मैं पूरे रास्ते यही सोचता रहा कि यह लड़की इस जंगल में एक असहाय रोगी को किस प्रकार संभालती होगी? कैसे इस बेचारी के रात-दिन कटते होंगे?

इस सम्बन्ध में मुझे एक आपबीती घटना याद हो आई। मेरे एक निकट सम्बन्धी के प्राण त्यागते समय मैं वहां उपस्थित था। अंधेरा रात थी और घर में नौकर-चाकर अथवा परिवार का बड़ा-बूढ़ा कोई भी नहीं था। केवल मैं और उनकी विधवा बनी स्त्री ही उस घर में मौजूद थे। उस स्त्री ने रो-रोकर ऐसा उपद्रव खड़ा कर दिया कि उसके भी प्राण निकलने की आशंका होने लगी। अपने सिर-छाती को पीटती हुई वह बार-बार सरकार और समाज को कोसने के स्वर में बोली, "जब मैं अपनी इच्छा से पति के साथ जलना-मरना चाहती हूं, तो ये लोग मुझे रोकने-टोकने वाले कौन होते हैं? सरकार को किसी के निजी मामले में हस्तक्षेप करने का क्या अधिकार है? जब मेरी इच्छा जीने की नहीं है, तो मुझे जीने को विवश क्यों किया जा रहा है? क्या इन लोगों के घर में स्त्रियां नहीं है या इनके पास दिल-दिमाग़ नहीं है? यदि मेरे शुभचिन्तक रात-रात में मेरे सती होने की व्यवस्था कर दें, तो न किसी को पता चलेगा और न कोई कुछ कर सकेगा।" वह इस प्रकार की न जाने कैसी

अण्डबण्ड बातें बकने लगी। मुझे तो महल्ले में जाकर इस दुःखद घटना से लोगों को परिचित करना था तथा अन्तिम संसकर की व्यवस्था करनी थी, अतः मैं मूकश्रोता बनकर बैठा नहीं रह सकता था। मेरे बाहर जाने का विचार सुनते ही उस विधवा ने रोना-धोना एकदम बन्द कर दिया और फिर एकदम सामान्य स्वर में बोली, ''भैया, जो होना था, सो तो हो गया, अब रात में बाहर जाने और दूसरों को परेशान करने का क्या औचित्य है? रात बीत जाने दो, फिर जो करना हो, कर लेना।''

मैं बोला, ''बहुत काम निपटाने हैं, अभी से जुटना पड़ेगा।''

वह बोली, ''सब हो जाएगा, तुम बैठो रहो।''

मैंने कहा, ''बैठने का समय नही है। महल्ले वालों को सूचना तो दे दूं, फिर आकर बैठ जाऊंगा।''

मैं बाहर जाने ही लगा था कि वह महिला चिल्ला उठी, 'हाय राम, मुझसे अकेला नहीं बैठा जाएगा।''

विवश होकर मुझे बैठ जाना पड़ा। सोचने पर मेरी समझ में यही आया कि जिस पति के जीवित रहते उसके साथ अकेले पच्चीस वर्ष बिताने में उसे ज़रा भी आशंका नहीं हुई, उसी पति के शव के साथ अंधेरे में अकेले पांच मिनट अकेले बिताना भी उसे भारी लग रहा है। उसके दुःख का कारण पति की मृत्यु की अपेक्षा पति की मृत देह का सामना करने में लगने वाला भय है।

यहां मैं उस महिला के दुःख को न तो हल्का करके दिखाना चाहता हूं और न ही इस विवाद में पड़ना चाहता हूं कि क्या उसका यह दुःख वास्तवि भी है या नहीं? मैं इस महिला को आधार मानरक इस विषय में किसी अन्तिम निष्कर्ष पर पहुंचना भी नहीं चाहता। वस्तुतः मुझे इस प्रकार की एक अन्य घटना से भी जूझना पड़ा है, इसलिए इस विषय में यह अवश्य कह सकता हूं कि वर्षों तक साथ रहने पर भी पति-पत्नी का एक-दूसरे को समझ पाना और एक-दूसरे पर विश्वास कर पाना आवश्यक नहीं। कर्तव्य-भावना से प्रेम तथा विश्वास पनप भी सकता है, नहीं भी। इसी प्रकार पति-पत्नी एक-दूसरे से निश्शंक हो भी सकते हैं, नहीं भी। ऐसा मैं अपने अनुभव के आधार पर कह रहा हूं। हां, इस प्रकार परस्पर साथ रहते-रहते कभी दोनों में एक-दूसरे के प्रति अनुरक्ति और आसक्ति भी उत्पन्न हो सकती है और इससे आपसी लगाव के साथ-साथ विश्वास और एकात्मता की प्रवृत्ति भी पनपती है, जिसके फलस्वरूप दोनों के लिए एक-दूसरे का वियोग असह्य हो जाता है।

दो महीने तक, मैं मृत्युञ्जय की खोज-खबर लेने नहीं जा सका। गांव के परिवेश में अपरिचित लोगों के लिए यह आश्चर्य की बात हो सकती है, किन्तु गांव के जीवन में वास्तव में ऐसा ही होता है। प्रायः सुनने में अवश्य आता है कि किसी के दुःख-संकट को सुनते ही गांव के सभी लोग सहायता के लिए दौड़ पड़ते हैं। यह सब सुनने में अच्छा लगता है और शायद कभी सत्ययुग में ऐसा प्रचलन रहा भी

होगा, परन्तु मुझे तो ऐसा कुछ देखने को कभी नहीं मिला। मैंने तो प्रायः यही देखा है कि जब तक लोगों को किसी के मरने की सूचना नहीं मिलती, तब तक लोग उसका जीवित एवं स्वस्थ होना निश्चित समझते हैं।

एक दिन अचानक पता चला कि मृत्युञ्जय के चाचा ने अपने भतीजे के विरुद्ध मोर्चा खोल दिया है। वह ज़ोर-शोर से रोता-बिलखता हुआ लोगों से कहता-फिरता है, "इस छोकरे ने तो मेरी नाक कटवा दी, मुझे कहीं का नहीं रखा, ससुरे ने संपेरे की लड़की से विवाह रचा लिया है। ससुरा उसे भोगता, तो कोई बात नहीं, किन्तु यह दुष्ट तो उसके हाथ का पका भात खाने लगा है। यदि गांव वालों ने इसके विरुद्ध अनुशासन की कार्रवाई नहीं की, तो देश में अनर्थ फैल जाएगा, धर्म रसातल को चला जाएगा।" चाचा के मुंह से मृत्युञ्जय के विरुद्ध इस आरोप को सुनकर गांव के सभी बड़े-बूढ़े यही चर्चा करने लगे और मृत्युञ्जय को सही मार्ग पर लाने का उपाय सोचने लगे।

चाचा एक-एक से कहते फिर रहे हैं, "मुझे तो इस बात की पहले से ही आंशका थी। मैं तो देख रहा था कि आखिर बात कहां तक पहुंचती है। यदि मैं चाहता, तो उसे समय पर समझाता-बुझाता और शायद तब स्थिति यहां तक न बिगड़ती। मैं जानता हूं कि वह मेरा कोई पराया नहीं, अपना भतीजा ही है। मैं उसको उसकी बीमारी में डॉक्टर-हकीम से उसका इलाज भी करा सकता था, किन्तु मैंने जान-बूझकर यह सब इसलिए नहीं किया कि दुनिया देखेगी और इसे अपने आप समझ आ जाएगी, किन्तु अब तो पानी सिर से ऊपर निकल गया है। अब तो वंश के नाम को बचाने के लिए मुझे कुछ-न-कुछ करना ही पड़ेगा।"

चाचा के इस निश्चय के फलस्वरूप गांव वालों द्वारा की गई कार्रवाई को जानकर लज्जा से सिर झुक जाता है और हृदय में शूल चुभने लगते हैं। चाचा के नेतृत्व में गांव के दस-बारह लड़के धर्म की रक्षा के नाम पर हाथों में लाठी-बल्लम लिए मृत्युञ्जय के घर की ओर चल दिए।

सायंकाल के समय मृत्युञ्जय के टूटे-फूटे घर के बरामदे के एक ओर कोने में बैठी विलासी रोटियां सेक रही थी कि हाथ में लाठी-डण्डे लेकर घुसते लड़कों को देखकर डर के मारे परेशान हो उठी और थर-थर कांपने लगी।

चाचा ने मृत्युञ्जय को कोठरी के भीतर लेटा देखा और फिर साथ आए दस-बारह जवान गरजते हुए उस ग़रीब पर पिल पड़े। किसी ने घूंसे मारे, तो किसी ने मुक्के मारे, किसी के कान उमेठे, तो किसी ने लाठियां बरसायीं। किसी ने भी अपनी ओर से बल-प्रयोग करने में कोई कसर बाक़ी न छोड़ी।

मैंने सुना है कि विलायत मे पुरुषों ने यह घोषणा बना रखी है कि स्त्रियां बेचारी दुर्बल और असहाय हैं, अतः पुरुषों को उन पर हाथ नहीं उठाना चाहिए,

किन्तु मैं यह पूछता हूं कि क्या कोई व्यक्ति अपने से अधिक समर्थ एवं बलशाली व्यक्ति पर हाथ उठाने का साहस जुटा सकता है? अत्याचार और आक्रमण तो सदैव दुर्बल पर ही किया जाता है, फिर, वह भले ही स्त्री हो या पुरुष हो।

अपने पति पर अचानक हुए इस निमर्म प्रहार से विलासी बुरी तरह तड़पने और रोने-बिलखते लगी। लड़के मृत्युञ्जय को घसीटने लगे, तो विलासी एक-एक के हाथ जोड़कर अनुनय-विनय करने के साथ दया की भीख मांगने लगी। वे लड़के विलासी को भी मारने-पीटने लगे। वह बोली, 'मुझे दो मिनट के लिए छोड़ दो, मैं रोटियां रखकर आती हूं, नहीं तो बाबू को पूरी रात भूखा रहना पड़ेगा, फिर तुम लोग मुझे दण्ड देने को स्वतन्त्र हो।'' किन्तु उस बेचारी की किसी विनती को किसी ने नहीं सुना।

मृत्युञ्जय भी उलटी-सीधी गालियां बकता हुआ लड़कों को इस उत्पात के लिए कोसने लगा, किन्तु लड़के रंचमात्र भी विचलित न हुए; क्योंकि वे अपनी समझ में देश-कल्याण-जैसा उत्तम कार्य करने में संलग्न थे, अपने को समाज-सुधारक मानकर फूले नहीं समा रहे थे। अतः वे उस बेचारी अबला विलासी को घसीटकर बाहर खींच ले गए।

मैं चुपचाप खड़ा इन उद्दण्ड लड़कों के उत्पात को देख रहा था। पता नहीं, उनके इस अन्याय के विरुद्ध मैं अपना मुंह क्यों नहीं खोल सका, उन्हें खरी-खोटी सुनाकर विलासी को उनके अत्याचार से मुक्त कराने का प्रयास क्यों नहीं कर सका?

गांव के लोगों में उदारता का अभाव नहीं होता, किन्तु उनके चिन्तन की शैली को देखकर बरबस हंसी फूट निकलती है। गांव वालों को विलासी के अन्तरंग सम्बन्ध जोड़ने पर कोई आपत्ति नहीं थी। यदि कायस्थ की सन्तान मृत्युञ्जय मुसलमान सपेरे की लड़की से विवाह कर लेता है, तो यह भी सहन किया जा सकता है, किन्तु उसे इस लड़की के हाथ का पका भात नहीं खाना चाहिए। लड़कों का सारा क्रोध इसी बात पर था। मुसलमान लड़की के हाथ का खाना, ऐसा अपराध है कि जिसके लिए उसे कभी क्षमा नहीं किया जा सकता। मृत्युञ्जय ढाई-तीन महीने से बीमार है, चारपाई पर पड़ा है, तो क्या हुआ? इस कारण मृत्युञ्जय को विलासी के हाथ का पका खाने की अनुमति नहीं दी जा सकती?

गांव के लोगों के दोग़ले व्यवहार की एक और घटना मैं आप लोगों को सुनाने लगा हूं, ज़रा ध्यान लगाकर सुनिए—

गांव के प्रतिष्ठित ज़मींदार मुखोपाध्याय की पुत्रवधू काशी से गांव आई, तो ब्राह्मणों ने तहलका मचा दिया। वे आलोचना करते हुए बोले, "अपनी आधी सम्पत्ति किसी के हाथ में न चली जाए, इस आशंका से इस दुष्ट ने उस बेचारी को काशी से गांव आने पर विवश किया है, किन्तु इसी मुखोपध्याय ने जब एक बहुत बड़े

समारोह का आयोजन करके इन्हीं ब्राह्मणों को जमकर खिलाया-पिलाया और मोटी रक़म दान-दक्षिणा में दे दी, तो यही ब्राह्मण मुखोपाध्याय को आशीर्वाद देने और उसका गुणगान करने लगे। इतना ही नहीं, गांव में ऐसे सदनुष्ठानों के होते रहने की भगवान् से प्रार्थना भी करने लगे।''

गांवों में ऐसा दोग़लापन चलता ही रहता है—यह न तो कोई नई बात है और न ही इसमें कुछ हैरान होने की बात है। मज़े की बात तो यह है कि सभी गांवों में लगभग एक-जैसी स्थिति है और यह सब देश-हित, समाज-कल्याण, शास्त्र-मर्यादा की रक्षा और धम्र की व्यवस्था के नाम पर किया जाता है। इसलिए ऐसा करने वाले गर्व से सिर ऊंचा उठाकर चलते हैं। अतः इस चर्चा को आगे बढ़ाने का कोई लाभ नहीं।

एक साल बाद, मैं सन्यास से ऊबकर घर लौट आया। एक दिन घूमते हुए मैंने माल पाण्डे में एक कुटिया में मृत्युञ्जय को बैठे देखा। उसने अपने सिर पर गेरुए रग की पगड़ी बांध रखी थी। सिर के और दाढ़ी-मूंछ के बाल बढ़ा रखे थे तथा गले में कांच और रुद्राक्ष की मालाएं पहन रखी थी। मैं हैरान था कि कायस्थ का लड़का किस प्रकार अपने धर्म और जाति को छोड़कर सपेरा बन गया है।

मैंने ब्राह्मण के लड़के को भंगिन लड़की से विवाह करके भंगी हो जाते तथा मैट्रिक पास एक ब्राह्मण कुमार को डोम की लड़की से विवाह करके डोम होते देखा है। अब यह ब्राह्मण सुअरों के पीछे दिन-भर भटकता रहता है। इसी तरह एक सम्पन्न कायस्थ परिवार के लड़के को क़साई की लड़की से शादी रचाकर गायों-भैसों को काटते देखकर ऐसे लगता है, मानो वह दस पीढ़ियों से यही धन्धा करता आ रहा हो। यह सब देखकर मैं कभी-कभी सोचता हूं कि जो लड़कियां लड़कों को इतना नीचे गिरा सकती हैं, क्या उन्हें 'अबला' कहना उचित है? क्या यही लड़कियां इन लड़कों को ऊपर उठाकर उनका उद्धार नहीं कर सकतीं? इसके साथ यह भी विचारणीय है कि क्या पुरुष इतने विवेकहीन हैं कि किसी लड़की के मोह में पड़कर वे किसी भी स्तर पर नीचे गिर सकते हैं?

अब इन बातों का क्या लाभ? जो चलता आ रहा है, वह तो चलता ही रहेगा, किन्तु मेरी कठिनाई यह है कि मैं किसी ऐसी घटना को सहसा भुला नहीं पाता। मैं जानता हूं कि देश की अस्सी प्रतिशत जनता गांवों में रहती है, अतः गांवों के सुधार के लिए कुछ-न-कुछ किया जाना आवश्यक हो जाता है, अस्तु।

मृत्युञ्जय को देखकर कोई सोच भी नहीं सकता कि वह कायस्थ का लड़का है। उसने मुझे स्नेह और सम्मान के साथ अपने पास बिठाया। तालाब से पानी लेकर लौटी विलासी भी मुझे देखकर प्रसन्न हुई और बार-बार आभार प्रकट करती हुई कहने लगी कि यदि उस दिन तुम घर पर न आ जाते, तो वे शैतान मुझे मार ही डालते।

यद्यपि विलासी का पक्ष लेने पर, उन लड़कों ने मेरी भी जमकर पिटाई की थी, तथापि मेरी बातों से उनकी क्रोध की ज्वाला काफ़ी शान्त हो गई थी और वे सोचने पर विवश हो गए थे। इसीलिए मृत्युञ्जय और विलासी बच भी गए थे। बाद में, उनकी बातों से पता चला कि अगले दिन इन दोनों ने उस घर को छोड़ दिया था और यहां चले आए थे। तब से ये लोग यहीं डटे हुए हैं

मृत्युञ्जय ने बताया कि आज इन लोगों को कहीं सांप पकड़ने जाना है, जिसकी पेशगी ये पहले ही ले चुके हैं। मैं बचपन से इन बातों में विशेष रुचि रखता आया हूं, इसलिए मैंने उनके साथ जाने की इच्छा प्रकट की, तो उन्होंने मुझे साथ ले लिया। मैं मन्त्र की शक्ति से गोखुरा-जैसे विषैले अजगर को पकड़े जाते देखने के लिए बहुत उत्सुक हो उठा था।

मैं सांप को वश में करने के मन्त्र को सीखने और उसे सिद्ध करने के लिए कुछ भी करने को तैयार था। मैंने मृत्युञ्जय को गुरु धारण कर लिया। मृत्युञ्जय ने मुझे बहुत समझाया कि यह काम भारी जोखिम का है और साथ ही काफ़ी कठिन भी है, किन्तु मेरे सिर पर भूत सवार था। लिहाज़ा मेरे हठ के सामने अपनी हार मानकर मृत्युञ्जय ने मुझे मन्त्र पढ़ने की विधि और साथ ही मन्त्र भी सिखा दिया। इतना ही नहीं, उसने मेरी कलाई में दवाई वाले एक ताबीज़ को बांधकर बाक़ायदा मुझे सपेरा बना दिया। मेरी प्रसन्नता की तो अब कोई सीमा नहीं थी।

अब मुझे पूरा मन्त्र तो याद नहीं है, हां, उसका अन्तिम भाग कुछ इस प्रकार से था—

ओ रे केवट, तू मनसा का वाहन, मनसा मेरी मां,
उलट-उलट पाताल फोड़-ढोंढ़ा का विष तू ले।
तेरा विष ढोंढ़ा को दे, दूधराज, मणिराज।
किसकी आज्ञा से? विषहरी की आज्ञा से।

न तो मैं इस मन्त्र के अर्थ से भली प्रकार परिचित हूं, और न ही मुझे इसके रचयिता—जो कोई भी हो—के दर्शन का कभी सौभाग्य सुलभ हुआ है, जो उनसे पूछ लेता।

एक दिन इस मन्त्र के प्रभाव को जांचने का अवसर उपस्थित हो गया। सांप पकड़ने की विद्या में मृत्युञ्जय निपुण ही नहीं हो गया था, अपितु काफ़ी नाम भी कमा चुका था। उसने मुझे भी इस कला में कुशल बना दिया था। लोग यहां तक कहने लगे थे कि नैड़ा इतना अधिक गुणी हो गया है कि इसने उस्ताद को भी पीछे छोड़ दिया है। यह सब सुनकर मैं इतना अधिक फूल गया था कि धरती पर मेरे पैर ही न पड़ते थे। लोगों की इस टिप्पणी और मेरे फूलने पर मेरा गुरु मृत्युञ्जय मुंह से कुछ न कहकर केवल मुस्करा देता, लेकिन विलासी को मेरी निपुणता पर

क़तई विश्वास नहीं था। अतः वह मुझे समय-समय पर चेतावनी देती हुई कहती, ''महाराज, इन भयंकर सर्पों से सदैव सावधान रहने में ही बुद्धिमत्ता है, क्या मालूम, कब इनका मिज़ाज बिगड़ जाए?'' वस्तुतः मैं विष-दांत निकाले सांपों के मुंह से विष निकालने का काम इस असावधानी से करने लगा था कि उसकी याद आने पर आज भी कलेजा मुंह को आता है।

मैंने अनुभव से सीखा है कि सांप को पकड़ना कठिन नहीं है। सांप से डरने की तो कतई आवश्यता नहीं है। एक बार पकड़े सांप को दो-चार दिनों तक हांडी में बन्द रखने के बाद उसे निकालने पर वह कभी नहीं काटता। वह फन उठाकर डरा सकता है, काटने का अभिनय भी कर सकता है, किन्तु काटता कभी नहीं है।

कभी विलासी हम दोनों—उस्ताद-शार्गिदों से मतभेद रखने के कारण उलझ पड़ती। सांपों को भगाने की जड़ी-बूटी को बेचना सपेरों के लिए बड़ा लाभदायक सौदा है। वस्तुतः, यह धोखे की टट्टी है। लोगों को जड़ी से सांप का भागना दिखाने के लिए प्रस्तुत किए जाने वाले सांप का मुंह कई बार लोहे की गरम सींक से दागना होता है। एक बार दागे जाने पर जड़ी दिखाई जाए अथवा नहीं, किसी भी सींक को देखते ही सांप डरकर भाग जाते हैं सपेरा इसे जड़ी का कमाल बताकर लोगों से पैसा ऐंठता है और उन्हें बेवकूफ बनाता है। विलासी सांप का मुंह दागे जाने के विरुद्ध थी। वह लोगों को धोखा देकर ठगने के पक्ष में भी कभी नहीं रही।

मृत्युञ्जय कहता, ''सभी सपेरे ऐसा ही करते हैं, यह तो धन्धे की बात है, इसमें दोष कैसा?''

मैंने विलासी के एक अन्य मतभेद पर भी ध्यान दिया हैं सांप को पकड़ने का अनुरोध आने पर विलासी अपने ढंग से मृत्युञ्जय को प्रस्ताव स्वीकार न करने, खास तौर पर पेशगी न लेने को कहती। कभी वह अपनी बात के समर्थन में दिन के शुभ न होने का तर्क देती, तो कभी कोई और सच्चा-झूठा बहाना बनाती। मृत्युञ्जय की अनुपस्थिति में सांप पकड़ने का प्रस्ताव लाने वाले अथवा बयाना देने वालों को तो वह एकदम टरका देती। हां, मृत्युञ्जय की उपस्थिति में उस बेचारी की एक न चलती। मृत्युञ्जय के लिए रुपये का मोह बड़ी चीज था, तो मेरे लिए एक नशा, एक मस्ती थी। अतः मैं विलासी के तर्कों के विरुद्ध मृत्युञ्जय को प्रोत्साहित करता रहता था। विलासी को कहता कि घर आती लक्ष्मी को ठुकराने में भी भला कौन-सी समझदारी है, यदि सपेरा सांप नहीं पकड़ेगा, तो उसकी आजीविका कैसे चलेगी? उन दिनों, मैं यह नहीं सोच पाता था कि मजे का यह काम कितना जोखिम भरा है, कितना खतरनाक है? आखिर एक दिन मुझे अपनी बेवकूफी का दण्ड भुगतना ही पड़ा।

एक बार गांव से थोड़ी दूर किसी ग्वाले के घर, हम सांप पकड़ने गए। ऐसे

अवसर पर सदा साथ रहने वाली विलासी आज भी हम लोगों के साथ थी। मिट्टी-मढैया की छान-बीन करने पर धरती में एक स्थान पर एक छिद्र मिल गया, जिसे हम दोनों तो न देख सके, किन्तु सपेरे की लड़की विलासी से यह स्थान छिपा न रहा। वह जरा झुकी और कागज के टुकड़ों को उठाती हुई बोली, "महाराज, मेरा अनुमान है कि सांप दो-तीन हैं, इसलिए काफी होशियारी बरतने की आवश्यकता है।"

मृत्युञ्जय बोला, "जब घर के लोग एक ही सांप के घुसने की कह रहे हैं, तो एक ही होना चाहिए।"

कागज दिखाती हुई विलासी बोली, "किन्तु यह कुछ और कहानी सुना रहे हैं।"

विलासी की सोच बिल्कुल सही थी, आखिर सपेरे की लड़की होने के कारण वह विवेक और अनुभव में हम दोनों से आगे थी। मृत्युञ्जय ने दस मिनटों में एक गोखुरे काले सांप को पकड़ा और उसे मेरे हाथ में दे दिया। मैं अभी सांप को पेटी में रखकर लौटा ही था कि मैंने देखा कि मृत्युञ्जय की हथेली से खून बह रहा है और वह बुरी तरह कराह रहा है। बिल से बाहर खिंचते सर्प द्वारा बिल में ही सपेरे को काटना एक नई घटना थी। मेरे लिए यह पहली ऐसी घटना थी, जिसने मुझे चिन्तित और व्यथित कर दिया था। एक क्षण बीतने से भी पहले ही मुझे विलासी का रोना-चिल्लाना सुनाई दिया। रोती-बिलखती विलासी ने तत्काल अपने आंचल से मृत्युञ्जय का हाथ बांध दिया और अपने साथ लाई जड़ी-बूटियों का एक-एक करके प्रयोग करने लगी। मृत्युञ्जय ने अपना ताबीज भी बांध रखा था, मैंने भी अपना ताबीज उसकी बांह पर बांध दिया। अब आशा की जाने लगी कि सर्पदंश प्रभावहीन हो जाएगा। मैं उस विषहर मन्त्र का जोर-जोर से पाठ करने लगा। सर्प का विष उतारने में कुशल लोगों को बुलाने के लिए चारों ओर आदमी भेजे गए, विलासी के पिता को भी सूचना भेज दी गई।

मैं बिना रुके लगातार मन्त्रपाठ किए जा रहा था, परन्तु इन सभी प्रयासों का कुछ भी अनुकूल प्रभाव नहीं पड़ता दिख रहा था। फिर भी, मैं मन्त्रपाठ करता रहा। मृत्युञ्जय को वमन करते और नाक से बोलते देखकर तो विलासी पछाड खाकर धरती पर औंधे मुंह गिर पड़ी, जिसका स्पष्ट संकेत यह था कि ये सारे टोटके किसी काम आने वाले नहीं।

इस बीच दो-चार और उस्ताद भी आ पहुंचे और अपनी विद्या का चमत्कार दिखाने में जुट गए। हम लोग अपने-अपने इष्टदेव का स्मरण करके मृत्युञ्जय के जीवन की भीख मांग रहे थे। बकरे व मुर्गे की बलि चढ़ाने की मन्नतें मांगी जा रही थीं। सीधी अंगुलि से घी न निकलता देखकर ओझा किस्म के कुछ लोग विष को गन्दा, भद्दी और बेहूदा गांलिया देने लगे, जिन्हें सुन पाता विष मृत्युञ्जय को तो क्या, उस इलाके के बारह कोस इधर-उधर न ठहर पता, किन्तु किसी भी उपाय ने

अपना कोई चमत्कार नहीं दिखाया। मन्त्र-तन्त्र, जादू-टोना, झाड़-फूंक, जड़ी-बूटी और मन्नत प्रार्थना सब बेकार सिद्ध हुई। मृत्युञ्जय मृत्यु से हार गया। पति के सिर को गोद में रखकर विलासी निर्जीव सी हो गई।

विलासी के दुःख की कहानी को विस्तार से अथवा ब्योरेवार सुनाकर हम अपने पाठकों के मन को खिन्न नहीं करना चाहते, इसीलिए उसे समेटते हुए कहते हैं कि पति-वियोग में सात दिनों तक तड़पते रहने के बाद विलासी भी इस लोक को छोड़कर अपने पति से जा मिली।

मृत्युञ्जय के–असली हो अथवा नक़ली–चाचा ने भतीजे के बाग़ पर तो क़ब्ज़ा जमा ही लिया, साथ ही चारों ओर यह प्रचार करना भी शुरू कर दिया कि किये का फल तो मिलना ही थ। इस लड़के की अल्पघात मृत्यु उसके धर्म-भ्रष्ट होने के कारण ही हुई है। अरे, तुम्हें विलासी को भोगना था, तो उसे रखैल रख लेता, थोड़ी-बहुत निन्दा होती, उसके हाथ का भात तो न खाता। नालायक़ ख़ुद तो बरबाद हुआ, मेरी भी नाक कटा गया। अब तो कोई पिण्ड-दान, श्राद्ध-तर्पण करने वाला भी नहीं रहा। ब्राहम्ण के घर उत्पन्न होकर शूद्र की मौत मरा। गांव के लोग भी चाचा की हां-में-हां मिलाकर मृत्युञ्जय की मृत्यु को अन्न-दोस का फल बताने लगे।

विलासी की मृत्यु पर लोगों को चुटकी लेने में भी संकोच नहीं हुआ। गांव के लोगों ने मृत्युञ्जय के विलासी से सम्बन्ध होने पर टीका-टिप्पणी तो की, किन्तु इस पर किसी ने विचार करने का कष्ट नहीं किया कि गंवई-गांव के मिट्टी-पानी में पले इस भोले-भाले तथा एकदम अकेले पड़े मृत्युञ्जय के रुग्ण होने पर उसकी सेवा किसने की? मृत्यु की गोद में पड़े इस युवक को सहारा किसने दिया? चारों ओर से निराश इस युवक के जीवन में आशा का दीप किसने जलाया? संक्षेप में कहें, तो उसे सपेरा बनाने का उत्तरदायी कौन हैं?

मेरे विचार में, जिन इलाकों में लड़की-लड़के को अपनी पसन्द का जीवन-साथी चुनने की छूट नहीं है, उलटे प्रेम-विवाह को अवाञ्छित एवं निन्दनीय माना जाता है, ऐसे युवक-युवतियों को माता-पिता तथा परिवार के बड़े-बूढ़ों की इच्छा का आदर करते हुए विवाह-सूत्र में बंधनें को बाध्य होना पड़ता है। उनका वैवाहिक जीवन सुखमय नहीं बन पाता। वस्तुतः, जिस समान ने विवाह-संस्कार को एक सामाजिक विवशता एवं औपचारिकता समझ रखा है तथा वैदिक मन्त्रों के पाठ से ही विवाह को सम्पन्न होना मान रखा है, वह समाज मृत्युञ्जय और विलासी के मिलन के महत्व को भला क्या समझेगा? मुझे तो यह सोचकर हंसी आती है कि हिन्दू समाज मृत्युञ्जय और विलासी के मिलन को सहन कर सकता है, यह दूसरी बात है कि थोड़ी-बहुत निन्दा के साथ, किन्तु विलासी के हाथ के पकाये भात को मृत्युञ्जय द्वारा खाने को सहन नहीं कर पाता? वाह रे हिन्दू समाज! एक हिन्दू लड़का मुसलमान

लड़की का थूक चाट सकता है, किन्तु उसके हाथ का पकाया नहीं खा सकता, कैसी बढ़िया सोच हैं? विलासी ने असहाय, एकाकी और रोगपीड़ित मृत्युञ्जय के हृदय को जीतने में कितना कष्ट झेला, कैसे-कैसे दुःख सहे, कितनी कठोर साधना की—यह सब देखने के लिए हिन्दू समाज के पास समय ही कहां है?

हमारे यहां यह कहने का फ़ैशन हो गया है कि यदि हिन्दू समाज के आचार-विचार, विधि-विधान और रीति-रिवाज हज़ारों वर्षों की उथल-पुथल के बाद आज भी जीवित हैं, तो उसकी सार्थकता निश्चित है, किन्तु मैं पूछता हूं कि क्या पुरातनकाल से निरन्तर चले आना ही किसी विधि-विधान की उपयोगिता का आध ार हैं? यदि इसे ही कसौटी माना जाये, तो भारी शरीर वाले शरभ और हाथी-जैसे कितने जानवर लुप्त हो गये हैं, किन्तु तिलचट्टे आज तक जीवित चले आ रहे हैं, तो क्या तिलचट्टों को उन विशालकाय जानवरों से अधिक महत्वपूर्ण मानना होगा? निश्चित है कि किसी सिद्धान्त से चिपटे रहने पर वह सिद्धान्त महत्वपूर्ण नहीं हो जात. व्यावहारिक उपयोगिता से ही किसी सिद्धान्त को परखना उचित होता है। 'कुछ बात है' की रट लगाने से पहले यह देखना चाहिए कि वह 'कुछ' क्या है? कहीं काग़ज की ख़ाली पुड़िया को ही तो रसायन समझने की भूल हम नहीं कर रहे?

10. बोझ

1 : ब्याह

सागरपुर गाँव में सप्ताह-भर में समारोह और उत्सव की ऐसी धूमधाम है, जैसी चार-पाँच कोस तक के गाँवों के लोगों ने आज तक कभी देखी-सुनी नहीं है। ढोल-बाजों, नौबत-नगाड़ों और काँसे के स्वर-तालों तथा छेनों के दिन-रात हो रहे मधुर संगीत से सारा क्षेत्र आनन्दमय हो उठा है। दिन-रात हो रहे इस कोलाहल से गाय, बछड़े-जैसे पशु विचलित हो उठे थे; क्योंकि उनकी शान्ति भंग हो गई थी, किन्तु मनुष्यों के लिए तो यह बढ़िया मनोरंजन था। यह आयोजन सागरपुर के ज़मींदार श्री हरदेव मित्र के इकलौते चौदह साला नाबालिग लड़के के विवाह के उपलक्ष्य में किया जा रहा था। वर सत्येन्द्र कार के पिता ज़मींदारी से पच्चीस-छब्बीस हज़ार वार्षिक आय वाले सम्पन्न एवं प्रतिष्ठित महानुभाव है। छोटी आयु के बालक के विवाह का कारण था—लड़के की माँ का यथाशीघ्र बहू का मुँह देखने की उत्कट इच्छा।

सत्येन्द्र बाबू का विवाह वर्द्धमान जनपद के अन्तर्गत दिलजानपुर इलाक़े के ज़मींदार श्री कामाख्याचरण चौधरी की छोटी पुत्री सरला के साथ हुआ। सुन्दर-सलौनी पत्नी को पाकर सत्येन्द्र बहुत प्रसन्न है।

दस वर्षीया, गोरी-चिट्टी, रूपवती एवं आकर्ष बहू को पाकर सत्येन्द्र की माँ की प्रसन्नता का भी कोई अन्त नहीं था। हरदेव मित्र ने अपनी इच्छा के विरुद्ध, प्रथा के अनुसार विवाह के दूसरे वर्ष बहू को उसके मायके भेज दिया। सत्येन्द्र की माँ का दृढ़ विश्वास था कि विवाहित महिला का अपना घर ससुराल है। मायके में उसके जाने का तो कोई औचित्य ही नहीं।

सत्येन्द्र की पढ़ाई के कारण हरदेव बाबू को अपनी पत्नी के साथ कलकत्ता में ही रहना पड़ता था। अतः सरला को भी कलकत्ता लाया गया था। छोटी बच्ची होने के कारण सरला अपने ससुर से भी बोल लेती थी। इतना ही नहीं, पति की उपस्थिति में सास से भी बातचीत कर लेती थी। बहू का यह आचरण लीक से हटकर होने पर भी सास के लिए आनन्ददायक ही था।

कुछ दिनों के बाद सरला के पिता कामाख्या बाबू लड़की को अपने घर ले गए। दो-एक महीनों के बाद सत्येन्द्र ने किताबों की धूल झाड़ने और दवात में स्याही डालने की व्यवस्था न होने की शिकायत की, तो माँ ने बेटे की मानसिकता को समझकर अपने पति से बात की और फिर ज़मींदार साहब ने बहू को लिवा

लाने के लिए आदमी भेज दिया और सरला ससुराल आ गई।

सत्येन्द्र के सभी छोटे-बड़े काम—किताबों की झाड़-पोंछ, कॉलेज जाने से पहले वस्त्र तैयार रखना, कफ़ों में ठीक बटन डालना आदि—सरला ही निबटाती थी। सरला इस बात का ध्यान रखती थी कि सत्येन्द्र अपने दोनों पैरों में एक ही जूते पहनकर कॉलेज जाये और धोबी की मूर्खता के कारण उसे फटा दुपट्टा न पहनना पड़े। सरला के मायके चले जाने पर स्वभाव से लापरवाह सत्येन्द्र से इस प्रकार की ग़लतियाँ हो जाया करती थीं और उसे उपहास का पात्र बनना पड़ता था। वस्तुतः सत्येन्द्र के ये सभी काम केवल सरला ही ठीक ढंग से कर पाती थी, किसी और के द्वारा कुछ किए जाने पर सत्येन्द्र सन्तुष्ट ही नहीं होता था। अतः सरला को मायके से ससुराल लाना आवश्यक हो गया था।

2 : सुशीला के पुत्र का अन्नप्राशन

सरला की बड़ी बहिन सुशीला के पुत्र के अन्नप्राशन के अवसर पर कामाख्या बाबू अपनी छोटी बेटी को ले जाने के लिए कलकत्ता आये।

सुशीला ने जीजा के साथ अपनी जीजी के आने के लिए विशेष अनुरोधपूर्ण पत्र भी लिखा है। सुशीला ने पिछले तीन साल से दिलजानपुर न गई सरला से मिलने की अपनी उत्सुकता भी प्रकट की है। सत्येन्द्र के चलने के सहमत हो जाने पर कामाख्या बाबू आनन्दित हो उठे और लड़की व दामाद के साथ खुशी-खुशी रवाना हो गए।

सरला की माँ भी तीन साल के बाद लड़की और दामाद से मिलकर अत्यधिक प्रसन्न हो उठी। सुशीला न तो उन दोनों—सत्येन्द्र और सरला—के पधारने पर उनका हार्दिक स्वागत ही नहीं किया, अपितु अत्यन्त चाटुकारिता-भरे वचनों से आभार प्रकट करके उन्हें प्रफुल्लित भी कर दिया।

शुभ संस्कार के निबट जाने के उपरान्त सत्येन्द्र के जाने की इच्छा प्रकट करने पर सरला की माँ ने विशेष खुशामद और अनुरोध के साथ कुछ दिन और रुकने का आग्रह किया। सरला ने भी माँ का साथ दिया और अपने पति से रुकने को कहा, तो सत्येन्द्र भी मान गया।

दो-चार दिन बाद सत्येन्द्र द्वारा जाने की अनुमति माँगे जाने पर सरला और उसकी माँ द्वारा फिर खुशामद की गई, परन्तु सत्येन्द्र की पढ़ाई-लिखाई की हो रही हानि को देखते हुए उसे जाना ही था। परीक्षा की तिथि भी निकट आ रही थी। अतः सत्येन्द्र ने जाने की ठान ली। सरला ने जाते हुए सत्येन्द्र से पूछा, "मुझे लिवा जाने के लिए आप कब आएँगे?"

"जब तुम्हारा आने का मन हो, बता देना।" सरला बोली, "और कब बताना है? आप दस-बारह दिनों के बाद मुझे ले जाइएगा।"

सत्येन्द्र को सरला के इतना शीघ्र लौटने की आशा नहीं थी, अतः वह बहुत प्रसन्न हो गया।

आँखों में आँसू भरकर पति को विदा करती हुई सरला विनम्र और मधुर शब्दों में बोली, "एक तो आप मेरी चिन्ता में मत घुलते रहिएगा और दूसरे, रात-रात-भर पढ़ने में अपनी आँखें खराब मत कर लीजिएगा।" रात के दस बजे के बाद न पढ़ने के लिए तो सरला ने सत्येन्द्र को अपने सिर को क़सम से बाँध दिया। सत्येन्द्र खाली और उदास मन लिए लौट गया।

घर आने पर एक दिन सत्येन्द्र एक पुस्तक पढ़ने बैठा, तो मन उड़कर किसी और स्थान पर चला गया था। पुस्तक को बन्द करने से पहले सत्येन्द्र को हिसाब लगाने पर पता चला कि उसने इतने समय में केवल छब्बीस पंक्तियाँ—एक-डेढ़ पृष्ठ ही पढ़ा है। अपनी इस स्थिति पर गम्भीर होकर वह सोचने लगा कि इसी प्रकार चलता रहा, तो इसका परिणाम क्या निकलेगा? चिन्ता ने चिन्तन का रूप ले लिया और दुःख क्रोध में बदल गया। वह अपनी पत्नी सरला पर झुँझलाने लगा। यदि सरला उसके साथ लौट आती, तो पिछले पाँच दिनों से उसका मन इस प्रकार बिदका न रहता। पहले मेरी सोच थी कि वह मेरी पढ़ाई में बाधा डालती है। दस बजे के बाद मुझे न पढ़ने के लिए ज़बर्दस्ती लैम्प बुझा देती है, उसे कहीं भेज देने पर ही मैं ठीक से पढ़ सकूँगा, किन्तु अब तो स्थिति एकदम उलट लगती है। कल ही सरला को बुलवाता हूँ। यदि लज्जा के चक्कर में पड़ा रहा, तो मेरा असफल होना निश्चित हो जाएगा।

अब सत्येन्द्र की चिन्ता का विषय था, सरला को बुलवाने का कोई उपाय खोज निकालना। सीधे-सीधे माँ-बाप से कहना अशिष्टता थी। वे व्यंग्य में कह सकते थे, "दो दिनों में ही..."

इतने में नौकर द्वारा लाकर दिए तार को लिफ़ाफ़ा खोलकर सत्येन्द्र ने पढ़ा, तो उसका कलेजा धक् से रह गया। सरला की बीमारी के समाचार से उसका दिमाग़ चकराने और दिल धड़कने लगा।

सत्येन्द्र अपने पिता के साथ उसी दिन दिलजानपुर रवाना हो गया। घर पहुँचने और कामाख्या बाबू से भेंट होने पर हरदेव बाबू ने ऊँची आवाज़ में पूछा, "बहूरानी की तबियत कैसी है?"

कमरे में जाने पर हरदेव बाबू को स्पष्ट पता चल गया कि हैजे का प्रकोप है। सरला हड्डियों का ढाँचा मात्र रह गई थी। यहाँ तक कि पहचान में ही नहीं आती थी। कमल की तरह खिला रहने वाला चेहरा कुम्हलाकर काला स्याह पड़ गया है। और आँखें गड्ढों में धँस गई हैं। सत्येन्द्र ने थरथराती आवाज़ दी, "सरला! क्या हुआ है तुझे, तूने यह कैसी सूरत बना रखी है?"

सरला ने अपने पति के चिर-परिचित मधुर स्वर को सुना, तो आँखें खोलीं।

पति से मज़ाक़ करने के अपने सामान्य स्वभाव के कारण वह हँसती हुई बोली, ''क्या, लेने आए हैं आप?''

सरला की दशा को देखकर सत्येन्द्र का दिल बुझ गया। उसके लिए अपने को सँभालना कठिन हो गया, अतः वह बिलखने और आँसू बहाने लगा।

सत्येन्द्र को मालूम था कि रोगी के सामने रोना ठीक नहीं होता, परन्तु अपने भावों पर काबू पाना भी तो कोई आसान काम नहीं है। अपने किसी प्रियजन की इस विवश स्थिति को देखने का सत्येन्द्र का यह पहला अवसर था। अतः उसके लिए धीरज धरना कठिन हो रहा था। सरला ने अपने पति को पहली बार रोते हुए देखा, तो प्यार से उसे झिड़कते हुए वह बोली, ''मर्द होकर रोते हो? आपको ऐसी विह्वलता शोभा नहीं देती।''

आँसू पोंछते हुए सत्येन्द्र बोला, ''जब दिल दुखी है तो आँसुओं को रोकना कैसे सम्भव है? क्या रोने पर स्त्रियों का एकाधिकार है? पुरुष के मन के भीतर कैसी भी ज्वाला क्यों न धधकती हो, तो क्या उसे अपनी वेदना प्रकट करने का अधिकार नहीं है। क्या पुरुष रोने से स्त्री बन जाता है? सरला, तेरी इस व्यवस्था से मैं सहमत नहीं हूँ।''

पति के हाथ को अपने हाथ में लेकर उसे दबाते हुए सरला ने पूछा, ''आपको पुनर्जन्म में विश्वास है या नहीं?''

सत्येन्द्र बोला, ''पहले मानने-न-मानने की बात छोड़ो, तुम अपनी कहो, आगे से मानूँगा।''

सरला के चेहरे पर मुस्कान बिखर गयी।

रोगी को औषधि पिलाने का समय हो जाने पर डॉक्टर बाबू के साथ कामाख्या बाबू और हरदेव महाशय ने कमरे में प्रवेश किया।

डॉक्टर ने नाड़ी-परीक्षण के बाद कहा, ''स्थिति गम्भीर है, बचने की कोई आशा नहीं है। ईश्वर के चमत्कार की बात अलग है।''

शाम को हरदेव बाबू अपने बेटे के साथ कलकत्ता लौट गए।

3 : पुनर्विवाह

पत्नी के साथ सुख-भोग में बिताये दिनों के बीते समय की अथवा मधुर स्वप्न की स्मृति शेष रह जाने वाले किसी भी व्यक्ति का दुखी एवं विचलित होना सर्वथा स्वाभाविक ही होता है। सत्येन्द्र भी इसका अपवाद नहीं था। उसे भी लगता था, मानो स्वर्ग से धकेलकर उसे अकेला तड़पने को पृथ्वी पर फेंक दिया गया है। शय्या पर जीवन-सहचरी के रिक्त स्थान को देखकर उसे समझ नहीं आता कि अपने दुर्भाग्य के लिए किसे कोसे अथवा किसे दोष दें? सुख के सागर में आनन्द से डुबकियाँ लेता वह अपने को किसी मछियारे के जाल में फँस गया-सा अनुभव

कर रहा था। स्त्री न पाने से आधी रात को पलंग से उतरकर सत्येन्द्र खिड़की के पास आ बैठा और सागरपुर के अन्धकार को देखे जा रहा था। मौन खड़े पेड़-पौधे, मानो उसके साथ विचारों का आदान-प्रदान कर रहे थे।

रात की शीतल बयार साँय-साँय की ध्वनि करती हुई बह रही थी। सत्येन्द्र इस वायु में भी अपने लिए कोई सन्देश ढूँढ़ रहा था और वह एक ही सन्देश था—मेरी सरला अब नहीं रही। क्रूर मृत्यु ने जवान होने से पहले ही उसे लील लिया। उसकी स्थिति 'सावन के अन्धे को सब कहीं हरा-ही-हरा दिखना' जैसी थी। इसीलिए उसे कोयल और पपीहे की आवाज़ में यही सुनाई पड़ता है—वह मर गई, वह नहीं रही। पिडकुलिया भी-अब बऊ बात कर—न बोलकर यही बोलती है—बऊ गई मर। सभी पक्षी इसी एक बात को स्वर दे रहे हैं। रात की ठण्डी वायु भी इसी स्वर में अपना स्वर मिला रही है।

भीतर से आवाज़ आती है, 'सत्येन्द्र, बहुत हो लिया। अब और कितने इसी प्रकार विलाप करते रहोगे? क्या तुम्हारे इस प्रकार रोने-बिलखने से सरला लौट आएगी? समझदारी तो परिस्थितियों से समझौता करने में ही है। किसी के आने-जाने से संसार के काम रुक नहीं जाते। अन्धकार में देखते सत्येन्द्र को लगा कि दूर आकाश में चमकता एक सितारा उसका पथ-प्रदर्शन करता हुआ उससे यह सब कह रहा है।''

सत्येन्द्र इस आशंका से आँखें नही मीच पाता कि कहीं उसकी सरला उसकी आँखों से ओझल न हो जाए। काफ़ी देर-जागते रहने से ऊँघ लग जाती है और वहीं खिड़की के सामने कुर्सी पर बैठा-बैठा सो जाता है। प्रातःकाल आँख खुलते ही फिर प्रियतमा की छवि आँखों के सामने घूमने लगती है। अब तो उसे चाँदनी भी जलाती हुई-सी लगती है। हाँ, क्षीण प्रकाश वाला नक्षत्र उसे अवश्य अब भी दिखाई दे जाता है।

एम.ए. की परीक्षा में असफल होने का सत्येन्द्र को कोई दुःख नहीं। वस्तुतः सफल होने में भी उसकी कोई रुचि नहीं रही। अब तो पढ़ने में उसका मन भी नहीं लगता। वह सोचता है कि यदि परीक्षा उत्तीर्ण कर भी लेता, तो क्या सरला मिल जाती?

हरदेव बाबू सपरिवार गाँव लौट आए हैं; क्योंकि सत्येन्द्र को अब कॉलेज जाना आवश्यक नहीं लगता। वह घर में बैठकर परीक्षा की तैयारी कर सकता है। उसका ता उल्टे अब यह मानना है कि नगर के कोलाहल में पढ़ाई की ही नहीं जा सकती। वस्तुतः सत्येन्द्र अब पहले वाला सत्येन्द्र नहीं रहा। उसका चेहरा और उसकी चाल-ढाल से पता चलता है कि वह एकदम बदल गया है। देखने वालों को ऐसा लगता है, मानो वह किसी भयंकर रोग से अभी-अभी मुक्त हुआ है।

दोपहर को सत्येन्द्र कमरे को दरवाज़ा बन्द करके सारे फोटोग्राफ़्स को

झाड़-पोंछकर साफ़ करता, अपनी पुरानी पुस्तकों पर पड़ी धूल को साफ़ करता, हारमोनियम को और उसके कवर को भली प्रकार पोंछता, सरला की पहले से ही साफ़-सुथरी पुस्तकों पर कपड़ा लगाता। इससे निबटकर सरला को बढ़िया पैड पर पत्र पता लिखना भी नहीं भूलता था। उसका मन उसे प्रबोधित करता कि संसार में अकेले तुम ही ऐसे नहीं हो, जिसे अपनी प्रियतमा का वियोग झेलना पड़ा है। फिर, प्रेम में उन्मत्त होने की भी एक सीमा होती है। किसी भी व्यक्ति को यह कभी नहीं भूलना चाहिए कि मरने वाले के पीछे कोई मर नहीं जाता। जीवित व्यक्ति को अपना जीवन फिर से प्रारम्भ करना पड़ता है। अपना घोंसला टूट जाने पर, क्या पक्षी नीड़ का पुनः निर्माण नहीं करते?

सत्येन्द्र की बुद्धिमती माँ से बेटे की हालत देखी नहीं गई। एक दिन उसने अपने पति से कहा, "अपने सत्येन्द्र की यह स्थिति अब देखी नहीं जाती।"

"दुखी तो मैं भी हूँ, किन्तु किया क्या जा सकता है?"

"क्या दूसरा विवाह नहीं किया जा सकता? नई बहू के आने पर लड़के की हँसी लौट आएगी।"

पति की अनुमति पाकर भोजन करने बैठे सत्येन्द्र से उसकी माँ बोली, "बेटा, मेरी एक बात मानोगे?"

सत्येन्द्र के 'क्या' पूछने पर उसकी माँ बोली, "तुम्हें दूसरा विवाह करना होगा।"

सत्येन्द्र बोला, "अब इसकी क्या आवश्यकता है?"

माँ ने पहले से ही अपने रुदन से लड़के को फुसलाने की योजना बना रखी थी। टप-टप आँसू गिराती हुई वह बोली, "अभी तेरी आयु ही कितनी है? सरला की याद को भुलाना कठिन है, किन्तु उसके लिए सारा जीवन उजाड़ा तो नहीं जा सकता। अभी तो इक्कीस का भी नहीं हुआ?"

दूसरे दिन हरदेव बाबू ने बेटे के दूसरे विवाह की चर्चा की, तो सत्येन्द्र चुप रह गया। बेटे की चुप्पी को बाप ने उसकी मौन-स्वीकृति समझ लिया।

अपने कमरे में आया सत्येन्द्र सरला के चित्र के सामने आ खड़ा हुआ। सरला को सम्बोधित करता हुआ सत्येन्द्र बोला, "सरला, सुनती हो, ये लोग मेरा दूसरा विवाह करने जा रहे हैं।" चित्र बोलता नहीं। यदि कहीं बोलता होता, तो इसके सिवा और क्या कहता—बड़ी अच्छी बात है, बधाई हो।

4 : नलिनी

शुभमुहूर्त में सत्येन्द्र ने कलकत्ता में सुमुखी नलिनी को देखा। लड़की रूपवती एवं आकर्षक थी, किन्तु सरला को न भुला पाये सत्येन्द्र ने दूसरे विवाह को भार-रूप ही माना।

विवाह के बाद दो साल तक नलिनी मायके में ही रही। सत्येन्द्र की माँ ने नलिनी-जैसी सुन्दर बहू को पाकर बेटे को सरला को भुलाने और नया जीवन जीने की सलाह दी, किन्तु सत्येन्द्र ऐसा न कर सका। उसे नलिनी के साथ रात-भर एक शय्या पर सोना सुहाता ही न था। नलिनी लज्जावश पति से कुछ नहीं कहती, तो सत्येन्द्र उसकी चुप्पी को अपने लिए वरदान मानता है।

एक रात नींद खुल जाने पर अपनी शय्या पर नलिनी को न पाकर सत्येन्द्र उठ बैठा। अंधेरे मं नज़र गड़ाने पर उसने खिड़की के पास नलिनी को बैठा देखा। खुली खिड़की से चाँदनी भीतर कमरे में छिटकी पड़ी थी। चाँदनी में चमकता नलिनी का खिला मुख सत्येन्द्र को बड़ा मोहक लगा।

सत्येन्द्र ने उसकी ओर कान दिए, तो उसे नलिनी का रोना सुनाई दिया। सत्येन्द्र के 'नलिनी' पुकारे जाने को अपना सौभाग्य मानती नलिनी कुर्सी से उठकर सत्येन्द्र के पास आ बैठी।

सत्येन्द्र ने पूछा, ''रोती क्यों हो?'' नलिनी और अधिक ज़ोर से टप-टप आँसू गिराने लगी। सोलह साल की लड़की भला अपने पति द्वारा की जा रही अपनी उपेक्षा को कब तक सहन करती? काफ़ी देरे तक रोने से जी हलका कर चुकी नलिनी बोली, ''क्या मैं आपको पसन्द नहीं हूँ?''

सत्येन्द्र का भी रोने को मन कर रहा था, किन्तु उसने अपने को सँभाला और बोला, ''तुमसे किसने कहा कि तुम मुझे पसन्द नहीं हो? हाँ, मैं मानता हूँ कि तुम्हारे साथ गपशप नहीं कर पाता।''

नलिनी को चुप देखकर थोड़ी देर के बाद सत्येन्द्र पुनः बोला ''वस्तुतः, सोचा था कि मैं अब किसी से कुछ नहीं कहूँगा; क्योंकि मुझे लगता है कि कहने का कोई लाभ नहीं, किन्तु अब मैं तुम्हें वह सब बता दूँगा, जिससे तुम्हें मेरे इस प्रकार के व्यवहार के कारण का पता चल सके। मैं अब तक अपनी पहली पत्नी सरला को भुला नहीं सका हूँ। उसे मैं न तो भुला पाना चाहता हूँ और न ही भुला पाने की मुझे कोई आशा है। इस स्थिति में तुम मुझे अभागे से आ जुड़ी हो। वह तुम्हें अपने हृदय के उस आसन पर कैसे बिठाए, जहाँ पहले से कोई जमी बैठी हो? मैं तुम्हें कभी सुख दे पाऊँगा या तुमसे प्रेम कर पाऊँगा, ऐसा भी मुझे नहीं लगता। तुम मुझ पर विवाह करके किसी का जीवन नष्ट करने का आरोप लगा सकती हो, परन्तु मैंने अपनी इच्छा से विवाह नहीं किया। मुझे बलि का बकरा बनाया गया है। इसलिए मुझे नहीं लगता कि हम दोनों कभी पति-पत्नी के रूप में रह सकेंगे।''

आधी रात के सूने में पति-पत्नी होने पर भी दोनों एक-दूसरे के लिए अजनबी-से बने बैठे रहे। सत्येन्द्र को नलिनी के सिसकने को पता चल गया। सत्येन्द्र भी रो रहा था, किन्तु उसके रोने का कारण दिवंगत पत्नी सरला की

भूली-बिसरी बातों का स्मरण हो आना था। यहाँ तक कि सरला का चेहरा उसकी आँखां के आगे सजग हो उठा और सरला के शब्द उसके कानों में गूँजने लगे, "अब आप क्या लेने आये हैं?" सत्येन्द्र न चाहकर भी रोने लगा। वस्तुतः रोने को रोकना उसके वश में नहीं रहा था। धीरे-धीरे उसकी आँखों से निकले आँसू उसके गालों पर लुढ़कने लगे।

अपने आँसुओं को पोंछकर और नलिनी के दोनों हाथों को अपने हाथों में लेकर सत्येन्द्र बोला, "नलिनी, रोना-धोना छोड़ो, इसमें मेरा कोई दोष नहीं है। वस्तुतः मेरे हृदय की वेदना को समझने की किसी ने परवाह ही नहीं की, किसी ने यह सोचने की चिन्ता ही नहीं की कि मैं दूसरे विवाह के लिए मानसिक रूप से तैयार भी हूँ या नहीं? मैं भीतर-ही-भीतर कितना दुखी हूँ और किस प्रकार तिलमिला रहा हूँ, इस ओर किसी ने ध्यान दिया होता, तो तुम्हारी ऐसी नियति न होती। फिर भी, मैं तुम्हें विश्वास दिलाता हूँ कि यदि मैं स्वस्थ हो गया, तो तुम्हें हृदय से प्यार कर सकूँगा और फिर सच्चे मन से तुम्हारी देख-रेख का दायित्व सँभालूँगा।"

स्नेह के आश्वासन के साथ लगे यदि एवं किन्तु-जैसे शब्द मिलने घातक होते हैं, इसे तो कोई भुक्तभोगी ही समझ सकता है। काफ़ी समझदार होने के कारण नलिनी पति के गहरे दुःख को ठीक से समझ गई। पति के मुँह से अपने प्रति उनके प्रेम न होने की सुनकर भी वह न रुष्ट हुई, न उसने अपने दुर्भाग्य पर आँसू बहाये और न ही ऐसे पति के प्रति मन में दुर्भाव लाई। यद्यपि सोलह साल की लड़की के लिए रूठना, अहंकार करना और पति को खरी-खोटी सुनाना आदि सभी कुछ सम्भव है। इस आयु में अपने पर नियन्त्रण रखने का विवेक ही कहाँ होता है? फिर भी, इस लड़की ने ऐसा कुछ भी ग़लत काम नहीं किया। इस बुद्धिमती लड़की ने सोचा, पति को अपने अनुकूल बनाना मेरी प्राथमिकता होनी चाहिए, न कि अपने अहंकार से उन्हें अपने से और अधिक दूर करने-जैसी उद्धतता करनी चाहिए।

बस, उस दिन ने नलिनी के जीवन का एकमात्र उद्देश्य अपने पति को व्यथामुक्त करना हो गया। वह जानती थी कि सरला के विरुद्ध कुछ कहने का परिणाम उलटा पति के दुःख में वृद्धि करना होगा। अतः उसने पति की व्यथा को ध्यान से सुनने, उनके प्रति सहानुभूति दिखाने तथा पति के प्रेम को आदर्श बताकर इसके लिए उनकी सराहना करने का मार्ग अपनाया, तो धीरे-धीरे वह सत्येन्द्र के निकट आती गई। दुखी व्यक्ति की बात को ध्यान से सुनने वाला आत्मीय बन्धु ही लगता है।

अब सत्येन्द्र को नलिनी का संग अच्छा लगा। दोनों की रातें एक साथ बीतने लगीं। सत्येन्द्र जब अपने पिछले प्रेम की बातें करता, तो नलिनी विस्तार से

सुनाने के लिए उसे उत्साहित करती और अधूरी बात को पूरा करने का अनुरोध करती। बस, इसलिए वह उसके निकट आती गई।

5 : दो वर्षों के पश्चात्

अठारह साल की हो गई नलिनी को बहू बनकर इस घर में आए दो साल बीत गए हैं। अब उसे पति द्वारा अपनी उपेक्षा किए जाने का कोई कष्ट नहीं है। उसने अपने विवेक से पति के हृदय पर अधिकार कर लिया है और उसके प्रेम को जीत लिया है। सत्येन्द्रनाथ इन दिनो पवना का डिप्टी मजिस्ट्रेट बन गया है। पत्नी द्वारा की जा रही सेवा तथा देखभाल से उसके स्वभाव एवं रहन-सहन में भारी परिवर्तन आ गया है। कचहरी से लौटने पर सत्येन्द्र को नलिनी के साथ बैठकर गपशप व हँसी-मज़ाक़ करने, शतरंज आदि खेलने तथा गाना-बजाना सुनने में आनन्द आने लगा है। एक शब्द में कहना चाहें, तो कह सकते हैं कि सत्येन्द्र सही अर्थों में एक आदर्श पति बन गया है। मनुष्य का यह स्वभाव है कि जो वस्तु उसे सुलभ नहीं, वह उसकी प्राप्ति के लिए लालायित रहता है। अशान्त व्यक्ति शान्ति की खोज में भटकता है, तो शान्त व्यक्ति को सूनापन काटने को दौड़ता है, एकदम अखरता है।

मनुष्य का स्वभाव है, छल के पीछे भागना, अर्थात् हाथ से छूटी मछली को ही बड़ी मछली समझकर पछताना। सत्येन्द्र भी हाँड़-माँस का पुतला होने के कारण इसका अपवाद नहीं हो सकता। नलिनी द्वारा इतने यत्न और सावधानी से की जा रही सेवा-शूश्रूषा के बाद भी उसके मन में कभी-कभार मेघों के बीच बिजली की चमक के समान अशान्ति उत्पन्न हो जाती है। इस अशान्ति के कारण पल-भर के लिए ही सही, जल में पत्थर फेंकने से उत्पन्न हलचल के समान उसका मन भी आन्दोलित हो उठता है। इस स्थिति से पति को उबारने में नलिनी को काफ़ी श्रम करना पड़ता है। बीच-बीच में तो वह बेचारी, निराश-सी होने लगती है। उसे इतने दिनों की अपनी साधना, तपस्या, चेष्टा तथा सहनशीलता पर पानी फिरता-सा लगता है; क्योंकि नलिनी के किसी भी कार्य में नाममात्र की त्रुटि देखने पर सत्येन्द्र के मुँह से नलिनी को सदैव यही सुनने को मिलता, सरला होती, तो यह ग़लती, यह भूल-चूक, यह त्रुटि अथवा यह छिद्र कदापि नहीं होता। सरला का नाम सुनते-सुनते नलिनी के कान पक गए थे। कौन जाने कि सरला सचमुच इतनी पूर्ण तथा परिष्कृत थी कि उसके द्वारा कुछ ग़लत होने के विषय में सोचा तक नहीं जा सकता था अथवा यह केवल सत्येन्द्र का उसके प्रति आदर का भाव था। क्या सत्य है, यह तो अन्तर्यामी ही जानते होंगे? हम तो केवल यही कह सकते हैं कि जो चला गया है, उसे सर्वोत्तम मानना मनुष्य की स्वभावगत दुर्बलता है। इसीलिए कचहरी से लौटने पर नलिनी को सामने न पाकर सत्येन्द्र की यही

प्रतिक्रिया होती, "कहाँ वह (सरला) और कहाँ यह (नलिनी)?" इस प्रकार सत्येन्द्र सरला को भुला नहीं पा रहा था अथवा यों कहें कि वह भुलाना चाहता ही नहीं था।

इस तथ्य—सरला को न भुला पाना—से परिचित नलिनी अपनी ओर से सदैव पति के समीप रहने की चेष्टा करती है। बुद्धिमत्ती नलिनी ने न कभी चाहा और न प्रयास ही किया कि उसका पति सरला को सदा के लिए भूल जाए, किन्तु हाँ, इसके लिए वह अवश्य दुःख मनाती है कि बेचारा सत्येन्द्र निरर्थक कष्ट भोग रहा है। अतः वह पति के समीप बनी रहने को सजग रहती है। वह इसी को अपना परम सौभाग्य मानती है कि उसके पति उसकी उपेक्षा अथवा उसका अनादर नहीं करते।

पवना के प्रतिष्ठित वकील गोपीकान्त राय कलकत्ता में नलिनी के मायके के पड़ोसी हैं। नलिनी वकील साहब को काका और उनकी पत्नी को काकी कहती है। दोनों परिवारों का एक-दूसरे के यहाँ खूब आना-जाना है। गाँव के सम्बन्ध से सत्येन्द्र भी वकील साहब का काफ़ी समय सम्मान करता है। सत्येन्द्र का मकान वकील साहब के मकान से दूर अवश्य है, फिर भी, दोनों परिवारों में मधुर सम्बन्ध है।

नलिनी कभी-कभार वकील साहब के घर चली जाती है; क्योंकि उनकी लड़की हेमा उसकी बचपन की सहेली है। दोनों एक-दूसरे से मिलने को सदा उत्सुक रहते हैं। एक दिन सत्येन्द्र के कचहरी चले जाने पर, घर में अपने को ख़ाली अनुभव करती नलिनी चित्र बनाने बैठी ही थी कि उसके आँगन में एक गाड़ी आकर रुकी, तो नलिनी ने अनुमान लगताया कि हेमा आई होगी। पलक झपकते हेमांगिनी नलिनी के सामने खड़ी थी। नलिनी को बाँह से खींचते हुए हेमा बोली, "अब हमारे घर चलो, कल मेरे भैया की बहू आई है, चलकर उससे मिलो।"

नलिनी बोली, "तू अपनी भाभी को साथ क्यों नहीं लेती आई?"

हेमा ने कहा, "अभी नयी भाभी को इधर कैसे लाया जा सकता था?"

"तो फिर मैं भी नहीं चलती।"

"तू कैसे नहीं चलेगी, चलती है या घसीटना शुरू करूँ?"

कोई घसीटने पर तुल जाए, तो नलिनी-जैसी किसी के लिए न जाना अथवा इन्कार करना कठिन जो जाता है। नलिनी भी सहमत हो गयी।

हेमा के घर जाने में नलिनी की हिचकिचाहट का कारण यह था कि उसे वहाँ से लौटने में देर हो जाती है। पहले दो बार वहाँ गई नलिनी यह सब देख चुकी है कि उसके पति उससे पहले ही कचहरी से लौट आए हैं। सत्येन्द्र बाबू भले इस ओर ध्यान न दें, किन्तु अपने थके-माँदे पति को पंखे की बयार न कर पाने के कारण नलिनी अपने को लज्जित अनुभव करती है। आज प्रयत्न करने पर भी नलिनी सात बजे से पहले घर न पहुँच सकी। अखबार पढ़ रहे सत्येन्द्र ने अभी

तक कुछ भी नहीं खाया-पिया था। उन्हें नलिनी ही खिलाती-पिलाती थी और आज वह अनुपस्थित थी। नलिनी के आने पर सत्येन्द्र हँसा, किन्तु नलिनी को यह हँसी दंश-जैसी लगी। उसने तत्काल आसन बिछाकर खाना परोसा, किन्तु सत्येन्द्र ने उस ओर देखा तक नहीं। भूख न होने की कहकर बैठा रहा। नलिनी को मान-मनोबल का कोई लाभ न हुआ, फलतः वह समझ गई कि उसके पिया रूठ गए हैं।

6 : भाग्य पलट गया

हेमांगिनी के पति उपेन्द्र बाबू ने आज अपनी पत्नी को ले जाना है, बहुत दिनों से न मिली हेमा ने नलिनी को आज बड़े आग्रह से बुलाया है।

नलिनी ने पति की आज्ञा के बिना घर न छोड़ने की शपथ ले रखी थी। आज इस प्रण की रक्षा का अर्थ होगा, प्रिय सखी से भेंट न होना। हेमा ने तीन बजे की गाड़ी से प्रस्थान करना है और सत्येन्द्र ने पाँच बजे के बाद लौटना है। अतः पति की आज्ञा का मिलना सम्भव ही नहीं। अपने मन में उठे तर्क-वितर्कों पर विचार करने के पश्चात् नलिनी ने अन्ततः आज पति की आज्ञा के बिना भी जाने का निश्चय कर लिया।

नलिनी वहाँ पहुँची, तो हेमा तीन बजे की गाड़ी से नहीं जा सकी। उसने नलिनी को भी अपने से अलग न होने दिया। नलिनी अपने पति को होने वाली असुविधा और उनकी नाराज़गी की बात कह ही न सकी। बहुत देर होती देख, छुटकारा पाने के लिए नलिनी ने यह सब कहा, तो भी हेमा ने उसे हँसी में उड़ा दिया और बोली, "क्या तू मुझे मूर्ख समझती है अथवा अपने पति को नकेल डालना नहीं सीखी है?" इस पर नलिनी मन मारकर रह गयी। चाहकर भी वह पीछा न छुड़ा सकी।

रात के दस बजे घर लौटी नलिनी को अपने पति के बाहर सो जाने का पता चला। नलिनी से अत्यन्त स्नहे करने वाली उसके मायके से उसके साथ आई नौकरानी मातंगिनी को भी आज बेटी-जैसी मालकिन को उलटा-सीधा सुनाना पड़ा। सारे घर में केवल वही जानती थी कि सत्येन्द्र बाबू के बाहर सोने का कारण उनका अपने को अपमानित होना मानने से उत्पन्न क्रोध है।

रात के सन्नाटे में बिस्तर पर पड़ा सत्येन्द्र अपनी दिवंगत पत्नी सरला के अरूण कमल-जैसे चेहरे का ध्यान करता हुआ वर्तमान पत्नी नलिनी के चेहरे के साम्य-वैषम्य पर विचार कर रहा था तथा नलिनी के प्रेम को सरला के प्रेम के सामने तुच्छ ठहरा रहा था। ठीक उसी समय धीरे-से दरवाज़ा खोलकर नलिनी ने पति के शयनकक्ष में प्रवेश किया। सत्येन्द्र ने नलिनी को देखा और आँखें बन्द कर लीं। नलिनी सत्येन्द्र के पैताने बैठ गई और सत्येन्द्र आँखें मीचकर चुपचाप

पड़ा रहा। काफ़ी देर की चुप्पी के सत्येन्द्र ने कठोर स्वर में पूछा, "तुम यहाँ क्यों आई हो?"

नलिनी रोने लगी। इस पर सत्येन्द्र ने और अधिक भड़ककर कहा, "रात काफ़ी हो चुकी है, जाओ, मुझे थोड़ा आराम करने दो।"

रोती-बिलखती नलिनी बोली, "आप ऊपर कमरे में चलने की कृपा कीजिए।"

"मुझे नींद आ रही है, मैं इस समय कहीं नहीं जाऊँगा।"

नलिनी जानती है कि सत्येन्द्र को उसका रोना नहीं सुहाता, इसलिए उसने अपने आँसू पोंछ डाले और पति के चरणों पर सिर रखकर गिड़गिड़ाती हुई बोली, "बस, इस बार क्षमा कर दीजिए। यह स्थान सुविधाजनक नहीं है, ऊपर चलिये।"

नलिनी सत्येन्द्र के हठ से परिचित थी। एक बार उसने जो ठान लिया, उससे उसे टस से मस नहीं किया जा सकता था। वह बोला, "यह समय सुविधा-असुविधा पर विचार करने का नहीं है। इस समय मुझे नींद लगी है, मुझे सोने दो और तुम भी जाकर सोओ।"

नलिनी अपने कमरे में चली गई और उसने रोते-रोते पूरी रात गुज़ार दी। वह हेमांगिनी को कोसने लगी और मन-ही-मन कहने लगी कि अब मेरी इस डूबती नैया को क्या तू किनारे लगाने आएगी?

अगले दिन भी सत्येन्द्र न तो घर के भीतर आया और न ही उसकी नलिनी से भेंट हुई।

नलिनी ने अपनी दासी मातंगिनी के हाथ एक पत्र लिखकर भेजा, किन्तु सत्येन्द्र ने उसे बिना पढ़े ही फाड़ दिया और दासी को भविष्य में किसी पत्र को न लाने का कठोर निर्देश दिया।

चार-पाँच दिनों के बाद अपने-अपने बड़े भाई नरेन्द्र के पवना आने पर नलिनी प्रसन्न होने के साथ-साथ आश्चर्यचकित भी हो गई। उसने पूछा, "भैया, कैसे आना हुआ?"

हँसता हुआ नरेन्द्र बोला, "तू तो घर चलने को बहुत उतावली हो रही है, बहिन।"

स्तब्ध हुई नलिनी बोली, "मैं...उतावली..."

नलिनी को सारा मामला समझते देर न लगी। अतः पलटकर बोली, "हाँ, बहुत दिनों से भेंट जो नहीं हो सकी।"

7 : भाग्य की प्रबलता

पति को प्रणाम कर जिस दिन नलिनी अपने भाई के साथ मायके गई, उस रात सत्येन्द्र एक क्षण के लिए भी सो न सका। वह रात-भर यही सोचता रहा कि यह सब न करने पर भी काम चल जाना था। एक समय तो गाड़ी को लौटा लाने

का विचार भी आया, किन्तु अभिमान के कारण कुछ करना सम्भव न हुआ।

नलिनी मायके की दासी मातंगिनी भी मालकिन के साथ गयी। वह इस विदा के वास्तविक कारण से परिचित थी। नलिनी ने दासी को घर में किसी को कुछ न बताने की कठोर चेतावनी दे दी; क्योंकि उसके पति की बदनामी होगी, जिसे वह कभी सहन नहीं कर सकती थी।

मायके पहुँचकर नलिनी ने माता-पिता को प्रणाम किया, छोटे भाई को गोद में उठाकर चूमा, किन्तु उसके चेहरे पर प्रसन्नता की चमक न आ सकी।

माँ ने कहा, "एक ही दिन की यात्रा में मेरी बेटी के चेहरे पर थकान झलकने लगी है।" सुनकर नलिनी हँस तो दी, किन्तु उसकी हँसी सूखी थी।

कभी-कभी संसार में किसी साधारण कारण से भी बड़े भारी उत्पात हो जाया करते हैं। उदाहरणार्थ, शूर्पणखा की साधारण प्रणय-चेष्टा ही स्वर्णनगरी लंका के विनाश का कारण बन गयी। एक स्वप्न को सत्य समझने से महाराज हरिश्चन्द्र को घोर कष्ट झेलना पड़ा। साधारण घटना के भयंकर परिणाम वाली घटनाओं से सभी देशों के इतिहास भरे पड़े हैं। यदि सत्येन्द्रनाथ भी अपने अभिमान के कारण अपना घर उजाड़ बैठा, तो यह कोई अनोखी बात नहीं है।

नलिनी कभी अहंकार का शिकार नहीं हुई थी। पति के मन को कष्ट न पहुँचाने की इच्छा से वह चुपचाप गरल पीती रही, किन्तु अब उसकी सहनशक्ति चुक गयी थी। वह अब सोचने लगी कि यदि वह पति द्वारा त्याग दी गयी है, तो जीकर क्या करेगी? उसके जीने का अर्थ ही क्या रह जाता है?

नलिनी के मन में उत्पन्न अहंकार अपनी चरम सीमा पर पहुँच चुका था, जबकि सत्येन्द्र के मन में उत्पन्न अहंकार लगभग समाप्त हो चुका था। वस्तुतः सत्येन्द्र का अभिमान तो दिखावा था; क्योंकि नलिनी के बिना उसके लिए एक दिन भी गुज़ारना कठिन था और यह भी एक निश्चित सत्य है कि अहंकार परिणाम में दुःखदायक ही होता है। वह प्रतिदिन यह आशा करता है कि आज नलिनी का पत्र आएगा, जिसमें उसे लिवा ले जाने के लिए अनुनय-विनय होगी। सत्येन्द्र मन-ही-मन यह भी निश्चित कर लेता था कि वह नलिनी के अनुरोध का सम्मान रखेगा। इतना ही नहीं, वह भविष्य में उसके प्रति ऐसा व्यवहार न करने की तो ठानता, किन्तु दिन-प्रतिदिन की प्रतीक्षा में छह महीने बीत गए। नलिनी की ओर से कोई सन्देश न आया, तो सत्येन्द्र घोर निराशा से टूट गया। यदि कहीं वह झुक जाता, तो स्थिति सुधर जाती, किन्तु भाग्य में दोनों का मिलन नहीं लिखा था। अतः उसका अहंकार पहले से भी दुगुनी तीव्रता से जाग्रत हो उठा। इसके साथ ही क्रोध ने भी आग में आहूति का काम किया। वह सोचने लगा कि यदि एक स्त्री होकर वह अपना भला-बुरा नहीं सोचती और नहीं झुकती, तो उसे उसकी चिन्ता करने की आवश्यकता ही क्या है?

दोनों—नलिनी आर सत्येन्द्र—के अविवेक ने दोनों को सदा के लिए एक-दूसरे से अलग कर दिया। यौवन के उन्माद में दो दिल मिलते-मिलते सदा के लिए बिछुड़ गए, दो मन जुड़ते-जुड़ते टूटकर छिन्न-भिन्न हो गए।

वस्तुतः, इस अवाञ्छनीय स्थिति के लिए दोष दोनों को नहीं दिया जा सकता, किन्तु इतना तो निश्चित है कि ग़लती दोनों ओर से हुई है। इस तथ्य को भी केवल ऊपर वाला जान सकता है कि यदि ग़लती का पता एक साथ दोनों को लग भी जाए, तो दोनों में कौन अधिक दुखी होगा। लेखक अपने लिए ही नहीं, अपितु पाठक के लिए भी इसे समझना सरल नहीं मानता कि आख़िर इन दोनों ने क्या सोचकर एक-दूसरे की उपेक्षा करने की हठधर्मिता को अपनाया, जबकि वास्तविकता यह है कि युवा मन को कभी एक-दूसरे से मिलने की न तो चाह होती है और न ही अपने ऊपर संयम अथवा नियन्त्रण करना सम्भव होता है। युवा मन तो सदैव मर्यादा-रूपी खूंटे को उखाड़ने और मौज-मस्ती करने को आकुल-व्याकुल रहता है। युवा मन की अतृप्त आकांक्षा व्यक्ति को मिलन के लिए उत्साहित एवं प्रयत्नशील बनाती है, लक्ष्य-प्राप्ति सम्भव न होने पर भी व्यक्ति को चैन से नहीं बैठने देती, किन्तु यहाँ दोनों ओर की अकर्मण्यता, चेष्टा-हीनता तथा हाथ-पर धरे बैठे रहने की प्रवृत्ति सचमुच विस्मयकारी है। बहुत सोच-विचार करने पर अन्ततः यही कहना पड़ता है कि भावी प्रबल है। भाग्य के लिखे को मिटाना किसी के भी वश में नहीं। मनुष्य को वही बुद्धि आती है और वह वही करता है, जो भाग्य उससे कराना चाहता है। आख़िर मनुष्य नियति के हाथ खिलौना जो ठहरा।

8 : सुहाग-रात

अपने लड़के द्वारा रूप-गुण-सम्पन्न बहू के ठुकराये जाने पर सत्येन्द्र की माँ को गहरा दुःख पहुँचा। वह अपने भाग्य को कोसती हुई बोली, "लाखों में एक, चाँद-जैसी बहू के होते हुए भी उसका घर का न बस पाना सचमुच उसके किन्हीं पापकर्मों का फल है। फिर वह सोचने लगी—वास्तव में पिया के मन को भाने वाली बहू ही रूप गुण-सम्पन्न कहलाती है। जब पिया को ही नहीं भायी, तो फिर कहाँ का रूप और कहाँ के गुण? इसमें मेरा कोई हाथ नहीं। लड़के ने अपनी पसन्द से विवाह किया और फिर अपनी मर्ज़ी से उसे छोड़ दिया। इसमें भला मैं बीच में कहाँ आती हूँ? इस प्रकार अपने मन में विचार करती गृहिणी-वरण-डाल (वर-वधू के स्वागत में आरती उतारने के लिए बनाई जाने वाली थाली) सजाने लगी।

हरदेव बाबू दो साल पहले स्वर्ग सिधार चुके हैं। उनकी याद आते ही गृहिणी की आँखें सजल हो उठीं। नलिनी की याद आ जाने से आँसुओं का वेग

और भी अधिक बढ़ गया। वह सोचने लगी कि यदि सत्येन्द्र के पिताजी जीवित होते, तो शायद नलिनी को लाने का कोई उपाय करते। अब पता नहीं, नई बहू कैसी होगी?

सत्येन्द्र का विवाह हो गया। माँ ने वर-वधू की आरती उतारकर उनका स्वागत किया। आँखों में आँसू आ जाने पर उसने बहाना बना दिया। आँखों में कुछ पड़ जाने से बार-बार आँसू आ जाते हैं। इस प्रकार आँसुओं का बहना और पोंछे जाने का क्रम चलता रहा।

नलिनी की बहिन-जैसी प्यारी सहेली गिरिबाला बड़ी मुँहफट थी। इस छोटी-सी आयु में सत्येन्द्र की यह तीसरी शादी है। क्या पता इस लड़के ने अभी क्या-क्या गुल खिलाने हैं?

सत्येन्द्र ने और उसकी माँ ने यह सब सुना, वे भला क्या उत्तर देते? कल उसकी सुहागरात है।

किसी अनजान व्यक्ति से सत्येन्द्र को बहुमूल्य उपहार प्राप्त हुआ है। इसमें वर-वधू के लिए ढाके की चादर, साड़ी आदि बहुत सारी क़ीमती वस्तुएँ हैं। साड़ी तो इतनी बढ़िया है कि आज तक इस क्षेत्र में कभी किसी ने देखी न होगी। आस-पास के स्त्री-पुरुष उत्सुकता से पूछते हैं, ''ऐसा बहुमूल्य उपहार किसने भेजा है?'' गृहिणी थूक निगलकर और आँसू रोककर कहती है, 'सत्येन्द्र के किसी मित्र ने भेजा है।''

उपहार की वस्तुएँ बाँट दी गई। राजबाला ने उपहार की सराहना की, तो नृत्यकाली समर्थन में बोली, ''बड़े लोग कोई घटिया उपहार कभी नहीं भेजते।''

कुछ देर बाद राजबाला ने पूछा, ''ऐसी सुन्दर, सुशील और गुण सम्पन्न बहू को छोड़कर सत्येन्द्र ने फिर से विवाह क्यों किया है?''

ज्ञानदा बोली, ''समझ में तो मेरी भी नहीं आता। बहू थी तो सोने की डली।''

रासमणि नाई की लड़की है। उसके मायके की आर्थिक स्थिति काफ़ी अच्छी है। देखने में बुरी नहीं, हाँ, नाक अवश्य चपटी है। कुछ लोग उसकी आँखों को भी काफ़ी छोटा बताते हैं। किसी स्त्री के रूप-सौन्दय्र से उसके पति के सिवा किसी और को क्या लेना-देना?

हँसती हुई रासमणि ने राजबाला से कहा, 'यदि तुम समझदार होतीं, तो उस औरत की चर्चा ही न करतीं। वह जिस तरह पुरुषों के मुँह फाड़कर बातें करती थी, उससे साफ़ संकेत मिलता था कि उसका चरित्र ठीक नहीं है। यदि ऐसा न होता, तो वह चुपचाप घर से क्यों निकल जाती और क्यों बाबू दूसरा विवाह करते।''

उपस्थित महिलाओं के चुप रहने पर यह स्पष्ट हो गया कि यह तथ्य उन्हें

विश्वसनीय लगता है। दो-चार दिनों में यह बात पूरे गाँव में फैल गई कि नाई लड़की रासमणि ने ज़मींदार के घर के गुप्त रहस्य को जान लिया है। भ्रष्ट आचरण के कारण ही नलिनी को त्यागा गया है।

गृहिणी तो नलिनी पर लगाए जा रहे इस मिथ्या आरोप से विचलित हो उठी। वह अपने कमरे का द्वार बन्द कर विह्वल होकर रुदन करने लगी। उसने तो मन में यहाँ तक सोच लिया कि वह नलिनी को अपने घर ले आएगी। सत्येन्द्र ने उसे न अपनाया, तो उसे लेकर वह काशी चली जाएगी। इस प्रकार चुप रहकर निर्दोष बहू को किसी के द्वारा कुलटा कहा जाना कभी स्वीकार नहीं करेगी।

सत्येन्द्र की माँ ने उपहार लाने वाली दासी को कमरे में बुलाया। दोनों बन्द कमरे में काफ़ी देर तक रोती रहीं। शान्त होने पर नलिनी की दासी माता बोली, "बिटिया की कंचन-काया लोहे-जैसी काली पड़ गई है। उसने आपके चरणों में प्रणाम के बांद पूछा है कि उसके किस अपराध के दण्ड के रूप में उसके पति ने उसका परित्याग किया है?" इस प्रकार की बहुत सारी बातें दासी के मुख से सुनकर सास का बहू के प्रति स्नेह कई गुना बढ़ गया। इसी के साथ सत्येन्द्र की माँ अपने बेटे के व्यवहार पर अपने को लज्जित एवं व्यथित अनुभव करने लगी। वह सोचने लगी कि क्या सतेन्द्र पर मेरा कोई अधिकर नहीं? क्या मेरी आज्ञा का पालन करना सत्येन्द्र का कर्त्तव्य-कर्म नहीं? मैं नलिनी को घर लाकर रहूँगी। मैं अपनी गृहलक्ष्मी का ऐसा अपमान, व उसकी ऐसी उपेक्षा नहीं होने दूँगी।

उसी दिन साँयकाल माँ ने सत्येन्द्र को बुलाकर नलिनी को लिवा लाने की कही, तो बेटे ने साफ़ इन्कार कर दिया। इस पर रोती हुई माँ बोली, "गाँव-भर में मेरी गृहलक्ष्मी पर मिथ्या कलंक लगाए जा रहे हैं और थू-थू की जा रही है।"

सत्येन्द्र ने पूछा, "कैसा कलंक?"

माँ बोली, "इस प्रकार तुम्हारे द्वारा उसे घर से निकालने और फिर से विवाह करने के लिए उसे दुश्चरित्र माना जा रहा है। मैं किस-किस के मुँह पर हाथ रखने जाऊँ?

"किसी को कुछ कहने और किसी की सुनने की आवश्यकता ही क्या है?"

"तो तुम उसे नहीं लाओगे?"

"नहीं, कदापि नहीं।"

सुनकर माँ बहुत तिलमिलाई और खूब रोयी-चिल्लायी। वह तो अन्तिम निर्णय के लिए तैयार होकर आयी थी। अतः ब्रह्मास्त्र के रूप में बोली, "तो फिर मैं भी इस घर में नहीं रहूँगी। मैं कल ही काशी चली जाऊँगी।"

अब सत्येन्द्र भी पहले वाला भोला-भाला, माँ का आज्ञाकारी, माँ के कहने पर चलने वाला, माँ द्वारा कहे दिन को दिन और रात को रात कहने वाला नहीं रहा। यहाँ तक कि अब वह पत्नी पर आश्रित रहने वाला भी नहीं रहा। अतः उसने माँ

की आशा के विपरीत कठोर स्वर में दो टूक उत्तर दिया, "माँ, जो आपका मन करे, कीजिए, किन्तु मुझे परेशान मत कीजिए। मैं नलिनी को यहाँ नहीं बुलाऊँगा।"

माँ को अपने बेटे से ऐसे रूखे व्यवहार की स्वप्न में भी आशा नही थी। अतः वह निराश होकर बिलखती हुई चल दी। चलते-चलते बोली, "गाँव के लोग जो भी बकते रहें, किन्तु मैं जानती हूँ कि मेरी बहू सती-सावित्री है।"

दूसरे दिन सत्येन्द्र की बुआ ने सत्येन्द्र को उसके मित्र द्वारा भेजे उपहार देखने को बिठा लिया। सत्येन्द्र द्वारा मित्र का नाम पूछने पर बुआ ने अनभिज्ञता प्रकट की। वह उपहार में आये कपड़े ले आया। कपड़े बहुमूल्य थे। बनारसी साड़ी और न जाने क्या-क्या था? सत्येन्द्र प्रेषक के बारे में विचार कर ही रहा था कि उसकी दृष्टि साड़ी के एक किनारे पर लगी गाँठ पर गई। गाँठ खोलने पर मिले पत्र में लिखा था, "बहिन, इसे जीजी द्वारा स्नेह-उपहार समझकर स्वीकार करना, लौटाने की चेष्टा हरगिज़ न करना।"

सत्येन्द्र के लिए सुहागरात में बिछाई पुष्प-शय्या कण्टक-शय्या में बदल गई।

9 : नरेन्द्र बाबू का पत्र

युवक का अहंकार कितना अन्धा होता है और किस प्रकार परिणाम की कोई चिन्ता नहीं करता, इसका सजीव उदाहरण सत्येन्द्र है। उसे याद आया कि बचपन में भी हठ करने की उसकी आदत थी, किन्तु पिता द्वारा पिटाई किए जाने पर वह सही रास्ते पर आ जाता था, किन्तु आज कान खींचने वाले और राह दिखाने वाले किसी के न होने से उसके हठ ने यह अनर्थ सामने ला दिया है।

जवानी मस्तानी होती है। इस आयु में जोश-ही-जोश होता है। होश के लिए कोई स्थान नहीं होता, किन्तु बहुतों के अथवा सबके जीवन में एक-न-एक समय ऐसा अवश्य आता है, जब युवक को अपना जीवन भार लगने लगता है। सत्येन्द्र भी इसका अपवाद नहीं। क्या ऐसा व्यक्ति अपने ग़लत आचरण से लोगों की सहानुभूति खो नहीं बैठता? क्या वह दूसरों का घृणा-पात्र नहीं बन जाता? क्या ऐसा व्यक्ति जीवित होने पर मृत नहीं होता?

प्रिय पाठको! आपको यह बताना भी आवश्यक है कि पापी का अन्त शीघ्र निकट नहीं आता। शीघ्र मृत्यु तो उसके लिए वरदान होती है। यदि ऐसे व्यक्ति के प्राण जल्दी छूट जाएँ, तो वह प्रायश्चित पूरा कैसे होगा और लोगों को शिक्षा कहाँ से मिलेगी? सत्येन्द्र भी जीवित है, किन्तु उसके लिए एक-एक दिन नहीं, एक-एक पल बिताना कठिन हो रहा है। वह प्रतिक्षण छटपटाता है और मृत्यु की कामना करता है, परन्तु मृत्यु उसके पास नहीं फटकती।

सत्येन्द्र बीच-बीच में अपने को धोखा देने के प्रयास में सोचता है कि वह

अपने अतीत को भूलकर वर्तमान में जीता है, किन्तु पवना में चरित्रहीनता का कलंक भोग रही नलिनी के जीवित रहते वह अपने घृणित अतीत को कैसे भूल सकता है?

विवाह के दो महीने बीतने के बाद सत्येन्द्र को आज एक पत्र और छोटा-सा एक पार्सल मिला है। पत्र लिखने वाला है—नलिनी का भाई नरेन्द्र। पत्र इस प्रकार से है—

सत्येन्द्र बाबू,

इच्छा न होने पर भी, अपनी प्यारी बहिन नलिनी के प्रति स्नेहवश उसके अनुरोध से मैं यह पत्र लिख रहा हूँ। मृत्यु से पूर्व ही उसने आपके नाम की यह अँगूठी आपको लौटाने को कहा था, जो पत्र के साथ वापस भेज रहा हूँ, ताकि आप अपनी नई पत्नी को पहना सकें। यह भी नलिनी की इच्छा थी। आशा है कि आप उसकी इस इच्छा को पूरा करेंगे।

हाँ, उसका अन्तिम अनुरोध था—आपके द्वारा इस नई बहिन को कोई कष्ट नहीं पहुँचना चाहिए।

भवदीय

नरेन्द्र

सत्येन्द्र को याद आया कि पुत्र-जन्म के अवसर पर सत्येन्द्र ने यह अँगूठी नलिनी को पहनाई थी। पुत्र की बाद में मृत्यु हो गई थी।

सत्येन्द्रनाथ अब पवना नहीं रहता। उसकी माँ भी किसी कारण से काशी नहीं जा सकी। नई बहू विधु शायद पिछले जन्म में नलिनी की छोटी बहिन रही होगी।

11. मन्दिर

1

नदी के किनारे पर बसे एक गाँव के दो कुम्हार नदी की मिट्टी को साँचे में ढालकर खिलौने बनाते थे और फिर उन्हें हाट में बेच आते थे। इन दोनों परिवारों में पीढ़ियों से यही धन्धा चला आ रहा है। इसी धन्धे की आय से उनका गुज़र-बसर होता आया है। इन कुम्हारों की स्त्रियाँ भी घर के काम के साथ-साथ अपने पतियों के काम में उनका हाथ बटाती हैं। वे मिट्टी में पानी डालती हैं, आवाँ ठण्डा हो जाने पर पके खिलौने निकालती हैं और अपने आँचल से उनकी झाड़-पोंछ करके उन्हें रंगने के लिए मर्दों के सामने रख देती हैं।

रोगी ब्राह्मण शक्तिनाथ भी शिक्षा-दीक्षा, खेल-कूद, बन्धु-बान्धव तथा आचार-संस्कार आदि को तिलांजलि देकर इन कुम्हारों के पास आकर खिलौने बनाना सीखने लगा। वह खपची की छुरी को धोता, साँचे के भीतर की मिट्टी को साफ़ करता और खिलौनों के चित्रांकन को मनोयोग से देखता रहता था। उसे लगता था कि खिलौनों को रंगने में किसी प्रकार की सावधानी नहीं बरती जाती। खिलौनों की भौहों, ओंठों और आँखों को स्याही से रंगने में एकरूपता रखने की ओर ध्यान नहीं दिया जाता। एक आँख दूसरी आँख से थोड़ी लम्बी, मोटी अथवा कुछ तिरछी बन जाने पर न उसे सुधारा जाता था और न ही चिन्ता की जाती थी। यहाँ तक कि किसी खिलौने पर स्याही का धब्बा गिर जाने पर उसे पोंछने में भी समय नहीं गँवाया जाता था। शक्तिनाथ के ऐसी उपेक्षा न बरतने का अनुरोध करने पर कुम्हारों का उत्तर होता, "महाराज, खिलौनों को रंगने में समय, श्रम और पैसा ख़र्च होता है, जबकि बाज़ार में किसी भी खिलौने का दाम एक पैसे से अधिक नहीं मिलता।"

2

शक्तिनाथ कुम्हारों के इस दृष्टिकोण से सहमत नहीं हो पाता था। वह यह भी नहीं समझ पाता था कि कलात्मक ढंग से रंगे और बेढब तरीक़े से रंगे खिलौने के दाम में कोई अन्तर क्यों नहीं रहता? क्या लोगों को कला और सुरुचि की कोई परख नहीं? यदि कुम्हारों की बात सच है, तो फिर रंग की समानता-असमानता की चिन्ता ही क्यों की जाए? वस्तुतः खिलौने तो लड़कों के लिए ख़रीदे जाते हैं,

जो घड़ी-दो घड़ी उनसे खेलते हैं, अपना जी बहलाते हैं और फिर उन्हें इधर-उधरा बेपरवाही से फेंक देते हैं। उनके टूटने-फूटने की कोई चिन्ता नहीं करते।

शक्तिनाथ द्वारा सवेरे घर से लाई और खाने से बची मूड़ी-मुड़की उसकी धोती के छोर में बँधी है। शक्तिनाथ गाँठ खोलकर मूड़ी-मुड़की को चबाता हुआ अनमने भाव से अपने टूटे-फूटे मकान के आँगन में आ खड़ा हुआ। घर में कोई भी नहीं था। बूढ़े और बीमार पिता ज़मींदार के घर मदनमोहन भगवान् की पूजा-आरती के लिए गए हुए थे। वहाँ से वह भगवान् पर चढ़ाया नैवेद्य—फल, सब्ज़ी, चावल आदि—घर लाते हैं और फिर भात पकाकर आप भी खाते हैं और बेटे को भी खिलाते हैं। घर के आँगन में कुन्द, कनेर और हारसिंगार के वृक्ष तो है, किन्तु गृहलक्ष्मी के अभाव में उपवन ने वन का रूप ले लिया है। वृद्ध मधुसूदन भट्टाचार्य अपने जीवन के दिन पूरे कर रहे हैं। शक्तिनाथ कहीं से फूल तोड़ता, किसी टहनी को खींचता-तोड़ता और किन्हीं वृक्षों के पत्तों से खेलता अकारण इधर-उधर घूमने-फिरने लगा।

शक्तिनाथ प्रतिदिन कुम्हारों के पास जाता है। उन्होंने अब उसे खिलौनों को रंगने का काम सौंप दिया है। सरकार नामधारी कुम्हार अच्छे खिलौने छाँटकर शक्तिनाथ को थमाता और कहता, "लो, महाराज! आप इन्हें रंगिये।" शक्तिनाथ दोपहर तक इसी काम में लगा रहता। वह चाहे जितनी सावधानी से और बढ़िया ढंग से क्यों न रंगता, फिर भी बाज़ार में प्रति खिलौना एक पैसे में ही बिकता, किन्तु शक्तिनाथ का मन रखने के लिए सरकार झूठ-मूठ में उसके रंग खिलौनों के दो-दो पैसे में बिकने को कह दिया करता। इसलिए शक्तिनाथ का प्रसन्न होना स्वाभाविक ही था।

3

इस गाँव के कायस्थ जमींदार देवों और ब्राह्मणों के प्रति गहरा भक्ति-भाव रखते हैं। उनके यहाँ गृहदेवता मदनमोहन की मूर्ति शालिग्राम की बनी हुई है और उनके साथ विराजमान श्री राधाजी की प्रतिमा स्वर्ण-रचित है। दोनों विग्रह चाँदी के सिंहासन पर प्रतिष्ठित हैं। मन्दिर की दीवारों पर श्रीकृष्ण लीला से सम्बन्धित अनेक सुन्दर भित्तिचित्र हैं और देव-मूर्तियों पर शुद्ध एवं मूल्यवान रेशम का चंदोवा है। नैवेद्य आदि रखने के लिए संगमरमर की एक सुन्दर वेदी बनी है। पुष्प, चन्दन, धूप, दीप तथा अगर-तगर आदि सुगन्धित द्रव्यों से मन्दिर सुरभित हो रहा है। ऐसा लगता है, मानो स्वर्ग इसी मन्दिर में उतर आया है। सुगन्ध से वातावरण शुद्ध, पवित्र और आनन्दमय बन गया है।

4

बहुतु दिनों से भी पहले की बात है, ज़मींदार बाबू राजनारायण ने जवानी के ढलते ही मृत्यु को सिर पर नाचता मान लिया था। यह बात उन दिनों की है, जब उन्होंने धन-ऐश्वर्य के उपभोग की अवधि के उत्तरोत्तर घटने के तथ्य का साक्षात्कार कर लिया था और मन्दिर के एक ओर खड़े होकर वह जीवन की नश्वरता पर रो उठे थे। उन दिनों उनकी इकलौती लड़की अपर्णा केवल पाँच वर्ष की थी। अपने पिता के पास खड़ी होकर वह अबोध लड़की मधुसूदन भट्टाचार्य को ठाकुरजी की पूजा करते देखा करती थी। भट्टाचार्य शालिग्राम पर चन्दन लगाते, सिंहासन को फूलों से सजाते और धूप-दीप जलाकर आरती उतारते। सन्ध्या के समय भी वह पुरोहितजी को मदनमोहन की आरती करते देखती थी। पुरोहितजी द्वारा मन्त्रों के पाठ किए जाने पर वह मधुर संगीत से भाव-विभोर हो जाती थी।

समय बीतने के साथ अपर्णा बड़ी होने लगी और भगवान् के प्रति उसकी निष्ठा भी परिपक्व होने लगी। मन्दिर को पिता की अत्यन्त प्रिय एवं श्रद्धा की वस्तु मानकर वह भी उसकी रक्षा के प्रति सजग रहने लगी। अपने सभी कामों—खेलकूद, राँधना-पकाना तथा सीना-पिरोना—को निबटाते हुए वह यह सिद्ध करने का सदैव प्रयास करती थी कि मन्दिर की देखभाल एवं व्यवस्था उसकी प्राथमिकता है। इसलिए वह सारा दिन मन्दिर के आस-पास ही बनी रहती। कहीं मन्दिर के आस-पास किसी प्रकार गन्दगी—यहाँ तक कि सूखे कुम्हलाए पुष्पों—को पड़ा नहीं रहने देती थी। यदि कहीं पानी गिर गया दिखता, तो तत्काल अपने आँचल से पोंछ डालती। लोग तो बाबू राजनारायण की देवभक्ति को उनकी सनक समझते थे, किन्तु बेटी के देवनिष्ठा तो बाप की भक्ति की सीमा को भी लाँघ गई थी। पुराने पुष्प-पात्र को छोटा समझकर दूसरे बड़े पुष्प-पात्र को मँगवाने में वह एक पल की देर न लगाती। चन्दन की कटोरी को पुरानी पड़ गई मानकर दूसरी नई मँगवा ली जाती। नैवेद्य और भोग-सामग्री की मात्रा भी नित्य-प्रति बढ़ती ही जाती थी। अपर्णा द्वारा प्रतिदिन किसी-न-किसी बहाने विशेष पूजा के अनुरोध से तो वृद्ध पुरोहित घबराने और परेशान होने लगे थे। ज़मींदार बाबू बेटी की इस गहरी निष्ठा एवं रुचि से उल्लसित हो उठते। वह प्रायः लोगों से कहते रहते थे, ''नारायण ने अपनी पूजा के लिए लक्ष्मीजी को मेरे घर भेज दिया है। जो यह कहती है, वह सब करते चलो।''

5

समय आने पर अपर्णा का विवाह हो गया। मन्दिर को छोड़कर जाना उसे असह्य लग रहा था। उसे ससुराल भेजने के लिए मुहूर्त निकलवाया जा रहा है।

शुभ-मुहूर्त के निकट आने पर पतिगृह के लिए प्रस्थान से पूर्व अपर्णा अपने पिता से बोली, ''बाबूजी, मेरे न रहने पर भगवान् की सेवा की व्यवस्था किसी प्रकार भंग नहीं होनी चाहिए।''

रोते हुए वृद्ध ने आश्वासन दिया, ''बेटी, चिन्ता मत करो, सब ठीक-ठाक चलता रहेगा।''

मातृविहीन होने के कारण मायके से विदा होते समय अपर्णा रो न सकी, चुपचाप चल दी। जिस प्रकार युद्ध में अपने वीर सैनिकों को हताहत हुआ देखकर सेनापति अपने सीने पर पत्थर रखकर चल देता है, उसी प्रकार अपने आँसुओं को दबाकर अपर्णा भी अपने स्वामी के पास चल दी। अपने कर्त्तव्यपालन का स्मरण कर अपने आँसू पोंछती अपर्णा को याद आया कि उसने अपने वृद्ध पिता के आँसू तो पोंछे ही नहीं, अतः वह अपने से ही अपनी शिकायत करते हुए आँसू बहाने लगी। वह मन्दिर के शंख व घण्टे के नाद को न सुन पाने और आरती की गन्ध न ले पाने के विचार से व्यथित होने लगी। वह सोचने लगी कि क्या दूसरे गाँव में किसी मन्दिर का शंखनाद, घण्टावादन, देव-पूजन तथा आरती-गायन आदि देखना-सुनना सुलभ होगा अथवा नहीं? मन्दिर छूट जाने की वेदना के असह्य हो जाने से अर्चना ने पालकी का परदा हटा दिया और पीछे छूटे जा रहे वृक्षों को तन्मयता से देखने लगी। साथ चल रही ससुराल की दासी ने दौड़कर अपर्णा से कहा, ''बहूजी, इसमें रोने-धोने की क्या बात है? ससुराल जाना तो सभी लड़कियों के लिए मंगलमय होता है, यह तो सौभाग्य का लक्षण होता है।''

अपर्णा ने रोना बन्द कर दिया और परदा वापस पालकी पर डाल दिया। अपने इष्टदेव की प्रतिमा के सामने धूप-दीप जलाकर वृद्ध पिता राजनारायण भगवान् से पुत्री की रक्षा करने की प्रार्थना कर रहे थे तथा बीच-बीच में जाती हुई लड़की को देखते भी जा रहे थे।

6

पति के साथ सम्भाषण में अपर्णा को किसी प्रसन्नता की अनुभूति नहीं हुई। अपने स्वामी से प्रथम मिलन में होने वाले सहज संकोच, लज्जा, उत्सुकता तथा उत्कट आवेग-जैसे किसी भी भाव का अनुभव उसे नहीं हुआ। इसलिए पितृगृह छोड़ने की उसकी उदासी और खिन्नता किसी भी रूप में कम नहीं हुई। अपर्णा और उसके पति अमरनाथ का एक-दूसरे के प्रति व्यवहार कुछ इस प्रकार था, मानो दो एक-दूसरे के अपराधी एक-दूसरे से आँख चुराने की चेष्टा कर रहे हों।

एक बार अर्द्धरात्रि में अपर्णा को सम्बोधित करते हुए अमरनाथ ने पूछा, ''क्या तुम्हें यहाँ रहना नहीं सुहाता?''

जाग रही अपर्णा बोली, ''नहीं।''

अमरनाथ, ''क्या मायके जाना चाहती हो?''

अपर्णा का उत्तर था, ''हाँ''।

अमरनाथ, ''क्या कल ही जाना चाहोगी?''

अपर्णा, ''मुझे कोई आपत्ति नहीं।''

अमरनाथ यह सब जानकर क्रूद्ध हो उठा और बोला, ''यदि मैं तुम्हें जाने की अनुमति न दूँ, तो,''

''तो यहीं निर्वाह कर लूँगी।''

कुछ देर की चुप्पी के बाद अमरनाथ ने फिर से पुकार, ''अपर्णा!''

जाग रही अपर्णा खीजकर बोली, ''क्यों परेशान करते हो?''

''अपर्णा! क्या तुझे मेरी कोई आवश्यकता है?''

अपने शरीर को भली प्रकार ढकती हुई अपर्णा बोली, ''इन बातों से लड़ाई-झगड़ा होता है, इसे रहने दो।''

''तुम्हें कैसे मालूम कि झगड़ा होता है।''

''मायके में मेरे मझले भैया और भाभी प्रतिदिन इसी बात पर लड़ते-झगड़ते रहते थे। मुझे लड़ाई-झगड़ा पसन्द नहीं।''

अमरनाथ उत्तेजित हो उठा, वह इसी अवसर की बाट जोह रहा था, किन्तु उसे सूझ नहीं रहा था कि अपर्णा से सम्भोग का प्रस्ताव कैसे करे। वह अपनी पत्नी के अंगों को सहलाते हुए और उसे अपने पास खींचते हुए बोला, ''आओ, हम भी लड़ाई-झगड़ा करें। ऐसे पड़े रहने का क्या लाभ?''

अपर्णा बोली, ''झगड़ा करना अच्छा नहीं होता, आप चुपचाप सो जाइए।''

इसके बाद आँखों में सारी रात बिताता अमरनाथ यह न जान सका कि अपर्णा जागती रही है या सो गयी है।

अपर्णा का पूरा दिन, सवेरे से शाम तक घर के काम-काज और पूजा-पाठ में बीता जाता है। रस-रंग में उसकी रुचि को न देखकर उसकी आयु की स्त्रियाँ आश्चर्य प्रकट करतीं और उसे 'गुसांइजी' कहकर उसका उपहास उड़ाती थीं। सहेलियों द्वारा चेष्टा किए जाने पर भी अपर्णा उनके साथ मेलजोल न बढ़ा सकी। स्वामी से प्रेम न मिलने के कारण उसका मन पितृगृह के मन्दिर में अटका था और ससुराल में बीत रहा जीवन उसे व्यर्थ जाता लगता था। उसे लगता था कि मन्दिर के देव की पूजा करने में ही उसके जीवन की सार्थकता है। इसलिए वह भीतर-ही-भीतर जलती-धधकती अपना समय बिताने लगी।

7

दिन के लगभग नौ-दस बजे अमरनाथ अपनी पत्नी अपर्णा को प्रसन्न करने की इच्छा से उसे देने के लिए एक उपहार लाया है। स्नान के बाद पूजागृह को जाती अपर्णा से अत्यन्त मृदु मधुर स्वर में अमरनाथ बोला, ''अपर्णा मैं तुम्हारो लिए उपहार लाया हूँ, क्य लेने की कृपा करोगी?''

मुस्कराते हुए अपर्णा बोली, ''क्यों नहीं लूँगी?''

प्रसन्न होकर अमरनाथ रेशमी रूमाल में लपेटे बक्से का ढक्कन खोलने लगा। ढक्कन पर स्वर्णाक्षरों में अपर्णा का नाम लिखा था। अपर्णा के मनोभाव को देखने के लिए अमरनाथ ने आँख ऊपर उठायी, तो पत्नी के भावहीन एवं उदास चेहरे को देखकर उसके उत्साह पर पानी पड़ गया। यन्त्रवत् चल रहे हाथों से उसने बक्सा खोला और उसमें से इत्र आदि की शीशियाँ निकालने लगा, तो अपर्णा ने उसे रोकते हुए पूछा, ''क्या यह सब मेरे लिए लाये हो?''

बुझे स्वर में अमरनाथ बोला, ''नहीं तो और किसके लिए? बहुमूल्य सुगन्धित द्रव्य है।''

अपर्णा ने पुनः पूछा, ''क्या बक्सा भी मेरे लिए है?''

अमरनाथ ने 'हाँ' कहने पर अपर्णा बोली, ''तो फिर बक्से में से शीशियों को निकालने की क्या आवश्यकता है?''

''ठीक है, नहीं निकालता। तुम इनका प्रयोग करोगी न?''

सुनकर अपर्णा का हाव-भाव, चेहरा और कण्ठ-स्वर बदल गया। वह भोगवृत्ति के स्थान पर त्यागवृत्ति की स्थिति में आ गयी। उसे अपने पति का अनुरोध एक गन्दा मज़ाक़-सा लगा, किन्तु फिर भी, उसने पति का मन रखने के लिए कहा, ''फेंक नहीं दिया जाएगा, मैंने उपयोग न भी किया, तो भी घर के दूसरे लोग इनका उपयोग कर लेंगे।'' यह कहकर पति की प्रतिक्रिया को जानने की परवाह न करके वह चलती बनी। अमरनाथ ठुकराये उपहार पर हाथ रखकर किंकर्त्तव्यविमूढ़ बना बैठा रहा। उसने न जाने पहले कितनी बार अपने को धिक्कारा-फटकारा, फिर, अपर्णा का नाम लेकर बोला, ''अपर्णा, तुम हृदयहीन जड़ प्राणी हो।'' इसी के साथ वह अपनी आँखों से आँसू बहाने लगा। वह बार-बार अपने आँसू पोंछता, किन्तु आँसुओं का प्रवाह थमने का नाम ही नहीं लेता था। वह मन-ही-मन बोला, ''यदि अपर्णा ने लेने से इन्कार किया होता, तब तो कुछ विचार करता, किन्तु यह तो जूते मारने-जैसी बात है। एक बार तो उसका मन किया कि पूजा के आसन से बलपूर्वक अपर्णा को खींचकर इधर ले आऊँ और उसके सामने इस उपहार को नष्ट कर दूँ। इसके साथ ही सबके सामने इस महिला का मुँह न देखने के अपने संकल्प का भी उद्घोष करूँ। एक दूसरा विचार उसके मन में यह भी आया कि वह घर-द्वार को छोड़कर और शरीर पर भस्म लगाकर बाबाजी बन जाये और अपर्णा

पर किसी दैवी संकट के समय उसके उद्धार के लिए उपस्थित हो जाये। इस प्रकार वह कितने प्रकार के व्यावहारिक-अव्यावहारिक विकल्पों पर मन-ही-मन सोच-विचार करता रहा। उसके मस्तिष्क में अनेक कल्पनाएँ उत्पन्न और विलीन होती रहीं। इस प्रकार खोया-खोया वह वहीं बैठा रोता रहा, किसी भी एक निर्णय पर न पहुँच सका।

8

इस घटना के बाद दो दिन और दो रातें बीत गयी, अमरनाथ घर पर सोने नहीं आया। पता लगने पर माँ ने बहू को डाँटा-फटकारा और बेटे को ऊँच-नीच समझायी। दादी माँ ने पति-पत्नी के झगड़ पर चुटकी ली। इस पर दोनों का रुख नरम पड़ गया। अपर्णा क्षमा-याचना के स्वर में बोली, "मेरे व्यवहार से आप क्षुब्ध हुए, इसके लिए मुझे खेद हैं।" अमरनाथ बिना कुछ बोले बिस्तर की चादर को ठीक करने की अनावश्यक चेष्टा करने लगा। उदास चेहरा लेकर सामने खड़ी अपर्णा बोली, "क्या आप मुझे क्षमा नहीं कर सकते?"

अमरनाथ बोला, "तुम्हारे किस अपराध के लिए तुम्हें क्षमा दी जाए? मैं कौन होता हूँ तुम्हें क्षमा करने वाला।"

पति के दोनों हाथों को अपने हाथों में लेकर उन्हें सहलाते हुए अपर्णा बोली, "आप तो मेरे स्वामी हैं, मेरे सिर के ताज हैं, आपसे क्षमा पाए बिना मैं यहाँ से नहीं हटूँगी। हाँ, यह बताइये कि आप मुझसे किस कारण रुष्ट हैं?"

अमरनाथ द्रवित हो उठा और बोला, "मैं तुमसे नाराज़ नहीं हूँ।"

"पक्की बात?"

"हाँ, पक्की बात।"

विश्वास न आने पर भी विवाद को अधिक तूल न देने की इच्छा से अपर्णा ने पति के कथन को सत्य मान लिया। इसके बाद वह निश्चित होकर पलंग पर एक ओर सो गयी।

अपर्णा के इस प्रकार अपने कथन पर विश्वास करने पर अमरनाथ आश्चर्य प्रकट करने लगा। वह सोचने लगा कि यदि मैं रुष्ट नहीं था, तो दो दिन घर पर क्यों नहीं आया? बिना खाये-पिये क्यों बाहर भटकता-फिरता रहा? इस ओर अपर्णा ने विचार क्यों नहीं किया? इस विचार से परेशान अमरनाथ सो नहीं सका। उसने उठकर अपर्णा को आवाज़ दी, "क्या तुम्हें नींद आ रही है?"

जाग उठी अपर्णा बोली, "क्यों, क्या कुछ कहना है?"

"हाँ, मैं कलकत्ता जाने की सोच रहा हूँ।"

"क्या कॉलेज की छुट्टियाँ समाप्त हो गई हैं? दो-चार दिन और रुकते, तो अच्छा होता।"

"नहीं, अब जाना ही होगा।"

थोड़ा रुककर अपर्णा ने पूछा, "आप मुझसे रुष्ट होकर तो नहीं जा रहे हैं?"

यही सत्य था और दोनों इसे जानते भी थे, किन्तु फिर भी, अमरनाथ अपने मुँह से कुछ कह नहीं सका। उसने पत्नी की साड़ी के पल्लू को पकड़ा तो सही, परन्तु पकड़े न रह सका। वस्तुतः वह इस आशंका से भयभीत हो उठा था कि कहीं उसके व्यवहार से अपर्णा के आत्मसम्मान को ठेस न पहुँच न जाये, किन्तु अर्पणा के उपेक्षापूर्ण व्यवहार ने तो उस एकदम निरुत्साहित कर दिया। पति के रूप में जीवन-भर की संचित उसकी शक्ति को अपर्णा ने चार-पाँच दिनों की अल्प अवधि में ही तेजोहीन बना दिया था। अब उसे यह नहीं सूझता था कि वह किस पर और किस कारण अपना क्रोध प्रकट करे?

अपर्णा बोली, "आपके रुष्ट होकर कलकत्ता चले जाने पर मुझे दुःख होगा।" अमरनाथ सत्य को छिपाकर झूठ-मूठ बोला, "मैं तुमसे नाराज़ नहीं हूँ।" अपने झूठ को सत्य सिद्ध करने के लिए वह अपर्णा के अनुरोध पर दो दिनों के लिए रुक भी गया। अन्ततः अपने मन की बात न कह पाने की विवशता की टीस लिए वह कलकत्ता रवाना हो गया।

9

ज़ोर की वर्षा का एक लाभ यह होता है कि वृक्ष और पेड़-पौधे धुल जाते हैं। दूसरे, मेघ टूट जाने से आकाश साफ़ हो जाता है। इसके विपरीत बूँदावादी से एक तो चारों ओर कीचड़ फैल जाता है और दूसरे, न घर में बैठा जाता है, न ही बाहर निकला जाता है। घर से उदासी लेकर कलकत्ता पहुँचे अमरनाथ का मन स्वस्थ न हो सका। उसे अपने परिचितों और मित्रों से अपनी व्यथा-कथा कहना सही नहीं लगा, इसलिए उसका भारी मन हलका नहीं हो सका। मन के भारीपन के कारण, न तो वह पढ़ पा रहा था और न ही खेल-कूद रहा था। वह अपनी छाती पर भारी पत्थर लिए फिरता था, जिससे उसका अंग-अंग दुख रहा था। वह इस भार को उठा फेंकने को आकुल-व्याकुल हो उठा, किन्तु चाहकर भी उससे मुक्त न हो सका।

इस प्रकारा भीतर-ही-भीतर घुलते रहने से अमरनाथ बीमार पड़ गया। पता चलने पर चिन्तित माता-पिता दौड़े-दौड़े आये, किन्तु वे अपने साथ अपर्णा को नहीं लाये। अमरनाथ को अपर्णा के आने की आशा न होने पर भी, उसके न आने से उसका मन उदास हो गया। उसका रोग निरन्तर बढ़ता जा रहा था, वह पत्नी से मिलने को उत्कण्ठित था, किन्तु मुँह से कह नहीं पाता था। उसके माता-पिता को भी यह नहीं सूझा। वे अपने पुत्र की चिकित्सा और पथ्य पर ध्यान देते रहे। एक दिन अमरनाथ इस लोक को छोड़कर चल दिया।

विधवा होने पर अपर्णा जड़ हो गयी। वह अपने दुर्भाग्य के लिए स्वयं को

उत्तरदायी मानकर अपने को कोसने लगी। उसने बाहर से धाड़ मारकर रोते-बिलखते पिता का करुण-क्रन्दन सुना। उसे उनके आने के बारे में कुछ भी मालूम नहीं था। उसने खिड़की खोलकर देखा कि उसके पिता राजनारायण बच्चे की तरह रो-बिलख रहे हैं। पिता को रोते देखकर अपर्णा भी और अधिक विह्वल होकर आँसू बहाने लगी।

शाम होने पर पिता ने बेटी को छाती से लगाकर सान्त्वना दी।

कुछ देर तक दोनों पिता-पुत्री बिलखते रहे, फिर शान्त होने पर पिता ने कहा, ''बिटिया, मदनमोहन ने तुझे अपने पास बुलाया है।''

अपर्णा बोली, ''चलो बापू, उनकी यही इच्छा है।''

पिता ने 'चलो बेटी' कहकर अपर्णा को अपनी छाती से लगाया और उस दुःख कष्ट को सहने को कहा। दूसरे दिन समधी-समधिन से मिलकर राजनारायण बिटिया को अपने घर लिवा ले गए। घर पहुँचकर बिटिया से बोले, ''बेटी, ये रहे तेरे मदनमोहन और यह रहा तेरा मन्दिर।''

अलंकारविहीन मलिन वेशभूषा में विधवापन का भार ढोती अपर्णा दो दिनों में ही बुढ़िया हो गयी है। अब न उसके चेहरे पर चमक है, न मन में उत्साह है और न ही तन में शक्ति है। अपनी इस दीन-हीन दशा को भगवान् की इच्छा मानकर उसे स्वीकार करने के सिवा वह कर भी क्या सकती है?

अपने इष्टदेव मदनमोहन क सामने करबद्ध होकर खड़ी अपर्णा ने अपने पति को स्वर्ग-सुख देने और अपने को इस घोर कष्ट सहन करने की शक्ति देने की प्रार्थना की।

शक्तिनाथ मन लगाकर प्रतिमा बनाने में जुटा था। इस ब्राह्मण का मन पूजा-पाठ की अपेक्षा मूर्ति-रचना मे अधिक लगता है। मूर्ति बनाते समय वह सदैव यही सोचता रहता था कि मूर्ति के नेत्र, कान, नाक और उसका रूप-रंग कैसा होना चाहिए। अब वह अपने को देवता का एक क्षुद्र सेवक न समझकर उसे अभिनव रूप देने वाला स्रष्टा कलाकार मानने लगा था। अचानक अब पिता ने ज्वरग्रस्तता के कारण अपने असमर्थ होने से पुत्र शक्तिनाथ को ज़मींदार के यहाँ ठाकुरजी की पूजा के लिए जाने का आदेश दिया।

पुत्र ने कहा, ''अभी मैं प्रतिमा-निर्माण में व्यस्त हुँ।''

पुत्र के इस उत्तर से क्रुद्ध पिता ने कहा, ''बेटा, बच्चों के इस खेल को छोड़ और पहले आवश्यक काम को निबटाने की चिन्ता कर।''

पूजा कराने में और मन्त्रपाठ में रुचि न होने पर भी पिता की आज्ञा का पालन करने के लिए शक्तिनाथ को जाना ही पड़ा। स्नान करके चादर और अंगोछे को कन्धे पर डालकर शक्तिनाथ ज़मींदार के देव-मन्दिर में उपस्थित हुआ। इससे पहले वह कई बार इस देव-मन्दिर में आ चुका है, किन्तु आज पूजा-सामग्री की

अधिकता से वह चकित रह गया। आज धूप, दीप, नैवेद्य के रूप में फल, मिष्टान्न की मात्रा सामान्य से कहीं अधिक थी। वह सोचने लगा कि इतने अधिक नैवेद्य का वह कैसे उपयोग कर सकेगा? इसके साथ ही वह यह भी सोचने लगा कि अधिक सामग्री का अर्थ है—उसे अधिक देवी-देवताओं का पूजन-आराधना करना पड़ेगा। अपर्णा तो उसके लिए सर्वाधिक आश्चर्य का विषय थी। वह कौन है, कहाँ से आयी है, इस घर से उसका क्या सम्बन्ध है और आज तक वह कहाँ थी, इत्यादि बातों से वह चकित हो उठा।

अपर्णा के प्रश्न, "क्या तुम भट्टाचार्य के बेटे हो?" के उत्तर में शक्तिनाथ के 'हाँ' कहने पर महिला ने उसे पाँव धोकर पूजा कराने के लिए बैठने को कहा।

पूजा कराने बैठा शक्तिनाथ ठीक से पूजा न करा सका। इसके कई कारण थे। एक तो उसे मन्त्र आदि कुछ भी याद नहीं था, दूसरे, पूजा-पाठ में विश्वास न होने के कारण उसका मन भी नहीं लग रहा था। फिर, अपर्णा के रूप-सौन्दर्य ने उसे सम्माहित कर दिया था। उसका मन उसमें रमा हुआ था, अतः वह पूजा-पद्धति में उलट-फेर तथा गड़बड़ करने लगा। सच्चे परीक्षक के रूप में सब कुछ देखती अपर्णा को शक्तिनाथ का अनाड़ीपन और उसका उखड़ापन समझते कुछ भी देर नहीं लगी। वह समझ गयी कि कभी घण्टा, कभी शंख और कभी करताल बजाकर, कभी मूर्ति पर पुष्प, तो कभी नैवेद्य चढ़ाकर यह अनाड़ी समय गँवा रहा है और पूजा का ढोंग रच रहा है। अपर्णा बचपन से पूजा देखती रही है, इसलिए वह काफ़ी अनुभवी थी, शक्तिनाथ जैसे व्यक्तियों से वह धोखा खाने वाली नहीं थी। पूजा समाप्त होने पर अपर्णा ने व्यंग्य करते हुए कहा, "तुम कैसे ब्राह्मणकुमार हो, जो पूजा कराना भी नहीं जानते?"

शक्तिनाथ के "जानता हूँ," कहने पर उत्तेजित स्वर में अपर्णा बोली, "तुम कुछ भी नहीं जानते हो, निरे बुद्धु हो।"

अपर्णा की इस टिप्पणी पर लज्जित-व्यथित शक्तिनाथ बिना कुछ बोले, उसके चेहरे की ओर देखने लगा और यथाशीघ्र वहाँ से खिसकने के लिए बाहर निकलने लगा। अपर्णा ने उसे रोका और कहा, "महाराज, यह सामग्री लेते जाइएगा, किन्तु कल नहीं आना, अपने पिताजी को भेजना, वह नहीं आयेंगे, तो हम अपने आप पूजा निबटा लेंगे। आपको आने की आवश्यकता नहीं है।"

अपर्णा ने शक्तिनाथ की चादर और अंगोछे में सारा नैवेद्य बाँधकर दे दिया। शक्तिनाथ बाहर निकला, तो सिंह के आक्रमण से बचे व्यक्ति के समान थर-थर काँपने लगा था।

पर्णा ने फिर से पूजा का सामान जुटाया और किसी दूसरे ब्राह्मण को बुलाकर उससे पूजा सम्पन्न करायी।

10

एक मास बीतने पर ज़मींदार राजनारायण से आचार्य यदुनाथ ने कहा, "आपके मन्दिर की पूजा कराना भट्टाचार्य के छोकरे के बस का काम नहीं।" ज़मींदार समर्थन में बोले, "अपर्णा का भी यही मानना है, आप एकदम ठीक कहते हैं।" प्रसन्न होकर आचार्य ने गम्भीर स्वर में कहा, "बिटिया बुद्धिमती है। बचपन से बहुत कुछ देखती रही है, अतः उसने अवश्य ठीक ही कहा होगा।"

ज़मींदार वास्तव में इस विचार से सहमत थे। उन्हें पक्का करते हुए आचार्य ने कहा, "यजमान, आप पूजा मुझसे करायें अथवा अन्य किसी से, इसमें कोई अन्तर नहीं पड़ता, मैं तो केवल आपसे एक ही बात कहना चाहता हूँ कि पुरोहित योग्य होना चाहिए। मधु भट्टाचार्य अपने जीवनकाल में पूजा कराते रहे, किन्तु अब उनके अयोग्य पुत्र को उनके स्थान पर पुरोहित बनाना उचित नहीं; क्योंकि उसे खिलौने बनाने और उन्हें रंगने के सिवा कुछ आता ही नहीं है। पूजा-पाठ में तो उसकी रुचि ही नहीं है।"

राजनारायण ने कहा, "मैं आपको अपना पुरोहित बनाने के पक्ष में हूँ, किन्तु निर्णय लेने से पूर्व मुझे बिटिया की राय लेनी होगी।"

पिता के मुँह से नये ब्राह्मण को पुरोहित बनाने के प्रस्ताव को सुनकर अपर्णा बोली, "पिताजी, ऐसा करना एक दरिद्र ब्राह्मण के पेट पर लात मारना होगा। आप उसे हटा देंगे, तो उस बेचारे का निर्वाह कैसे होगा? वह जैसा भी ह, ब्राह्मण का पुत्र है। वह जैसा भी जानता है, उसे पूजा कराते रहने दीजिए।"

पुत्री की बात सुनकर ज़मींदार पिता ने कहा, "वाह, बिटिया, वाह, भगवान् ने कैसी उत्तम बुद्धि दी है? मुझे तो यह सब सूझा ही नहीं। तुम्हारा मन्दिर है, तुम्हारी पूजा है, इसलिए किसी को रखने-न-रखने के निर्णय लेने का अधिकार भी तुम्हें ही है। मैं हस्तक्षेप नहीं करूँगा। तुम जिसे चाहो, रखने के लिए स्वतन्त्र हो।"

पिता के चले जाने पर अपर्णा ने शक्तिनाथ को बुलाकर उसे अपने विचार से अवगत कराया। वस्तुतः, पहले दिन ही अपर्णा की डाँट से शक्तिनाथ को इधर आने का साहस नहीं हुआ था, फिर, बीच में उसके पिता स्वर्ग सिधार गये। इसके अलावा आजकल वह स्वयं भी कुछ शिथिल चल रहा है। अपर्णा ने शक्तिनाथ के उदास और मुरझाये चेहरे को देखा, तो वह द्रवित होकर बोली, "अब अपने पिता के स्थान पर तुम्हीं को पूजा करानी है, तुम जैसी भी पूजा कराओगे, भगवान् स्वीकार करेंगे, ऐसा मेरा विश्वास है।" अपर्णा के स्नेहपूर्ण आश्वासन से सन्तुष्ट होकर शक्तिनाथ सावधानी से पूजा कराने लगा। पूजा के बाद उसकी आवश्यकता जितना नैवेद्य उसे थमाने के साथ अपर्णा ने पहले उससे कहा, "महाराज, आपने अच्छे ढंग से पूजा करायी है।" फिर पूछा, "क्या अप स्वयं अपना खाना पकाते हैं?"

शक्तिनाथ बोला, "हाँ, जब मन करता है, तो पका लेता हूँ। स्वस्थ न होने पर नहीं भी पकाता।"

"क्या तुम्हारा कोई सगा-सम्बन्धी नहीं है?"

"नहीं।" कहकर शक्तिनाथ चला गया।

उसके प्रति सहानुभूति रखती अपर्णा देव-प्रतिमा के समक्ष करबद्ध होकर बोली, "प्रभो, इस अनाथ बेचारे द्वारा कराई पूजा में त्रुटियाँ व भूल चूक न देखना। इसकी पूजा को स्वीकार करना और हमें अभीष्ट फल प्रदान करना।"

अपर्णा उस दिन से दासी के माध्यम से शक्तिनाथ के रहन-सहन पर नज़र रखने लगी तथा उसकी दैनिक आवश्यकताओं की पूर्ति करने लगी। इस प्रकार उसने शक्तिनाथ को बिना बताये, उस निराश्रय को आश्रय दे दिया और उसका भार स्वयं अपने कन्धों पर ले लिया। बस, उस दिन से ये दोनों—किशोर और किशोरी—पूजा के माध्यम से सात्त्विक प्रेम की डोरी में बँध गये। शक्तिनाथ मन्त्रपाठ करता है, तो अपर्णा उस मन्त्र के अनुवाद अथवा अर्थ को देवता के समक्ष दोहरा देती है। अँगुली से संकेत करते हुए अपर्णा सिंहासन को सजाने, भोग लगाने तथा आरती करने की विधि बताती रहती है और शक्तिनाथ यन्त्र के समान आज्ञा का पालन करता जाता है। इस प्रकार पूजा का क्रम चल निकला, तो आचार्य ने चुटकी ली, यह तो बच्चों का खेल चल रहा है, किन्तु अपर्णा ने ध्यान ही नहीं दिया। राजनारायण ने कहा, "आचार्यजी, मेरी तो यही चेष्टा है कि किसी तरह लड़की अपने वैधव्य को भूली रहे।"

11

जिस प्रकार रंगमंच पर पल-भर में पर्वत और मेघ-वर्षा के दृश्यों के उपरान्त मरुस्थल के दृश्य दिखा दिए जाते हैं, रोने-बिलखने के बाद सुख-संयोग के मधुर दृश्य उपस्थित कर दिए जाते हैं, उसी प्रकाकर शक्तिनाथ के दुःख-दैन्य का जीवन भी सुख-शान्ति के जीवन में परिवर्तित हो गया है। उसे यह सब ऐसे लगता है, मानो निद्रा में बुरे स्वप्नों को देख रहा व्यक्ति अचानक जाग उठा हो। फिर भी, घर में पड़े खिलौने रह-रहकर उसे इस सत्य का भान करा देते हैं कि उसे मिल रही चिकनी-चुपड़ी के लिए उसे अपनी स्वतन्त्रता की बलि चढ़ानी पड़ी है और अपने कला-कौशल के विकास का गला घोटना पड़ा है। उसे यह साफ़ हो गया था कि वह अपर्णा के हाथों बिक चुका है। उसका स्वतन्त्र व्यक्तित्व समाप्त हो चुका है और वह क्रीतदास के रूप में जीवन जीने को विवश है।

एक दिन कलकत्ता में रह रहा शक्तिनाथ का ममेरा भाई अपनी बहिन के विवाह के उपलक्ष्य में निमन्त्रण देने उसके पास गाँव आ पहुँचा, तो शक्तिनाथ प्रसन्न

हो उठा और विवाह में सम्मिलित होने और कलकत्ता जाने को तैयार हो गया। शक्तिनाथ का शहरी भाई रात-भर कलकत्ता की शान-शौक़त, सफाई-सुन्दरता, समृद्धि-सम्पन्नता, फ़ैशन-खुलापन, घूमने-फिरने और मौज-मस्ती करने की कहानियाँ बढ़ा-चढ़ाकर सुनाता रहा। सुनते-सुनते शक्तिनाथ इस प्रकार सम्मोहित हो उठा, मानो अभी उड़कर कलकत्ता पहुँच जाएगा। अगले दिन शक्तिनाथ पूजा कराने नहीं गया, तो अपर्णा ने उसे बुलवा भेजा। वहाँ जाकर शक्तिनाथ बोला, ''मैं अपने ममेरे भाई के पास कलकत्ता जा रहा हूँ।''

इसके बाद जड़ बनकर खड़े शक्तिनाथ से अपर्णा ने पूछा, ''कितने दिनों के बाद उधर से लौटेंगे?''

''जब मामा आने देंगे, लौट आऊँगा।'' कहते हुए शक्तिनाथ काँप रहा था। अपर्णा चुप हो गयी।

अब यदुनाथ अपर्णा के मन्दिर की पूजा कराने लगे। अपर्णा देखती रहती, किन्तु न वह कुछ कहती और न ही उसे कुछ कहने की इच्छा होती।

कलकत्ता आने पर शक्तिनाथ कुछ दिन घूमा-फिरा और उसने मौज-मस्ती की, परन्तु मन भर जाने पर, वह गाँव जाने को अकुलाने लगा। रात में वह अपर्णा द्वारा बुलाये जाने के सपने देखने लगा और सारा दिन खाली बैठा ऊबने लगा। आखिर उसने मामा को गाँव लौटने की अपनी इच्छा से अवगत कराया।

मामा ने शहर में रहकर पढ़ने-लिखने के लिए समझाया, नौकरी लगवाने का आश्वासन दिया, गाँव में जीवन नष्ट करने को कहा, किन्तु शक्तिनाथ के न मानने पर मामा ने जाने की अनुमति दे दी।

बड़ी बहू ने शक्तिनाथ से पूछा, ''क्या कल घर जा रहे हो?''

''हाँ।''

''क्यों, क्या अपर्णा से मिलने को बेचैन हो?''

''हाँ।''

''क्या वह बहुत स्नेह करती है और तुम्हारा बहुत ध्यान रखती हैं।''

''हाँ।''

बड़ी बहू शक्तिनाथ के भोलेपन पर ख़ूब मुस्करायी और बोली, ''लालाजी, क्या तुम भी उससे स्नेह करते हो?''

शक्तिनाथ के 'हाँ' कहने पर बड़ी बहू बोली, ''तो यदि उसके लिए ये दो चीजें ले जाओगे, तो वह इस उपहार पर मुग्ध हो जायेगी।''

यह कहकर बड़ी बहू ने 'दिलकश' इत्र की थोड़ी-सी सुगन्ध शक्तिनाथ पर छिड़की, तो शक्तिनाथ अत्यन्त प्रसन्न हो उठा और आभार प्रकट करते हुए बड़ी बहू से दोनों शीशियाँ ले लीं और अपने गाँव लौट आया।

13

शक्तिनाथ जब अपर्णा के मन्दिर में प्रविष्ट हुआ, तो पूजा समाप्त हो चुकी थी। वह अपने झोले में इत्र की शीशियाँ लिये रहता था , किन्तु उसे वे शीशियाँ अपर्णा को देने का साहस नहीं होता था। उसे लगता था कि इस अन्तराल में अपर्णा उससे बहुत दूर हो गयी है। उसके लिए बड़ी साध से कलकत्ता से उपहार लाने की बात अपर्णा से कहना सम्भव नहीं हो पा रहा था और बिना कहे निर्वाह भी नहीं था। वह प्रतिदिन शीशियाँ लाता और लौटा ले जाता। वह अपर्णा की प्रसन्न मुद्रा में आने की प्रतीक्षा में दिन बिताये जा रहा था।

आज ज्वरग्रस्त होने पर भी शक्तिनाथ पूजा कराने आया है। वह अपनी व्यथा की बात नहीं करता, किन्तु अपर्णा को उसके असामान्य और भूखा होने का पता चल गया। उसने पूछा, "महाराज! भूखे लगते हो?"

उदास शक्तिनाथ बुझे स्वर में बोला, "रात में ताप चढ़ आता है।"

"ताप-पीड़ित हो, तो पूजा के लिए आने की क्या आवश्यता थी? सूचित कर दिया होता।"

आँखों से आँसू बहाते शक्तिनाथ से थैले से शीशयाँ निकालीं और अपर्णा के सामने रखकर कहा, "तुम्हारे लिए कलकत्ता से लाया हूँ।"

"मेरे लिए?"

"हाँ, तुम्हें सुगन्ध अच्छी लगती है न?"

जिस प्रकार गरम दूध थोड़ी-सी आँच पर भी खौलने लगता है, उसी प्रकार अपर्णा भी क्रोध से उबलने लगी। शीशियों को देखकर ही उसने उनमें भरे द्रव का अनुमान लगा लिया और फिर गम्भीर, क्रुद्ध एवं उत्तेजित स्वर में बोली, "लाओ।"

शक्तिनाथ से शीशियाँ लेकर अपर्णा ने उन्हें पूजा के सूखे फूलों के कूड़ेदान पर फेंक दिया। डर के मारे शक्तिनाथ काँपने लगा। अपर्णा चीखकर बोली, "महाराज! तुम इतने नीच और पतित हो, यह मैं सोच भी नहीं सकती थी। अब तुम इधर कभी मत आना।" कहते हुए अपर्णा ने शक्तिनाथ को अपनी अँगुली से मन्दिर से बाहर चले जाने का संकेत किया।

यदुनाथ आचार्य पिछले तीन दिनों से पुनः पूजा के लिए आने लगे हैं और अपर्णा उदास भाव से पूजा में सम्मिलित होने लगी है। मानसिक रूप से अपर्णा अनुपस्थित रहती है और शरीर से यन्त्रवत् धूप-दीप, पुष्प-माला, नैवेद्य आदि सब कुछ रखकर पूजा भी निबटाती है। आज अपनी चादर में नैवेद्य बाँधते समय आचार्य ने ठण्डी साँस लेकर कहा, "बेचारा लड़का बिना इलाज के चल बसा।"

अपर्णा ने उत्सुक होकर पूछा, "कौन मर गया है?"

"क्या तुम्हें कुछ मालूम नहीं?, अरे, वही मधु भट्टाचार्य का छोकरा कई दिनों की बीमारी के बाद आज शान्त हो गया।"

अपर्णा को अपनी ओर ताकते देखकर यदुनाथ ने कहा, "आजकल पाप का फल हाथों-हाथ मिल रहा है। देवता के साथ किए गए खिलवाड़ का परिणाम तुम्हारे सामने ही है।"

आचार्य के चले जाने पर अपर्णा द्वार बन्द करके बिलखने लगी। वह भगवान् से शिकायत करती हुई बोली, "प्रभो! यह तुम्हारी कैसी लीला है?"

बहुत देर बाद सचेत होकर उसने सूखे पत्तों के बीच धँसी उन दोनों शीशियों को निकालकर अपने सिर-माथे से लगाया और भगवान् के चरणों में रखकर बोली, "प्रभो! उस अभागे के इस उपहार को आप ही स्वीकार कर लो। इसे आप अपने हाथों से की गयी मेरी पूजा समझो और इसके पुण्य से उसे सद्गति प्रदान करो।"

12. हरिचरण

दुर्गादास बाबू के वकील बनने से भी पहले की, अर्थात् आज से लगभग दस-बारह वर्ष पुरानी बात है। बाबू दुर्गादास शर्मा के पिता बाबू रामदास शर्मा के यहाँ कहीं से एक अनाथ कायस्थ बालक हरिचरण नौकर बनकर आ गया। लड़का न केवल रूप-रंग में आकर्षक था, अपितु काम-काज में भी कुशल तथा लगन वाला था। इसलिए वह गृहस्वामी का प्रिय कृपापात्र बन गया।

हरिचरण किसी भी छोटे-बड़े काम को करने को सदैव तत्पर रहता। गाय को सानी देना तथा रामदास बाबू के पैर दबाने-जैसे किसी भी काम को वह पूरे मनोयोग से करता। सत्य तो यह था कि किसी-न-किसी कार्य में व्यस्त रहने में उसे आनन्द मिलता था।

हरिचरण को सदैव एक-न-एक कार्य में व्यस्त देखकर गृहस्वामिनी चकित और चिन्तित हो उठती थी। कभी-कभी तो वह उसे प्यार से डाँटती हुई कहती थी, "घर में और भी तो नौकर हैं, क्या तूने अकेले सभी काम करने का ठेका ले रखा है? अपनी आयु भी तो देख, छोटा-सा लड़का ही तो है।"

हरिचरण हँसकर कहता, "माँजी, हम ग़रीब आदमी मेहनत-मज़दूरी करने की आदत नहीं डालेंगे, तो पेट कहाँ से भरेंगे?"

इस प्रकार हँसते-खेलते तथा काम-काज करते हुए हरिचरण ने इस घर में एक साल पूरा कर लिया।

रामदास शर्मा की पाँच-छह साल की छोटी लड़की सुरबाला की हरिचरण से अच्छी पटती थी। लड़की की माँ बेटी को दूध पिलाने के अभियान में हार जाती है। और दूध न पीने से समुचित विकास न होने की आशंका से फिर भी अपने प्रयास में जुटी रहती है। अपनी पूरी शक्ति लगाने पर भी जब माँ को सफलता नहीं मिलती, तो उसे हरिचरण की शरण लेनी पड़ती है। पता नहीं हरिचरण की वाणी में क्या जादू होता है कि घण्टे-भर से माँ को खिजाती लड़की हरिचरण के कहने पर पल-भर में दूध से भरे कटोरे को मुँह से लगाकर खाली कर देती है।

इस सारी कहानी को सुनाने का हमारा एकमात्र उद्देश्य यह बताना है कि नन्हीं-सी लड़की सुरबाला हरिचरण से प्यार करती थी।

अब हम तब की बात कर रहे हैं, जब बीस वर्ष के दुर्गादास बाबू कलकत्ता में पढ़ते थे। घर आना काफ़ी कष्टप्रद था। पहले स्टीमर की सवारी, उसके बाद दस-बारह कोस पैदल चलना-जैसा झंझट था। इसलिए वह घर पर कम ही आते थे।

बी. ए. की डिग्री लेकर घर लौटे बेटे दुर्गादास की खूब आवभगत की जा रही है। माँ-बेटे को खिलाने-पिलाने में लगी है। घर के दूसरे लोगों में भी मानो दुर्गादास की सेवा-शुश्रूषा में प्रतियोगिता चल रही है।

दुर्गादास द्वारा माँ से हरिचरण के बारे में पूछ जाने पर गृहस्वामिनी बोली, "यह एक मातृ-पितृविहीन कायस्थ बालक है। बड़ा ही सीधा और काम-काज करने में कुशल है। इसने अपने गुणों से हम सबको मुग्ध कर दिया। तुम्हारे बाबूजी ने ख़ास अपने लिए इसे रख लिया है। लड़का गाय है, कभी किसी के कुछ भी कहने का बुरा नहीं मानता। मुझे तो यह बहुत अच्छा लगता है।"

हरिचरण का काम आजकल कुछ बढ़ गया है, फिर भी, वह दुखी नहीं अपितु प्रसन्न ही है। अब हरिचरण ही दुर्गादास को नहलाता है, उनकी आवश्यकता के अनुरूप पानी उनके पास रखता है, यथासमय पान का डब्बा पेश करता है तथा हुक़्क़ा तैयार करके सामने रखता है। इन सब कामों की सुघड़ता से और समय पर करने का वह अभ्यस्त हो गया है। दुर्गादास उसके कार्य से सन्तुष्ट हैं और उसे सफल सेवक मानते हैं। अतः वह अपने निजी काम-धोती चुनना और तमाखू भरना आदि—भी हरिचरण से ही कराना पसन्द करते हैं। किसी दूसरे द्वारा किए जाने पर वह दोष निकालने लगते हैं।

कहाँ का व्यक्ति, कब, किससे, कहाँ आकर जुड़ता है, इसका कोई निश्चिन्त सिद्धान्त न होने पर भी ऐसा होता है। इस विषय में एक सर्वमान्य धारणा प्रचलित है। यह धारणा प्रायः सभी तथ्यों और घटनाओं पर लागू होती है, ऐसा भी सभी लोगों का मानना है, परन्तु हमारा इससे कुछ मतभेद है। उदाहरण के रूप में एक मान्यता है—कर भला, तो हो भला, अर्थात् संसार में शुभकर्मों का शुभ फल और अशुभ अथवा बुरे कर्मों का अशुभ फल मिलता है। अब विचारणीय यह है कि क्या संसार में उसका उलट कभी नहीं होता? क्या परोपकारी परेशान और दुष्ट लोग फलते-फुलते नहीं देख जाते?

मैं अपने पाठकों को, न तो किसी दार्शनिक तत्त्व को समझने के पचड़े में डालना चाहते हूँ और न ही उसकी कोई आवश्यकता समझता हूँ, फिर भी, किसी सिद्धान्त की परख के लिए किसी घटना के वर्णन की चर्चा करना, मैं अनुचित नहीं समझता।

दुर्गादास बाबू आज घर में खाना नहीं खायेंगे; क्योंकि उन्हें किसी बड़ी दावत में जाना है, जहाँ से देर में लौटना पक्का है, अतः वह हरिचरण को काम निबटाने के बाद सो जाने की अनुमति दे गये हैं।

दुर्गादास बाबू आजकल रात में बाहर के कमरे में सोते हैं। इसका कारण दूसरों का अज्ञात होने पर भी मुझसे छिपा नहीं। मेरे विचार में उनकी पत्नी के अपने मायके चले जाने पर उन्हें भीतर सोना अच्छा नहीं लगता होगा।

छोटे बाबू का बिस्तर बिछाना तथा उनके सोने पर उनके पाँव दबाना हरिचरण का नित्यकर्म था। छोटे बाबू के निद्रा-निमग्न होने के बाद ही यह लड़का अपनी कोठरी में जाकर सोता था।

आज सायँकाल से पहले हरिचरण भयंकर सिर-दर्द महसूस करने लगा था। उसने यह भी समझ लिया था कि यह सिर-दर्द शरीर के रोग-ग्रस्त होने का पूर्वाभास था। हरिचरण के लिए बैठना कष्टप्रद हुआ, तो वह जाकर लेट गया। लेटते ही तन्द्रा ने आ घेरा। उसे इस बात का ध्यान ही नहीं रहा कि आज उसने छोटे बाबू का बिस्तर नहीं लगाया है। रात को हरिचरण के खाने पर न आने से चिन्तित गृहस्वामिनी उसकी कोठरी में गयी, तो अचेत पड़े हरिचरण को छूने पर पता चल गया कि उसकी देह तवे के समान जल रही थी। माँजी ने रुग्ण बालक के लिए आराम को ठीक समझा, उसे जगाया नहीं।

रात के बारह बजे घर लौटे बाबू ने बिस्तर लगा नहीं देखा, तो वह आगबबूला हो उठे। एक तो वह नींद की खुमारी से अलसा रहे थे, दूसरे, वह पूरे रास्ते सोचते आ रहे थे कि घर पहुँचते ही लगे-लगाये बिस्तर पर आराम से लेटूँगा, हरिया मेरे पैरों से जूते निकालेगा और मेरे नींद में चले जानेतक थके पैरों को दबाकर मेरी थकावट दूर कर देगा और इसके साथ ही फ़र्शी नैचा गुड़गुड़ाने को मिलेगा, किन्तु यहाँ तो बिस्तर तक नहीं बिछा था और सेवक हरि भी हाज़िर नहीं था। इससे उनका दिमाग़ एकदम गरम हो गया। उन्होंने दो-चार बार हरिया को ज़ोर से आवाज़ लगायी, किन्तु हरिचरण होश में होता, तो सुनता और उत्तर देता। लिहाज़ा उत्तर न पाकर बाबू और अधिक बिगड़ गये। वे होश खोकर सीधा नौकर की कोठरी में गये और हरि को सोया पाकर सोचने लगे, नालायक़ को अपने काम का ध्यान ही नहीं रहा, नींद में खुर्राटे ले रहा है। दुर्गादास बाबू ने क्रोधावेश में हरि के बाल पकड़कर उसे खींचा। इस पर भी जब वह होश में न आया, तो जूतों, मुक्कों, घूसों की वर्षा प्रारम्भ कर दी। जूतों की मार से वह थोड़ा-सा होश में आया, तो बाबू बोले, "छोटे बच्चों की तरह झपकियाँ ले रहा है, बिस्तर कौन लगायेगा?" अबकी बार बाबू ने दो-तीन ठोकरें और जड़ दीं।"

हरिया उठा और बुखार से तप रहा होने पर भी उसने बिस्तर लगाया और बाबू के पाँव दबाने लगा। बाबू के पैरों पर पड़ी हरिया की गरम अश्रुबिन्दु से बाबू को उसकी वेदना का अनुमान हो गया।

हरिचरण की विनम्रता के कारण घर के सभी सदस्य उसे प्यार करते थे। बाबू दुर्गादास का तो वह विशेष कृपापात्र था। इसलिए उसके नेत्रों से गिरे गरम आँसुओं से बाबू को रात-भर सोने नहीं दिया। वह पूरी रात उसी के विषय में सोचते हुए करवटें बदलते रहे।

रात में कई बार उन्हें विचार आया कि जाकर हरिया से पूछें कि कहीं बूट की

चोट से उसे घाव अथवा सूजन तो नहीं हो गयी? थोड़ा-सा उसे दुलार दें, उसकी तबियत के बारे में पूछ लिया जाये, किन्तु हर बार उनका अहंकार आड़े आ जाता। वह सोचते कि मालिक होकर नौकर के पास चलकर जायें—यह कहाँ का न्याय है? इस प्रकार आँख लगे बिना ही रात बीत गयी।

सवेरे हरिया ने बाबू को हाथ-मुँह धोने को पानी दिया, हुक़्क़ा सुलगा कर हाज़िर किया। यदि इस समय भी बाबू उसके स्वास्थ्य के बारे में पूछ लेते, सहानुभूति के दो मीठे शब्द बोल देते, तो उनका कुछ बिगड़ नहीं जाना था, किन्तु हाय रे व्यक्ति का अहंकार। यदि यह न होता, तो क्या व्यक्ति मनुष्य से देवता न बन जाता? बाबू के अहंकार ने यह भी न सोचा कि एक छोटे-से बच्चे के साथ ऐसा व्यवहार उचित भी है या नहीं?

नौ बजे दिन में तार आने पर समाचार से दुर्गादास बाबू घबरा गये। पत्नी की रुग्णता के समाचार से तो उनके हाथों के तोते उड़ गये। वह इसे हरिया के ऊपर किये अत्याचार का दण्ड मानकर पछताने लगे। उसी दिन वह कलकत्ता रवाना हो गये। मन में लज्जित थ, पछता रहे थे, किन्तु हरिया से फिर भी सहानुभूति के दो मीठे बोल नहीं बोल सके।

एक महीने के उपचार के बाद दुर्गादास बाबू की पत्नी स्वस्थ हो गयी थी, आज उसने भोजन खाया था, इसलिए दुर्गादास बाबू काफ़ी प्रसन्न थे।

दुर्गादास बाबू को गाँव से अपने छोटे भाई की लिखी चिट्ठी मिली है। पत्र की समाप्ति पर 'पुनश्च' के नीचे लिखा है—'दुःख की बात है कि इतने दिनों तक ज्वर से तड़पते रहने के बाद बेचारे बिना माँ-बाप के अनाथ हरिचरण ने कल प्राण त्याग दिये।'

दुर्गादास बाबू ने पत्र को फाड़कर रद्दी की टोकरी में फेंक दिया।

13. हरिलक्ष्मी

इस कहानी के अस्तित्व में आने की घटना अवश्य साधारण-सी है, परन्तु हरिलक्ष्मी के जीवन पर इस साधारण घटना का पड़ने वाला प्रभाव निश्चित रूप से असाधारण है। किसी साधारण घटना के असाधारण प्रभाव को अस्वाभाविक अथवा अविश्वसनीय कभी नहीं माना जाता, यह तथ्य संसार में प्रत्यक्ष देखने को मिलता है।

जहाज़ के पास एक छोटी-सी डोंगी के समान बेलपुर के ज़मींदार के एक छोटे-से साझीदार थे। ज़मींदार पचानवे प्रतिशत के स्वामी थे, तो साझीदार की साझीदारी केवल पाँच प्रतिशत की थी। दोनों शान्त भाव से नदी के किनारे बसे गाँव में रहते थे, किन्तु अचानक उठे एक तूफ़ान ने इस डोंगरी के नामोनिशान तक को सदा के लिए मिटा दिया।

बेलपुर का ताल्लुक़ा बहुत बड़ा नहीं था। निर्ममतापूर्वक प्रजाजनों से वसूली किये जाने पर भी बारह-हज़ार वार्षिक से अधिक आय नहीं होती थी। इसमें से पाँच प्रतिशत, अर्थात् छह सौ रुपये वार्षिक आय वाले भागीदार को जहाज़ के सामने डोंगी कहना अनुचित तो नहीं लगता।

दोनों साझीदार दूर से सम्बन्धित भाई-बन्धु हैं। छह-सात पीढ़ियों से एक-साथ रहते चले आ रहे हैं, किन्तु आज एक का पक्का तिमंजिला मकान गाँव-भर में अपने मालिक की प्रतिष्ठा का सूचक बना हुआ है, तो दूसरे का पुराना खण्डहर बना और दिन-प्रतिदिन अधिक-से-अधिक खस्ता हो रहा मकान उसकी दरिद्रता पर आँसू बहा रहा है।

इतने पर भी दोनों का समय अपने ढंग से शान्तिपूर्वक बीत रहा था तथा आगे भी शान्तिपूर्वक बीत जाता, किन्तु जिस घटना ने उनके जीवन में उथल-पुथल मचा दी बड़े साझीदार ने अपने अहं की सन्तुष्टि के लिए छोटे को नाम-शेष कर दिया, उसका विवरण कुछ इस प्रकार है–

चालीस-बयालीस वर्ष की आयु में पचानवे प्रतिशत के स्वामी शिचरण की पत्नी की मृत्यु हो गयी। यार लोगों ने पुनर्विवाह के लिए उकसाते हुए टिप्पणी की–चालीस भी कोई विशेष आयु है। विरोधी सुनकर हँसते, किन्तु मुँह न खोलते। फिर भी, कानाफूसी करते कि बाबू तो कब के चालीस पार कर चुके हैं, किन्तु हमारे विचार में दोनों पक्ष सही नहीं थे। वास्तव में, ज़मींदार का रंग गोरा, शरीर हृष्ट-पुष्ट और चेहरा भरा हुआ था। दाढ़ी-मूँछ के बाल भी सफ़ेद नहीं हुए थे, किन्तु यह सब सोचना व्यर्थ है; क्योंकि धनी लोगों के विवाह में कहीं भी अड़चन नहीं आ पाती है।

फिर, बंगाल में तो वैसे ही दूल्हों का अकाल पड़ा रहता है। इस प्रकार महीना-डेढ़ महीना न-न करते बीत गया। पत्नी के शोक की अवधि भी बीत गयी, तो शिवचरण बाबू हरिलक्ष्मी से विवाह करके उसे अपने घर ले आये। विरोधी लोग भले ही कैसी टिप्पणियाँ क्यों न करें, किन्तु सत्य यह था भगवान् की कृपा से उनका स्वास्थ्य इतना बढ़िया था कि कोई उन्हें बूढ़ा कह ही नहीं सकता था। बुढ़ापे के कोई लक्षण ही नहीं थे। इसके अलावा नव वधू की आयु भी इतनी छोटी नहीं थी कि उसे उनके लिए अनुपयुक्त कहा जा सके। वह दो-चार बाल-बच्चे अवश्य साथ नहीं लायी थी, परन्तु आयु तो ऐसी ही थी। इसमें कोई सन्देह नहीं था कि नयी बहू असाधारण सुन्दर थी। साधारण रूप से बंगाल में बड़ी आयु में विवाह करने वाली लड़कियों से भी लक्ष्मी की आयु कुछ अधिक बड़ी थी। शायद इसका कारण यह था कि उसके पिता सुधारक थे और उन्होंने लड़की को मैट्रिक पास कराना आवश्यक समझा था। उनकी इच्छा तो लड़की को उच्च शिक्षा दिलाना और आत्मनिर्भर बनाना था, किन्तु व्यापार में आये घाटे के कारण उन्हें एक विधुर को अपनी कन्या सौंपने के लिए विवश होना पड़ा।

शहर की लड़की होने के कारण लक्ष्मी दो दिनों में ही अपने पति को पहचान गयी। उसकी सबसे बड़ी परेशानी यह थी कि नौकर-चाकरों से भरे घर में ऐसा कोई नहीं था, जिससे वह खुलकर बातचीत अथवा गप-शप कर सके। शिवचरण तो उसका दीवाना था, इसका कारण केवल बूढ़े का तरुणी का गुलाम होना नहीं था, अपितु लक्ष्मी का रूप-सौन्दय्र भी सचमुच इतना मोहक थी कि कोई भी पुरुष उसे भोगने को अपनी सौभाग्य समझता। शिवचरण भी उसे पाकर यही समझता था, मानो अन्धे के हाथ बटेर लग गयी हो। घर के नौकर-चाकर तो उसकी ठीक से सेवा करने का निग्रय भी नहीं कर सके। उसके आने से अब तक अनुपम एवं अद्वितीय समझी जाने वाली मझली बहू की आभा फीकी पड़ गयी। रूप, गुण, विद्या, कला और कौशल सभी दृष्टियों से नयी बहू उससे कहीं आगे थी।

इतनी विशेषताओं की धनी लक्ष्मी इस घर में आने के दो महीनों के बीतते-बीतते बीमार पड़ गयी। बीमार नयी बहू को पूछने मझली बहू आयी। यह दोनों की पहली भेंट थी। मझली बहू लक्ष्मी से दो-तीन साल बड़ी अवश्य थी। फिर भी, वह सौन्दर्य में लक्ष्मी से कम नहीं थी। इस तथ्य से स्वयं लक्ष्मी भी सहमत थी, किन्तु आयु अधिक न होने पर भी उसके निराभरण (गहनों का न होना) और साध ारण वेशभूषा से उसकी दरिद्रता का स्पष्ट संकेत मिल रहा था। उसके साथ आया लड़का भी दुबला-पतला था। महिला ने अपने हाथों में दो चूड़ियों को छोड़कर और कोई गहना नहीं पहन रखा था। पहनी हुई धोती किनारी वाली होने पर भी अधमैली थी। लड़के ने भी रंगी हुई एक छोटी धोती पहन रखी थी।

लक्ष्मी अतिथि के आदर में उठकर बिस्तर की एक ओर सरक गयी और उससे

बैठने का अनुरोध करके उसकी ओर उत्सुकता से देखती रही।

लक्ष्मी ने उस महिला को हाथ से खींचा और उससे बोली, ''इस ज्वर को मैं अपना सौभाग्य मानती हूँ कि इसके कारण आपसे भेंट हो सकी, किन्तु सम्बन्ध की दृष्टि से मैं आपकी जेठानी हूँ; क्योंकि मैंने सुना है कि आपके पति मेरे पति से काफ़ी छोटे हैं।''

मझली बहू मुस्कराकर बोली, ''रिश्ते में छोटों के लिए आप शब्द का प्रयोग नहीं किया जाता।''

''बस, पहले दिन आप का प्रयोग हो गया है, अन्यथा मैं इतनी उदार नहीं हूँ, किन्तु यदि तुमने भी मुझे 'जीजी' न कहा, तो मुझे अच्छा नहीं लगेगा। मेरा नाम लक्ष्मी है।''

मझली बहू बोली, ''आपको अपना नाम बताने की आवश्यकता नहीं, आप तो अपने स्वरूप में ही अपने नाम को सार्थक कर रही हैं, किन्तु पता नहीं कि मेरा नाम किसने मज़ाक़ में 'कमला' रख दिया है।'' कहकर वह कुतूहलवश मुस्करा दी।

लक्ष्मी के मन में आया कि वह देवरानी से कहे कि उसका चेहरा-मोहरा भी उसके नाम को सार्थक सिद्ध करता है, किन्तु वह इस आशंका से यह न कह सकी कि ऐसा कहना कोरी नक़ल होगी। वह बोली, ''हम दोनों के नाम का अर्थ एक ही है। हाँ, एक बात और है, जिस प्रकार मैं तुम्हारे प्रति 'तुम' शब्द का प्रयोग करती हूँ, उसी प्रकार क्या तुम भी मुझे 'तुम' शब्द से सम्बोधित नहीं कर सकती?''

हँसती हुई कमला बोली, ''जीजी, आयु को छोड़कर आप और सब बातों में मुझसे बड़ी और बढ़-चढ़कर हो। इसलिए 'तुम' शब्द के प्रयोग में संकोच होता है। दो-चार दिन बीतने दीजिए, हिल-मिल जाने पर तुम के प्रयोग का भी अभ्यास हो जायेगा।'' हरिलक्ष्मी सहसा प्रत्युत्तर में कुछ कह तो नहीं सकी, किन्तु इतना अवश्य समझ गयी कि यह महिला इस प्रथम परिचय को घनिष्ठ सम्बन्ध का रूप नहीं देना चाहती। उसके कुछ कहने से पहले उठती हुई कमला लक्ष्मी से बोली, ''जीजी, जाने की अनुमति दीजिए, उनके आने का समय हो रहा है।''

आश्चर्य प्रकट करती हुई लक्ष्मी बोली, ''वाह, अभी आयी हो और अभी चली जाओगी। यह कैसे हो सकता है?''

''मैं आपके हुकुम की अवज्ञा तो नहीं कर सकती, आप कहती हैं, तो बैठ जाऊँगी, किन्तु आपसे निवेदन है कि उनके आने का समय हो रहा है, इसलिए आज जाने ही दीजिए।'' कहती हुई वह उठकर खड़ी हो गयी और लड़के का हाथ पकड़कर मुस्कराकर बोली, ''कल ज़रा समय से आ जाऊँगी।'' इसी के साथ वह बाहर को चल दी।

कमला और उसके लड़के के चले जाने के बाद लक्ष्मी उस ओर कुछ देर तक देखती रही। आज उसे ज्वर तो नहीं था, किन्तु सुस्ती और आलस्य बने हुए थे।

फिर भी, कुछ देर के लिए लक्ष्मी यह सब भूल गयी थी। उसकी बीमारी में गाँव-भर की बहू-बेटियाँ आयी थीं, किन्तु उनकी तुलना बग़ल में रहने वाली इस कमला नाम की स्त्री से नहीं की जा सकती थी। एक तो वे अपने आप आयी थीं और दूसरे वे जाने का नाम ही नहीं लेती थीं। एक बार जिसे बैठने के लिए कहा गया, वह तो धरना मारकर जम गयी। वे एकदम बक-बक करने वाली, ऊटपटाँग कहने वाली, मनोविनोद के लिए फूहड़ तथा अश्लील बातों के कहने तक से संकोच न करने वाली, निर्लज्ज स्वभाव की महिलाएँ थीं। उनके विपरीत यह एक महिला थी, जो रुग्णा के पास आयी और एक ही क्षण में अपनी विशिष्टता का परिचय दे गयी। यद्यपि लक्ष्मी ने कमला से उसके मायके के बारे में कुछ नहीं पूछा था, तो भी उसे अनुमान हो गया था कि वह उसकी तरह कलकत्ता-जैसे किसी शहर की लड़की नहीं हो सकती। लक्ष्मी इसे कमला की एक अतिरिक्त विशेषता मानती थी कि गाँव की रहने वाली होने पर भी वह सुशिक्षित थी। इतना तो स्पष्ट था कि वह सस्वर रामायण और महाभारत पढ़ लेने से अधिक पढ़ी-लिखी नहीं हो सकती थी। यदि ऐसा न होता, अर्थात् यदि वह कहीं अधिक पढ़ी-लिखी होती, तो ऐसी गुणवती लड़की का विपिन-जैसे दीन-दुखी पुरुष के साथ विवाह न हुआ होता। लड़की ने न तो किसी स्कूल में नियमित शिक्षा प्राप्त की होगी और न ही उसके लिए ट्यूशन रखने की उसके पिता की हैसियत रही होगी, अन्यथा ऐसी गोरी-श्यामली, रूप-गुण, शिक्षा, संस्कार और अवस्था आदि में कहीं भी विपिन तो उसके पासंग में नहीं ठहरता। एक बात में तो लक्ष्मी ने अपने को भी कमला से हीन-समझा। वह था—उसका कण्ठ स्वर। बोलती थी, तो संगीत की मादकता और मधु की मधुरता टपकती थी। बात करने की तरीक़ा और सलीक़ा भी कमाल का था। एक-एक शब्द ऐसा सधा हुआ था, मानो घर में पूर्वाभ्यास करके चली हो। इन सबसे भी बढ़कर लक्ष्मी के लिए कमला के चरित्र की आकर्षक विशेषता थी—उसका एक दूरी को बनाये रखना। वह भली प्रकार जानती थी कि दोनों की आर्थिक स्थिति में भारी अन्तर है। वह इस तथ्य से परिचित ही नहीं, अपितु इसे हृदय से स्वीकार भी करती है, यह बात भी वह अपने व्यवहार से सूचित कर गयी। कमाल की बात तो यह थी कि उसे ग़रीबी का ज़रा भी मलाल नहीं था। इस आधार पर लक्ष्मी का मानना था कि कमला ग़रीब भले हो, किन्तु कंगाल कदापि नहीं।

रात्रि में जब शिवचरण अपनी पत्नी लक्ष्मी के पास आया, तो अन्यान्य बातें कहने-सुनने के बाद लक्ष्मी ने अपने स्वामी को बताया कि बग़ल कि मकान में रहने वाली मझली बहू से उसकी भेंट हुई है।

शिवचरण ने पूछा, "क्या विपिन की बहू की बात कर रही हो?"

हरिलक्ष्मी बोली, "मैं तो अपने को सौभाग्यवती समझती हूँ और अपने रोग को भी वरदान समझती हूँ, जो इस बहाने उससे भेंट हो गयी, किन्तु वह कुछ मिनट ही

रूकी, काम की बात कहकर जल्दी से लौट गयी।"

शिवचरण बोला, "हाँ, बेचारों के घर कोई नौकर-चाकर नहीं है, बरतन माँजने-धोन, कपड़े धोने और खाना बनाने-जैसे सभी काम इस महिला को ही करने पड़ते हैं। तुम्हारे-जैसा आराम गाँव में किसी औरत के भाग्य में कहाँ? तुम्हें तो पीने का पानी भी अपने हाथ से नहीं लेना पड़ता।"

पति की टिप्पणी लक्ष्मी को विशेष प्रिय तो नहीं लगी, किन्तु उसने यह सोचकर प्रतिवाद नहीं किया कि पति के कथन का उद्देश्य उसका अपमान करना कदापि नहीं था। वह बोली, "सुना है कि मझली बहू को बड़ा अहंकार है। इसलिए वह किसी के यहाँ आती-जाती नहीं है।"

"अरे भाई, गहनों के नाम पर हाथ में दो चूड़ियों के सिवा कुछ है ही नहीं, इसलिए कहीं बाहर आने-जाने में शर्म लगती होगी।"

"इसमें शर्म की क्या बात है? क्या लोग अपने से मिलने आने वालों के गहनों को देखते हैं? ऐसा दृष्टिकोण तो निन्दनीय कहा जाएगा।"

शिवचरण बोला, "मैंने तुम्हें जैसे जड़ाऊ गहने दिये हैं, दस गाँवों में किसी बड़े-से-बड़े धनी ने कभी देखे तक न होंगे। विपिन तो दो चूड़ियों के सिवा अपनी पत्नी को आज तक कोई गहना दिला ही नहीं सका। रुपये में बड़ी शक्ति है। जूता खाने पर भी लोग रुपये के लालच..."

व्यथित और लज्जित लक्ष्मी बोली, "छिः छिः ऐसी बातें करना आपको शोभा नहीं देता।"

शिवचरण बोला, "सत्य बोलने में भला काहे का संकोच?"

लक्ष्मी आँखें मीचंकर पड़ी रही। वह कहती भी, तो क्या। वह समझ गयी कि ये लोग ग़रीबों के प्रति अशिष्ट भाषा के प्रयोग को ही स्पष्टवादिता का नाम देते हैं।

शिवचरण चुप न रह सका। बोला, "विवाह के समय इसने मुझसे पाँच सौ रुपये उधार लिये थे, जो ब्याजसहित आज सात सौ हो गये हैं। यदि उसकी वसूली का तक़ाज़ा करूँ, तो घर बिकने की नौबत आ जाएगी। सोचता हूँ कि एक किनारे पड़ा है, पड़ा रहे, किन्तु यदि दासी होने की योग्यता भी न रखने वाली विपिन की बहू मेरी पत्नी के सामने अकड़ दिखाती है, तो मुझसे यह सहन नहीं किया जा सकेगा।"

लक्ष्मी ने करवट बदल ली। रुग्ण महिला को पति के वचनों से गहरी व्यथा का अनुभव हुआ।

दूसरे दिन मृदु-मधुर स्वर को पहचानकर लक्ष्मी ने आँख खोलकर कमला को जाते देखा, तो आवाज़ लगाकर बोली, "मझली बहू, आँख बचाकर निकली जा रही हो।"

शरमाती हुई कमला लौटकर बोली, "मैंने सोचा कि तुम सो रही हो। हाँ, आज तुम्हारी तबियत कैसी है?"

"आज काफ़ी ठीक है। हाँ, आज लड़के को अपने साथ क्यों नहीं लायीं?"

"अचानक सो गया है।"

"अचानक का मतलब?"

"मैं उसे दिन में सोने की आदत डालना नहीं चाहती।"

लक्ष्मी ने कहा, "सोयेगा नहीं, तो गरमी में ऊधम मचाता फिरेगा।"

कमला बोली, "यही तो करता है, किन्तु फिर भी, मैं दिन में उसके सोने की अपेक्षा उत्पात करने को कहीं अच्छा समझती हूँ।"

"इसका अर्थ है कि दिन में स्वयं तुम भी नहीं सोती हो?

कमला ने इसका उत्तर 'हाँ' में दिया।

हरिलक्ष्मी का अनुमान था कि मझली बहू इस प्रश्न के उत्तर में काम की अधिकता और समय की अल्पता के साथ विश्राम के लिए अवकाश न मिलने का रोना-धोना ले बैठेगी, अपने घर के कामों की लम्बी-चौड़ी सूची पेश करेगी, किन्तु उसने ऐसा कुछ भी नहीं किया, संक्षेप में ही मामला निपटा दिया।

इसके बाद इन दोनों महिलाओं में अन्यान्य विषयो पर बातचीत होने लगी। हरिलक्ष्मी ने अपना रुआब डालने के लिए अपने माँ-बाप, भाई-बहिन, स्कूल, घर पर ट्यूशन और फिर मैट्रिक पास करने की एक-एक बात रस लेकर एवं अभिमानपूर्वक कह सुनायी। बहुत देर की बातचीत के बाद हरिलक्ष्मी इस निष्कर्ष पर पहुँची कि मझली बहू जितनी अच्छी श्रोता थी, उतनी अच्छी वक्ता बिल्कुल भी नहीं थी। इसीलिए उसने अपने विषय में उसने कुछ भी नहीं बताया। पहले तो लक्ष्मी को अपने बोलते चले जाने पर लज्जा का अनुभव होने लगा, किन्तु बाद में सोचने पर उसे लगा कि सामने वाली महिला के पास जब कुछ कहने के लिए है ही नहीं, तो वह भला कहे भी, तो क्या कहे? कल इस महिला से मिलने पर प्राप्त खिन्नता की आज, मानो क्षतिपूर्ति हो गयी थी। इसलिए वह आज काफ़ी प्रसन्न थी।

सामने की बहुमूल्य दीवार-घड़ी के तीन बजाने पर कमला उठ खड़ी हुई और विनम्र स्वर में बोली, "जीजी, अब जाने की आज्ञा चाहूँगी।"

लक्ष्मी ने पूछा, "क्या तुम्हारा अवकाश तीन बजे तक रहता है और क्या देवरजी ठीक समय पर घर आ जाते हैं?"

उत्तर में मझली बहू बोली, "आज तो वह घर पर ही हैं?"

"फिर तुम्हें भागने की जल्दी क्यों है?"

कमला बैठी नहीं और जाने के लिए आगे पग भी नहीं बढ़ा सकी। वह बोली, "आप खूब पढ़ी-लिखी हैं, मैट्रिक पास हैं और मैं ठहरी गँवई-गाँव की फूहड़....।"

बीच में ही रोकती हुई लक्ष्मी ने पूछा, "क्या तुम्हारा मायका गाँव में है?"

"जी हाँ जीजी, ठेठ देहात में है। कल बिना कुछ समझे, न जाने मैं क्या कह बैठी? किन्तु मैं क़सम खाकर कहती हूँ कि मेरा इरादा आपका अपमान करने का

क़तई नहीं था।" हरिलक्ष्मी सोच में पड़ गयी और बोली, "मुझे तो ऐसा कुछ याद नहीं कि कल तुमने कुछ कहा था, जिसके लिए तुम आज खिन्न हो रही हो।"

मझली बहू बिना कुछ उत्तर दिये फिर से अनुमति माँगकर धीरे-से बाहर को चल दी। इस समय इस महिला का कण्ठ-स्वर पहले से कुछ बदला हुआ-सा था।

रात को शिवचरण के घर आने पर लेटी हुई हरिलक्ष्मी न केवल तन से स्वस्थ थी अपितु मन से भी प्रसन्न थी।

शिवचरण ने पूछा, "बड़ी बहू, अब स्वास्थ्य कैसा है?"

उठकर बैठ गयी हरिलक्ष्मी बोली, "अब मैं स्वस्थ-प्रसन्न हूँ।"

शिवचरण बोला, "तुम्हें आज सवेरे की बात का पता नहीं चला होगा। उस साले विपिन को बुलाकर सबके सामने ऐसा लताड़ा कि उसकी आँखों में आँसू आ गये। ससुरा जनम-भर याद रखेगा कि बेलपुर के चौधरी की पत्नी से कैसे पेश आना है।" घबरा उठी हरिलक्ष्मी ने बुझे स्वर में पूछा, "किसे डाँटने की बात कर रहे हैं आप?"

"अरे, और किसे, उस साले विपिन को बुलाकर कहा कि तुम्हारी पत्नी का यह साहस कि मेरी पत्नी के सामने अपनी शान दिखाये और हमारा अपमान करे। लगता है कि वह साली ओछे परिवार की नासमझ लड़की है। यदि फिर कहीं उसने ऐसी मूर्खता की, तो उसके बाल कटवाकर और मुँह काला करके गधे पर बिठाकर गाँव से बाहर निकलवाकर ही दम लूँगा।"

यह सुनकर रोग से मुरझाया हरिलक्ष्मी का चेहरा काला-स्याह पड़ गया।

शिवचरण अपनी छाती ठोककर गर्व के साथ बोला, "इस गाँव में, मैं ही जज हूँ, मैं ही मुन्सिफ़, दरोगा, पुलिस और मैजिस्ट्रेट सब मैं ही हूँ। यहाँ मेरा हुकुम ही कानून है। किसी को फाँसी पर लटकाने का तथा फाँसी पर लटकने का हुकुम देने का अधिकार मेरे पास है। यदि तुम देखना चाहो, तो मैं कल ही विपिन की बहू को तुम्हारे चरणों में डाल सकता हूँ। ऐसा न किया, तो मेरी चौधराहट पर लानत है।"

लाटू चौधरी के बेटे शिवचरण ने मझली बहू के विरुद्ध अपमानजनक शब्दों के प्रयोग में अपने समूचे शब्द-भण्डार को खाली करके ही दम लिया। सुनकर हरिलक्ष्मी इतनी अधिक दुखी हो उठी कि वह यह मनाने लगी कि धरती फट जाये और वह उसमें समा जाये।

2

प्रौढ़ शिवचरण के लिए अपनी युवती पत्नी को अपना युवा शरीर देना सम्भव नहीं था। इसे छोड़कर उसका सर्वस्व हरिलक्ष्मी को समर्पित था। हरिलक्ष्मी को गाँव का जलवायु रास नहीं आया। वैद्य के निर्देश से जलवायु-परिवर्तन के लिए पश्चिम में जाने की ठाठ-बाट से तैयारी होने लगी।

यात्रा के लिए शुभमुहूर्त निकलवाया गया। प्रस्थान के दिन सारा गाँव विदा देने आया, किन्तु केवल विपिन और उसकी पत्नी कमला नहीं आये। घर के भीतर बुआ और घर के बाहर शिवचरण उस परिवार के विरुद्ध ऊल-जुलूल, जो मुँह में आया, बकने लगे। इन दोनों के स्वर-में-स्वर मिलाने वाली स्त्रियों का भी कोई अभाव नहीं था। हरिलक्ष्मी तटस्थ भाव से सारा तमाशा देख रही थी। वह अपने को यह सान्त्वना दे रही थी कि उसके पति ने अपने भाई-भौजाई के प्रति कितना भारी अन्याय क्यों न किया हो, किन्तु उसकी ओर से ऐसा कुछ अनुचित नहीं किया गया, किन्तु अब बाहर की स्त्रियों द्वारा अपने परिवार की स्त्री के विरुद्ध बकना उसे सर्वथा असह्य लग रहा था। घर छोड़ने से पूर्व पालकी में बैठी लक्ष्मी ने परदा हटाकर मझली बहू के घर, किवाड़ आदि पर दृष्टि डाली, किन्तु बाहर-भीतर कहीं, उसे उस परिवार के किसी सदस्य की छाया तक दिखाई नहीं दी।

काशी में मकान की समुचित व्यवस्था कर ली गयी थी। वहाँ के जलवायु से लक्ष्मी के स्वास्थ्य में शीघ्र ही उल्लेखनीय सुधार होने लगा। चार महीने बाद घर लौटी लक्ष्मी के चेहरे की रंगत को देखकर गाँव की स्त्रियाँ मन-ही-मन ईर्ष्या करने लगीं।

हेमन्त ऋतु की एक दोपहरी को मझली बहू अपने निरोगी पति के लिए मफ़लर बुन रही थी, तो उसी के पास बैठा लड़का सामने लक्ष्मी को देखकर चिल्ला उठा, "ताईजी लौट आयी हैं।"

कमला तत्काल हाथ के काम को छोड़कर उठ खड़ी हुई और प्रणाम किया। बिछे आसन पर लक्ष्मी के बैठ जाने पर कमला ने आदर से पूछा, "जीजी, अब आपका स्वास्थ्य कैसा है?"

लक्ष्मी ने उत्तर दिया, "अब तो ठीक है, किन्तु जाते वक्त स्वस्थ होना अथवा न होना कुछ भी निश्चित नहीं था। मेरा न लौटना भी हो सकता था, फिर भी, तुम लोगों ने मेरे जाते समय मुझसे भेंट करना आवश्यक नहीं समझा। जाती बार तुम्हारे घर-द्वार पर नजर गड़ाये रही, किन्तु किसी की छाया तक देखने को नहीं मिली। मझली बहू, रोगी बहिन को विदा करना भी तुम्हें गवारा न हुआ? ऐसी कठोर तुम दिखती तो नहीं हो?"

मझली बहू आँसू बहाने लगी, उसके लिए मुँह खोलना सम्भव न हुआ।

लक्ष्मी बोली, "मुझमें अनेक दोष हों सकते हैं, किन्तु मैं कठोर हृदय बिल्कुल नहीं हूँ। भगवान तुम्हें सुखी रखे, यदि तुम कहीं बाहर जा रही होतीं, तो मैं ऐसा उपेक्षापूर्ण व्यवहार कदापि न करती।"

मझली बहू इस पर भी कुछ नहीं बोली, चुप खड़ी रही।

इस घर में हरिलक्ष्मी के पैर पहली बार पड़े थे। वह इस घर की सभी कोठरियों को देखने लगी। उसने देखा कि सौ साल पुराने इस मकान में केवल तीन कोठरियाँ रहने योग्य हैं। घर में दरिद्रता का साम्राज्य है। सामान भी नाममात्र का है। दीवारों

का चूना-पलस्तर झड़ गया है। मरम्मत न कराने के कारण नंगी ईंटें चिढ़ाती-सी लगती हैं। इतने पर दो-चार देवी-देवताओं के चित्र और मझली बहू की शिल्पकला के कुछ अच्छे नमूने लटके हुए हैं। कहीं किसी प्रकार की अव्यवस्था देखने तक को नहीं है। वेलकम, स्वागतम् और गीता के श्लोकों के लेख भी एकदम शुद्ध और स्पष्ट हैं। एक चित्र को देखकर लक्ष्मी ने पूछा, "मझली बहू, चेहरा परिचित-सा लगता है, किसका चित्र है यह?"

लजाती हुई कमला बोली, "तिलक महाराज के चित्र को देखकर नक़ल करने की चेष्टा की थी, किन्तु असफल रही।" यह कहती हुई कमला ने दीवार पर टँगा तिलकजी का चित्र उतारकर दिखा दिया।

काफ़ी देर तक चित्र को देखते रहने के बाद लक्ष्मी बोली, "चित्र को न पहचान पाने को मैं अपनी ग़लती मानती हूँ। क्या यह विद्या आप मुझे सिखाने की कृपा करोगी? मझली बहू, यदि तुमने मेरी प्रार्थना स्वीकार ली, तो मैं तुम्हें अपना गुरु मानूँगी।"

मझली बहू हँसने लगी। तीन-चार घण्टों के बाद उस घर से लौटती लक्ष्मी ने मन में निश्चय कर लिया था कि कल से वह प्रतिदिन एक-दो घण्टे चित्रकला सीखने यहाँ आया करेगी।

दो-चार दिनों तक सीखने के बाद लक्ष्मी समझ गयी कि इस विद्या को सीखने के लिए कठोर साधना अपेक्षित है। यह पाँच-सात दिनों का खेल नहीं है। एक दिन लक्ष्मी ने उलाहना देकर कहा, "मझली बहू, लगता है कि तुम मुझे यह विद्या मन से नहीं सिखाती हो?"

मझली बहू बोली, "जीजी, यह विद्या लम्बी साधना की अपेक्षा रखती है। इससे तो अच्छा यही होगा कि आप बुनाई-कढ़ाई सीख लें।"

अपनी नाराज़गी को छिपाकर लक्ष्मी ने पूछा, "मझली बहू, तुमने इसे सीखने में कितनी लम्बी साधना की थी?"

"मुझे किसी ने सिखाया नहीं। मैं तो अपनी लगन और अभ्यास से अपने आप सीख गयी हूँ।"

"यदि तुमने नियमित शिक्षा ली होती, तो तुम्हें समय और अवधि की जानकारी अवश्य होती।"

मुँह से कुछ न कहने पर भी लक्ष्मी पर यह तथ्य उजागर हो गया कि वह प्रतिभा में मझली बहू की समता नहीं कर सकती, आज वह अपना सामान समेटकर समय से पहले की घर लौट आयी। अगले दिन वह नहीं आयी। नियमित उपस्थिति में यह उसकी पहली अनुपस्थिति थी।

तीन-चार दिनों के बाद हरिलक्ष्मी चित्रकला से सम्बन्धित अपने साज़-सामान को लेकर मझली बहू के घर आ पहुँची। उस समय कमला अपने लड़के को रामायण

के चित्रों को दिखाकर उनसे जुड़ी कथाएँ सुना रही थी। लक्ष्मी को देखते ही उठ खड़ी कमला ने उसे प्रणाम किया, आसन बिछाकर उसे बिठाया और फिर चिन्तित स्वर में पूछा, ''तीन-चार दिन आप आयी नहीं, स्वास्थ्य तो ठीक था न?''

लक्ष्मी ने उत्तर में कहा, ''वैसे ही पाँच-छह दिन नहीं आयी।''

आश्चर्य प्रकट करती हुई मझली बहू बोली, ''हैं, इतने दिन बीत गये? आप कहती हैं, तो बीते ही होंगे। चलो, आज अधिक समय लगाकर कुछ कमी पूरी करते हैं।'' लक्ष्मी ने पहले हुंकार भरी, फिर बोली, ''मझली बहू, मुझे क्या हुआ, क्या नहीं हुआ, तुमने भी इसकी खबर लेने का भी ज़रूरत नहीं समझी।''

मझली बहू बोली, ''मैं अपना क़ुसूर मानती हूँ, मुझे आपकी खोज-खबर लेनी चाहिए थी, किन्तु क्या आप मानेंगी कि अकेली जान और घर-गृहस्थ के सौ काम। कुछ याद नहीं रहा और समय भी नहीं मिला।

मझली बहू की विनम्रता और विवशता की स्वीकृति से लक्ष्मी प्रसन्न हो उठी। वस्तुतः अपने थोथे अहंकार के कारण ही वह इधर नहीं आयी, जबकि जाने के लिए प्रतिदिन अकुलाती रही है। लक्ष्मी एकदम अकेली है, घर में ही नहीं, अपितु पूरे गाँव में मझली बहू को छोड़कर ऐसी कोई दूसरी स्त्री नहीं, जिससे वह एक घड़ी बातचीत कर सके।

चित्रों को देखने में मग्न लड़के को आवाज़ देकर लक्ष्मी ने कहा, ''निखिल बेटे, ज़रा मेरे पास आना।''

लड़के के आने पर लक्ष्मी ने अपने बक्से से सोने की पतली-सी चेन निकालकर उसके गले में डाल दी और बोली, ''जाओ बेटे, खेलो-कूदो।''

कमला गम्भीर स्वर में बोली, ''जीजी, यह आपने क्या किया?''

हँसती हुई लक्ष्मी बोली, ''अरे, बच्चे तो साझा होते हैं।''

कमला ने कहा, ''क्या आप समझती है कि आप देंगी और लड़का ले लेगा?''

''क्या, तुम्हारे बच्चे को एक चेन देने का अधिकार भी मुझे नहीं है?''

''मैं यह सब नहीं जानती, किन्तु मैं अपने बेटे को आपसे चेन लेने की अनुमति नहीं दे सकती।'' फिर वह बच्चे से बोली, ''निखिल, चेन उतार कर ताईजी को लौटा।'' लक्ष्मी की ओर उन्मुख होकर मझली बहू बोली, ''जीजी, हम ग़रीब अवश्य हैं, किन्तु भिखारी नहीं हैं। किसी का कुछ देखकर मुँह मारना हमारे स्वभाव में नहीं है।'' लक्ष्मी अपने को अपमानित अनुभव करती हुई सोचने लगी, 'अच्छा होता कि धरती फट जाती और मैं उसमें समा जाती।'

जाते समय लक्ष्मी ने कहा, ''मैं इसकी चर्चा अपने पति से अवश्य करूँगी।''

''मैं उनकी बहुत सारी बातें सुनती रहती हूँ, मेरी एक बात वह सुन लेंगे, तो आकाश नहीं गिर पड़ेगा।'' कमला ने कहा।

''ठीक है, आज़मा कर देखना पड़ेगा।'' थोड़ी देर बाद लक्ष्मी फिर बोली,

"मझली बहू, इस प्रकार मेरा अपमान करना तुम्हें शोभा नहीं देता। यदि मैं चाहूँ, तो तुम्हें इसका दण्ड स्वयं मैं भी दे सकती हूँ।"

मझली बहू बोली, "आप बेकार में नाराज़ हो रही हैं, अन्यथा मैंने न तो आपका अपमान किया है और न ही मेरा ऐसा कोई इरादा है, किन्तु यदि आप समझ सकतीं, तो समझ जातीं कि मैंने आपको अपने पति का अपमान करने से बचा लिया है।" मुझे अच्छा नहीं लगता। इसीलिए मैं अधिक नहीं बोलती।"

इसके बाद लक्ष्मी उठकर चलने को तैयार हो गयी। जाने से पहले वह बोली, "मैं इसे चेन के मूल्य बारे में तो कुछ नहीं कहती, किन्तु फिर भी यह अवश्य कहूँगी कि मैंने प्यार से बालक के गले में डाली थी, न कि इस इरादे से कि इससे तुम्हारे पति का आर्थिक संकट दूर हो जायेगा। धनी लोगों द्वारा ग़रीबों की सहायता का अर्थ उनका अपमान करना तो नहीं होता। पता नहीं, तुम्हें ऐसी सीख किसने दी है? क्या अमीर लोग प्यार करना नहीं जानते? क्या उनमें मानवता नहीं होती? मैंने अपने पति से बात की, तो तुम्हें हाथ जोड़ने और पैरों पड़ने पर भी शायद क्षमा नहीं मिल सकेगी।"

मझली बहू हँसकर बोली, "जीजी, आप मेरी चिन्ता मत कीजिये, अपने दिल का गुबार निकालकर अपने को हलका कर लीजिये।"

3

बाढ़ के पानी से बाँध के टूटने का एक बार आरम्भ हो जाने पर किसी को शायद यह अनुमान नहीं होता कि पानी का तीव्र प्रवाह इतने थोड़े समय में इतना भयंकर उपद्रव कर सकता है। हरिलक्ष्मी द्वारा पति से की गयी शिकायत की भी यही स्थिति थी। कमला और विपिन के विरुद्ध अपनी शिकायतों की चर्चा समाप्त करने पर परिणाम की कल्पना से लक्ष्मी स्वयं ही काँप उठी। लक्ष्मी कभी मिथ्याभाषण नहीं करती, करना भी चाहे, तो भी अपनी शिक्षा-दीक्षा तथा आचार-परम्रा के कारण ऐसा नहीं कर सकती, परन्तु आज क्रोध के आवेश में पति से देवरानी के विरुद्ध शिकायत करते समय उसने काफ़ी कुछ बढ़ा-चढ़ाकर कहा था। इस विषय में उसका मानना था कि पति से अपेक्षित कराये जाने की दृष्टि से उसके लिए थोड़ा-बहुत नमक-मसाला लगाना आवश्यक था। हाँ, एक बात का उसे अवश्य दुःख था कि वह अपने पति के स्वभाव से ठीक-से परिचित नहीं थी। शिवचरण केवल निष्ठुर व्यक्ति ही नहीं था, अपितु प्रतिशोध लेने में भी अत्यन्त कठोर एवं निमर्म था। उसकी प्रतिहिंसा विरोधी को मिलने वाले कष्ट की सीमा को जानती ही नहीं है। शिवचरण ने तत्काल फूँ-फाँ नहीं दिखाई। वह गम्भीर स्वर में बोला, "पाँच-छह महीनों में ही उन्हें अपनी करनी का फल भुगतना पड़ेगा, विश्वास रखो, साल नहीं बीतने दूँगा।"

लक्ष्मी के दिल में अपमान और प्रतिशोध की ज्वाला धधक रही थी। वह देवरानी को उसके अनुचित व्यवहार का पाठ पढ़ाना तो चाहती थी, परन्तु शिवचरण द्वारा प्रकट की गयी प्रतिक्रिया से वह अत्यधिक चिन्तित एवं व्यथित हो उठी। उसे अपनी ओर से किसी भारी ग़लती के हो जाने का दुःख घेरने लगा।

कुछ दिन बीतने पर हरिलक्ष्मी ने मुस्कराते हुए पूछा, "क्या आप लोगों ने उनके विरुद्ध कुछ किया भी है या नहीं?"

शिवचरण के "किन लोगों में बारे में, "पूछने पर लक्ष्मी ने कहा, "विपिन और मझली बहू के बारे में।"

खिन्न स्वर में शिवचरण बोला, "मेरे-जैसा साधारण व्यक्ति किसी का भला क्या बना-बिगाड़ सकता है।"

"आप कहना क्या चाहते हैं?"

शिवचरण बोला, "मझली बहू सबसे बोलती फिरती है, इस देश में राज्य तो फिरंगियों का है, जेठजी का राज्य थोड़े है।"

अप्रसन्न हुई लक्ष्मी बोली, "उसकी यह हिम्मत?"

"इसमें हिम्मत की क्या बात है?"

लक्ष्मी ने कहा, "मैं नहीं मानती कि मझली बहू ने ऐसा कुछ कहा है, ऐसा कहना उसके स्वभाव में ही नहीं है। वह काफ़ी समझदार है। मेरे विचार में किसी ने उसका नाम लेकर झूठ-मूठ आपके कान भर दिये हैं।"

शिवचरण बोला, "पता नहीं, तुम्हें विश्वास क्यों नहीं आ रहा है, जबकि मैंने अपने कानों से उसे ऐसा कहते हुए सुना है।"

विश्वास न होने पर भी पति का मन रखने के लिए क्रोध दिखाती हुई लक्ष्मी बोली, "ऐसी मूर्खता और इतना अहंकार! मुझे तो जो कहा, सो कहा, आपके सामने ऐसी धृष्टता! आपका तो उसे लिहाज़ करना चाहिए था।"

"हिन्दुओं के घरों में प्रायः यही प्रचलन है, फिर, तुम्हारी देवरानी तो सुसशिक्षित विदुषी है, किन्तु मैं अपने अपमान का बदला लेकर ही चैन की साँस लेता हूँ। एक काम से बाहर जा रहा हूँ।" कहता हुआ शिवचरण बाहर चला गया। शिवचरण के सामने अपनी बात रखने का लक्ष्मी को समय ही नहीं मिला। इसलिए वह अत्यधिक परेशान हो उठी।

बाहर जाकर शिवचरण ने विपिन को बुलाकर डाँटते हुए कहा, "मैं तुम्हें पाँच-सात वर्षों से अपने पशुओं को यहाँ से हटाने को कहता आ रहा हूँ, किन्तु तुम्हारे कानों पर जूँ तक नहीं रेंगती। तुमने मेरा जीना हराम कर रखा है।

आश्चर्य प्रकट करता हुआ विपिन बोला, "मैं तो पहली बार आपसे यह सुना रहा हूँ।"

"इससे पहले मैंने यह बात तुमसे अधिक नहीं, तो दस बार अवश्य कही

होगी। तुम्हें कुछ भी स्मरण नहीं, यह मैं नहीं मानता और यह भी तुम्हें बताना चाहता हूँ कि मेरे-जैसे ज़मींदार के सुने को अनसुना करने का परिणाम सुखद नहीं होता। फिर, तुम्हें यह भी तो सोचना चाहिए कि दूसरों के स्थान पर इतने दिनों तक अपने पशुओं को बाँधने का अर्थ उस स्थान को अपने अधिकार में करने की चेष्टा ही कही ज़ायेगी। अब इसे अन्तिम चेतावनी समझो और आज-कल में अपना ताम-झाम समेटकर इस स्थान को ख़ाली कर दो।''

विपिन को झगड़ा-फ़सांद करने की आदत नहीं है। वह अपने पिता के समय से ही अपने पशु यहाँ बाँधता आया है, इसलिए वह इस स्थान को अपनी सम्पत्ति ही मानता है। शिवचरण के वचन का प्रतिवाद किये बग़ैर ही विपिन चुपचाप अपने घर को चला आया।

घर में आकर विपिन ने शिवचरण के आदेश से अपनी पत्नी को परिचित कराया, तो कमला बोली, ''न्यायालय का द्वारा खटखटाओ। जेठजी ही तो इस देश के राजा नहीं हैं।''

विपिन भली प्रकार जानता था कि अंग्रेजी राज्य में सबको न्याय मिलने की कितनी डुगडुगी क्यों न पीटी जाये, किन्तु सत्य यही है कि ग़रीब के लिए कहीं कोई स्थान नहीं। भैंस उसी की होती है, जिसके हाथ में लाठी होती है। दूसरे दिन शिवचरण के नौकरों ने टूटी-फूटी पुरानी गौशाला को तोड़कर बड़े बाड़े में मिला दिया। विपिन ने शिवचरण के इस अन्याय के विरुद्ध थाने में रिपोर्ट दर्ज कराई, किन्तु ज़मींदार की नयी दीवार बनकर तैयार हो गयी। पुलिस ने उसके विरुद्ध कोई कार्यवाही नहीं की। विपिन की पत्नी ने अपने हाथ की चूड़िया बेचकर प्राप्त धन-राशि से अदालत में मुक़द्दमा दायर किया। यहाँ भी उसे मुँह की खानी पड़ी। सोने की चूड़ियों को गँवाने का दुःख और जुड़ गया।

विपिन की दूर की बुआ ने विपिन और कमला की भलाई को ध्यान में रखते हुए उन्हें सलाह दी कि मझली बहू को अपनी जेठानी के पास जाकर अपनी ग़लती के लिए क्षमा माँग लेनी चाहिए। इस प्रकार दोनों भाइयों में फिर से सद्भाव बन जायेगा, किन्तु कमला को यह सुझाव पसन्द न आया। वह बोली, ''बुआजी, शेर के आगे हाथ जोड़कर खड़े होने का क्या लाभ? प्राण तो वैसे भी जाने हैं, फिर, अपमानित होकर प्राण क्यों गँवाये जायें?''

हरिलक्ष्मी ने भी यह सब सुना, किन्तु उसने अपनी कोई प्रतिक्रिया प्रकट नहीं की।

जलवायु-परिवर्तन के लिए काशी गयी लक्ष्मी जब से लौटी है, एक दिन के लिए भी पूर्ण स्वस्थ नहीं रही। मझली बहू से मनमुटाव के एक महीने बाद, उसने फिर से चारपाई पकड़ ली। कुछ दिनों तक गाँव के वैद्यों का इलाज होता रहा, किन्तु उससे कोई लाभ नहीं हुआ, तो डॉक्टर की सलाह से दोबारा जलवायु-परिवर्त न के लिए बाहर जाने की तैयारी की जाने लगी।

अनेक कार्यों में व्यस्त होने से शिवचरण पत्नी के साथ न जा सका। जाने से पहले लक्ष्मी अपने पति से एक बात कहने के लिए अकुलाती रह गयी, किन्तु वह यह सोचकर नहीं कह सकी; क्योंकि उसे पक्का विश्वास था कि इस आदमी के शब्दकोश में दया, ममता, कृपा-जैसे शब्द हैं ही नहीं।

4

हरिलक्ष्मी को पूर्ण स्वस्थ होने में इस बार कुछ अधिक समय लग गया। वह एक वर्ष के पश्चात् अपने गाँव बेलपुर लौटी। ज़मींदार की लाडली पत्नी होने के साथ घर की मालकिन के लिए प्रजाजनों की स्त्रियों का स्वागत में आना और कुशल-क्षेम पूछना स्वाभाविक था। छोटी स्त्रियों ने लक्ष्मी के पाँव छुए, तो बढ़ी-बूढ़ियों ने आशीर्वाद दिये, शुभकामनाएँ प्रकट कीं। इस प्रकार घर लौटने पर आनन्द प्रकट किया। विपिन की पत्नी नहीं आयी। उसके न आने का लक्ष्मी को पहले से पता था। उसने न तो किसी स्त्री से मझली बहू के बारे में कुछ पूछा और न ही उन लोगों पर चल रहे फ़ौजदारी व दीवानी मुक़द्दमों के परिणाम जानने में कोई उत्सुकता दिखायी। शिवचरण बीच में पत्नी से मिलने जाता रहता था। लक्ष्मी उससे इन लोगों के बारे में जानने को उत्सुक रहती थी, किन्तु फिर भी, उसने कभी अपना मुँह नहीं खोला था। कारण स्पष्ट था। लक्ष्मी को पूरा विश्वास था कि उसके पति ने अब तक इन लोगों को पूरी तरह से बरबाद कर ही दिया होगा। उनके दुःख-कष्ट के लिए स्वयं को उत्तरदायी मानने वाली लक्ष्मी, यह दिखाना चाहती थी, मानो वह विपिन व कमला आदि को भूल चुकी है। इस प्रकार की तुच्छ बातों पर ध्यान देने का न उसका स्वभाव है और न ही उसके पास समय है। इधर शिवचरण ने भी उनके सम्बन्ध में कोई जानकारी देना आवश्यक नहीं समझा। उसने सोचा कि घर लौटने पर लक्ष्मी को अपने आप सब कुछ मालमू हो जायेगा।

बुआजी के बार-बार अनुरोध करने पर काफ़ी दिन चढ़े लक्ष्मी स्नान के निवृत्त हुई, तो बुआजी बोली, ''बेटी, अभी तुम्हारा शरीर पूर्ण स्वस्थ नहीं हैं, अतः तुम भोजन के लिए नीचे रसोईघर में मत जाओ, मैं ब्राह्मणी को तुम्हारो लिए यहीं थाली लाने को कहती हूँ।''

हठ करती हुई लक्ष्मी बोली, ''अब मैं पूर्ण स्वस्थ हूँ, मैं नीचे जाकर ही खा लूँगी। ऊपर लाने की कोई आवश्यकता नहीं।''

बुआजी बोली, ''बेटी, मैं क्या करूँ, शिब्बू ने तुम्हारा नीचे-ऊपर जाना मना कर रखा है।'' बुआजी के आदेश से दासी ने स्थान साफ़ करके आसन बिछा दिया और फिर मिसरानी भोजन की थाली लेकर उपस्थित हुई। आसन पर बैठती हुई लक्ष्मी ने पूछा, ''बुआजी, यह नयी मिसरानी कौन है?''

हँसती हुई बुआ बोली, ''बिटिया, क्या तुमने पहचाना नहीं, यह अपनी मझली

बहू ही तो है।"

हक्का-बक्का बनी लक्ष्मी समझ गयी कि उसके पति ने पूरा प्रतिशोध ले लिया है और ऐसा आश्चर्यजनक समाचार देने के उद्देश्य से अब तक उसे अनजान बनाये रखा गया है। कुछ देर में अपने को सँभालकर लक्ष्मी कमला के विषय मे कुछ और जानने की उत्सुकता से बुआ के मुख की ओर देखने लगी।

बुआ बोली, "विपिन के परलोक सिधारने का तो तुम्हें पता चल ही गया होगा।"

लक्ष्मी इस तथ्य से एकदम अनजान थी, किन्तु थाली परोसने आयी महिला की वेशभूषा इस तथ्य को स्पष्ट कर रही थी कि मझली बहू विधवा है। इसलिए लक्ष्मी न सिर हिलाकर कहा, "हाँ।"

शेष विवरण सुनाती हुई बुआ बोली, "घर में जो कुछ था, सब मुक़द्दमे में स्वाहा हो गया। अब ऋण चुकाने के लिए एक मकान ही बचा था। मुझ जैसी शुभचिन्तकों ने कमला को सुझाव दिया कि लड़के के सिर छिपाने के लिए मकान तो बचा ले। हमारी सलाह मानकर वह ऋण के भुगतान के लिए दासी बनने को तैयार हुई है।"

लक्ष्मी ने यह सब सुना, तो उसकी आँखें फटी रह गयीं। बुआ ने अपने गले को कोमल बनाकर कहा, "मैंने कमला को एक और सलाह भी दी थी। मैंने उसे तुम्हारे पास काशी आकर क्षमा-याचना और बच्चे को तेरे चरणों में डालकर उसके लिए अभय माँगने को और शरण देने की प्रार्थना करने को कहा था।" कहती हुई बुआ रो पड़ी और बोली, "मझली बहू कुछ निर्णय नहीं कर सकी कि इसका कुछ सुपरिणाम निकलेगा अथवा नहीं।"

हरिलक्ष्मी देवरानी की दुर्दशा के लिए अपने को उत्तरदायी मानकर व्याकुल हो उठी। उसका मन खिन्न और व्याकुल हो गया, खाने की रुचि जाती रही। बुआजी के किसी काम से आँख से ओझल होते ही लक्ष्मी ने सारा खाना इधर-उधर बिखेर दिया। लौटकर बुआ ने यह सब देखा, तो वह चिल्लाकर कमला को आवाज़ देने लगी। उसके आने पर बुआ क्रुद्ध स्वर में बोली, "विपिन की बहू, क्या खाना बनाना नहीं आता? देख तो बिटिया ने एक कौर भी मुँह में नहीं डाला। इस तरह कैसे काम चलेगा?"

बेचारी कमला तो कुछ न बोल सकी, किन्तु लक्ष्मी तो पग-पग पर अपमान भोग रही इस निर्दोष महिला के सामने अपने को अत्यन्त लज्जित तथा तुच्छ अनुभव करने लगी।

डाँटती हुई बुआजी बोली, "नौकरी करनी है, तो साग-सब्जी और दाल-भात बनाने में सावधानी बरतनी पड़ेगी। सजग रहकर सब काम निपटाना होगा, समझी या नहीं।"

रुंधे स्वर में विपिन की पत्नी बोला, "बुआजी, अपनी ओर से तो पूर्ण सजग

रहती हूँ, सब काम ठीक ढंग से करती हूँ। समझ नहीं आता कि कहाँ गड़बड़ हो जाती है''

लक्ष्मी ने कहा, ''बुआजी, खाने में कोई दोष नहीं है, मेरा मन ही स्थिर नहीं है, इसलिए मुझसे खाया नहीं जा रहा। उस बेचारी पर क्यों बेकार बरस रही हो?''

मुँह-हाथ धोकर अपने कमरे में पहुँची लक्ष्मी का अकेले में दम घुटने लगा। वह सोचने लगी कि विपिन की बहू के लिए भले ही इस घर में नौकरी करना चल सके, किन्तु उसके लिए गृहिणी-पद पर प्रतिष्ठित रहना कैसे सम्भव है? विपिन की बहू अपनी दुर्दशा के लिए अपने पूर्वजन्मों के कर्मों को उत्तरदायी मान सकती है, किन्तु मैंने तो अपने दुर्भाग्य को स्वयं आमन्त्रित किया है। मैं किस प्रकार शान्ति से यह सब सहन कर सकती हूँ?

रात्रि में लक्ष्मी के लिए पति से बातचीत करना तो दूर रहा, आँख उठाकर उनकी ओर देखा तक न गया। वह अपने पति को पिशाच मानने लगी, जिसे एक निर्दोष विधवा को अपने घर की दासी बनाकर अपमानित करने में ज़रा भी संकोच नहीं हुआ। ऐसे नर-पशु से वह दया की भीख माँगने को अपनी मूर्खता मानने लगी। वह जानती है कि उसक पति उसकी प्रार्थना को ठुकरायेगा नहीं। वह यह भी जानती है कि उसकी विनती बेचारी कमला के भाग्य को बदल सकती है, फिर भी, वह अपने पति से कुछ कहने का विचार न बना सकी। शिवचरण ने पूछा, ''क्या मझली बहू से मिली हो? वह भोजन कैसा बनाती है?''

बिना कुछ बोले लक्ष्मी सोचने लगी कि स्वामी कहलाने वाले इस नर पशु के साथ उसने अपना पूरा जीवन बिताना है। वह भगवान् से प्रार्थना करने लगी, 'क्या मेरे लिए आपके लोक में स्थान नहीं है।'

दूसरे दिन प्रातः लक्ष्मी ने दासी के द्वारा बुआजी को सूचित किया कि तबियत ठीक न होने के कारण आज वह कुछ भी नहीं खायेगी।

कमरे में आकर बुआजी ने प्रश्नोत्तर से लक्ष्मी के नाक में दम कर दिया। जाँच-परख के बाद बुआ बोली, ''तुम्हें कोई ताप-वाप नहीं है, तुम ठीक-ठाक हो, फिर क्यों नहीं खाना-पीना चाहती हो?''

लक्ष्मी बोली, ''मैं अस्वस्थ हूँ और उपवास करना चाहती हूँ।'' डॉक्टर के आने पर उसे लक्ष्मी ने यह कहकर बाहर से ही विदा कर दिया, ''आपके उपचार से जब मुझे कोई लाभ ही नहीं होता, तो फिर आपसे परामर्श का क्या लाभ?''

शिवचरण ने भी काफ़ी पूछताछ की, किन्तु लक्ष्मी ने उसे भी कोई सन्तोषजनक उत्तर नहीं दिया।

और भी दो-चार दिन लक्ष्मी के कुछ न खाने-पीने पर घर में बेचैनी और परेशानी फैल गयी। सब लोग नाना प्रकार की आशंकाएँ प्रकट करने लगे।

एक दिन तीसरे पहर गुसलखाने से मुँह-हाथ धोकर हरिलक्ष्मी दबे पाँव अपने

कमरे में लौट रही थी कि बुआजी की दृष्टि उस पर पड़ गयी और वह चिल्ला उठी, "देखो बहूरानी विपिन की बहू की करतूत देखो, अब यह इस घर से चोरी भी करने लगी है।" लक्ष्मी समीप आकर खड़ी हो गयी। विपिन की बहू सिर झुकाये धरती पर बैठी थी। उसके पास ही अंगोछे से ढकी एक थाली रखी थी। अंगोछा उठाकर दाल-भात दिखाती हुई बुआ बोली, "क्या एक जने का खाना है? घर में लड़के को खिलाने के लिए भी यहाँ से चुराकर लिये जा रही है। इसे मैंने घर न ले जाने के लिए कितनी बार रोका है। बाबू के कान में कहीं भनक पड़ गयी, तो फिर...बहूरानी, आप ही मालकिन हो, आप ही इसका न्याय कीजिये।" कहकर बुआ एक ओर हट गयी।

बुआजी का कोलाहल सुनकर घर के सभी नौकर वहाँ आ जुटे थे। उन सबके बीच बैठी थी रंगे हाथों पकड़ी गयी मझली बहू और सामने खड़ी थी, गृहस्वामिनी लक्ष्मी।

हरिलक्ष्मी को स्वप्न में भी इस बात का अनुमान नहीं था कि इस छोटी-सी बात का इतना बड़ा बतंगड़ बन सकता था। माँ द्वारा बच्चे के लिए रोटी ले जाने को भी चोरी का नाम दिया जा सकता था, यह सोचकर लक्ष्मी टप-टप आँसू बहाने लगी। इस सारी स्थिति के लिए वह अपने को ही उत्तरदायी मानने लगी। वह अपने को अपराधिनी और विपिन की बहू को न्यायाधीश के पद पर देखने लगी।

दो-तीन मिनटों की जड़ता के बाद हरिलक्ष्मी ने दृढ़ स्वर में सभी दास-दासियों और बुआजी को वहाँ से चले जाने का आदेश दिया।

सबके चले जाने पर विपिन की बहू के साथ धरती पर बैठी लक्ष्मी ने अपने हाथ से मझली बहू का सिर ऊपर उठाया और मधुर स्वर में बोली, "मझली बहू, आज से तुम मुझे अपनी सगी बहिन समझना।" यह कहकर लक्ष्मी अपने आँचल से कमला के आँसू पोंछने लगी।

14. तस्वीर

इस कहानी का सम्बन्ध जिस घटना से है, उसके घटित होने के समय बर्मा अंग्रेजों की अधीनता में नहीं आया थ। उस समय तक उसके अपने शासक, मित्र, शत्रु, सेना, सचिव तथा सामन्त आदि थे। उस देश के राजा ही सर्वे-सर्वा और शासन के स्वामी थे।

उस समय बर्मा देश की राजधानी माडले थी, किन्तु राज-परिवार के लोग अन्यान्य नगरों में भी जा बसे थे। एक राज-परिवार बहुत समय पहले पेंगू से पाँच कोस की दूरी पर दक्षिण में स्थित द्रूमोदिन नामक ग्राम में आ बसा था।

इस राज-परिवार का निवास राजमहल-जैसा विशाल था, इसके साथ बहुत बड़ा बाग़ीचा था और उसके पास प्रचुर धन-सम्पत्ति के साथ ही बहुत बड़ी ज़मींदारी भी थी। इस विशाल सम्पत्ति के स्वामी ने अपना अन्तिम समय निकट जानकर अपने बालसखा बाको को बुलाकर कहा, ''तुम्हारे पुत्र के साथ अपनी पुत्री का विवाह करने की मेरी प्रबल इच्छा थी, किन्तु लगता है कि विधाता मुझे यह अवसर नहीं देना चाहता। मैं अपनी इकलौती बेटी माशोये को तुम्हारे सुपुर्द किये जाता हूँ।

मरणासन्न व्यक्ति ने इससे अधिक कुछ कहने की आवश्यकता नहीं समझी और इसी के साथ वह परलोक सिधार गये। धन-सम्पन्न रहे बाको ने मन्दिर-निर्माण में और भिक्षुओं को दान-दक्षिणा देने में इतनी अधिक उदारता दिखायी कि अपना सब कुछ लुटाने के साथ-साथ वह ऋणग्रस्त भी हो गये। इतने पर भी धनी स्वामी ने अपने मित्र को भुलाया नहीं। अपनी इकलौती लड़की के साथ अपनी विपुल धन-सम्पत्ति उसे सौंपने में संकोच नहीं किया। संयोग यह हुआ कि बाको अपने जीवनकाल में मित्र के अनुरोध को पूरा न कर सका। उसे भी ऊपर से बुलावा आ गया और वह भी उसी वर्ष बाल सखा के पास जा पहुँचा।

गाँव के लोग इस दरिद्र, किन्तु उदार महामानव के प्रति सम्मान और श्रद्धा का भाव रखते थे, अतः उन्होंने पूरे उत्साह से समारोह पूर्वक इन महाशय का मृत्यु-उत्सव मनाया।

बाको के शव को चन्दन लगाकर पुष्प-मालाओं से लाद दिया गया। खेल-तमाशे, नृत्य-गीत तथा वाद्य-वादन करते हुए बड़े सम्मान के साथ शव को दफ़नाया गया।

पिता की मृत्यु से शोक-सन्तप्त बाको का बेटा बाथिन एक सूने वृक्ष के नीचे अकेला बैठा रो रहा था। अचानक उसने सिर उठाया और अपने समीप माशोये को

खड़ा देखा, तो वह चौंक पड़ा। माशोये अपने आँचल से बाथिन के आँसू पोंछेने लगी। बाथिन के हाथ को अपने हाथ में लेकर माशोये बड़े ही मधुर स्वर में बोली, ''तुम्हारे पिताजी अवश्य स्वर्ग सिधार गये हैं, किन्तु तुम्हारी माशोये अभी जीवित है। रोना-धोना छोड़ो और उठकर मेरे साथ चलो।

2

बाथिन एक चित्रकार था। वह अपने एक चित्र को किसी व्यापारी के माध्यम से राजा के पास भेजने में सफल हुआ था। राजा ने बाथिन की कला पर प्रसन्न होकर उस चित्र को अपने पास रख लिया था और बाथिन को पुरस्कार के रूप में एक बहुमूल्य अँगूठी प्रदान की थी।

इस समाचार से माशोये की प्रसन्नता का कोई ठिकाना नहीं था। वह पुलकित होकर बोली, ''मुझे विश्वास है कि एक दिन तुम विश्वप्रसिद्ध चित्रकार के रूप में जाने जाओगे।''

बाथिन प्रसन्न होकर बोला, ''तभी मेरे लिए पिता के ऋण से मुक्त होना सम्भव होगा।''

पिता के न रहने पर पिता की इकलौती बेटी माशोये ही उत्तराधिकार के रूप में बाथिन की साहूकार थी, अतः अपने भावी पति के ऋण चुकाने की चर्चा से उसे चोट-सी लगी। इसलिए वह बोली, ''यदि तुम इस प्रकार बार-बार व्यंग्य-प्रहार करोगे, तो मुझे तुम्हारे पास आने में संकोच होगा।''

माशोये की बात पर बाथिन चुप हो गया, किन्तु उसके मन में यह बात स्पष्ट थी कि पिता का ऋण चुकाये बिना पिता की मुक्ति नहीं हो सकती थी। इस विचार से उसका चिन्तित और व्यथित होना स्वाभाविक था।

बाथिन आजकल अपने काम में अधिक व्यस्त रहने लगा है। उसने जातक कथाओं में से एक प्रसंग को छाँटा है और उस पर एक चित्र बनाने में जुटा है। इसलिए उसे पूरे दिन सिर खुजलाने तक का अवकाश नहीं मिलता।

प्रतिदिन की तरह माशोये आज भी बाथिन के पास आयी है। वह प्रतिदिन बाथिन के सोने, रहने और चित्र बनाने के कमरे को साफ़-सुथरा करने के बाद सजा-धजाकर चली जाया करती थी। यह काम वह नौकरों पर छोड़ने के पक्ष में कदापि नहीं थी।

सामने रखे एक दर्पण में पड़ते बाथिन के प्रतिबिम्ब को ठगी-सी खड़ी माशोये बहुत देर तक टकटकी लगाकर देखती रही। अन्त में, लम्बी साँस छोड़कर वह बोली, ''बाथिन, यदि तुम लड़की होते, तो अब तक देश के राजा ने तुम्हें अपनी रानी बना लिया होता।

हँसता हुआ बाथिन बोला, ''तुमने मुझ में ऐसा क्या देखा है?''

"अनेक रानियों के होने पर भी ऐसे सुन्दर चेहरे, मोहक रूप-रंग और घुँघराले केशों वाली स्वामिनी की उपेक्षा करना राजा के लिए सम्भव ही नहीं था, वह तुम्हें अपने साथ सिंहासन बिठाकर अपने जीवन को धन्य मानता।" माँडले में जब वह चित्रकला का प्रशिक्षण ले रहा था, तब भी, उसके रूप-सौन्दर्य की इसी प्रकार प्रशंसा की जाती थी। वह माशोये की ओर उन्मुख होकर हँसते हुए बोला, "यदि तुम रूप चुराने की किसी कला को जानतीं, तो मुझसे पहले तुम राजा की अर्धांगिनी बनकर उसके साथ सिंहासन पर जा बैठतीं।"

माशोये ने प्रकट में तो कुछ नहीं कहा, किन्तु मन-ही-मन बोली, 'तुम सचमुच नारी के समान दुर्बल, कोमल, सुन्दर और मोहक ही। तुम्हारी रूप-सुषमा सचमुच ही अनुपम एवं अद्वितीय है।'

बाथिन के रूप की प्रशंसा करती हुई माशोये उसके सौन्दर्य के सामने अपने को तुच्छ समझने लगी।

इस गाँव में प्रतिवर्ष बसन्त के दिन घुड़दौड़ की प्रतियोगिता का आयोजन होता है। इसी उपलक्ष्य में, आज मैदान में लोगों की भारी भीड़ जमा है।

माशोये चुपके से बाथिन के पीछे जा खड़ी हुई, किन्तु चित्र-रचना में तल्लीन बाथिन माशोये की पदचाप न सुन सका।

माशोये बोली, "मैं आयी हूँ, ज़रा गर्दन उठाकर मेरी ओर देखो तो सही।" बाथिन ने सिर उठाकर माशोये को देखा, तो विस्मित होकर बोला, "आज किस उपलक्ष्य में तुमने अपने को सजा-धजा रखा है?"

"वाह, क्या बात है? तुम्हें यह भी याद नहीं कि आज अपने यहाँ घुड़दौड़ की प्रतियोगिता है। इसमें प्रथम स्थान पर रहने वाला विजेता मुझे माला पहनाने का अधिकारी होगा।"

"अरे, मुझे तो इस विषय में कुछ भी मालूम नहीं, "कहकर बाथिन अपनी कूची को उठाना ही चाहता था कि माशोये उससे लिपट गयी। वह बोली, "बनो मत उठो, देर मत करो, मैं जानती हूँ कि तुम्हें सब मालूम है।"

दोनों—बाथिन और माशोये—हमउम्र हैं। बाथिन चार महीने बड़ा हो सकता है। बचपन से आज उन्नीस साल तक इसी प्रकार सौहार्द से दोनों का समय कटा है। दोनों एक साथ खेल-कूदे, लड़े-झगड़े हैं, दोनों में वाद-विवाद हुआ है। अभिप्राय यह है कि दोनों एक-दूसरे के अभिन्न रहे हैं।

खिले गुलाब-जैसे दो हँसते चेहरों को दर्पण में प्रतिबिम्बित देखकर बाथिन बोला, "माशोये, इधर देखती हो क्या?"

माशोये काफ़ी देर तक उत्सुक आँखों से उन दो चेहरों को इस प्रकार देखती रही, मानो उसकी तृप्ति न हो रही हो। माशोये को आज पहली बार अनुभव हुआ कि सुन्दरता में उसका भी कोई जवाब नहीं। प्रसन्नता से उसकी आँखें मुँद गयी और

वह बाथिन के कान में बोली, "एकदम ग़लत। तुम चन्द्रमा का कलंक नहीं हो। तुम किसी का भी कलंक नहीं हो। तुम तो चन्द्रमा की शुभ्रज्योत्सना हो। तुम ज़रा ठीक से अपने को दर्पण में देखों।"

माशोये आँखें खोलकर उसे खोना नहीं चाहती थी। पता नहीं, कितनी देर तक माशोये अपने कल्पनालोक में डूबी रहती, किन्तु उत्सव-स्थल पर जाते और उधर से गुज़रते नर-नारियों के कोलाहल से उसका ध्यान भंग हो गया। वह व्यग्र होकर बाथिन से बोली, "चलो, समय हो गया है।"

"क्योंकि मुझे पाँच दिनों में इस चित्र की पूरा कना है।"

"पाँच दिनों में पूरा न किया, तो क्या हो जायेगा?"

"चित्र के खरीददार के मॉडले चले जाने पर मुझे मेरे चित्र का पारिश्रमिक नहीं मिलेगा।"

रुपये की चर्चा से माशोये को दुःख होता था, वह बोली, "क्या इसीलिए दिन-रात कठोर श्रम करके अपना स्वास्थ्य गँवा बैठोगे? मैं तुम्हें ऐसी छूट नहीं दे सकती।"

बाथिन ने इसका उत्तर तो नहीं दिया, किन्तु पितृ-ऋण के न चुकने से बाथिन को होने वाला दुःख माशोये से छिपा न रहा।

माशोये बोली, "व्यापारी तुम्हारा चित्र नहीं लेगा, तो न सही, मैं तो तुम्हारे चित्र की खरीददार हूँ। तुम्हें दुगुना दाम दूँगी।"

बाथिन यह सब जानता था। उसने पूछा, "किन्तु तुम इस चित्र का क्या उपयोग करोगी?"

अपने गले में पहने हार के मोतियों को दिखाकर माशोये बोली, "इस हार के सभी पन्नों, हीरों और मोतियों से इस चित्र को सजाऊँगी। इसके बाद इसे अपने कमरे में ऐसे स्थान पर लटका दूँगी, जहाँ चौबीसों घण्टे इस पर मेरी दृष्टि पड़ती रहे।" "इसके अतिरिक्त इस चित्र का क्या उपयोग होगा?"

"जब कभी रात्रि में पूर्ण चन्द्र उगेगा और खिड़की में से आती उसकी चाँदनी तुम्हारे मुख पर पड़ेगी...।"

अभी उसकी बात पूरी न हो सकी थी कि काफ़ी देर से गाड़ी तैयार करके उसके प्रतीक्षा में खड़े गाड़ीवान की पुकार सुनाई पड़ी।

बाथिन बोला, "माशोये, ये बातें बाद में होती रहेगी, अभी तुम आओ।" किन्तु माशोये ने जाने की कोई जल्दबाज़ी नहीं दिखायी। वह निश्चिन्तता से जमकर बैठ गयी और बोली, "मुझे अपनी तबियत में गड़बड़ी लगती है, इसलिए मैं नहीं आती।" "अरे, यह क्या कह रही हो? तुमने इतने सारे लोगों को वचन दिया है। वे लोग उत्सुकता से तुम्हारी प्रतीक्षा करते होंगे। क्या वचन भंग करना और अपने चाहने वालों को निराश करना अच्छी बात है?"

"जो जिसके जी में आये, कह ले। वचन भंग करने में मुझे कुछ बुरा नहीं लगता। जब जाने का मन नहीं है, तो मैं नहीं जाऊँगी।"

बाथिन ने कहा, "राम-राम! भले लोगों को यह शोभा नहीं देता।"

"यदि तुम यही ठीक समझते हो, तो तुम भी मेरे साथ चलो।"

"देखो, मैं अपनी विवशता से तुम्हें परिचित करा चुका हूँ। यदि यहाँ समय न दिया होता, तो मैं तुम्हारे साथ चलने से इन्कार थोड़े करता? अब बहस में समय मत गँवाओं, जल्दी से जाओ।"

बाथिन की दृढ़ आवाज़ को सुनकर माशोये के चेहरे पर गम्भीरता साफ़ झलकने लगीं। वह क्रुद्ध स्वर में बोली, "तुम एकान्त पाने की सुविधा के कारण मुझसे पिण्ड छुड़ाना चाहते हो। अब मेरी भी सुन लो, आज के बाद मैं तुम्हारे पास नहीं आऊँगी।" बाथिन व्याकुल हो उठा और उसने उठकर माशोये को अपनी बाहों में समेट लिया और फिर अनुनय के स्वर में बोला, "इतना अधिक क्रोध और क्रोध में ऐसी प्रतिज्ञा करना अच्छा नहीं। तुम शायद इसके परिणाम की कल्पना नहीं कर पा रही हो। मुझे क्षमा कर दो और बिना समय गँवाते चल दो।"

माशोये दुखी स्वर में बोली, "तुम मेरी दुर्बलता को जानते हो। मेरे आये बिना तुम्हारा खाना-पीना, सोना-जागना कुछ भी व्यवस्थित नहीं हो सकेगा और फिर तुम्हारा दुःख मुझसे देखा नहीं जायेगा। यही कारण है कि तुम इतनी निर्ममता से मुझे अपने से दूर भगा रहे हो।"

यह कहकर बाथिन के उत्तर की प्रतीक्षा किये बिना ही माशोये तेज़ी से घर से बाहर चल दी।

4

दोपहर बाद अपनी सजी-धजी गाड़ी से माशोये जब घुड़दौड़ के मैदान में पहुँची, तो वहाँ उपस्थित जन-समुदाय ने बड़े हर्ष और उत्साह से उसका स्वागत किया।

माशोये युवती होने के साथ जहाँ अद्भुत रूप-सौन्दर्यवती थी, वहीं अविवाहित तथा विपुल धन-सम्पत्ति की स्वाभिनी भी थी। ऐसी महिला के प्रति लोगों का आकर्षित होना सर्वथा स्वाभाविक था। इसके अतिरिक्त आज वह इस समारोह की मुख्य अतिथि थी। उसे ही विजेता को पुष्पमाला पहनाकर सम्मानित करना था तथा उसे अपने गले में पुष्पमाला पहनाने का अवसर जुटाना था। सभी लोग धड़कती छाती से उस क्षण की प्रतीक्षा कर रहे थे कि आज इस रमणी को जयमाला पहनाने का सौभाग्य किसे मिलता है, भगवान किस पर ऐसी कृपा करते हैं? ऐसा भाग्यशाली व्यक्ति सचमुच दूसरों के लिए ईर्ष्या का पात्र होगा।

सजे-धजे घोड़ों की पीठ पर बैठे प्रतियोगी अपना कौतुक दिखाने के लिए अधीर हो रहे थे। सभी प्रतियोगी आत्मविश्वास से भरे हुए थे और उन्हें लगता था,

मानो वे चाँद को छूने की अपनी इच्छा को पूरा कर सकेंगे।

नियत समय पर सभी प्रतियोगी पंक्तिबद्ध होकर खड़े हो गये और आदेश मिलते ही सब-के-सब प्राणों की बाज़ी लगाकर दौड़ पड़े।

माशोये के पिता और पितामह वीर सैनिक थे। युद्ध ही उनका परम्परागत व्यवसाय था। वह घुड़दौड़ को भी युद्ध और वीरता-प्रदर्शन का अवसर मानते थे। इन्हीं पूर्वजों का रक्त इस महिला की धमनियों में भी था, अतः अपने कुल की परम्परा को जारी रखती हुई वह इस प्रतियोगिता का आयोजन करती थी और प्रथम स्थान के विजेता को अपने गले में पुष्पमाला पहनाने का अवसर देकर उसका उत्साहवर्द्धन करती थी।

इस बार एक अपरिचित अन्य ग्रामवासी युवक ने प्रथम स्थान प्राप्त किया, तो माशोये ने उसे जयमाला पहनाने का अवसर तो दे दिया, किन्तु उसकी पात्रता—वंश, आचरण आदि—चिन्ता का विषय बन गयी। लौटते समय अपने साथ गाड़ी में बिठाये गये युवक से माशोये मधुर एवं धीमे स्वर में बोली, "इतनी ऊँची दीवार को छलाँग लगाकर पार करते हुए तुम्हें देखकर मैं काफ़ी भयभीत हो उठी थी, थोड़ी-सी चूक प्राण लेवा भी हो सकती थी।

सुनकर युवक ने विनय और संकोच से सिर झुकाकर, मानो आभार प्रकट किया। माशोये मन-ही-मन इस बलिष्ठ, संकल्प के धनी और प्रचण्ड साहसी युवक के साथ अपने दुबले-पतले, अनाड़ी तथा अपने में खोये रहने वाले चित्रकार मित्र की तुलना किये बिना न रह सकी।

पोरिवन नाम वाले इस युवक से बातचीत करने पर माशोये को पता चला कि वह उच्च और सम्पन्न परिवार से सम्बन्ध रखने वाला होने के साथ उसका दूर का सम्बन्धी भी है।

माशोये द्वारा अपने घर भोजन पर आमन्त्रित विशिष्टजनों की भीड़ उसकी गाड़ी के साथ-साथ चल रही थी। माशोये के घर में अतिथियों के कोलाहल और वाद्ययन्त्रों के संगीतमय निनाद से वातावरण मोहक हो उठा था।

अपने काम में व्यस्त बाथिन अपने घर के समीप से गुज़रती भारी भीड़ को देखकर कुछ समय के लिए अपने काम को छोड़कर खिड़की के पास आ खड़ा हुआ तथा तमाशा देखने लगा। अगले दिन माशोये बाथिन के घर आकर उससे बोली, "कल रात खूब आनन्द रहा, बहुत सारे लोग मेरे घर भोजन पर आमन्त्रित थे। मैंने तुम्हें इसलिए नहीं बुलाया; क्योंकि तुम्हें मेरे यहाँ आने का कभी समय ही नहीं मिलता।

अपने चित्र को पूरा करने में लगे बाथिन ने सिर ऊपर उठाये बिना ही कहा, "यह तो तुमने बहुत अच्छा किया।" इतना कहकर वह पूर्ववत् काम में जुटा रहा।

बाथिन के उपेक्षापूर्ण व्यवहार से माशोये हक्का-बक्का रह गयी। बहुत सारी

बातें करने की इच्छा से आयी महिला के पेट में न पच रही बातें उसे परेशान करने लगीं। कहाँ तो वह सोच रही थी कि बहुत सारा समय बाथिन के साथ बातचीत करके बिताऊँगी और कहाँ बाथिन का रूखापन! वह तो कोई बात ही नहीं करता। संवाद तो दो अथवा दो से अधिक व्यक्तियों में किया जा सकता है। अकेले आदमी के बतियाने को पागलपन का नाम दिया जाता है। वह काफ़ी दिनों देर तक गुमसुम होकर बैठी रही। उसे इन तिलों में तेल होने का विश्वास ही नहीं होता था। प्रतिदिन की भाँति आज भी घर के छोटे-मोटे कामों को निपटाने का उसका मन नहीं किया। उसे चुप बैठा देखकर भी बाथिन ने उसकी ओर ध्यान नहीं दिया, यहाँ तक कि सिर उठाकर माशोये की ओर देखा भी नहीं। इससे स्पष्ट था कि इस व्यक्ति की दृष्टि में किसी प्रकार की बातचीत अथवा गपशप करने को समय का अपव्यय मानना था, अतः वह कार्य में व्यस्त था। वह अपने काम में इस प्रकार खोया था, मानो उसे साँस लेने तक की फ़ुरसत न हो।

काफ़ी देर तक अपने को अपमानित एवं लज्जित अनुभव करके बैठी माशोयो उठ खड़ी हुई और बोली, "अच्छा, तो फिर मैं चलती हूँ।" चित्र पर दृष्टि गड़ाये बाथिन ने कहाँ, "अच्छा, तो जा रही हो? कोई बात नहीं, जाओ।

एक बार तो माशोये की इच्छा इस चित्रकार के इस रूखे व्यवहार और उसके आधार पर अपने प्रति उसके मनोभाव को जानने से उसे परिचित कराने की हुई, परन्तु न जाने क्या सोचकर, वह बिना कुछ बोले चल दी।

घर पहुँचने पर माशोये ने रात्रिभोज के लिए धन्यवाद देने के लिए पोरिवन को अपनी प्रतीक्षा करते देखा। महिला ने घर आये अतिथि का यथोचित स्वागत किया। पोरिवन ने अपने आतिथेय माशोये के गणों—ऐश्वर्य, कुलीनता, पारिवारिक प्रतिष्ठा, राज-दरबार में सम्मान और उदारता आदि—की भूरि-भूरि प्रशंसा की। इसके साथ ही वह काफ़ी देर तक अनेक प्रकार से इस महिला की प्रशंसा करता रहा।

माशोये ने अपने अतिथि की कुछ बातों पर ध्यान दिया और कुछ को अनसुना कर दिया, किन्तु युवक साहसी और वीर होने के साथ काफ़ी चतुर और व्यवहारकुशल भी था। उसे माशोये की अपने प्रति उपेक्षा को परखने में देर नहीं लगी। अतः इस महिला को अपने प्रति आकृष्ट करने के लिए वह माँडले के राज-परिवार की चर्चा के साथ-साथ माशोये के रूप-सौन्दर्य और यौवन की भी बढ़-चढ़कर प्रशंसा करने लगा, तो माशोये बाहर से लज्जा का प्रदर्शन अवश्य करने लगी, किन्तु भीतर से एक प्रकार की प्रसन्नता का अनुभव करने के कारण उन्मत्त हो उठी।

अपनी बातचीत समाप्त करके जाते हुए पोरिवन को अनजाने ही माशोये आज फिर रात्रिभोज का निमन्त्रण दे बैठी।

अतिथि के चले जाने पर माशोये ने उसकी बातचीत का विश्लेषण किया, तो वह उसे आज रात्रिभोज पर आमन्त्रित करने के अपने निर्णय पर पछताने लगी। उसे

वह युवक बातूनी और ओछा लगा, परन्तु अब तो उसे अपना वचन निभाना था। अतः नौकरों की कुछ अन्य बन्ध-बान्धवों को निमन्त्रित करने के लिए भेज दिया गया। यथासमय सभी आमन्त्रित महाशय पधारे और आज की रात्रि भी खाने-पीने और गाने-बजाने में आनन्द से बीत गयी।

काफ़ी थकी होने के कारण माशोये लेट तो गयी, परन्तु उसे नींद नहीं आयी। जिसे इतने प्रेम से आज रात्रिभोज पर आमन्त्रित किया गया था, उस युवक के सम्बन्ध में उसे कोई विचार नहीं आया। उसे ऐसा लगा, मानो यह कोइ भूला-बिसरा सपना था, जो कुछ देर के लिए याद हो आया और फिर चलता बना। वह पारिवन के स्थान पर एक अन्य युवक को गौरव देने लगी, जिसके द्वारा अपनी लाख उपेक्षा किये जाने पर भी उसे एक पल के लिए भुलाया नहीं जा सकता था।

5

प्रभात होने पर माशोये प्रतिदिन के अभ्यास के कारण बाथिन के पास चली आयी। बाथिन के कमरे में बैठी मोशोये ने आज पहली बार यह अनुभव किया कि मेरी इस चित्रकार के साथ पटरी नहीं बैठ सकती। उसके लिए मेरी अपेक्षा काम कहीं अधिक महत्त्वपूर्ण है।

काफ़ी देर तक माशोये इसलिए चुपचाप बैठी रही; क्योंकि उसे बातचीत के लिए कुछ सूझ ही नहीं रहा था। काफ़ी सोच-विचार के बाद उसने पूछा, "अब तो तुम्हारा काम निबट गया होगा?"

बाथिन ने उत्तर दिया, "अभी कहाँ, अभी तो बहुत काम करना है?"

"तो फिर इन दो दिनों में तुमन क्या किया?"

बाथिन ने उत्तर न देकर चुरुट उसकी ओर बढ़ा दिया और बोला, "मुझसे मदिरा की गन्ध सही नहीं जा रही।"

चुरुट को एक ओर फेंककर माशोये क्रुद्ध स्वर में बोली, "सुबह-सुबह मैं तमाखू नहीं पिया करती। फिर मैं किसी छोटे परिवार की लड़की तो नहीं हूँ, जिसे मदिरा की गन्ध को छिपाने के लिए प्रयत्न करना पड़े।"

बाथिन कोमल और मधुर स्वर में बोला, "मैं तुम्हारे पीने की बात नहीं कर रहा। मुझे तो लगता है कि तुम्हारे वस्त्रों पर मदिरा के छींटे पड़ गये होंगे।"

बिजली कह तेज़ी से उठकर खड़ी हो गई माशोये उत्तेजित स्वर में बोली, "मुझे तुम ओछे ही नहीं, अपितु काफ़ी ईर्ष्यालु भी लगते हो, अन्यथा तुम मेरा इस प्रकार से अपमान न करते। ठीक है, तुम्हें मेरे वस्त्रों से मदिरा की गन्ध आती है, तो मैं इन वस्त्रों को तुम्हारे घर से दूर हटाये जाती हूँ।

यह कहकर भिनभिनाती हुई माशोये ज्यों ही घर से निकलकर बाहर जाने लगी, त्यों ही संयत, किन्तु दृढ़ स्वर में बाथिन ने कहा, "मुझे आज तक किसी ने

ओछा और ईर्ष्यालु नहीं कहा। मुझे लगता है कि तुम अनजाने पतन के मार्ग पर अग्रसर हो रही हो, इसलिए अपना कर्त्तव्य समझकर मैंने तुम्हें सावधान किया है।''

लौटकर खड़ी माशोये बोली, ''क्या कहा, मैं पतन के गड्ढे में गिर रही हूँ?''

बाथिन बोला, ''मुझे ऐसा ही लगता है।''

माशोये क्रुद्ध स्वर में बोली, ''तुम अपनी समझ अपने पास रखो। मेरे पिता तुम्हें भद्र पुरुष समझकर आशीर्वाद के रूप में अपनी कन्या देने का संकल्प कर गये हैं, किन्तु लगता है कि तुम इसके अधिकारी नहीं हो।

यह कहकर माशोये तो चली गयी, किन्तु जड़ बनकर बैठा बाथिन आश्चर्यचकित था कि वर्षों का सम्बन्ध क्या एक ही दिन में इस प्रकार विच्छिन्न हो सकता है? क्या यह प्यार बालू की भीत पर स्थित था, जो हवा के एक झोंके को भी नहीं झेल सका।

घर लौटी माशोये ने आज फिर पोरिवन को बैठे देखा। पोरिवन ने उठकर और मुस्कराकर माशोये का स्वागत किया, किन्तु माशोये को उसका आना प्रिय नहीं लगा। वह क्रुद्ध स्वर में बोली, ''क्या आप किसी विशेष कार्य से आये हैं?''

''नहीं, वैसे ही आया हूँ?''

''तो फिर क्षमा करें, मैं इस समय व्यस्त हूँ।''

माशोये के रात्रि के और इस समय के व्यवहार के अन्तर को देखकर पोरिवन चकित होकर जड़ बन गया, किन्तु फिर भी वह नक़ली हँसी हँसता हुआ बाहर चला गया।

6

बचपन से कभी एक दिन भी एक-दूसरे से बिना मिले सुख की नींद न ले पाने वाले दोनों बालसखा—माशोये और बाथिन—दुर्भाग्यवश एक महीने तक एक-दूसरे से नहीं मिले। आश्चर्य का विषय तो यह है कि दोनों ने ही इस गतिरोध की तोड़ने की कोई उत्सुकता अथवा चेष्टा नहीं दिखायी।

माशोये ने अपने को यह समझकर सन्तोष कर लिया कि जिस मोहपाश ने मुझे बुरी तरह जकड़ रखा था, उसके भंग होने से मुझे मुक्ति का मिलना अच्छा ही हुआ। अब तो हम दोनों का एक-दूसरे के साथ किसी प्रकार का कोई लगाव नहीं है। वस्तुतः इस छोटी आयु की महिला ने अपने पिता के जीवनकाल में ही कुछ ऐसे बड़े-बड़े निर्णय लेने की ठानी थी, जिसकी आशा प्रबुद्ध एवं अनुभवी प्रौढ़ लोगों से भी नहीं का जा सकती। पिता के हस्तक्षेप के कारण उन दिनों मनमानी नहीं कर सकी थी, किन्तु अब तो वह पूर्णतः सर्वतन्त्र-स्वतन्त्र थी, अपनी किसी चेष्टा अथवा गतिरोध के लिए उसे न तो किसी की अनुमति लेनी थी और न ही किसी के प्रति वह उत्तरदायी थी। निर्णय लेने और परिणाम भुगतने वाली वह आप थी। इस

सम्बन्ध में उसके मन में बहुत दिनों से चिन्तन-मनन चलता रहा है, किन्तु वह किसी भी विषय में किसी अन्तिम निर्णय पर नहीं पहुची है। इसके अतिरिक्त उसने यह जानने की भी चेष्टा नहीं की उसके मन की विकलता का मूल कारण क्या है क्यों उसे विश्रान्ति नहीं मिल पा रही है? बाहरी तौर पर अकेली माशोये अपने अन्तर्तम में आज भी अपने को बाथिन के संग ही पाती है और दोनों को गुचचुप रोता-बिलखता देखती है।

जीवन के इस वास्तविक और आन्तरिक सत्य को जानते हुए, माशोये लोगों के सुख-दुःख के अवसरों पर आयोजित सभी प्रकार के उल्लास और विषाद के आयोजनों में सहज रूप से भाग लेती रही है। इसलिए न तो किसी को उसके उद्वेग की जानकारी हो सकी है और न ही उसे किसी से कोई उलाहना सुनना अथवा लज्जित होना पड़ा है, किन्तु आज दिन न कट पाने के कारण से पाठकों को परिचित कराना ही होगा?

उसका जन्मदिन प्रतिवर्ष समारोहपूर्वक मनाथा जाता है। आमोद-प्रमोद के अनेक आयोजन किये जाते हैं। आज भी पिछले वर्षों की अपेक्षा दुगने उत्साह से चल रहा है। अनेक दास-दासिया, पड़ोसी, इष्ट, मित्र और परिचित प्रियजन अपने-अपने ढंग से उसका अभिनन्दन कर रहे हैं, उसके सुखी जीवन एवं उज्जवल भविष्य की मंगलकामनाए कर रहे हैं, किन्तु माशोये का किसी काम में मन ही नहीं लग रहा। वह प्रातःकाल से इसे व्यर्थ का प्रदर्शन और मिथ्या आडम्बर मानकर इसके प्रति अपनी उपेक्षा दिखा रही है। इतने दिनों से माशोये अपने बालसखा बाथिन को एक सामान्य नागरिक अथवा साधारण व्यक्ति के रूप में ग्रहण करती आ रही है। उसे भी सर्वसाधारण के समान ईर्ष्या-द्वेष से ग्रस्त व्यक्ति मानती आ रही है। आज वह यह सोचकर आकुल-व्याकुल हो रही है कि क्या इस घर में हो रहे इतने विशाल आयोजन से उठ रहे कोलाहल की कोई हलकी-सी आवाज़ भी कान बन्द करके कमरे में बैठे उस व्यक्ति के कान में नहीं पड़ती होगी? क्या उसकी तन्मयता भंग नहीं होती होगी?

कभी वह सोचती है कि हो सकता है कि उसकी याद आ जाने से बाथिन के लिए हाथ में कूची थामे रहना सम्भव न हो सका हो। वह अपने काम-धाम को तिलाञ्जलि देकर मेरी याद में आसू बहाने लगता हो अथवा उदासी से तकिय में मुह छिपाता फिरता हो। हो सकता है कि आखों की नींद उड़ जाने के कारण वह सारी-सारी रात जागकर तड़पते हुए बिताता हो। फिर वह सोचती है कि इन कल्पनाओं से अपना दिमाग़ खराब करने का क्या लाभ है?

इतने दिनों तक माशोये किसी काल्पनिक आनन्दलोक में विचरण करती हुई सुखपूर्वक अपने दिन बिता रही थी, किन्तु आज उसे यह सब निस्सार लगने लगा। उसे अपनी कल्पना का झूठापन चिढ़ाता हुआ लगा। माशोये के जन्मदिन के

आयोजन का सारा कार्यक्रम निर्विघ्न रूप से सम्पन्न हो गया। माशोये के लिए यह एक आश्चर्य का विषय था कि कभी-कभी दुर्बल देहधारी प्राणी किस प्रकार चट्टान से भी अधिक कठोर और दृढ़निर्णय लेकर विश्व को आश्चर्यचकित कर देता है।

माशोये के जन्मदिन का समारोह सम्पन्न हो गया। पोरिवन ने सभी कामों में बढ़-चढ़कर हिस्सा लिया। आयोजन को सफल बनाने में उसके योगदान को देखकर परिचित लोग उन दोनों के आपसी सम्बन्ध की चर्चा करने लगे। लोग यह मानने लगे थे कि बहुत शीघ्र यह व्यक्ति इस घर का स्वामी बन जायेगा। इसमें उन्हें कोई सन्देह नहीं दिखता था।

गाव के लोगों से खचाखच भरे घर में आनन्द और उल्लास का वातावरण था, किन्तु जिसकी प्रसन्नता के लिए यह सब किया जा रहा, वह तो इस सब से कोई सरोकार न रखता प्रतीत होता थ। फिर भी, माशोये की प्रशंसनीय विशेषता यह थी कि उसने अपनी उदासीनता की भनक किसी भी उपस्थित व्यक्ति को नहीं लगने दी, लेकिन घर के दो-एक पुराने दास-दासियों को वास्तविकता को समझने में अवश्य सफलता मिल गयी। वे यह अवश्य समझ गये कि उनकी मालकिन इस समारोह के प्रति नितान्त उदासीन है। उन्हें मालकिन की उदासीनता का कारण भी ज्ञात था। आज के दिन यहाँ आकर जो सर्वप्रथम व्यक्ति मालकिन को पुष्पमाला के साथ अपनी भुजाओं की माला पहनाता था, वह आज अनुपस्थित है।

माशोये के पिता के समय के एक बूढ़े नौकर ने समीप आकर पूछा, "बिटिया, आज बाबू इधर नहीं दिख रहे?"

छुट्टी लेकर दूसरे गाँव में स्थित अपने घर गये इस बूढ़े नौकर को माशोये और बाथिन में उत्पन्न कलह की कोई जानकारी नहीं थी। आज लौटने पर उसे दूसरे नौकरों से कुछ पता चला। माशोये नाराज़ होकर बोली, "तुम उन्हें देखने को इतने आतुर हो, तो यहाँ क्या कर रहे हो? उनके घर क्यों नहीं चले जाते?

"ठीक है, उनके घर चला जाता हूँ, किन्तु तुम दोनों को दो भिन्न-भिन्न स्थानों पर अलग-अलग देखना मुझे कदापि अभीष्ट नहीं। मैं तो तुम दोनों को एक साथ देखने को उत्सुक हूँ, अन्यथा मेरा यहाँ आना ही व्यर्थ हो जायेगा।" बूढ़ा कुछ करके ही चैन ले सकेगा, माशोये इस तथ्य से भली प्रकार परिचित थी, अतः वह बड़ी बेचैनी से उसके प्रयास के परिणाम की प्रतीक्षा कर रही थी। अचानक गले के खाँसने की आवाज़ सुनकर, ज्यों ही माशोये ने नज़र घुमाई, त्यों ही सामने खड़ा बाथिन दिखाई दिया। उसे देखकर भीतर से पुलकित हुई माशोये अपनी प्रसन्नता को छिपाकर क्रोध एवं उपेक्षा का प्रदर्शन करती हुई मुँह फेर कर एक ओर चल दी।

थोड़ी देर बाद बूढ़े नौकर ने आकर कहा, "बिटिया, घर आये मेहमान की उपेक्षा अनुचित है। तुम्हें उनका स्वागत करना चाहिए।"

"किन्तु तुम्हें किसने इन्हें बुला लाने को कहा था?"

"चलो, मैं इसे अपना अपराध मान लेता हूँ," कहकर लौटते बूढ़े से माशोये बोली, "घर के अन्य लोग भी तो अतिथि का स्वागत कर सकते हैं।" बूढ़े ने कहा, "हाँ, बेटी, किन्तु अब किसी को शिष्टता निभाने की कोई आवश्यकता नहीं है, वह लौट गये हैं।"

हक्का-बक्का हुई माशोये अपने दुर्भाग्य को कोसने लगी। वह बूढ़े की ओर उन्मुख होकर बोली, "जब तुम बुला ही लाये थे, तो क्या भोजन अथवा जलपान के लिए उनसे अनुरोध नहीं कर सकते थे?"

बूढ़ ने भी रूखे स्वर में उत्तर दिया, "तुम्हारे व्यवहार को देखकर मुझे उनसे खाने-पीने का अनुरोध करना मूर्खता लगा।"

7

इस अपमान से दुखी आँसू बहाते हुए बाथिन ने किसी और को दोष न देकर अपने को ही इसका उत्तरदायी माना। वह अपने को धिक्कारते हुए अपने से बोला, "मैं इसी व्यवहार का अधिकारी था, अतः जो हुआ है, एकदम सही हुआ है।"

बाथिन के अपमान की व्यथा-कथा यहीं नहीं निबट गयी। अभी और बहुत कुछ देखना उसके भाग्य में बदा था। दो दिनों को बाद, उसे जो मालूम हुआ, उससे तो उसका जीना हराम हो गया।

जातक कथा के प्रसंग से सम्बन्धित गोपा के जिस चित्र की रचना में बाथिन इतने दिनों से जी-जान से जुटा था, आज वह चित्र पूर्ण हो गया था और इसलिए आज प्रातःकाल से बाथिम के आनन्द की कोई सीमा नहीं थी।

राज-दरबार में चित्र को ले जाने का आश्वासन देने वाले व्यापारी को बुलाया गया। वह अपने वचन को निभाने के लिए तैयार भी हो गया, किन्तु चित्र पर से परदा हटाते ही कला के पारखी व्यापारी ने स्पष्ट शब्दों में कहा, "यह चित्र महाराज के सामने प्रस्तुत नहीं किया जा सकता।"

बाथिन के पैरों के नीचे की धरती खिसक गयी। व्यापारी ने बाथिन को सम्भ्रम में न रखते हुए कारण भी स्पष्ट बता दिया। बाथिन से अनजाने में देवी को मानवी चेहरा देने की भूल हो गयी है। यदि तुम स्वयं निष्पक्ष दृष्टि से थोड़ा ध्यान लगाकर चित्र को देखोगे, तो तुम्हें यह समझते देर नहीं लगेगी कि चित्र की देवी का चेहरा वस्तुतः, तुम्हारी चिर-परिचित महिला का ही चेहरा है। इस सत्य को तुम झूठला नहीं सकोगे, देवी के ऐसे चेहरे वाले चित्र को देखकर महाराज रुष्ट हो जायेंगे और इसे देवी का अपमान मानकर मेरी भर्त्सना करेंगे। अतः मैं यह चित्र नहीं ले जा सकता।

यह कहकर व्यापारी के चले जाने पर बाथिन अपनी फटी आँखें काफ़ी देर तक चित्र पर गड़ाये रहा, तो थोड़ी देर के बाद ही उसकी आँखों से टप-टप आँसू गिरने लगे। उसे यह समझते देर न लगी कि इतने दिनों तक इतनी लगन, साधना और

परिश्रम से वह जातक कथा की देवी के जिस अनुपम एवं अद्वितीय सौन्दर्य के चित्रण की प्राणपण से चष्टा करता रहा, वह उसकी प्रियतमा माशोये के रूप के चित्रण से भिन्न नहीं था।

अपने परिश्रम की इस व्यर्थता पर आँसू बहाते हुए बाथिन भगवान् को सम्बोधित करता हुआ बोला, ''भगवन्, मैंने तुम्हारा क्या बिगाड़ा था, जो तुमने मुझे इतना कठोर दण्ड दिया. है?''

8

माशोये की चाटुकारिता करता हुआ पोरिवन बोला, ''तुम्हें पाकर देवता भी अपने भाग्य को सराहेंगे।''

माशोये बोली, ''इसका अर्थ यह हुआ कि मेरी उपेक्षा करने वाला देवताओं से भी महान् है।''

इस प्रसंग को यहीं समेटकर माशोये ने पोरिवन से कहा, ''मैंने सुना है कि दरबार में तुम्हारी काफ़ी चलती है। क्या मेरा एक काम करा सकोगे?'' पोरिवन ने आतुरता से पूछा, ''कहिये तो।''

माशोये बोली, ''एक आदमी को बिना लिखा-पढ़ी के काफ़ी रुपया उधार दे रखा है। मेरे पास कोई प्रमाण नहीं, इसलिए मुझे वसूल करने में परेशानी आ रही है। क्या तुम इस सम्बन्ध में मेरी सहायता कर सकते हो?''

''अवश्य कर सकता हू। तुम्हें शायद मालूम नहीं कि मैं उच्चपदस्थ अधिकारी हूँ,'' कहता हुआ पोरिवन हँस दिया।

प्रसन्नता से पोरिवन का हाथ दबाती हुई माशोये बोली, ''तो फिर देर किस बात की? आज ही कुछ कर डालो। मैं इस कार्य को यथाशीघ्र निबटाना चाहती हूँ।''

पोरिवन बोला, ''ठीक है, ऐसा ही होगा।''

वस्तुतः बाथिन के पिता को दिये गये ऋण की वापसी को असम्भव जानकर माशोये के पिता ने उसे बट्टे खाते में डाल दिया था। उन्होंने अपने जीवनकाल में न उसकी वापसी की आशा की थी, न इच्छा की थी और न ही इसके लिए कोई प्रयास किया था, किन्तु इस राजकर्मचारी का बल पाकर माशोये उत्तेजित हो उठी और क्रुद्ध स्वर में बोली, ''मैं एक-एक पाई वसूल करके रहूँगी, भले ही मुझे कोई जोंक कहे या कुछ और, परन्तु मैं अपनी रक़म छोड़ने वाली नहीं हूँ।

पोरिवन को तो माशोये को उपकृत करने का दुर्लभ अवसर मिल गया था। वह भला ऐसे अवसर को हाथ से कैसे जाने देता? वह बोला, ''तुम चिन्ता न करो। आज की उसे नोटिस भिजवा दिया जायेगा। क़ानून उसे सात दिनों की अवधि देता है, इतने दिनों तक हमें धैर्य रखकर प्रतीक्षा करनी ही पड़ेगी, उसके बाद वह तुम्हारे आगे बन्दर की तरह नाचेगा। तुम जितना चाहोगी, उतना उसका खून चूस

सकोगी।''

''ठीक है, अब तुम यहाँ से जा सकते हो,'' कहते हुए वह ऊपर चली गयी और खुली हवा में साँस लेने लगी।

पोरिवन इस लड़की का दीवाना हो गया था और इसे पाने के लिए वह कुछ भी करने को तैयार था। माशोये द्वारा सौंपे काम से प्रसन्न होकर वह रास्ते में अपने आपसे कहने लगा, 'अब यह बछिया कहाँ जायेगी? मेर लिए ऋण वसूल करना कोई बड़ा काम नहीं और फिर कृतज्ञतावश उसे मेरे समक्ष समर्पण करना ही होगा। भगवान् ने सचमुच मेरी सुन ली है, जो इस प्रकार का संयोग बनाया है। अब मुझे अपने भाग्य के चमकने का पक्का विश्वास हो गया है।''

9

ऋण-वसूली का आदेश पाकर बाथिन काफ़ी देर तक चिन्तित और उदास होकर बैठा रहा। ऐसी सम्भावना न होने पर भी वह विस्मित बिल्कुल नहीं हुआ। उसकी चिन्ता केवल थोड़ी अवधि में कुछ सार्थक करने की थी।

एक दिन माशोये ने जब बाथिन के पिता के फ़ुजुलखर्च पर व्यंग्य किया था, तो बाथिन को न केवल बुरा लगा था, अपितु वह इसके लिए माशोये से झगड़ भी पड़ा था। बाथिन इस घटना को भूला नहीं था। अतः वह माशोये से ऋण चुकाने की अवधि बढ़ाने की प्रार्थना करने की सोच भी नहीं सकता था। उसकी चिन्ता यह थी कि वह अपना सर्वस्व बेचकर भी अपने पिता का पूरा ऋण नहीं चुका पायेगा।

अगले दिन प्रातःकाल वह गाँव के एक धनी महाजन के पास गया और गुप्त रूप से अपनी सम्पत्ति उसे बेचने के अपने निश्चय से अवगत कराया। महाजन द्वारा सम्पत्ति के लगाये मूल्य से बाथिन को अपने पिता का ऋण चुकता होता लगा। अतः उसने सौदा पक्का कर लिया।

रुपये लेकर वह माशोये के घर की ओर चला, किन्तु माशोये की निर्ममता और हृदयहीनता से वह इतना अधिक आहत हुआ कि उसकी सारी देह ज्वर की तीव्रता से जलने लगी। रोग के कारण आयी मूर्च्छा और अचेतनता के कारण बाथिन को दिनों और रातों के बीतने का होश ही न रहा। जब वह थोड़ा सचेत हुआ, तो उसे पता चला कि ऋण के भुगतान के लिए निर्धारित अवधि का आज अन्तिम दिन था।

वह तत्काल उठकर बैठ गया और इस कल्पना से हर्षोत्फुल्ल हो उठा कि अहंकारग्रस्त उस महिला ने मुझे सर्वथा असहाय और असमर्थ जानकर अपने पैरों पर लोटने का जो स्वप्न देखा था, आज जब मैं उसका देय धन उसके मुँह पर दे मारूँगा, तो न केवल उसका सपना चूर-चूर हो जायेगा, अपितु उसके अहं को भी चोट लगेगी, उसका अहंकार जाता रहेगा, वह अपने को अपमानित और लज्जित अनुभव करेगी। इस दृश्य को देखकर मेरे अहं को तुष्टि मिलेगी और मेरा सिर गर्व

से ऊँचा हो जायेगा। माशोये की दीनता का आनन्द लेने के लिए बाथिन अधीर हो उठा और वह जल्दी से माशोये के घर की ओर चल दिया।

बाथिन के आने की उत्सुकता से प्रतीक्षा करती माशोये को जब नौकर ने बाथिन के आने की सूचना दी, तो अपनी प्रसन्नता को न समेट पाती वह बोली, "उसे तो आना ही था।" वस्तुतः माशोये को पक्का भरोसा था कि बाथिन भुगतान का प्रबन्ध न कर पाने के कारण उसके आगे गिड़गिड़ायेगा।

माशोये को अपने सामने देखकर बाथिन उसके सम्मान में उठ खड़ा हुआ। बाथिन को देखते ही माशोये क्रोध से उबलने लगी। वस्तुतः रुपये की न तो उसे आवश्यकता थी और न ही उसे पाने की कोई इच्छा थी। उसका उद्देश्य तो केवल अपने अहंकार को सन्तुष्ट करना था। अब उसका शिकार उसके सामने था।

बाथिन ने विनम्र स्वर में कहा, "आज आपके ऋण के भुगतान के लिए निर्धारित अवधि का अन्तिम दिन है। राशि लाया हूँ, गिन लीजिये।"

माशोये को विश्वास नहीं हुआ था कि बाथिन पूरे ऋण की भुगतान के लिए व्यवस्था कर सका होगा। अतः पूरी ऐंठन के साथ कठोर स्वर में वह बोली, "मैं अपने ऋण को किश्तों में लेना नहीं चाहती, मुझे एक-साथ पूरी राशि चाहिए।"

सूखी हँसी हँसते हुए बाथिन ने कहा, "आपको एकमुश्त पूरी राशि ही मिलेगी। मैं आपकी माँग की पूरी राशि लाया हूँ।"

"पूरा रुपया?" चकित हुई माशोये ने पूछा, "कहाँ से लाये हो? कल तुम्हें सब मालूम हो जायेगा।"

"उस बक्से में रुपये हैं, स्वयं गिनोगी या किसी को नियुक्त करोगी?" बाहर खड़ा गाड़ीवान् अधीर होकर बोला, "बाबू, अधिक देर करने से पेंगू पहुँचते समय रात हो जायेगी और फिर ठहरने के लिए स्थान नहीं मिल सकेगा।

माशोये ने झाँककर देखा कि बाथिन का सारा सामान गाडी पर लदा था। लज्जा और भय से उस महिला का चेहरा पीला पड़ गया। वह व्याकुल होकर एक साथ दस-दस प्रश्न पूछने लगी। वह बोली, "पेंगू क्यों जा रहे हो? यह गाड़ी किसकी है? इसे तुम कहाँ से लाये हो? कल मुझे अपने आप क्या पता चल जायेगा? तुम मेरे किसी भी प्रश्न का उत्तर क्यों नहीं देते? तुम्हारी इस चुप का क्या रहस्य है?" इस प्रकार अधीर एवं परेशान माशोये ने सवालों की झड़ी लगा दी।

इतना ही नहीं, भावुक हो उठी माशोये ने बाथिन के समीप पहुँचकर उसका हाथ अपने हाथ में ले लिया और फिर उसके हाथ को छोड़कर उसके माथे पर ज्यों ही अपना हाथ रखा, त्यों ही चौंककर बोली, "तुम्हारी देह तो तप रही है, तुम तेज़ बुखार का शिकार हो गये हो, तभी तो तुम्हारा चेहरा इतना सूखा और कुम्हलाया हुआ है। लगता है कि तुमने कई दिनों से कुछ खाया-पिया भी नहीं है।"

अपने को माशोये के हाथ के स्पर्श से छुड़ाते हुए बाथिन ने कहा, "माशोये,

मैं माँडले जा रहा हूँ। तुम्हारे पास समय हो, तो मेरे अन्तिम अनुरोध को सुन लो।

उत्सुक होकर माशोये बोली, "कहिये।"

बाथिन बोला, "सर्वप्रथम तो मुझे यह कहना है कि तुम्हारा अधिक समय तक अविवाहित रहना ठीक नहीं है, अतः अच्छा-सा लड़का देखकर विवाह कर लेना। दूसरी बात यह है...." यह कहने से पहले वह थोड़ी देर के लिए चुप हो गया और फिर अपने स्वर में कोमलता और मधुरता को भरकर बोला, "मेरी इस बात को हँसी में न उड़ा देना, अपितु गाँठ में बाँध लेना। लज्जा के समान अहंकार भी स्त्रियों का आभूषण है, किन्तु हर चीज़ की एक सीमा होती है। उसका अतिक्रमण सुखद नही होता।" "तुम्हारे ये उपदेश बाद में सुनूँगी," अधीर और परेशान हुई माशोये बीच में ही बोल पड़ी। उसने पूछा, "पहले तुम मुझे यह बताओ कि इतनी अधिक राशि का प्रबन्ध तुमने कहाँ से और कैसे किया है?"

बाथिन को हँसी आ गयी। वह बोला, "मेरी कौन-सी बात तुम से छिपी हुई है, जिसे तुम मुझसे जानना चाहती हा?"

"मुझे यह बताओ कि तुम्हें इतने रुपये कहाँ से मिले?"

थोड़ा संकोच करते हुए बाथिन ने कहा, "साहूकार को अपनी सारी सम्पत्ति बेकर तुम्हारे ऋण के भुगतान के लिए मैंने यह धनराशि जुटाई है?

"क्या फूलों का बाग़ीचा भी बेच दिया?"

"बाबा के ऋण को चुकाने के लिए बाबा की सम्पत्ति को बेचकर मैंने कुछ ग़लत काम तो नहीं किया?"

"क्या तुमने अपनी पुस्तकें भी बेच दीं?"

"वे भी तो बाबा के धन से खरीदी गयी थीं। अब मुझे उन पुस्तकों की कोई आवश्यकता नहीं थी।"

एक लम्बा और ठण्डा साँस छोड़कर माशोये बड़े ही मधुर और विनय भरे स्वर में बोली, "जो हो गया, वह हो गया, अब उसकी चिन्ता क्या, चर्चा करना भी व्यर्थ है। अब तुम कृपा करके ऊपर चलो और चुपचाप सो जाओ।"

बाथिन ने कहा, "मैं कैसे सो सकता हूँ, मुझे तो आज जाना है।" "इतने अधिक ज्वर-पीड़ित होने पर, क्या तुम यात्रा कर सकोगे? क्या तुम समझते हो मैं तुम्हें कि इस अवस्था में जाने दूँगी?" कहते हुए माशोये बाथिन के हाथ को पकड़कर उसे उठाने लगी। बाथिन ने थोड़ा ध्यान से देखा, तो उसे माशोये के चेहरे की कठोरता कोमलता में, घृणा सहानुभूति में और उपेक्षा आत्मीयता में बदल चुकी थी। अब उस चेहरे पर क्रोध, अहंकार, प्रतिशोध और ईर्ष्या आदि का कोई अंश शेष नहीं था। इनका स्थान स्नेह, उदारता, करुणा और ममता ने ले लिया था। उस चेहरे से आश्वस्त और मुग्ध हुआ बाथिन चुपचाप माशोये के पीछे सोने के कमरे में जा पहुँचा।

बाथिन की सुखद शय्या पर सुलाकर उसके पास बैठी माशोये आँखों में गहरा स्नेह और माधुर्य भरकर धीमे स्वर में बोली, ''तुम क्या समझते हो कि तुम इस राशि को चुकाकर मेरे ऋण से उऋण हो जाओगे? अरे, तुम तो जीवन-भर मेरे प्रेमपोश से मुक्त नहीं हो सकते। तुम माँडले जाने की कहते हो, किन्तु मेरी भी सुन लो। यदि मेरी अनुमति के बिना तुमने इस कमरे से बाहर पैर भी रखा, तो मैं इसी मकान की छत से कूदकर आत्महत्या कर लूँगी। तुमने मुझे जितना सताना था, सता लिया। मेरे सहने की भी सीमा चुक गयी है, अब मुझसे और नहीं सहा जाता। इसे तुम मेरा अन्तिम और निश्चित निर्णय समझना।''

बाथिन भला क्या बोलता? वह चुपचाप लम्बी तानकर और करवट बदलकर नींद लेने का प्रयत्न करने लगा।

15. महेश

छोटे से गाँव काशीपुर का छोटा-सा ज़मींदार छोटे होने पर भी अधिक रोबीला है कि प्रजा का कोई भी व्यक्ति उसके विरुद्ध सिर उठाने का साहस नहीं जुटा पाता।

वैशाख समाप्त होने जा रहा था, किन्तु आकाश में बादलों का नाम तक न होने के कारण गरमी इतनी अधिक बढ़ गई थी कि आकाश आग बरसाता लगता था। ज़मींदार के छोटे लड़के की जन्मतिथि की पूजा निपटाकर तर्करत्न महाशय दोपहर के समय घर लौट रहे थे। रास्ते में पड़ने वाला मैदान धूप से इतना अधिक तप रहा था कि उधर से गुज़रना काफ़ी कष्टप्रद लग रहा था। अनावृष्टि के कारण पड़ी दरारें ऐसी लगती थीं, मानो धरती की छाती फट गयी हो। तपती रेत से उठती उमस ने लोगों के लिए साँस लेना दूभर कर दिया है।

मैदान के एक किनारे पर स्थित ग़फ़ूर जुलाहे के घर की कच्ची मिट्टी की दीवार गिर चुकी है, इसलिए घर का आँगन घर का भाग है अथवा मैदान का, इसका पता ही नहीं लगता। सामर्थ्य न होन के कारण बेचारा ग़फ़ूर अपने घर के भीतर के नंगेपन को उघाड़ने पर विवश है। लगता है कि उसने अपनी दरिद्रता के कारण स्थिति से समझौता करना सीख लिया है।

सड़क पर खड़े होकर तर्करत्न ने ऊँचे स्वर में पुकारा, "अरे ओ ग़फ़ूर! क्या घर पर हो या नहीं?"

आवाज़ सुनकर दस साल की लड़की ने बाहर आकर बताया, "पिताजी तो ज्वर-पीड़ित हैं।"

"अरे, वह पाखण्डी बुखार का बहाना बनाता है। उस हरामज़ादे को जल्दी से बाहर भेज।"

शोर-गुल सुनकर बुख़ार से काँपता ग़फ़ूर बाहर निकल आया। उसके घर की टूटी-फूटी दीवार से सटकर खड़े पेड़ से एक बैल बँधा है।। बैले की तरफ़ संकेत करते हुए तर्करत्न ने ऊँची आवाज में कहा, "क्या तुम नहीं जानते कि यह हिन्दुओं का गाँव है और यहाँ का ज़मीदार ब्राह्मण है? इस स्थिति में तुम्हारी मनमानी कहाँ चल सकेगी?"

तर्करत्न के चेहरे को एक तो धुप ने झुलसा रखा था, दूसरे, क्रोध ने उसे और भी अधिक लाल बना रखा था। इससे उनके मुँह से गरम साँसों और तीखी बातों का निकलना स्वाभाविक था। ग़फ़ूर तर्करत्न की उत्तेजना के कारण को न समझ पाने के कारण बावला बना उनके मुँह पर ताकता रहा।

तर्करत्न बोले, "सवेरे इधर से गुज़रते समय मैंने इस बैल को जैसे बँधा हुआ देखा था, वैसे ही अब भी देख रहा हूँ। यदि कहीं तेरी इस लापरवाही से यह बैल मर गया, तो गोहत्या के अपराध में ज़मींदार तुझे जीवित ही धरती में गड़वा देंगे। तू नहीं जानता कि वह ऊँचे दर्जे के ब्राह्मण हैं।"

ग़फ़ूर बोला, "पण्डितजी, क्या करूँ, बुख़ार ने इस प्रकार तोड़ रखा है कि बैले की रस्सी पकड़कर इसे चराने के लिए दो क़दम आगे बढ़ाते ही सिर चकराने लगता है और आँखों के आगे अँधेरा छा जाता है।"

"तो फिर बैल को खुला छोड़ दे, अपने आप चरकर लौट आएगा।"

"पण्डितजी, यह कैसे कर सकता हूँ? लागों के धान अभी खेतों में पड़े हैं, पुआल भी अभी वैसे का वैसा पड़ा हुआ है। यदि बैल ने किसी को धान में मुँह मार दिया अथवा किसी के पुआल का नष्ट-भ्रष्ट कर दिया, तो मैं कहाँ से उसकी भरपाई कर सकूँगा।?"

पहले-जैसी तीखी वाणी में तर्करत्न बोला, "ठीक है, चरने के लिए नहीं छोड़ सकता, तो इसे छाया में बाँधकर दो मुट्ठी पुआल तो डाल सकता है।"

ग़फ़ूर अपने अभाव की चर्चा किस तरह करता? इसलिए वह चुपचाप तर्करत्न के चेहरे पर देखने लगा और लम्बी साँसें छोड़ने लगा।

तर्करत्न ने कहा, "अरे, क्या वह भी नहीं है? क्या अपने हिस्से के पुआल को बेचकर उसे भी पेट के हवाले कर दिया है? अरे, तुझे अपने बैल की थोड़ी-सी भी चिन्ता नहीं। तू तो मुझे पक्का कसाई लगता है।"

ग़फ़ूर इस कठोर, किन्तु झूठे आरोप का भला क्या उत्तर देता? थोडी देर में वह धीरे-से बोला, "हिस्से में मिले धान-पुआल को तो मालिक ने पिछले बकाया के एवज में अपन पास रख लिया। मैंने मालिक के आगे बहुत हाथ-पैर जोड़े, उनकी बहुत मिन्नत-खुशामद की, छत ढकने की रट लगायी, बेचारे महेश की भूख का रोना भी रोया, किन्तु मालिक का दिल नहीं पसीजा। उन्होंने थोड़ा-सा पुआल देना स्वीकार नहीं किया।

हँसते हुए तर्करत्न ने कहा, "शौक़ तो तुम्हारे काफ़ी ऊँचे हैं, जो अपने बैल का नाम महेश रख छोड़ा है। मुझे तो बैल के नामकरण पर हँसी आती है।"

ग़फ़ूर ने तर्करत्न के मज़ाक़ को गम्भीरता से नहीं लिया। अपनी बात कहते हुए वह बोला, "मालिक ने कृपा नहीं की। दो महीने चलने जितनी खुराक तो दे दी, किन्तु पुआल पूरे का पूरा अपने पास रख लिया। इससे बेचारे महेश को एक तिनका तक नसीब नहीं हुआ।" कहता हुआ बेचारा ग़फ़ूर रोने लगा, किन्तु तर्करत्न को उस पर कोई दया नहीं आयी। वह बोले, "जब तूने किसी से ऋण ले रखा है, तो तुझे चुकाना ही होगा। क्या ज़मींदार सभी क़र्ज़दारों को मुफ्त में खिलाता रहेगा? अरे छोटी जात के हो न, इसीलिए ज़मींदार के सही क़दम की भी निन्दा करते हो।

तुम्हें तो शर्म आनी चाहिए। मालिक ने कुछ भी ग़लत नहीं किया है।''

अपने को लज्जित अनुभव करता हुआ ग़फ़ूर बोला, ''मैं तो केवल आपसे अपनी बात बता रहा था, अन्यथा मैं भला किसी की निन्दा अथवा आलोचना क्यों करूँगा? मेरी विवशता तो यह है कि जब मेरे पास कुछ है ही नहीं, तो मैं भुगतान कहाँ से करूँ? अपने भाग के चार बीघे खेत को जोतता हूँ, किन्तु लगातार दो साल पड़े अकाल से धान खेत में ही सूख गया। बाप-बेटी को दो समय का खाना जुटाना मुश्किल हो गया। मेरे मकान की हालत तो आप देख ही रहे हैं। हल्की-सी वर्षा होने पर भी लड़की के साथ एक कोने में वर्षा के रुकने की प्रतीक्षा में बैठना पड़ता है। पैर फैलाकर सोना तक नसीब नहीं होता। इस बेचारे महेश पर नज़र डालिये। पेट-भर खाना न मिलने से बेचारे की हड्डियाँ निकल आई हैं। आपमें थोड़ी-सी भी दया-ममता है, तो थोड़ा-सा पुआल देने की कृपा कर दीजिये। बेचारा दो-चार दिन भरपेट खाकर आपको दुआएँ देगा।'' कहता हुआ ग़फ़ूर ब्राह्मण के चरणों के पास गिर गया।

तर्करत्न दो क़दम पीछे हटते हुए बोले, ''अरे, मुझे छूकर भ्रष्ट करने का इरादा है क्या?''

''नहीं, महाराज, ऐसा अपराध क्यों करूँगा? इस साल थोड़ा सा पुआल देने की कृपा कर दीजिये। मैं अपनी आँखों से आपकी चार-चार टालों को देख आया हूँ। थोड़ा-सा पुआल देने से आपको कौन-सा अन्तर पड़ने वाला है? बेचारा जानवर ज़बान से बोल नहीं पाता, किन्तु आँखों से नीर बहाता रहता है। महाराज, थोड़ी-सी कृपा कर दो न?''

''तुझे उधार दे भी दूँ, तो उसे चुकता कैसे करेगा? यह तो बता।''

आशा की किरण देखकर उत्साहित हुआ ग़फ़ूर बोला, ''कुछ-न-कुछ जुगाड़ कर ही लूँगा। आपके साथ धोखा अथवा छल-कपट कदापि नहीं करूँगा, इसबात के लिए आप मुझ पर भरोसा करें।''

ग़फ़ूर की आवाज़ की नकल करके उसे चिढ़ाते हुए तर्करत्न ने कहा ''कुछ-न-कुछ जुगाड़ कर लूँगा। बड़ा सीधा बनता है, बता तो भला, कहाँ से क्या जुगाड़ करेगा? मैं तेरे झाँसे में आने वाला नहीं, चल हट, मेरे सामने से। देर हो रही है, मुझे जाना है।''

यह कहकर तर्करत्न ने एक पैरे आगे बढ़ाया ही था कि डर के मारे पीछे हट गये और बोले, ''यह तो सींग उठाये मेरी ओर देख रहा है। अरे, क्या बैल मेरी जान लेगा?''

उठ खड़े हुए ग़फ़ूर ने तर्करत्न के हाथ में केले और चावलों की पोटली की ओर संकेत किया और फिर बोला, ''महाराज, गन्ध मिल जाने के कारण कुछ खाने को माँगने के लिए आपकी ओर लपक रहा है?''

पण्डितजी के बदले ग़फ़ूर अपने बैल को देखने लगा। महेश की आँखों में गहरी वेदना थी। मानो वह कह रहा था कि इन लोगों के पास अक्षय भण्डार है कुछ देने से इन्हें कोई अन्तर पड़ने वाला नहीं, फिर भी, समझ नहीं आता कि ये लोग किसी अभावग्रस्त अभागे की सहायता क्यों नहीं करते?

तर्करत्न की उपेक्षा पर अपने बैल को समझाते हुए ग़फ़ूर बोला, ''महाराज जानवर है न, इसे यह नहीं मालूम कि जब इसके भाग्य में पुआल तक नहीं लिखा, तो इसे केले-चावल कहाँ से नसीब होंगे?''

तर्करत्न ने ग़फ़ूर को सावधान करते हुए कहा, ''भूखा पशु किसी के प्राण लेने का उत्पात भी कर सकता है। इसे जल्दी से इधर से हटा ले।''

महेश के पास आकर ग़फ़ूर उसके गले लग गया और टप-टप आँसू बहाने लगा। बैल की पीठ पर हाथ फेरते हुए गफ़ूर बोला, ''मैंने सदैव तुझे अपना बेटा माना है। तूने हमें आठ साल तक खिलाया है और मेरी कृतघ्नता देख कि मैं तेरे बुढ़ापे में तुझे भरपेट तो दूर रहा, थोड़ा-सा पुआल भी नहीं खिला सकता, किन्तु इसका अर्थ यह कभी मत लगाना कि तेरे प्रति मेरे प्यार में कोई कमी है।''

महेश ने गरदन हिलायी और आँखें मींच लीं, मानो उसने ग़फ़ूर के कथन का समर्थन कियाा हो। बैल की पीठ पर अपने आँसू गिराता हुआ ग़फ़ूर बड़बड़ाता हुआ बोला, ''जमींदार ने तेरे मुँह का कौर ही नहीं छीना, अपितु धन के लोभ में श्मशान के पास वाली चरागाह भी बेच डाली। इधर अकाल ने कहीं का नहीं छोड़ा। इस स्थिति में, भला मैं तुझे कहाँ से खिलाऊँ-पिलाऊँ। यदि तुझे छोड़ देता हूँ, तो तेरा दूसरों के टाल पर मुँह मारना, दूसरों के केले तोड़कर खाना निश्चित है। इससे तेरी बुरी तरह धुनाई होनी निश्चित है। तेरे वृद्ध और दुर्बल हो जाने से अब गाँव के लोग तुझे चाहते भी नहीं हैं। लोग तो अब मुझे सलाह देने लगते हैं कि मैं तुम्हें बेच दूँ।'' यह कहते हुए वह दुखी हो जाने के कारण फिर से महेश के गले लगकर रोने लगा। हाथ से आँसू पोंछकर वह मकान की छत से पुराने-भद्दे एक पुआल को खींचकर उसे महेश के सामने फेंककर बोला, ''आज इसे ही दावत मानकर काम चला लो।''

इस बीच बिटिया की पुकार सुनकर ग़फ़ूर ने कहा, ''क्या कहती हो बिटिया?''

''आओ, भात खा लो।'' कहती हुई अमीना दरवाजे पर आ खड़ी हुई। वह शिकायत करते हुए पिता से बोली, ''एक-एक पुआल महेश को खिलाकर तो तुम घर के छप्पर को ही उजाड़ दोगे।''

ग़फ़ूर को अमीना से यही सुनने की आशंका थी। उसे तसल्ली देते हुए वह बोला, ''बिटिया, सड़ा हुआ छोटा-सा टुकड़ा था, वह भी खिसककर गिर पड़ा था।''

''खींचकर निकालने की आवाज तो मैं भीतर बैठी सुन रही थी।''

''नहीं बेटी, तुमने कोई और आवाज़ सुनी हागी।''

"बापू, ज़रा यह तो सोचो कि यदि दीवार ही गिर पड़ी, तो घर-द्वार का क्या होगा?"

ग़फ़ूर भला क्या उत्तर देता? उसे मालूम है कि मकान के नाम पर केवल एक कोठरी बची है और पुआल की खींचा-तानी से अगली बरसात में उसका बचना भी सम्भव नहीं, किन्तु फिर भी बेचारा हालात के आगे विवश है। महेश के लिए उसके पास कोई और विकल्प नहीं है। वह यह भी नहीं जानता कि इस तरह कब तक काम चलेगा।

लड़की बोली, "बापू, मैंने भात परोस दिया है। जल्दी से हाथ-मुँह धोकर खा लो।"

"बिटिया, ज़रा से मांड दे देती, तो महेश को पिलाकर निश्चिन्तता से खाने बैठता।"

"बापू, मांड तो आज हंडिया में रह गया, अलग से निकाला ही नहीं।"

"नहीं है।" सुनकर ग़फ़ूर चुप हो गया। अभाव और कष्ट के इन दिनों में कुछ भी व्यर्थ में नष्ट करने का तो सोचा भी नहीं जा सकता, इस वास्तविकता को दस साल की छोटी लड़की अमीना भी जानती है। हाथ-मुँह धोकर ग़फ़ूर ने भीतर पहुँचकर देखा कि पीतल की थाली में उसके लिए और मिट्टी की छोटी परात में लड़की ने अपने लिए दाल-भात परोसा है। ग़फ़ूर बोला, "बेटी, मुझे तो आज फिर जाड़ा लग रहा है। बिटिया, क्या बुखार में खाना ठीक रहेगा?"

उदास हो गयी अमीना बोली, "बापू, उस समय तो बड़ी भूख लगने का रोना रो रहे थे।

"उस समय तो मैं भला-चंगा था।"

"तो क्या कहते हो, ढककर रख देती हूँ, शाम को खा लेना।"

"किस झंझट में पड़ती हो बेटी, महेश को क्यों नहीं खिला देती? जरूरत होगी, तो रात में मेरे लिए ताज़ा भात पका देना।"

कुछ देर तक पिता के चेहरे पर देखती रहने के बाद अमीना बोली, "ठीक है, बाबू राज को ताजा बना दूँगी।"

ग़फ़ूर प्रसन्न हो उठा। बाप-बेटी में हो रहे छल-छन्द के अभिनय को दोनों के अतिरिक्त अर्न्तयामी ही समझते थे। दोनों एक-दूसरे के हृदय की जानते हुए भी कुछ कहने को तैयार नहीं थे।

2

कल से अपने महेश के न लौटने से चिन्तित ग़फ़ूर बीमार होने के कारण आँगन में बैठा था, जबकि अमीना सुबह से उसकी खोज में लगी हुई थी। शाम होने को थी कि अमीना ने आकर कहा, "बापू, सुना है कि मानिक बाबू ने हमारे महेश

को थाने में बन्द करा दिया है।''

''किस अपराध में?''

''महेश उनके बागीचे में घुस गया था और उनके पेड़-पौधे उजाड़ दिये।''

''तुझे कहाँ से पता चला?''

''मानिक बाबू के नौकर से। वह मुझसे कह रहा था कि हमारा महेश दरियापुर के मवेशीघर में बन्द है।''

महेश से जुड़ी अनेक दुर्घटनाओं की कल्पना में खोया ग़फ़ूर यह सुनकर सन्न रह गया। उस बेचारे को महेश द्वारा ऐसा कुछ किये जाने की कोई आशा नहीं थी। ग़फ़ूर अपने महेश को सीधा-सादा समझता था और किसी के द्वारा उसे ऐसा कठोर दण्ड देना उसकी सोच से बाहर था। गाय-बैल के प्रति विशेष स्नेह-ममता रखने के लिए दूर-दूर तक सुप्रसिद्ध मानिक बाबू द्वारा ऐसा किया जाना उसे एकदम अविश्वसनीय लगता था।

लड़की बोली, ''बापू, सूर्य अस्त होने जा रहा है, क्या महेश को लाने का कोई जुगाड़ नहीं करोगे?''

''नहीं।''

''सुना है कि मालिक द्वारा तीन दिनों में न छुड़ाये गये पशु को पुलिस बाजार में नीलाम कर देती है।''

''तो मैं क्या कर सकता हूँ?''

यद्यपि नीलामी (गौहट्टी) के सम्बन्ध में अमीना को कोई विशेष जानकारी नहीं है, फिर भी, उसने स्पष्ट अनुभव किया कि इस शब्द का नाम लेते ही उसका पिता अत्यधिक विचलित हो उठा है और मन मसोस कर चुप बैठा है।

रात के अँधेरे में छुपकर ग़फ़ूर बंसी की दुकान पर पहुँचा और खुशामद करते हुए बोला, ''भैया, आज तो एक रुपया देने की कृपा तुम्हें करनी ही होगी। इसी के साथ उसने घर से लायी पीतल की थाली महाजन के आगे धर दी। पिछले दो सालों में कई बार गिरवी रखी आ चुकी इस थाली के वजन और मूल्य आदि की लाला को पहले से ही पूरी जानकारी थी। अतः बिना किसी हील-हुज्जत के बंसी ने थाली को गिरवी रखकर रुपया ग़फ़ूर के हाथ में रख दिया।

बस, फिर क्या था? अगले दिन महेश अपने खूँटे पर बँधा खड़ा था। वही खूँटा, वही बबूल का पेड़ और वही रस्सी और इसी के साथ वही नांद और भूखी, बेचैन तथा गीली आँखें। पास बैठा एक बूढ़ा मुसलमान दूर से बैल की भूख और परेशानी के साथ ग़फ़ूर की बेबसी और मजबूरी को देख रहा था। उसने अपनी गाँठ रुपए के नोट को निकाला और उसे अच्छी तरह दिखाते हुए गफ़ूर के पास आकर बोला, ''भाव-ताव करके इसमें से कुछ लौटाने की बात मैं तुमसे हरग़िज नहीं कहता। पूरे दस देने की हामी भरता हूँ।''

ग़फ़ूर ने चुपचाप नोट ले लिया, जिसका अर्थ था—सौदे की मंजूरी, किन्तु उस बूढ़े के साथी ने ज्यों ही बैल की रस्सी पर हाथ डाला, त्यों ही ग़फ़ूर बिफर पड़ा और उत्तेजित स्वर में बोला, "रस्सी को हाथ लगाया, तो.....।"

चौंककर बूढ़ा बोला, क्यों क्या हो गया?"

उसी क्रुद्ध और ऊँचे स्वर में ग़फ़ूर बोला, "मुझे यह बैल तुम्हें नहीं बेचना है।" कहते हुए गफूर ने दस का नोट उसकी ओर फेंक दिया।

उन लोगों ने कल रात में लिए बयाने की चर्चा की, तो ग़फ़ूर ने वह रकम भी उनके सामने पटक दी और कहा, "संभालो, अपना बयाना।" बूढ़े ने बड़ी धीरता दिखाते हुए हँसकर कहा, "क्या दाम कम लग रहा है, दो रुपये और बढ़ा देता हूँ।" कहते हुए बूढ़े ने अमीना के हाथ पर रखकर कहा, "लो बेटी, जल-पान कर लेना।"

जब ग़फ़ूर ने अब भी 'नहीं' कहा तो बूढ़ा बोला, "इससे अधिक तो हम एक पैसा भी नही दे सकेंगे।" ग़फ़ूर ने फिर सिर हिलाया, "मैं अधिक की माँग ही नहीं कर रहा।"

इस पर बूढ़ा बोला, "तो फिर क्या चाहते हो, बैल में रखा ही क्या है, सिवा चमड़े के दाम के और मिलना भी क्या है?"

"मियाँ, चुप हो जाओ, अल्लाह से डरो।" कहते हुए ग़फ़ूर को रोना आ गया इस हालत में वह भीतर जाते हुए बोला, "मेरी आँखों से फौरन ओझल हो जाओ, नहीं तो जूतों की पिटाई से तुम लोगों को भगाना पड़ेगा।"

शोर-गुल सुनकर लोग इकट्ठे हो गये। लगता है कि बात जमींदार तक पहुँच गई थी, इसलिए उसे वहाँ से बुलावा आ गया था।

कचहरी में बड़े-छोटे स्तर के अनेक लोगों की उपस्थिति में शिवशंकर ने ग़फ़ूर को धमकाते हुए कहा, "क्या तू यह भी भूल गया कि तू किसकी जमींदारी में रहता है। तुझे तो भारी दण्ड मिलना चाहिए।"

हाथ जोड़कर गिड़गिड़ाया हुआ ग़फूर बोला, "मालिक, धान का एक दाना भी न जुटा पाने के कारण हम दोनों भूखों मर रहे हैं, इसलिए कुछ भी चुकाने की हिम्मत नहीं। यदि कहीं मेरी स्थिति अच्छी होती, तो मैं खुशी-खुशी जुर्माना चुकाने की हामी भरता।"

इसके साथ ही उसने अपने कान पकड़े और पूरे आँगन में नाक रगड़ते हुए चलने के बाद कोने में जाकर खड़ा हो गया।

इस आदमी को हठी और बिगड़े दिमाग का समझने वाले वहाँ बैठे लोग ग़फ़ूर के इस आचरण को देखकर आश्चर्यचकित हो गए।।

कोने में खड़ा गफूर बोल रहा था, "अबकी बार माफ़ी दे दीजिए, फिर ऐसी गुस्ताखी कभी नहीं होगी मालिक।"

दया दिखाते हुए शिवशंकर बाबू ने कहा, "अच्छा जा, माफ किया, फिर से

ऐसा मत करना।"

सुनकर सभी विस्मित हो गए और यह मानने लगे कि बाबू शिवशंकर के हस्तक्षेप के कारण ही एक अनर्थ होने से बचाव हो गया। वहाँ बैठे तर्करत्न ने गोरक्षा के महत्त्व पर प्रकाश डालते हुए ऐसे पापी लोगों के गाँव मे न बसने के लिए जोर डाला। उन्हें लगा कि उन्होंने अपने भाषण से लोगों की आँखों पर पड़े अज्ञान के परदे को हटाने में महत्त्वपूर्ण योग दिया है।

ग़फ़ूर ने अपनी ओर से कुछ भी नहीं कहा। अपने अपमान को उसने ज़मींदार का प्रसाद मान लिया था। अतः वह प्रसन्न भाव से वहाँ से चला गया। घर पहुँचकर उसने पड़ोस से माँगकर लाया माँड महेश को पिलाया और फिर उसकी पीठ, सिर आदि पर हाथ फेरता हुआ न जाने क्या अण्डबण्ड बकता रहा।

3

वैशाख ने अपनी गरमी से लोगों को किस प्रकार तड़पाया-सताया था, इसका अनुमान जेठ के समाप्त हो जाने पर आकाश में व्याप्त भीषणता को देखने मात्र से लगाया जा सकता है। चारों ओर ऐसी आग बरस रही है, धरती इस प्रकार जल रही है और वातावरण में ऐसी घुटन और उमस है कि लोगों के लिए सांस तक लेना कठिन हो गया है। आकाश में बादलों के घिरने के कोई आसार दिखाई नहीं देते और आकाश से बरसती ज्वाला का भी कहीं कोई अन्त होता नहीं लगता। लगता है कि यह गरमी लोगों को अधमुआ करके ही रहेगी।।

ऐसी भीषण आग उगलती दोपहर में ग़फ़ूर घर लौटा। उसे किसी के आगे हाथ फैलाने की तथा मजदूरी करने की आदत नहीं। इधर चार-पाँच दिनों तक बुखार में घिरे रहने के कारण उसका शरीर भी निढाल हो गया है, किन्तु फिर भी, वह आज इस कड़ी धूप में कहीं से मजदूरी का काम मिलने की आशा में निकला, पर सफलता नहीं मिली। भूख, प्यास और थकान के मारे उसकी आँखों के आगे अँधेरा छा गया। आँगन में खड़े होकर उसने अमीना से पूछा, "क्या भात पक गया?"

कोठरी से बाहर निकलकर आयी लड़की दीवार के पास चुप खड़ी रही।

उत्तर न मिलने पर क्षुब्ध से ग़फ़ूर ने चिल्लाकर पूछा, "बोलती क्यों नहीं, भात पका या नहीं? यदि नहीं, तो क्यों नहीं?"

"चावल ही नहीं थे, तो पकाती क्या?"

"यदि नहीं थे, तो सवेरे क्यों नहीं बताया?"

लड़की बोली, "रात को बता तो दिया था।"

लड़की की नकल उतारते हुए ग़फ़ूर बोला, "रात को बता तो दिया था? अरी, रात का कहा दिन में कहाँ याद रहता है?" रूखे स्वर में वह इस प्रकार बोला कि उसका क्रोध साफ़ झलक रहा था। वह बेचारी लड़की पर दोष लगाता हुआ बोला,

''जिस घर में तेरे जैसी चार-पाँच बार डकारने वाली लड़की हो, वहाँ भला चावल बचने की गुंजाइश ही कहाँ रहती है? बीमार बाप तो कुछ खाता नही। अच्छा, अब मैं चावल ताले में बन्द करके रखूँगा। एक लोटा पानी ही दे दे, हलक सूख गया है। अब यह न कह देना कि पानी भी नहीं है।''

अमीना बेचारी पहले की तरह सिर झुकाये चुपचाप खड़ी रही। कुछ देर प्रतीक्षा करने के बाद ग़फ़ूर समझ गया कि घर में पीने का पानी भी नहीं है? असफलता और निराशा का क्रोध बेटी पर उतारते हुए गफूर ने आव देखा न ताव लड़की के गाल पर एक तमाचा जड़ दिया और गाली बकते हुए बोला, ''हरामज़ादी, दिन-भर क्या करती रहती है, जो पानी भी नहीं ला सकती? तुझ-जैसी निकम्मी लड़की को मौत भी तो नहीं आती।''

बिना कुछ बोले, आँसू पोंछती हुई लड़की गागर उठाकर उसी तपती दोपहर में बाहर को चल दी। लड़की के आँखों से ओझल होते ही गफूर अपने को बुरी तरह कोसने लगा। मातृविहीन उस लड़की को बड़े प्यार से पालने वाला उसका हाथ उस पर कैसे उठ गया, इस पर ग़फ़ूर परेशान हों उठा।

वह सोचनें लगा कि बेचारी दिन-भर कितना श्रम करती है, मेरे लिए कितनी चिन्ता करती है? एक मैं हूँ कि उसे दो समय का खाना भी नहीं दे सकता। किसी दिन बेचारी को एक समय ही खाकर निर्वाह करना पड़ता है; क्योंकि खेत का अनाज तो पिछले ऋण में चुक गया। इस पर भी मैंने उस पर दिन में चार-पाँच बार खाने का आरोप लगा दिया। मैं भी कितना विवेकहीन, निर्मम और दुष्ट पिता हूँ। घर में पानी न होने का कारण भी मुझसे छिपा नहीं। गाँव के प्रायः सभी दो-तालाब सूख चुके हैं। शिवचरण बाबू के पिछवाड़े के तालाब से भी नाममात्र के लिए जल मिलता है। बचे-खुचे तालाबों गड्ढे खोदकर गंदले पानी को लेने की होड़ मच जाती है। मुसलमान होने के कारण लड़की को दूर रहना पड़ता है और चुल्लू-भर पानी के लिए गुहार लगानी पड़ती है। किसी को दया आ जाती है, तो थोड़ा-सा पानी मिल जाता है। सम्भव है कि आज किसी को रहम न आया हो। यह सब सोचते-विचारते गफूर की आँखों से आँसू बहने लगे।

इतने में यमदूत के अवतार ज़मींदार के प्यादे ने बाहर से आवाज़ लगायी, ''गफूरे घर में हो क्या?''

ग़फ़ूर तीखे स्वर मं बोला, ''क्या बात है?''

''और क्या बात है, बाबू साहब ने तलब किया है।''

''अभी मैंने कुछ खाया नहीं, थोड़ी देर में आता हूँ।''

प्यादे को ग़फ़ूर का यह व्यवहार दुःस्साहस लगा। वह बोला, ''बाबू साहब ने तुम्हें घसीटते हुए और जूतों से पीटते हुए लाने का हुक्म दिया है।''

ग़फ़ूर अपनी औकात भूल गया और उत्तेजित स्वर में बोला, ''अंगरेजी महारानी

के राज्य में कोई किसी का गुलाम नहीं है। लगान देकर रहता हूँ इस समय मैं नहीं आ सकता।''

''ग़फ़ूर जैसे एक छोटे आदमी का, अपने को महारानी विक्टोरिया की प्रजा होने पर गर्वोन्मत्त होने अपने लिए विपत्ति को निमन्त्रित करने के सिवा और कुछ नहीं होता। तसल्ली की बात यह थी कि यह बात जमींदार के कानों तक़ नहीं पहुँची थी, यदि पहुँच जाती तो शायद उसकी चमड़ी ही उधेड़ ली जाती।''

इसके बाद क्या हुआ, यह कहने की कोई आवश्यकता नहीं। कुछ ही देर में वह मुँह फुलाये ज़मींदार की कचहरी में बैठा था। उसकी आँखें लाल और सूजी हुई थीं तथा शरीर बुरी तरह से दुख रहा था। उसकी इस दुर्गति का कारण महेश की शैतानी थी। ग़फ़ूर के घर से निकलते ही महेश रस्सी तुड़ाकर ज़मींदार के सदन में आ गया और उसने उनके सारे पौधे नष्ट कर डाले। जब नौकरों ने उसे पकड़ने का प्रयास किया, तो महेश बाबू की छोटी लड़की को सींग मारकर भाग खड़ा हुआ। इस प्रकार पहले भी कितनी बार ऐसी घटना घट चुकी है, उसे हर बार गलती मानने पर माफ़ कर दिया जाता था, किन्तु इस बार उसकी अकड़बाजी के कारण उसे दण्ड देना आवश्यक हो गया था। ज़मींदार से उसकी अकड़ी सही नहीं गयी, अतः उसे बुरी तरह दण्डित एवं अपमानित किया गया। वह चुपचाप सब सहता रहा और घर जाने पर भी चुपचाप पड़ा रहा । अब तो उसकी भूख-प्यास जाती रही थी, किन्तु थोड़ी देर में उसकी छाती जलने लगी और शरीर दुखने लगा, फिर भी, वह चुपचाप काफी देर तक सोया पड़ा रहा। अचानक उसने लड़की के चिल्लाने की आवाज सुनी, तो तपड़कर उठ बैठा। वह दौड़कर भाग आया, तो क्या देखता है कि लड़की औंधे मुँह धरती पर पड़ी है, उसकी गागर का पानी बाहर गिर रहा है और महेश उस बहते पानी को चाटकर अपनी प्यास बुझा रहा है। इसे देखते ही ग़फ़ूर अपना होश खो बैठा और क्रोधावेश में उसने मरम्मत के लिए अलग किए हल के सिरे को उठाकर महेश के सिर पर दे मारा।

देखते ही अमीना रो पड़ी और बोली, ''बापू आपने तो महेश को ही मार डाला है।''

ग़फ़ूर स्थिर.बैठा रहा, उसने कोई प्रतिक्रिया प्रकट नही कीं कुछ देर के बाद वह महेश की काली आँखों को ध्यान से देखने लगा। महेश के मरने की खबर गाँव में फैलते देर न लगी। दो घण्टे में आ जुटे गाँवों के मोचियों ने बाँसों के सहारे महेश को उठा लिगा। उनके हाथों मे चमचगाते पैने छुरों बो देखबर ग़फ़ूर पिचलित हो उठा, किन्तु विवशता के कारण उसने आँखें मीच लीं और वह ठण्डी आहें भरकर रह गया।

मुहल्ले के लोग कहने लगे, ''जमींदार साहब ने तर्करत्न के पास व्यवस्था देने के लिए आदमी भेजा है। अब प्रायश्चित्त का खर्च जुटाने में ग़फ़ूर को अपना घर बेचना पड़ेगा।''

घुटनों में सिर छिपाकर बैठा ग़फ़ूर चुपचाप सब सुनता रहा। आधी रात के समय अमीना को जगाकर ग़फ़ूर बोला, ''बेटी, यह गाँव हमारे रहने योग्य नहीं, चल, कहीं और चलें।''

आँखें मलती उठ बैठी लड़की ने पूछा, ''बापू, कहाँ चलोगे?

''फूलवाड़ी की जूट मिल में नौकरी करूँगा।''

लड़की हैरानी से अपने चेहरे को ताकने लगी। इससे पहले किसी भी स्थिति में ग़फ़ूर जूट मिल में मजदूरी करने को कभी सहमत नहीं हुआ था। उलटे ऐसे प्रस्ताव पर वह बिफर उठता था। वह जूट मिल की नौकरी को ऐसी बात मानता था, जहाँ धर्म-ईमान और लड़कियों की इज्जत-आबरू अब कुछ भी सुरक्षित नहीं।

ग़फ़ूर बोला, ''बेटी, सोच-विचार में समय मत गँवा, बहुतत दूर पैदल चलना है।

अमीना को पानी का लोटा और खाने की थाली लेने का उद्यम करता देखकर गफूर बोला, ''बिटिया, यह सारा सामान यहीं पड़ा रहने दे। इससे हमारे महेश का प्रायश्चित्त हो जाएगा।''

अंधेरी रात में लड़की के हाथ को पकड़कर गफूर घर से निकल पड़ा। गाँव में कोई उसके रिश्ते-नाते में, दोस्त अथवा शुभचिन्तक नहीं था। अतः किसी से मिलना-जुलना अथवा कुछ कहने-जैसा कुछ भी नहीं था। घर से निकलकर बबूल का पेड़ लाँघते ही ग़फ़ूर फूट-फूटकर रोने लगा। और आसपास की ओर देखकर बोला, 'अल्लाह, तेरा भी कैसा खेल है, मेरे महेश को तूने भूखा-प्यासा रखा और फिर मार भी डाला। मुझे चाहे, जितनी सजा देना चाहो, दे देना, किन्तु मेरे महेश को भूखा-प्यासा रखने के लिए जिम्मेदार निर्दयी लोगों को कभी क्षमा मत करना। उन्हें जरूर ही दोजख नसीब कराना।''

16. पारस

मजूमदारों के वंश की गाँव में बड़ी भारी प्रतिष्ठा है। बड़े भाई गुरुचरण केवल परिवार के ही नहीं, अपितु पूरे गाँव के सर्वे-सर्वा और कर्ता-धर्ता हैं। श्रीकुंजपुर में अन्य कुछ प्रतिष्ठित पुरुषों के रहने पर भी गाँव वालों की श्रद्धा और उनका स्नेह जितना इन्हें मिला, उतना किसी दूसरे महाशय को नहीं मिल सका। उन्हें भी गाँव छोड़ना कभी अच्छा नहीं लगा, इसीलिए वह अच्छी नौकरी नहीं पा सके, किन्तु इसका कोई कोई गम नहीं था। जवानी में पहले-पहल इन्हें जिला स्कूल में अध्यापन-कार्य मिला, तो फिर जीवन-भर उसी से चिपके रहे। किसी भी लोभ, उन्नति अथवा पद के मोह में कहीं जाने को सहमत नहीं हुए। वह तीस रुपए मासिक वेतन पर नियुक्त हुए थे। और पचास रुपए मासिक वेतन पर सेवानिवृत्त हो गये। अब उन्हें पच्चीस रुपये मासिक पेंशन मिलती है। तीन साल से समाज-सेवा में लगे हैं। लोगों के आपसी झगड़े, मनमुटाव को मिटाने, मतभेदों को सुलझाने तथा दलबन्दी की खाई को पाटने में उन्होंने अपना जीवन समर्पित कर दिया है। स्पष्ट है कि उन्होंने रुपया कमाने की चिन्ता कभी नहीं की। उनकी सज्जनता, उदारता, चरित्र की दृढ़ता, कर्तव्यनिष्ठा तथा धर्मपरायणता के कारण लोग उनकी पूजा करते हैं और उनके प्रति नतमस्तक होने में गौरव का अनुभव करते हैं। यहाँ तक कि आस-पास के गाँवों के लोग भी किसी व्यक्ति को आदर्श के मार्ग पर अग्रसर होता देखकर सदैव यही कहते हैं, "क्या तुम्हारे मन में भी गुरुचरण बनने की इच्छा जागृत हुई हैं?"

विधुर गुरुचरण का इकलौता बेटा विमल पिता के अनेक विलक्षण सद्गुणों के सर्वथा विपरीत, नितान्त दुष्ट और सभी दोषों का निधान होने के कारण इस उक्ति को सार्थक करता था कि इस संसार में असम्भव कुछ भी नहीं। यह सचमुच आश्चर्य का और समझ में न आने का विषय था कि इतने बड़े सज्जन का बेटा इतना बड़ा दुर्जन कैसे निकला?

पिता गुरुचरण अपने बेटे विमल से विरक्त थे। वह उससे किसी प्रकार की मोह-ममता नहीं रखते थे। उनकी सारी मोह-ममता का पात्र बन गया था उनका भतीजा—पारस। अपने भाई हरिचरण के लड़के को ही वह अपना बेटा मानते थे। वह एम.ए. पास करके आजकल कानूनी शिक्षा ग्रहण कर रहा है। गुरुचरण ने ही उसे क, ख, ग से अब तक पढ़ाया-लिखाया है, और इसलिए उनका अपने बेटे विमल के अशिक्षित रह जाने का दुःख मिट-सा गया है।

2

परदेश में मामूली नौकरी करने वाला गुरुचरण का छोटे भाई विश्वयुद्ध के दिनों में न जाने कैसे बड़ा आदमी बन गया और किस कारण नौकरी छोड़कर घर लौट आया? वह ऊँचे ब्याज पर लोगों को रुपया उधार देने लगा। उसने स्त्री के नाम पर एक बागीचा खरीद लिया और कुछ ऐसे अनोखे काम भी करने लगा, जिससे उसकी सम्पन्नता की धाक आस-पास के गाँवों में बैठते देर न लगी।

हरिचरण ने एक दिन गुरुचरण के पास आकर विनम्र शब्दों में कहा, ''भाई साहब, मैं कुछ दिनों से आपसे एक बात कहना चाहता हूँ।''

गुरुचरण बोले, ''कहिये।''

हरिचरण काँपते और उखड़े स्वर में बोला, ''आप काफी बड़े हो चुके हैं, अकेले आपसे कब तक निभेगा?''

''तुम ठीक कहते हो, साठ साल की आयु का तो हो ही गया हूँ।''

''इसीलिए मैं यह कह रहा हूँ कि मुझे अब यहीं घर पर ही रहना है, यहाँ धरती और अन्य सम्पत्ति उपेक्षित पड़ी है। यदि कहीं किसी प्रकार की निशान-देही हो जाती, तो मैं....।''

चकित हुए गुरुचरण विस्मय के भाव से छोटे भाई के चेहरे पर ताकते हुए बोले, ''देखो, एक तो अपनी धरती और अन्य सम्पत्ति मामूली-सी है, दूसरे, वह उपेक्षित भी नहीं है, किन्तु क्या तुम्हारा विचार अलग होने का तो नहीं है?''

घबराहट के मारे हरिचरण की बुरी हालत हो गयी और उसके लिए साफ तौर पर कुछ भी कहना कठिन हो गया, किन्तु फिर भी, लड़खड़ाती हुई आवाज में वह बोला, ''ऐसी कोई बात नहीं, जैसे चलता आ रहा है, वैसे ही चलते रहना चाहिए, किन्तु साझा रसोई में थोड़ा-बहुत झंझट तो पड़ता ही है, इसीलिए मैं यह कहता हूँ कि जिसके हिस्से में जो आता है, उसकी निशानदेही हो जाए, तो इसमें कुछ बुराई नहीं होगी। आशा है कि आप मेरी बात समझ गए होंगे?''

गुरुचरण ने कहा, ''हाँ, मैं सब अच्छी तरह समझ गया हूँ। ऐसा हो जाएगा।''

''तो फिर निशानदेही कैसे लगेगी?''

''इस बारे में आज तक तो कभी सोचा नहीं, किन्तु अब सोचता हूँ कि तीन भाइयों की सम्पत्ति को तीन भागों में बाँट देना चाहिए।''

आश्चर्य प्रकट करते हुए हरिचरण बोला, ''मझली बहू, तो विधवा है और उसका कोई लड़का भी नहीं है, फिर उसे हिस्सा देने का क्या प्रयोजन? सम्पत्ति के दो ही भाग होने चाहिए।''

गुरुचरण ने दृढ़ता से कहा, ''नहीं, सम्पत्ति के तीन भाग ही होंगे, हमारे भाई श्यामाचरण की विधवा जीवनपर्यन्त एक भाग की मालकिन रहेगी।''

नाराजगी के लहजे में हरिचरण बोला, ''कानून तो वह केवल खर्च लेने का

हकदार है, हिस्सेदार तो नहीं बन सकती।"

गुरुचरण बोले, "बहू होने के नाते बराबर की हिस्सेदार है।"

हरिचरण बोले, "यदि कल वह अपना हिस्सा बेच दे अथवा गिरवी रख दे, तो....?"

गुरुचरण ने कहा, "यदि कानून उसे ऐसा करने की अनुमति देता है, तो वह ऐसा करने को स्वतन्त्र है।"

यह सुनकर हरिचरण उदास और चिन्तित हो उठा और परेशानी की आवाज में बोला, "देखता हूँ, कैसे करती है?"

अगले दिन हाथ में रस्सी और फीता लेकर हरिचरण नाप-जोख करने लगा। गुरुचरण ने उधर ध्यान ही नहीं दिया। तीन-चार दिनों के बाद हरिचरण ने ईंट, चूना, लकड़ी, सुर्खी और चूना आदि सामान मँगा लिया। घर की पुरानी नौकरानी ने गुरुचरण को बताया कि कल से राज-मिस्तरियों को लगना है।

गुरुचरण हँसकर बोला, "हाँ, तैयारी से यह साफ पता चल रहा है।"

पाँच-छह दिनों के बाद गुरुचरण ने पुरानी महरी को कुछ कहने को उत्सुक देखकर पूछा, "पंचू की माँ, क्या कहना चाहती हो?"

पंचू की माँ ने हाथ का संकेत करते हुए कहा, "बाबू, मझली बहू आपसे कुछ कहने आई है।"

बड़ी बहू के देहावसान के बाद मझली बहू ने इस गृहस्थी को संभाल रखा है। वह अपने जेठजी के सामने नहीं आती है, ओट में खड़ी होकर उनसे बात करती है। वह कोमल और विनम्र स्वर में बोली, "क्या इस घर में मेरा कोई अधिकार नहीं, जो छोटी बहू मुझे प्रतिदिन अपमानित करती रहती है?"

गुरुचरण ने कहा, "छोटी बहू जितना ही तुम्हारा भी इस घर का बराबर का हक है। तुम भी मालकिन हो।"

पंचू की माँ बोली, "किन्तु छोटी बहू का व्यवहार तो एकदम असह्य है।"

सुनकर गुरुचरण बोले, "मैंने पारस को आने के लिए लिख दिया है, तब तक धीरज रखकर सब सहना होगा।"

मँझली बहू बोली, "किन्तु पारस क्या....?"

गुरुचरण बीच में ही बोल पड़े, "मेरा पारस आज्ञाकारी है, हरि का बेटा होने पर भी वह मुझे अपने पिता से कहीं अधिक मान देता है। सारी दुनिया भले ही एक ओर हो जाए, परन्तु वह मुझे कभी नहीं छोड़ सकता। यदि वह मेरे विषय में यह नहीं समझ पाया कि मैं कभी अन्याय का पक्ष नहीं लेता, तो मैं समझूँगा कि मैंने उसे ठीक ढंग से प्रशिक्षित ही नहीं किया।"

दासी ने कहा, "आप भी तो पारस को अपने बेटे से बढ़कर मानते हैं। पिछले साल उसके चेचक से ग्रस्त हो जाने पर दिन-रात उसकी सेवा में अपने प्राण संकट

में डाल दिए थे। उस रोग में तो उसकी सौतेली माँ उसके पास तक नहीं फटकती थी और उसका अपना पिता भी उससे दूर-दूर रहता था। अकेले आप ही रात-दिन उसकी सेवा में जुटे रहते थे। आप ही उसे यमराज के हाथों से बचा लाए थे।''

पंचू की माँ बोली, ''पारस की सगी माँ जीवित होती, तो शायद वह भी जेठजी जैसी सेवा न कर सकती।''

सुनकर संकोच में पड़े गुरुचरण ने कहा, ''बहू, इन बातों को रहने दो।''

मझली बहू चली गई। गुरुचरण की आँखों के स. मने दोनों—सगा बेटा विमल और पाला हुआ बेटा पारस—प्रत्यक्ष हो उठें वह कुछ देर तक दोनों की तुलना करते रहे और फिर उनके मुँह से ठण्डी आह निकल गई। कुछ देर तक विचारमग्न होकर बैठे रहने के बाद वह शतरंज खेलने चल दिए।

अगले दिन हरिचरण के मिस्तरी बरामदे से दूर रसोई के पास ओसारे के काम में लगे थे। गुरुचरण खाना खा रहे थे कि उन्होंने छोटी बहू के मुँह से भद्दी और गन्दी गालियों की बौछार सुनी, तो वह विचलित हो उठे। इस बीच उन्होंने जब पुरुष की भी वैसी ही बेहूद आवाज सुनी, तो उनके लिए चुपचाप बैठे रहना कठिन हो गया।

मझली बहू ओट में खड़े होकर रोने-बिलखने और हाय-तौबा करने लगी। पंचू की माँ ने ऊँची आवाज में सारी कहानी गुरुचरण को कह सुनाई।

गुरुचरण ने हरिचरण को सम्बोधित करते हुए कहा, ''हरि, मैं औरतों के लड़ाई-झगड़े के बारे में ध्यान नहीं देता। किन्तु यदि पुरुष होकर तुम भी अपनी भाभी का अपमान करोगे, तो फिर, उस बेचारी के लिए इस घर में रहना कैसे हो सकेगा?''

हरिचरण चुप हो गया, किन्तु उसकी पत्नी अपने जेठ का मजाक उड़ाती हुई अपने पति से बोली, ''सुनते हो जी, इस औरत का अपमान हो रहा है, यह बेचारी इस घर में कैसे रहेगी?''

हरिचरण बोला, ''उसके इस घर में रहने-न-रहने की चिन्ता किसे है? वह यहाँ इस घर में नहीं रहना चाहती, तो चलती बने। मैं कौन-सी खुशामद कर रहा हूँ कि यहाँ बनी रहे।''

सुनकर गुरुचरण हक्का-बक्का रह गए।

3

मुख्याध्यापक की कन्या के विवाह-समारोह में सम्मिलित होने जा रहे गुरुचरण को पारस के आने का पता चला। इसके साथ ही उन्हें यह भी पता चल गया कि पारस आते ही बीमार पड़ गया है। इसलिए चिन्तित होकर उसकी खोज-खबर लेने को लपके गुरुचरण ने सामने खड़े हरिचरण को देखा, तो पूछा, ''पारस को क्या हो

गया है? क्या वह अस्वस्थ हो गया है?"

हरिचरण 'हूँ' कहकर एक ओर हो गया, किन्तु उसकी दासी भीतर कमरे में घुसते गुरुचरण का रास्ता रोकते हुए बोली, "आप भीतर मत जाइए।"

चकित हुए गुरुचरण द्वारा न जाने का कारण पूछने पर दासी बोली, "भीतर दीदीजी बैठी हैं।"

गुरुचरण ने कहा, "तो क्या हुआ, उसे हट जाने को कह दो।"

दासी बोली, "वह बेटे के माथे को सहला रही हैं, इसलिए वह उठकर कहीं नहीं जाएँगी।" कहकर दासी चलती बनी।

कुछ देर तक गुरुचरण हक्का-बक्का बने जड़ की तरह खड़े रहे और फिर ऊँची आवाज लगाकर पूछने लगे, "बेटे पारस, तुम्हारी तबीयत कैसी है?"

पारस तथा उसकी माँ ने कोई उत्तर नहीं दिया। हाँ दासी ने अवश्य कहा, "आपने एक बार सुन तो लिया है कि बाबू को बुखार है।"

दो-तीन मिनटों तक जड़ बनकर खड़े रहने के बाद थोड़ा संभले गुरुचरण बिना किसी से कुछ कहे-सुने रेलवेस्टेशन की ओर चल दिए।

ब्याह की धूमधाम में पहले दिन तो गुरुचरण की ओर किसी ने कोई ध्यान नहीं दिया, उनकी किसी से कोई बातचीत भी नहीं हुई। दूसरे दिन कामकाज से निपटे हैडमास्टर ने गुरुचरण को एकान्त में ले जाकर उसने पूछा, "तुम्हारा छोटा भाई हरिचरण तुम्हें परेशान करने पर क्यों तुला हुआ है?"

गुरुचरण ने टालने की नीयत से कहा, "ऐसी तो कोई बात नहीं।"

हैडमास्टर ने दृढ़ता से कहा, "अरे, छिपाते क्यों हो? उसकी नीचता की बातों तो हम सब सुन चुके हैं।"

हैडमास्टर और गुरुचरण बचपन के साथी थे, फिर भी, गुरुचरण ने घर के रहस्य को छिपाने की चेष्टा की। इस पर हैडमास्टर बोले, "तुम्हारे 'ना' करने से क्या वास्तविकता बदल जाएगी?"

हरिचरण के व्यवहार को स्मरण करने का नाटक करते हुए गुरुचरण ने कहा, "हाँ, जमीन-जायदाद के मामले में हरिचरण कुछ गड़बड़ कर रहा है।"

हैडमास्टर समझ गये कि गुरुचरण घर के राज को प्रकट नहीं करना चाहते, इसलिए वह थोड़ा दुखी होने पर भी चुप हो गए।

कृष्णनगर से घर लौटे गुरुचरण ने देखा कि उनकी अनुपस्थिति में हरिचरण ने घर में ऐसी खुदाई करा रखी है क कहीं पैर रखने को सही स्थान नहीं। वह समझ गए कि हरि ने अपनी सोच-समझ से घर का बँटवारा करके दीवार खड़ी करने का विचार बना लिया है। पैसे वाला आदमी होने के कारण लोगों की आलोचना की उसे कोई परवाह नहीं है।

अपने कमरे में जाकर गुरुचरण कपड़े बदलने लगे थे कि पंचू की माँ के साथ मझली बहु आ पहुँची और उच्च स्वर में रोने लगी। पंचू की माँ ने रोते-चिल्लाते हुए बताया कि परसों देवरजी ने अपनी भाभी को धक्के देकर घर से निकाल दिया था। यदि मैं बचाव न करती, तो वह राक्षस इस बेचारी को मार ही डालता।

गुरुचरण जल्दी से सारी घटना समझ गए, किन्तु हैरान-परेशान हुए वह काफी देर तक जड़ बने खड़े रहे। फिर व्याकुल होकर उन्होंने पूछा, "मझली बहू, क्या सचमुच हरि ने तुम्हारे शरीर को छुआ है? क्या उसने ऐसी धूर्तता की?"

थोड़ी देर बाद वह बोले, "लगता है कि पारस को यह सब मालूम नही होगा?"

पंचू की माँ बोली, "बड़े बाबू, पारस को कुछ भी नहीं हुआ था। बीमारी की खबर झूठी थी। वह तो आज सुबह कलकत्ता प्रस्थान कर गया है।"

"बाप की करतूत से दुखी होकर चला गया लगता है?"

पंचू की माँ बोली, "वह बिल्कुल भी दुखी नहीं है।"

सुनकर गुरुचरण उत्तेजित हो उठे और बोले, "यदि इतने बड़े अपराध का दण्ड हरि को न मिला, तो मेरा जीना-न-जीना एक समान होगा। बहूरानी, मैं गाड़ी मँगवाता हूँ, तुम्हें मेरे साथ चलकर उसके विरुद्ध पुलिस में शिकायत दर्ज करानी होगी।"

पुलिस-कचहरी का नाम सुनकर मझली बहू को चौंकते देखकर गुरुचरण बोले, "मैं जानता हूँ कि अच्छे घर की स्त्रियों को पुलिस-कचहरी जाना शोभा नहीं देता, किन्तु बेटी, इतना बड़ा अपमान सहना भी तो अन्याय को प्रश्रय देना होगा, जो धर्म की दृष्टि से सर्वथा अनुचित है।"

उठकर खड़ी हो गई मझली बहू निश्चय के स्वर में बोली, "आप मेरे पिता के समान हैं, मैं आपकी आज्ञा का पालन करने को तत्पर हूँ।"

गुरुचरण ने सोने की मोटी चेन बेचकर वकील की फीस चुकाई और हरिचरण के विरुद्ध अदालत में मामला डाल दिया। सुनवाई के निर्धारित दिन प्रतिवादी हरिचरण तो कचहरी में हाजिर हुआ, किन्तु मुकदमा करने वाली मझली बहू कहीं दिखाई नहीं दी। दोनों पक्षों के वकीलों की बहस को सुनकर न्यायाधीश ने वादिनी के उपस्थित न होने पर मुकदमा खारिज कर दिया। गुरुचरण ने भीड़ में खड़े पारस को मुसकराते हुए देखा, तो उनके पैरों तले की धरती खिसक गई।

घर आने पर गुरुचरण को पता चला कि मझली बहू मायके के किसी सदस्य की नौकरी की सूचना पाकर, बिना नहाये-धोये ही गाड़ी पर सवार होकर चली गई है।

मुकदमा जीतने की खुशी में हरिचरण ने ऐसा शानदान जश्न मनाया, ऐसा गाना-बजाना हुआ कि सारा गाँव वाह-वाह कर उठा तथा मौज-मस्ती में डूब गया।

4

बाप-दादा का मकान दो भागों में बँट गया। एक भाग पर हरिचरण का और दूसरे भाग पर गुरुचरण का अधिकार था। गुरुचरण के साथ उनकी पुरानी दासी पंचू की माँ भी रहती थी। अगले दिन दासी ने रसोई तैयार होने की कही, तो गुरुचरण उठकर आने लगे। इस पर दासी बोली, ''कोई जल्दी नहीं है, आप पहले गंगास्नान कर आइए।''

''ठीक है।'' कहकर गुरुचरण गंगास्नान के लिए उठ खड़े हुए। उनकी कथनी और करनी में कोई अन्तर नहीं था। फिर भी, न जाने पंचू की माँ को क्यों लगा कि अब गुरुचरण पहले वाले बाबू नहीं रहे। यह सोचकर वह आँगन में खड़ी होकर चिल्लाने लगी, ''भगवान् के दरबार में देर है, अन्धेर नहीं, दूसरों को दुःख देने वाले को कभी सुख उठाते नहीं देखा, अपने किए का फल सबको भुगतना ही पड़ता है।'' आदि-आदि।

पंचू की माँ किस को क्या सुना रही थी, यह बात किसी की समझ में नहीं आई। फिर भी, हरिचरण के घर के किसी सदस्य ने कोई प्रतिक्रिया प्रकट नहीं की, मानो वह उस दिन वह झगड़ा करने के इच्छुक ही नहीं थे।

सामान्य गति से समय बीतता गया।

गुरुचरण को यह अच्छी प्रकार मालूम था कि उसकी एकमात्र सन्तान योग्य नहीं थी। कुछ महीने पहले वह एक बार घर अवश्य आया था, किन्तु फिर कभी दिखाई नहीं दिया। उस बार पता नहीं, वह क्या-क्या रख गया था, जिसकी जाँच-पड़ताल करने पर पारस ने ताऊजी को बताया था कि ये दस्तावेज हो सकते हैं, आप कहें तो इन्हें जला दिया जाए?

''क्या मालूम बेटा, ये कागज काम के हो सकते हैं।''

पारस बोला, ''किसी और के लिए जरूरी होने पर भी विमल भैया के लिए इनकी कोई उपयोगिता नहीं है। अतः बेकार का सामान क्यों सभाल कर रखा जाए?''

गुरुचरण का फिर भी कहना था ''बेटे, बिना देखे-भाले किसी कागज को नष्ट करना समझदारी नही। ऐसा करने से किसी की हानि हो सकती है। इन्हें अभी संभालकर कहीं छिपा दे, बाद में इनकी जाँच-परख करके निर्णय करेंगे कि इन्हें रखना है अथवा नहीं।''

यह घटना गुरुचरण भूल चुके थे। आज जब वह गंगास्नान से लौटकर रसोई बनाने बैठे ही थे कि उन्होंने हाथ में बैग थामे पारस, हरिचरण और कई भले आदमियों के साथ पुलिस को अपनी ओर आते देखा।

इन सबके आने का प्रयोजन यह था कि विमल इश्तहारी डाकू है और आजकल फरार है। पुलिस ने जनता से सहयोग की अखबार में अपील छपवाई, जिसे

पढ़कर पारस ने पुलिस को विमल के बारे में सब कुछ बता दिया है। इसमें कोई सन्देह नहीं कि पिता के पास रहते समय विमल का चरित्र अच्छा नहीं था। उसमें शराब, जुआ और वेश्यागमन जैसे सभी दोष थे। उसकी आय का साधन कलकत्ता में एक छोटी सी नौकरी है। उसमें और सभी बुराइयाँ हो सकती हैं, किन्तु उसमें डकैती-डालने जैसी हिम्मत की कल्पना भी नहीं की जा सकती। पिता ने पुत्र के विषय में कभी स्वप्न में भी ऐसा नहीं सोचा था। कुछ देर तक तो गुरुचरण पारस के चेहरे पर ताकते रहे, फिर वह अपने आँसू न रोक पाने के कारण बिलखने लगे। पुलिस को बयान देते हुए वह बोले, "पारस ने जो कुछ आपसे कहा है, वह शत-प्रतिशत सत्य है।"

दारोगा ने और भी दो-चार बातें गुरुचरण से पूछीं और वहाँ से रवाना होने से पहले उनके पैर छूकर कहा, "बाबू साहब, एक तो आप ब्राह्मण हैं और दूसरे, आयु में मुझसे काफी बड़े हैं। मुझे अपना कर्तव्य-पालन करने के लिए आपसे पूछताछ करनी पड़ी है। आप मेरी इस धृष्टता के लिए मुझे क्षमा करने की कृपा करेंगे, ऐसी विनती है।"

कुछ महीनों के बीत जाने पर गुरुचरण को विमल के पकड़े जाने और सात साल के कारावास का दण्ड मिलने का पता चला।

5

हरिचरण के शुभचण्डी की पूजा के समारोह को उत्साहपूर्वक मनाने की तैयारियाँ होने लगीं, तो पारस ने अपने पिता से ऐसा न करने का अनुरोध किया। पिता द्वारा कारण पूछा जाने पर पारस बोला, "मुझे यह सब अच्छा नहीं लग रहा।"

पिता ने कहा, "तुम्हें अच्छा नहीं लगता, तो तुम कलकत्ता जाकर घूम-फिर आओ। जग-माता की पूजा तो मुझे समारोहपूर्वक करनी ही होगी।"

कहने की आवश्यकता नहीं कि पिता के सामने पुत्र की नहीं चली और पूरे उत्साह व धूमधाम के साथ समारोह सम्पन्न हुआ।

दस-बारह दिनों के बाद गुरुचरण के घर से किसी के रोने-चिल्लाने की आवाज आई और फिर कुछ ही देर में खून बहाती, चीखती-चिल्लाती एक ग्वालिन हरिचरण के सामने आ खड़ी हुई। हरिचरण ने पूछा, "मोक्षदा, यह सब क्या है?"

रोने की आवाज को सुनकर घर के और लोग भी बाहर निकल आये। मोक्षदा ग्वालिन बोली, "दूध में पानी मिलाने के मेरे अपराध पर बड़े बाबू ने लात मारकर मुझे गड्ढे में गिरा दिया है।"

पारस ने कहा, "दुष्टे, ताऊजी पर झूठा आरोप लगाती है?" छोटी बहू ने भी समर्थन में कहा, "जेठजी किसी औरत के शरीर को छूने की गलती कर ही नहीं सकते। तुम एकदम झूठ बोलती हो।"

हरिचरण बोला, "इस बेचारी से क्यों बहस करते हो? क्यों न भैया से ही पूछ लिया जाए? वह तो कभी झूठ बोल ही नहीं सकते।"

ग्वालिन ने अपने शरीर पर लगी मिट्टी और घाव दिखाकर अनेक देवी-देवताओं की कसमें खाईं और कहा कि वह एकदम सत्य कह रही है।

हरिचरण के घर का निर्माण-कार्य कचहरी के आदेश से रुका पड़ा था, इसलिए उसे बड़े भाई से बदला लेने का मौका मिल गया। वह ग्वालिन को पुलिस में रिपोर्ट लिखाने की सलाह देते हुए बोला, "चल, मैं तेरे साथ चलता हूँ।"

हरिचरण की पत्नी बोली, "आप भी इस मूर्ख स्त्री की बात पर विश्वास करते हो। क्या जेठजी किसी स्त्री को हाथ लगा सकते हैं?"

हरिचरण ने कहा, "तुम चिन्ता क्यों करती हो? झूठ बोल रही होगी, तो स्वयं दण्ड भुगतेगी। भैया तो कभी झूठ नहीं बोलेंगे, उन्होंने अपराध किया होगा, तो वे भुगतेंगे।"

पति के तर्क से पत्नी प्रभावित हुई और बोली, "आप ठीक ही कहते हैं। इस ग्वालिन के साथ जाकर रिपोर्ट दज करा दो, फिर दूध-का-दूध और पानी-का-पानी सामने आ जाएगा।"

बस, फिर यही हुआ, गुरुचरण झूठ नहीं बोल सके। न मुकर पाने के कारण उन्हें दण्ड के रूप में दस रुपये का भुगतान करना पड़ा।

अबकी बार चण्डी-पूजा का आयोजन तो नहीं हुआ, किन्तु कुछ लड़के झुण्ड बनाकर ग्वालिन के पीटे जाने का गीत बनाकर गाने के रूप में उन्हें चिढ़ाते हुए गुरुचरण के पीछे-पीछे चलने लगे।

रात के आठ बजे हरिचरण की बैठक भरी हुई थी। इसमें बड़े ऊँचे घरों के प्रतिष्ठित लोग भी बैठे हुए थे। किसी ने बाहर आकर बताया कि लुहारों के लड़कों ने विश्वकर्मा की पूजा के समारोह को मनाने के लिए कलकत्ता से नाचने-गाने वाली दो स्त्रियाँ बुलायी हैं और मज़े की बात यह है कि इस बैठक में गुरुचरण भी उपस्थित हैं।

सुनकर हरिचरण ठहाका लगाकर बोले, "क्या बक रहे हो, क्या भैया रण्डियों का नाच देखेंगे?"

सूचना देने वाले अविनाश ने शपथ खाकर कहा कि उसने यह सब अपनी आँखों से देखा है।

हरिचरण के द्वारा सत्यकी पुष्टि के लिए दौड़ाए आदमी ने आकर बताया कि सूचना सही है। गुरुचरण बाबू केवल नाच देख ही नहीं रहे हैं, बीच-बीच में प्रसन्न होकर इनाम-इकराम भी न्योछावर कर रहे हैं।

सुनकर एक व्यक्ति ने टिप्पणी की कि, "ग्वालिन के देह को छूने वाला भला क्या नहीं कर सकता?" दूसरे ने कहा, "डकैत बेटे का बाप दूध का धुला तो नहीं हो सकता।" इस प्रकार जिसके मुँह में जो आया, वह गुरुचरण की निन्दा में

ऊटपटांग कहता गया, किन्तु हरिचरण के मुँह से एक भी शब्द नहीं निकला। वह चुपचाप हक्का-बक्का बना सोचता रहा, क्या किसी के चरित्र में इतना बड़ा परिवर्तन हो सकता है?

6

रात के दो-ढाई बजे तक विश्वकर्मा पूजा समाप्त हो चुकी थी, किन्तु नाच-गाना अभी चल रहा था। पूजा में उपस्थित लोग माँस खाकर और मदिरा पीकर इस प्रकार उन्मत्त हो चुके थे कि वे अपने होश-हवास तक खो बैठे थे। इन्हीं के बीच वृद्ध बाबू गुरुचरण भी बैठे थे।

कुछ देर में गुरुचरण ने अपनी पीठ पर किसी को हाथ रखे हुए देखा, तो वह चौंककर उस आदमी की ओर देखने लगे, किन्तु उस व्यक्ति ने चादर से अपना मुँह ढक रखा थां

उस आदमी ने धीरे-से कहा, ''ताऊजी, मैं पारस हूँ, आप उठिये और घर चलिए।''

गुरुचरण बिना ननुनच किए उठकर चले दिए।

रास्ते मे मंच से आ रही धुँधली रोशनी में पारस ने ताऊजी के चेहरे को देखा, तो वह हैरान रह गया। उनका चेहरा एकदम बुझा हुआ था, पहले वाले किसी तेज का कोई चिन्ह तक नहीं था। ऐसे लगता था, मानो वह कोई आदमी न होकर भूत-प्रेत हों। ताऊजी के इस प्रकार एकदम निर्लज्ज और मर्यादाहीन हो जाने के लिए अपने को उत्तरदायी मानकर पारस टप-टप आँसू बहाने लगा। इस आदर्श महापुरुष के इस प्रकार पतन के लिए अपने को दोषी मानकर पारस बार-बार अपने को कोसने और धिक्कारने लगा। वह अपने ताऊजी से बोला, ''ताऊजी, आप काशी जाने का विचार कर रहे थे?''

दुखी स्वर में गुरुचरण बोले, ''बेटे, काशी जाना तो चाहता हूँ, किन्तु मुझ अभागे को वहाँ कौन ले जाएगा?''

पारस बोला, ''आपको न ले गया, तो फिर मैं किस काम का?''

''बहुत अच्छा, घर चलो, सामान सँभाल लिया जाए।'' पारस बोला, ''ताऊजी, अब उस घर को भूल जाइए। उस घर से आपको कुछ लेना-देना नहीं हैं।''

गुरुचरण का एकदम सहमत हो गए और बोले, ''बेटे, ठीक कहते हो, अब मुझे उस घर में पैर भी नहीं रखना है।''

आँसू पोंछकर पारस बोला, ''ताऊजी, आपके घर पर जिनकी नज़रें गड़ी हैं, यह घर और घर का सामान उनके लिए रहने दो।''

''ठीक है।'' कहकर गुरुचरण ने पारस के हाथ को थामा और फिर दोनों अंधेरे को चीरते हुए रेलवेस्टेशन की ओर चल दिए।

17. सती

पवना में हरीश की वकील के तौर पर पर ही नहीं, अपितु एक भले और नेक आदमी के रूप में भी अच्छी-खासी प्रतिष्ठा है। इसलिए इस क्षेत्र में होने वाले सभी सामाजिक कार्यों से वह किसी-न-किसी रूप में अवश्य जुड़े रहते हैं। इस कथन में कोई अत्युक्ति नहीं होगी कि देश में लोक-कल्याण का ऐसा कोई कार्य नहीं, जो उनके सहयोग के बिना सम्पन्न हो सका हो। देश में स्थापित "दुर्नीति दमन समिति" की कार्यकारिणी ने आज प्रातः विशेष अधिवेशन बुला रखा था। उसमें भाग लेने गये वकील साहब को काफ़ी समय लग गया। इसलिए घर आकार उन्होंने जल्दी ने नाश्ता निबटाकर अदालत की राह लेने की सोची। इस बीच उनके पास आयी उनकी पत्नी निर्मला बोली, "कल के समाचारपत्र से पता चलता है कि हमारी लावण्यप्रभा यहां विद्यालय-निरीक्षिका नियुक्त होकर आ रही है।"

बात साधारण थी, किन्तु इसमें एक व्यंग्य छिपा था। हरीश की विधवा छोटी बहन उमा बोली, "भाभी, क्या एक नाम की और कोई नहीं हो सकती?"

"हो क्यों नहीं सकती, इसलिए तो मैं इन से पूछ रही हूं।"

हरीश थोड़ा खिन्न हो उठा और उपेक्षा दिखाते हुए तीखे स्वर में बोला,

"मुझे क्या मालूम कि यह कौन-सी लावण्यप्रभा है? क्या सरकार मेरी राय लेकर किसी की नियुक्ति का निर्णय लेती है, जो मैं सही-गलत बता सकूं?"

निर्मला मृदु और मधूर स्वर में बोली, "अरे, आप तो बुरा मान गये, मेरा इरादा आपको परेशान करने का क़तई नहीं था। उलटे मैं तो कहती हूं कि यदि आपके हस्तक्षेप से किसी का हित होता है, तो इसमें क्या बुराई है?" यह कहकर वह वहां से चलती बनी।

हरीश की भूख मर गयी थी, इसलिए खाना छोड़कर उ़मा ने उन्हें उठते हुए देखा, तो वह बोली, "भैया, भूखे मत उठो, तुम्हें मेरे सिर की सौगन्ध।"

हरीश ने एक न सुनी और उठकर बड़बड़ाने लगा, "यहां तो चैन से दो कौर भी खाने नहीं दिये जाते। मन करता है कि आत्महत्या कर लूं।"

इनी शब्दों के साथ बाहर आये हरीश को पत्नी का स्वर सुनायी दिया, "आपको आत्महत्या क्यों करनी है, आत्महत्या तो उस महिला को करनी होगी। एक दिन यह सत्य सारी दुनिया के सामने उजागर हो जायेगा।"

यहां हरीश के पिछले इतिहास का उल्लेख करना उपयुक्त होगा। इस समय चालीसा वर्षीय हरीश एम. ए. की तैयारी के दिनों में कलकत्ता को छोड़ कर बारिसाल

में आ गये थे। यहां इनके पिता राममोहन सब जज थे। उसके पड़ोस में स्कूल इंस्पेक्टर हरकुमार मजूमदार रहते थे। वह महाशय प्रकाण्ड पण्डित होने के साथ विनम्र और उत्यन्त, सरल प्रकृति के व्यक्ति थे। सरकारी कामकाज से वह प्रायः मुख्य प्रशासक, की बैठक को सुशोमित करते थे। मुख्य प्रशासक बैठक में अन्य उच्च अधिकारी—गंजे सब जज, छंटी दाढ़ी वाले उप प्रशासक, वृद्ध अटार्नी जनरल,आदि—भी सम्मिलित रहते थे। नगर के कुछ गण्यमान्य एवं प्रतिष्ठत महाशय भी बैठक में पधारते रहते थे। इन सब महानुभवों के आकषर्ण का कारण यह था कि मुख्य प्रशासक निष्ठावान् हिन्दू थे और सभा में धर्म तथा अध्यात्म-जैसे विषयों पर चर्चा होती थी। पक्ष-विपक्ष में तर्क-वितर्क होने से थोड़ी-बहुत क्षणिक कटुता आ जाना स्वाभिवक होता था।

एक दिन, जब सभा में वाक्-युद्ध छिड़ा हुआ था, तो मजमूदार महाशय आ पहुंचे। ब्राह्मसमाजी और शान्त-प्रकृति के व्यक्ति होने के कारण इन महाशय का किसी वाद-विवाद में उलझना तो दूर रहा, वह भाग भी नहीं लेते थे। वह चुपचाप सब सुनते रहते थे और अपनी राय प्रकट करने को कभी अधीर नहीं होते थे, किन्तु आज स्थिति कुछ भिन्न हो गयी। उनके आने पर किसी विषय में उलझे गंजे मुन्सिफ़ ने मजमूदार साहब को मध्यस्थ बना दिया। वस्तुतः एक बार कलकत्ता गये मुन्सिफ़ साहब को मजूमदार के पाण्डित्य और भारतीय दर्शन में गहन पैठ की जानकारी मिल चुकी थी। हरकुमार सहमत हो गये और थोड़ी देर में उपस्थित लोगों को इन महाशय को गहरे ज्ञान के सामने हथियार डालने को विवश होना पड़ा, किन्तु सब जज साहब हैरान थे कि अपनी जाति से नाता तोड़ने वाला व्यक्ति भला इतना बड़ा विद्वान कैसे हो सकता है? वह अपने मन की बात को प्रकट किये बिना न रह सके। वह उठते हुए दबी ज़बान में सरकारी वकील से बोले, "भादुड़ी महाशय, भूत के मुंह से रामनाम की महिमा का सुनना इसे ही कहते है।"

भादुड़ी ने विरोध में कहा, "मजमुदार महाशय का अध्ययन गहरा है और वह प्रमाणिक बात कहते हैं। पहले अध्यापक रहे हैं, इसलिए इन्होंने गहन ज्ञान की प्राप्ति के अवसर का खूब सदुपयोग किया लगता है।"

भादुड़ी महाशय की बात सुनकर खीजते हुए एक अन्य अधिकारी बोले, "जाति-भ्रष्ट व्यक्ति के शास्त्रज्ञान का महत्त्व ही क्या है? आचरण किये बिना ज्ञान किस काम का? ऐसे लोग ही तो नरकगामी होते हैं।"

उस दिन एक ओर चुपचाप बैठा हरीश मजूमदार महाशय के पाण्डित्य, गाम्भीर्य और ज्ञान के साथ उनकी कथन-शैली तथा भाषा पर उनके अधिकार को देखकर मुग्ध हुए बिना न रह सका। हरीश के पिता की मजूमदार के पाण्डित्य के बारे में जो भी धारणा रही हो, किन्तु हरीश ने उन्हें अपना पथ-प्रदर्शक बनाने का निश्चय कर लिया, इधर मजमूदार ने भी हरीश के अनुरोध को स्वीकार कर लिया।

बस, हरीश का उनके घर आना-जाना शुरू हो गया और फिर उनकी लड़की लावण्यप्रभा से उसका परिचय हो गया। इण्टर-परीक्षा की तैयारी के लिए वह भी कलकत्ता से पिता के पास आयी हुई थी। हरीश को यहां अपनी पाठ्यपुस्तकों के कठिन स्थलों का अर्थ समझने के साथ-साथ जीवन की अत्यन्त दुरूह और जटिल समस्या को सुलझाने की विधि जानने का सुयोग भी मिल गया। कहने की आवश्यकता नहीं कि इस दूसरी विधि को भी किसी उपलब्धि से कम महत्त्व नहीं दिया जा सकता। परीक्षा के दिन निकट आ जाने के कारण हरीश को कलकत्ता जाना पड़ा। अपनी मेहनत और लगन के फलस्वरूप हरीश जहां सफल हो गया, वहां लावण्य असफल रह गयी।

भेंट होने पर पूरी संवेदना दिखाते हुए हरीश ने बुझे स्वर में पूछा, "आप असफल कैसे रह गयीं?",

उपहास के स्वर में लावण्य बोली, "क्या मैं फेल होन याग्य भी नहीं हूं?"

हंसकर हरीश बोला, "आप कमाल की जिन्दादिल हैं। अच्छा, जो होना था, सो हो गया। अब आप मन लगाकर काम करेगीं, तो सफलता मिल ही जायेगी।"

बिना लज्जित हुए लावण्य बोली, "मैं कितना भी श्रम क्यों न कर लूं, सफलता मुझे मिलनी ही नहीं है।"

"ऐसा आप किस आधार पर सोचती है?"

हंसते हुए लावण्य बोली, "मैं तो यों ही कह रही थी।" इतना कहती और मुसकराती हुई वह चली गयी।

हरीश और लावण्य के मिलन की बात का पता हरीश की मां को लगा, तो वह मुकदमे का फैसला लिखने में उलझे अपने पति जज साहब से इसकी चर्चा करने लगी। जज साहब ठीक से लिख पाने और सही शब्द न ढूंढ़ पाने के कारण परेशान थे। पत्नी की बात सुनकर वह इतने अधिक आगे बढ़ गयी है, निर्लज्जता की भी कोई सीमा होती है या नहीं?"

वस्तुतः, दीनाजपुर में अपने सेवाकाल में जज साहब एक पुराने वकील के गुणों—आचारनिष्ठा, कर्तव्य-परायणता, धार्मिक दृढ़ता और चरित्र की उच्चता आदि—से इतने अधिक प्रभवित हो गये थे कि उन्होनें वकील साहब के घर जाकर उनकी छोटी लड़की निर्मला को देखा और अपनी बहू बनाने का अपने मन में निर्णय कर लिया था।

दीनाजपुर में रहते समय हरीश की मां ने भी इस लड़की को कई बार देखा था। उन्हें भी लड़की काफी अच्छी लगी थी, तो भी आश्चर्य प्रकट करते हुए वह बोलीं, "आप ऐसा क्यों कह रहे हैं, क्या आप कहीं बात पक्की तो नहीं कर आये हो? आजकल बच्चों की राय जाने बिना ऐसा तो कोई नहीं करता।"

जज साहब दृढ़ स्वर में बोले, "मैं आजकल का बाप नहीं हूं, जो ऐसे मामले में लड़के से उसकी राय पूछता फिरूं। मुझे जो निर्णय लेना था, मैंने ले लिया है।

यदि वह मेरे निर्णय से सहमत नहीं, तो उसे घर में रहने का कोई अधिकार नहीं है।"

हरीश की मां अपने पति के स्वभाव से परिचित होने के कारण चुप हो गयी।

गृहस्वामी बोले, "देखो, लड़की भले ही आज के फैशन में ढली और आधुनिका की कसौटी पर खरी उतारने वाली न हो, किन्तु मेरे विचार में अपने माता-पिता के उत्कृष्ट संस्कारों से चिपकी रहने वाली लड़की को पत्नी-रूप में पाने पर हरीश को अपने को भाग्यशाली ही समझना चाहिए।" ऐसी बहू अपने हिन्दू धर्म के नियमों का तो दृढ़ता से पालन करेगी। हमें इससे अधिक और कुछ नहीं चाहिए।

यह बात शीघ्र ही सार्वजनिक हो गयी। हरीश ने भी यह सब सुना, तो पहले उसके विद्राही के मन में कलत्त्काा भाग जाने का और ट्यूशन आदि से अपना जीवन-निर्वाह करने का विचार आया, फिर साधु बाबा बन जाने का विचार भी एक बार मन में आया, किन्तु अन्त में उसने बड़ों की—विशेषतः पिता की—आज्ञा का आंख मूंदकर पालन करने को पुत्र का धर्म और कर्तव्य मानकर परिस्थिति से समझौता कर लिया।

लड़के को देखने के लिए पूरे ठाठ-बाट के साथ आये लड़की के पिता ने तिलक की प्रथा पूरी करने के रूप में इस सम्बन्ध की स्वीकृति पर अपनी मुहर लगा दी। जज साहब ने सम्बन्धियों के साथ-साथ अनेक गण्यमान्य इष्ट-मित्रों को भी इस समारोह में आमन्त्रित किया था। लड़की के पिता हरकुमार को इतने बड़े आयोजन का कोई अनुमान नहीं था। सभा में जज साहब ने अपने समधी की धर्मनिष्ठा, आचार-पवित्रता तथा चरित्र की हढ़ता-जैसे गुणों की भूरि-भूरि प्रशंसा थी। उन्होंने स्पष्ट शब्दों में कहा, "अंगरेजी शिक्षा ऊंची आजीविका तो दे सकती है, किन्तु उससे आत्मकल्याण का मार्ग प्रशस्त नहीं किया जा सकता। अपने धर्म के पालन से ही सच्चा सुख, आत्मोद्धार और मोक्ष-लाभ सम्भव है। आजकल लोग लड़कियों को भी अंगरेजी शिक्षा देने पर विश्वास करने लगे हैं, किन्तु वह नहीं जानते कि यह शिक्षा हमारे पतन के लिए कितनी अधिक उत्तरदायी है। हमारे लोक और परलोक को बिगाड़ने वाली है।

जज साहब के भाषण का गूढ़ अर्थ केवल हरकुमार ही नहीं, अन्य उपस्थित लोगों के लिए भी रहस्य नहीं रहा। सभा के विसर्जन के तत्काल बाद विवाह का मुहूर्त भी निकलवा लिया गया। निर्मला को उसकी ससुराल भेजने से पहले उसकी सती-साध्वी मां ने इस घर के वातावरण व प्रथा-परम्परा आदि से परिचित कराते हुए उसे अपना स्नेह और आर्शीवाद भी दे दिया। मां बेटी से बोली, "बिटिया, मेरी और कोई शिक्षा भले ही स्मरण रखना अथवा न रखना, परन्तु इस एक बात को कभी न भूलना कि स्त्री के लिए पति की सेवा से बढ़कर दूसरा कोई धर्म और कर्तव्य नहीं। पति को परमेश्वर मानने वाली स्त्री ही जीवन में सुख पाती है।"

आपबीती बताते हुए निर्मला की मां अपनी बेटी से बोली, "तुम्हारें पिता ने

मुझे न जाने कितना सताया, तड़पाया और पेरशान किया, तो साचने लगी थी कि पति के चिता में जलने से पहले तक मुझे कभी शान्ति मिल ही नहीं सकती, किन्तु फिर भी, मैंने पतिसेवा के अपने कर्तव्य से मुंह नहीं मोड़ा और इसीलिए अपने पति को अपने अनुकूल बनाने में सफल हुई।''

पिछले बीस साल से निर्मला अपनी मां की शिक्षा का पालन करती हुई इस परिवार को चला रही है। इस बीच उसके ससुर और पिता स्वर्ग सिधार गये हैं। अपनी शिक्षा समाप्त कर लावण्य भी ससुराल चली गयी है। कनिष्ठा से वरिष्ठ अधिवक्ता के रूप में हरीश की उन्नति हो गयी है। निर्मला तरूणी से प्रौढ़ा हो गयी है, किन्तु उसकी पतिसेवा में रंच-मात्र भी अन्तर नहीं आया है।

2

माता द्वारा पतिसेवा का बेटी को दिया मन्त्र इतना अधिक प्रभावशाली होगा, इसका किसी को अनुमान तक नहीं था। जज साहब सेवानिवृत्त होकर पवना की बाड़ी में आ गये थे। हरीश के एक वकील मित्र ने अपने पिता के श्राद्ध में कलकत्ता से कीर्तन करने वाली किसी महिला को बुलाया था। बढ़िया कीर्तन करने वाली यह स्त्री न केवल छोटी आयु की थी, अपितु रूप की रानी भी थी, अतः बहुत से लोग अलग से उसके स्वर-सगींत का आनन्द लेने के लिए उत्सुक हो उठे थे। अगले दिन एक संगीत-सभा में आमन्त्रित हरीश को रात घर लौटने में कुछ अधिक देर हो गयी।

पति की प्रतीक्षा में ऊपर के खुले बरामदे में खड़ी निर्मला ने पति के आने पर उनसे पूछा, ''गाना कैसा लगा।''

प्रसन्न स्वर में हरीश ने उत्तर दिया, ''वह बढ़िया गाती है।''

निर्मला ने फिर पूछा, ''देखने में कैसी लगती है?''

''बुरी नहीं है, आकर्षक है।''

''फिर तो आपको पूरी रात वहीं काटनी थी।''

इस व्यंग्य को सहन न कर पाने से क्रुद्ध हुआ बोला, ''तुम कहना क्या चाहती हो?''

निर्मला भी क्रुद्ध स्वर में बोली, ''मैं कोई नादान और छोटी बच्ची नहीं हूं, जो तुम मेरी आंखों में धूल झोंकने में सफल हो जाओगे। मैं सारी वास्तविकता को भली प्रकार से समझती हूं।''

पास के कमरे से दौड़कर आयी उमा घबराकर बोली, ''भाभी, यह क्या कोहराम मचा रखा है? पिताजी सो रहे है, तुम्हारी ऊंची आवाज उनके कान में पड़ेगी, तो उनकी नींद खुल जायेगी।''

निर्मला उसी तल्खी से बोली, ''यह कौन-सी छिपाने वाली बात है, सती रायसाहब सुन लेंगे, तो अच्छा ही होगा।''

इस वाद-विवाद को और अधिक बढ़ाना उचित न समझकर उमा अपने बूढ़े पिता की नीदं भंग न करने की नीयत से हाथ जोड़कर निर्मला से बोली, ''भाभी, कुछ तो विचार करो, यह समय लोगों के सोने और आराम करने का है। थोड़ा धीमी आवाज में बोलो।''

निर्मला और अधिक उत्तेजित हो उठी और तिलमिलाते हुए ऊंची आवाज में बोली,''ननदजी, 'जिस तन लागे वह तन जाने, और न जाने पीर परायी।' मेरी छाती में कैसे आग धधक रही है, इसे तुम क्या जानोगी?'' कहते हुए वह जोर-जोर से रोने-चीखने लगी। कुछ ही क्षणों में वह कमे में चली गयी और उसने ज़ोर से किवाड़ बन्द कर दिये।

हरीश काठ का उल्लू बना चुपचाप नीचे आ गया और उसने अपने मुवक्किलों के बैठने के लिए पड़ी बेंच पर बैठकर ही बाकी रात बिता दी। उसके बाद दस दिनों तक पति-पत्नी में बोलचाल बन्द रही।

अब हरीश पहले तो दिन छिपने के बाद बाहर जाता ही नहीं, यदि कहीं उसे जाना भी पड़ता है, तो वह घर लौटने के लिए इतना अधिक उतावला हो उठता है कि लोग हैरान ही नहीं होते, अपितु हँसी-मज़ाक़ भी करते हैं। मित्र आश्चर्य प्रकट करते हुए कहते हैं, ''बन्धु, तुम तो समय से पहले बूढ़े और बीमार होने लगे हो।''

हरीश मित्रों के व्यंग्य और उपहास को यथासम्भव चुपचाप सुन लेता, कोई उत्तर नहीं देता था, किन्तु जब स्थिति असह्य हो जाती, तो वह चिढ़ाकर बोलता, ''यदि तुम यही सोचकर मेरा पिण्ड छोड़ देंगे, तो इससे तुम्हें भी सुख मिलेगा और मेरा भी कल्याण हो जाएगा।''

मित्रों की प्रतिक्रिया होती, ''अब तो इस भले आदमी को सताने में भी कोई मज़ा नहीं आता, जोरू का गुलाम!!''

3

उस वर्ष मोतीझारा ने अपना ऐसा उग्र और प्रचण्ड रूप दिखाया कि सामूहिक मृत्यु-जैसी स्थिति उत्पन्न हो गई। हरीश भी इसके चँगुल से बच नहीं सका। परीक्षण के लिए आए वैद्यजी ने गम्भीर स्वर में स्थिति को निराशाजनक बताया।

रायबहादुर तो पहले ही परलोकगमन कर चुके थे। हरीश की बूढ़ी विधवा माँ ने पुत्र की दशा को सुनी, तो वह पछाड़ खाकर गिर पड़ी और अचेत हो गई। निर्मला ने बाहर आकर दृढ़ और आत्मविश्वास से भरे स्वर में कहा, ''यदि मैं मन, वचन और कर्म से सती और प्रतिव्रता हूँ, तो यमराज मुझसे मेरे सौभाग्य को छीनने का साहस कर ही नहीं सकता।'' आखिर शीतला माता मेरी रक्षा कैसे नहीं करती? वह अपनी सती बेटी का त्याग कैसे करती है? मुझे आज यही देखना है।'' यह कहते हुए निर्मला शीतला मन्दिर में जाकर बैठ गई और बोली, ''पति के स्वस्थ हो जाने

पर ही यहाँ से हिलूँगी और तभी घर जाऊँगी, नहीं तो यहीं अपने प्राण देकर पति के साथ चिता पर जल मरूँगी।

सात दिनों तक निर्मला ने देवी के चरणामृत को छोड़कर कुछ भी ग्रहण नहीं किया। उसने अपने किसी भी प्रियजन के किसी अनुरोध को कोई गौरव नहीं दिया। सात दिनों के बाद वैद्यजी मन्दिर में आकर निर्मला से बोले, "बेटी, तुम्हारी तपस्या रंग लाई है, तुम्हारे पतिदेव स्वस्थ हो गए हैं। अब तुम घर लौटो।"

लोगों की भीड़ जुट गई। स्त्रियाँ उसे साक्षात् देवी मानने और उसकी चरण-रज लेने लगीं। स्त्रियों में उसके पैर छूने और उससे आशीर्वाद लेने की होड़-सी लग गई। सभी लोग सावित्री के आख्यान की सत्यता की चर्चा करने लगे और बड़े-बूढ़े यह कहने लगे कि कौन कहता है कि कलियुग में धर्म-कर्म नहीं रहा? देवी निर्मला ने यमराज के हाथ से अपने पति को मुक्त कराकर यह सिद्ध कर दिया है कि जप-तप और भक्ति में बड़ी भारी शक्ति है।

अब तो हरीश के मित्र हरीश के स्त्री के गुलाम होने को और सन्ध्या के बाद घर से बाहर न निकलने को उचित ठहराने लगे। वह हरीश की पत्नी की प्रशंसा करते हुए आपस में एक-दूसरे से बोले, "विवाह तो हम ने भी किया है, किन्तु निर्मला देवी-जैसी सती-साध्वी स्त्री तो हरीश-जैसे किसी भाग्यशाली को ही मिलती है।"

छुट्टियों में काशी जाकर किसी सन्यासी से मन्त्र दीक्षा लेने वाले वकील वीरेन मेज़ पर मुक्का मारकर बोले, "मैं तो पहले से ही जानता था कि हरीश मर ही नहीं सकता। क्या तप में शक्ति नहीं हैं? ओह, उस देवी के चेहरे का तेज देखते ही बनता था, जब उसने कहा था, 'मैं भी देखती हूँ कि सती माँ अपनी बेटी की लाज कैसे नहीं रखती?' क्या आभा थी और कैसा आत्मविश्वास तथा कैसी निष्ठा झलकती थी?"

बड़ी आयु के अफ़ीमखोर तारिणी चटर्जी एक ओर बैठकर तसल्ली से, हुक़्क़ा छोड़कर टिप्पणी करते हुए बोले, "शास्त्रों में आदर्श पत्नी की बड़ी महिमा है, किन्तु इस सत्य की ओर कोई ध्यान ही नहीं देता, तभी तो सात बेटियों को ब्याहते-ब्याहते मैं भी कंगाल हो गया हूँ। ऊपर वाले ने लड़का एक भी नहीं दिया, उसकी लीला वही जाने।"

बहुत दिनों बाद पूर्ण स्वस्थ होकर अदालत में हाजिर होने वाले हरीश का स्वागत एवं अभिनन्दन करने वालों की तो कोई गिनती ही नहीं थी।

ब्रजेन्द्र बाबू ने तो हरीश को 'जोरू का गुलाम' कहने के लिए उससे क्षमा-याचना करने में भी संकोच नहीं किया।

वीरेन भक्त बोला, "हमारे देश में आदर्श एवं सती स्त्रियों की एक लम्बी सूची है। सीता, सावित्री, सुलोचना, लीलावती और गार्गी आदि नारियाँ इस देश में ही उत्पन्न हुई है। मैं तो कहता हूँ कि जब तक हम स्त्रियों का सम्मान करना नहीं

सीखते, तब तक स्वराज्य-प्राप्ति का हमारा आन्दोलन सफल ही नहीं हो सकता। पवना में 'आदर्श नारी शिक्षा समिति' का गठन करना चाहिए और उसकी अध्यक्षा नारी-रत्न निर्मला देवी को बनाना चाहिए।

वृद्ध तारिणी चटर्जी बोले, इसी के साथ 'दहेज प्रथा निवारिणी समिति' के गठन की भी आवश्यकता है। दहेज की प्रथा ने देश को खोखला कर दिया है।

व्रजेन्द्र का हरीश को सुझाव था कि वह एक सफल लेखक है। उसे अपनी पत्नी की इस उत्कृष्ट सफलता पर एक बढ़िया लेख लिखकर 'आनन्द बाजार पत्रिका' में प्रकाशित करा देना चाहिए।

हरीश ने सबकी सुनी, परन्तु उसने किसी को कुछ उत्तर नहीं दिया, "हाँ, कृतज्ञता में उसकी दोनों आँखें सबके सामने छलछला आईं।"

4

स्वर्गीय गुसांईचरण की विधवा पुत्रवधू का अपने ससुर के अन्य सौतेले पुत्रों के साथ सम्पत्ति के विभाजन का मुकदमा चल रहा था। विधवा के वकील हरीश बाबू थे और इस बारे में वह महिला उन्हें मिलने के लिए एक-दो बार उनके घर आ चुकी थी। जमींदार के कर्मचारियों में कौन किस पक्ष का है, इसे न जान पाने के कारण इस महिला को परेशानी हो रही थी। आज सवेरे गाड़ी से आयी इस महिला को हरीश ने आदरपूर्वक अपनी निजी बैठक में बिठाया। दूसरे कमरे में बैठे मुंशी आदि के कान में भनक न पड़ने देने की गरज से दोनों एक-दूसरे से सटकर अत्यन्त ही धीमी आवाज में बातचीत कर रहे थे। विधवा के एक असम्बद्ध वचन पर हरीश की हँसी छूट गई। वह कुछ बोलने ही वाला था कि उसे कमरे के परदे को हटाकर एक तीखी आवाज सुनने को मिली, "मैं सब सुन रही हूँ"

विधवा चौंक उठी और हरीश को तो लज्जा से धरती में गड़ गया। वस्तुतः, वह इस तथ्य को भूल गया था कि दो आँखें और दो कान निरन्तर उसकी चौकसी में सतर्क रहते हैं।

परदा हटाकर रणचण्डी के रूप में सामने आ खड़ी हुई निम्रला बोली, "यह क्या खुसर-पुसर हो रही है? ऐसी रसीली बातें तुमने मुझसे कभी नहीं कीं, किन्तु यह मत भूलना कि मुझे छलना आसान नहीं है।"

अभियोग नितान्त निर्मल नहीं था। क्षण-भर काठ की पुतली बना हरीश बोला, "क्या तुम पागल हो गई हो?"

निर्मला बोली, "यही सत्य है। मैं सचमुच पागल हो गई हूँ, किन्तु आपने ही तो मुझे पागल बनाया है।" यह कहकर रोती-बिलखती निर्मला उस विधवा के पैरों में लुढ़कने लगी और उससे अपने पति को मुक्त करने की भीख माँगने लगी। शोर सुनकर मुंशी दौड़कर उधर आ गया, एक जूनियर वकील दरवाजे के पास आकर रुक

गया, बिल वसूल करने आया बस कम्पनी का क्लर्क भी उत्सुक होकर वहीं खड़ा हो गया। इन सबके सामने निर्मला पति पर उस विधवा से सम्बन्ध रखने का आरोप लगाती हुई बोली, ''यदि मैं सती माँ की सती बेटी हूँ और यदि मैंने मन, वचन और कर्म से कभी अपने स्वामी के सिवा किसी की ओर आँख उठाकर देखा तक नहीं, यदि....''

इन तमाशे से हैरान-परेशान हुई वह विधवा भी रोने-बिलखने लगी। उलाहना देते हुए वह बोली, ''हरीश बाबू, क्या मैं अपने वकील से मिलने आयी हूँ अथवा अपने को अपमानित-कलंकित कराने आई हूँ?'' आप अपनी पत्नी को समझाइए, क्या इसी तरह आप वकालत करेंगे?''

हरीश बेचारा किसी से कुछ नहीं कह सका। वह चुपचाप खड़ा सोचने लगा कि यह सब देखने-सुनने से पहले वह मर क्यों नहीं गया?

लज्जा और संकोच के कारण हरीश ने उस दिन अपने को कमरे में ही बन्द रखा। कचहरी जाने की वह सोच ही नहीं सका। दोपहर को उमा ने जबर्दस्ती द्वार खुलवाया और काफी देर तक समझाने-बुझाने के बाद वह उन्हें थोड़ा-बहुत खिलाने-पिलाने में सफल हो सकी। सन्ध्या से पहले ब्राह्मण द्वारा किवाड़ के पास जल से भरी चाँदी की कटोरी को देखकर पहले तो हरीश के मन में आया कि वह अपने पैर की ठोकर से उस कटोरी को बाहर फेंक दे, किन्तु फिर अपने क्रोध पर काबू पाकर आज भी उसने अपने पैर का अँगूठा जल से छुआ दिया, क्योंकि हरीश भली-भांति जानता था कि स्वामी का चरणोदक पिये बगैर निर्मला अन्न तो क्या, जल तक ग्रहण नहीं करेगी।

रात को बाहर वाले कमरे में सोने जा रहा हरीश सोचने लगा कि उसके इस दुखी जीवन का अन्त कब होगा? वस्तुतः, उसने इस विषय में अनेक बार अनेक प्रकार से सोचा है, किन्तु इस पुण्यशीला सती के स्नेह-पाश से मुक्त होने के किसी भी उपाय को वह अन्तिम रूप से अपनाने का निर्णय नहीं कर सका।

5

दो वर्षों के बाद निर्मला को समाचारपत्र में छपे समाचार की सचाई का पता चल गया। स्कूल-इंस्पेक्ट्रेस के रूप में लावण्य का वाकई इस क्षेत्र में स्थानान्तरण हो गया था।

आज कचहरी से जल्दी लौटे हरीश ने अपनी छोटी बहिन उमा से कहा कि उसे एक आवश्यक काम से आज रात की गाड़ी से कलकत्ता जाना है, वहाँ दो-चार दिन रहना पड़ सकता है, अतः तुम नौकर से मेरे कपड़े, बिस्तर आदि सब ठीक से बँधवाकर तैयार रखना।

पन्द्रह दिनों से पति-पत्नी एक-दूसरे से नहीं बोलते थे। रेलवेस्टेशन दूर होने के कारण हरीश को आठ बजे से पहले ही घर से निकल जाना था। वह अपनी

हैण्डबैग में मुकदमें के जरूरी कागजात रख ही रहा था कि निर्मला कमरे में आ पहुँची।

हरीश ने उसकी ओर देखा, किन्तु वह चुप रहा। निर्मला बोली, "क्या आप कलकत्ता जा रहे हैं?"

हरीश के 'हाँ' कहने पर निर्मला ने पूछा, "क्यों?"

"क्यों का क्या मतलब? मुवक्किल का मुकदमा हाईकोर्ट में डालना है।"

"ठीक है, मैं भी आपके साथ चलती हूँ।"

"तुम्हें मैं कहाँ ठहराऊँगा?"

"यदि आप किसी वृक्ष के नीचे भी ठहरा देंगे, तो भी मैं इनकार अथवा बहस नहीं करूँगी।"

निर्मला का कथन उसके सती-धर्म के सर्वथा अनुकूल था, किन्तु हरीश को लगा, माना उसे किसी बिच्छू ने काट खाया हो। वह बोला, "तुम तो रह लोगी, किन्तु मुझे तो अनुचित स्थान पर तुम्हें ठहराना उचित नहीं लगेगा। मुझे तो पेड़ के नीचे नहीं ठहरना, किसी मित्र के घर रुकना है।"

निर्मला बोली, "तब क्या सोचना? उनके यहाँ भी तो कोई स्त्री होगी, लड़का-लड़की होंगे, मुझे कोई कष्ट नहीं होगा।"

हरीश बोला, "मित्र की पूर्व स्वीकृति लिए बिना मैं तुम्हें ले जाना उचित नहीं समझता। यह मर्यादा के विरुद्ध होगा।"

निर्मला बोली, "आप मुझे अपने साथ नहीं ले जाएँगे, इस तथ्य को मैं पहले से ही जानती थी, क्योंकि मुझे साथ ले जाकर आपका लावण्य से मिलना नहीं हो सकेगा।"

हरीश उखड़ गया। वह क्रुद्ध स्वर में बोला, "तुम एकदम नीच, घटिया और मूर्ख स्त्री हो। भला, मैं उस विधवा के पास किसलिए जाऊँगा और वह मुझे क्यों बुलाएगी?" मेरे पास इस फुजूल काम के लिए समय ही कहाँ है? मुझे इतना अधिक काम निपटाना है कि सोचकर परेशान हो रहा हूँ।

"वह आपसे मिलेगी और अवश्य मिलेगी," कहती हुई निर्मला कमरे से बाहर चली गई।

तीन दिनों के बाद हरीश के कलकत्ता से लौट आने पर निर्मला ने पूछा, "आप तो वहाँ चार-पाँच दिन रुकने वाले थे, जल्दी कैसे लौट आए?"

"काम जल्दी निपट गया, तो जल्दी लौट आया।"

मुस्कराते हुए निर्मला बोली, "शायद आप लावण्य से मिल नहीं सके?"

"नहीं।"

सहज भाव से निर्मला बोली, "जब आप कलकत्ता गये ही थे, तो लावण्य से मिलने और उसकी खोज-खबर लेने में हर्ज ही क्या था? थोड़ा समय निकाल लेते, तो अच्छा होता।" कहकर वह चलती बनी।

एक महीने बाद एक दिन अदालत जाते समय हरीश ने उमा से कहा, ''बहिन, आज मुझे लौटने में रात हो जाएगी।''

उमा के 'क्यों भैया?' पूछने पर हरीश ने जान-बूझकर काफी ऊँची आवाज में कहा, ''सलाह-मशविरा करने के लिए योगीन बाबू के घर जाना है।''

लौटने में काफी देर हो गई। हरीश रात के बारह बजे घर लौटे। कपड़े उतारते समय उन्होंने निर्मला को शोफर से पूछते हुए सुना, ''अब्दुल, क्या योगीन बाबू की कोठी से लौट आए हो?''

अब्दुल बोला, ''नहीं मांजी, स्टेशन से लौटा हूँ।''

''क्यों, क्या किसी ने गाड़ी से आना था?''

''हाँ माँजी, कलकत्ता से एक माई जी और एक बच्चा आये हैं।''

''कलकत्ता से....'' हैरानी से निर्मला ने पूछा, ''तो क्या उन्हें डेरे पर छोड़कर आये हो?''

''हाँ'' कहकर अब्दुल गाड़ी को गैरेज में छोड़ आया।

सुनकर कमरे में खड़ा हरीश किंकर्तव्यविमूढ़-सा हो गया। उसके लिए यह सब अप्रत्याशित तो नहीं था, किन्तु उसने नौकर से झूठ बोलने को कहना उचित नहीं समझा था। इसका परिणाम यह निकला कि हरीश के सोने के कमरे में सारी रात पति-पत्नी में घमासान होता रहा।

दूसरे दिन बच्चे को लेकर हरीश के यहाँ आई लावण्य बोली, ''आपकी पत्नी से मेरा परिचय नहीं है, उनसे एक बार भेंट तो करा दीजिए।''

हरीश ने एक बार तो इस समय अत्यन्त व्यस्त होने का बहाना बनाने का विचार बनाया, परन्तु इससे छुटकारा न देखकर उसने दोनों को एक-दूसरे से मिला ही दिया।

निर्मला ने लावण्य और उसके दस वर्षीय लड़के का स्नेहपूर्वक स्वागत किया। लड़के को खाने के लिए कुछ देकर लावण्य को अपने पास बिठाया और पधारने के लिए उसके प्रति आभार प्रकट किया।

लावण्य ने कहा, ''हरीश ने बताया कि आप अनेक दिनों तक व्रत-उपवास करती हैं। इससे आपके शरीर को क्षति पहुँचती होगी। इस समय भी आप क्षीण लग रही हैं।''

हँसकर निर्मला बोली, ''इन्होंने झूठ-मूठ में ही यह सब कह दिया होगा, किन्तु यह सब इन्होंने आपसे कब कहा?''

समीप खड़े हरीश का चेहरा उतर गया। लावण्य बोली, ''इस बार कलकत्ता मिलने पर ही इन्होंने बताया था कि इनके मित्र कुशल बाबू के घर से मेरा घर इतना समीप है कि छत से आवाज देने पर सब सुनाई देता है।''

''तब तो बड़ी सुविधा रही होगी।''

हँसते हुए लावण्य बोली, ''किन्तु इससे ठीक बातचीत तो नहीं हो सकती।

अतः मैंने लड़के को भेजकर इन्हें अपने यहाँ बुला लिया था।''

निर्मला के 'अच्छा' कहने पर लावण्य बोली, ''आधुनिक और सुशिक्षित होने पर भी हरीश बाबू जात-पात में इतना गहरा विश्वास रखते हैं कि इन्हें दकियानूसी कहा जा सकता है। ब्राह्मी का छुआ न खाना तो ठीक था, मेरी बुआ का पकया खाना भी इन्हें स्वीकार नहीं था। इसीलिए इनके लिए मुझे अपने हाथ से राँधना-पकाना पड़ता था।'' इसके बाद मुस्कराती और हरीश की ओर देखती लावण्य बोली, ''अच्छा, इस तरह की छुआ छूत के मानने में क्या औचित्य है? एक तरह से तो मैं भी ब्राह्मसमाज से बाहर नहीं हूँ।''

हरीश का दिल बुरी तरह धड़कने लगा। वह रंगे हाथों पकड़ा जाने के कारण चिन्तित होकर सोचने लगा कि इतने दिन प्रभु-कृपा से ठीक-ठाक निकल गये, किन्तु अब न जाने मेरी कैसी दुर्गति होगी? वह यह देखकर चकित था कि आज निर्मला तनिक भी असामान्य नहीं हो सकती थी और उसने किसी प्रकार का कोई उपद्रव भी खड़ा नहीं किया था। लगता था कि लावण्यप्रभा की सत्यवादिता और निश्छलता ने इस महिला को भी सम्मोहित कर दिया था।

हरीश बाहर आकर काफी देर तक जड़ बनकर बैठा रहा। एक बार तो उसके मन में आया था कि वह लावण्यप्रभा को कलकत्ता में हुई अपनी भेंट की बात निर्मला को न बताने को कहे, किन्तु उस सुशिक्षिता महिला से इस प्रकार की छल-छन्द की बात कहना सर्वथा अशिष्ट तथा अनुपयुक्त लगा था, अतः वह चुप रह गया था।

लावण्यप्रभा के चले जाने के बाद आँधी की तरह कमरे में प्रविष्ट हुई निर्मला उत्तेजित स्वर में बोली, ''मुझे नहीं मालूम था कि तुम इतने झूठे और कपटी हो?''

हरीश भी क्रुद्ध स्वर में बोला, ''तुम्हारी ईर्ष्या और तुम्हारा अविश्वास ही इसके लिए उत्तरदायी है।''

पति के चेहरे की ओर देखते हुए निर्मला रो पड़ी। वह बिलखती हुई बोली, ''आप मुझे कितना भी क्यों न सता लो, मुझसे कितना भी छल-कपट क्यों न कर लो, मुझसे कितना भी झूठ क्यों न बोल लो, किन्तु यह मत भूलना कि यदि मैं सती माँ की सती बेटी हूँ, मन, वचन और कर्म से आपके प्रति पूर्णतः समर्पित हूँ, तो आपको एक दिन अपने किये पर पछताना पड़ेगा।'' यह कहते हुए वह जिस तेजी से आई थी, उसी तेजी से कमरे से बाहर निकल गई।

बोलचाल फिर से बन्द हो गई। हरीश का खाना-पीना और सोना नीचे के कमरे में होने लगा। हरीश पहले की तरह अदालत जाता है और खाली समय में कमरे में अकेला बैठा रहता है। अब वह क्लब भी नहीं जाता उसी तरफ लावण्य रहती है। उसे अपनी पतिव्रता पत्नी की दो आँखें हजार आँखें बनकर ताकती दिखती हैं। इस आशंका से दिन-प्रतिदिन हरीश सूखता और कमजोर होता जा रहा है। लगता है कि अपने शरीर और इस संसार से उसका मोह छूटने जा रहा है। स्नान के बाद दर्पण देखने पर हरीश को ऐसा महसूस होता है, मानो वह परलोक जाने की तैयारी

कर रहा है। समय काटने के लिए हरीश कालीसिंह के महाभारत से सती नारियों के आख्यान ढूँढ़-ढूँढ़कर पढ़ने लगा है। उन कहानियों से उसे विश्वास होने लगा है कि सती स्त्री के सतीत्व के बल-प्रताप से पापी का भी उद्धार हो जाता है और फिर दोनों पति-पत्नी सुदीर्घकाल तक भोग-सुख करते हुए जीते हैं। महाभारत में सुदीर्घकाल के लिए कल्प का प्रयोग किया गया था, जिसका सही अर्थ सतीश नहीं जानता था, किन्तु बीच-बीच में वह काल्पनिक जगत् से यथार्थ जगत् में भी लौट आता था। वह समझ नहीं पाता था कि जो प्रत्यक्ष है, वह सत्य है अथवा परोक्ष ही सत्य है। वह सोचने लगा कि यदि वह क्रिश्चियन होता तो अपनी पत्नी पर मुकदमा ठोककर उससे छुट्टी पा लेता। यदि वह कहीं मुसलमान होता, तो तीन बार तलाक-तलाक कहकर पिण्ड छुड़ा लिया होता, किन्तु हिन्दू और वह भी बंगाली होने के कारण उसके लिए पतिव्रता स्त्री के साथ जीवनपर्यन्त निर्वाह करने के सिवा कोई और चारा ही नहीं। अंगरेजी शिक्षा के प्रभाव से एक से अधिक विवाह करने का प्रचलन भी नहीं रहा, फिर असूर्यम्पश्या निर्मला-जैसी सती और पतिव्रता स्त्री—जिसके विरुद्ध शत्रु भी कुछ कहने का साहस नहीं जुटा पाते, झूठा आरोप लगाने से घबराते हैं—के रहते दूसरे विवाह के बारे में अथवा उसके परित्याग के बारे में भी सोचा तक नहीं जा सकता। आखिर उसे किस आधार पर छोड़ा जाए? ऐसी पतिव्रता को छोड़ने के कारण तो अपने को कलंकित करना होगा। उसके लिए हिन्दू समाज को अपना मुँह दिखाना कठिन हो जाएगा। सुनने वाले मुझ पर थूकेंगे और मुझे धिक्कारेंगे।

जब कभी हरीश इस प्रकार सोचने लगता, तो बाकी रात उसकी नींद हराम हो जाती। कुर्सी पर बैठकर उसे आँखें मूँदकर रात बितानी पड़ती। एक दिन अदालत के लिए घर से निकलते हरीश को नौकरानी ने एक चिट्ठी सौंप कर कहा, "उत्तर की प्रतीक्षा में पत्रवाहक बाहर खड़ा है।"

पत्र को खुला और लावण्य का लिखा देखकर हरीश ने पूछा, "मेरे इस पत्र को खोलने की धृष्टता किसने की है?"

नौकरानी ने उत्तर में बताया, "बहूजी ने।" हरीश ने पत्र पढ़ा; लावण्य ने हरीश की शिकायत की थी कि उस दिन आप देख गए थे कि मैं बीमार पड़ी हूँ, फिर भी, आपने यह जानने की चेष्टा नहीं की कि मैं जीवित हूँ या परलोक सिधार गई हूँ। लावण्य का हरीश से गिला अथवा उलाहना यह भी था कि उन्हें यह भली प्रकार मालूम है कि इस क्षेत्र में उनके सिवा उसकी किसी और से कोई जान-पहचान नहीं है। चलो, कोई बात नहीं, मैं मरी नहीं, बच गयी हूँ और इस पत्र को भी शिकायत के रूप में नहीं भेज रही हूँ। आज मेरे बेटे का जन्मदिन है, यदि अदालत से लौटते समय आशीर्वाद देने के लिए आप पधारने का कष्ट करेंगे, तो आपकी बड़ी कृपा होगी।

पत्र के अन्त में 'पुनश्च' के नीचे रात्रिभोज और गाने-बजाने के कार्यक्रम में भाग लेने का निमन्त्रण एवं अनुरोध भी था।

पत्र को पढ़कर वह कुछ देर के लिए हरीश विचार-मग्न हो गया। थोड़ी देर में मुँह उठाकर उसने देखा कि अपनी मुस्कान को छिपाने के लिए नौकर ने सिर झुका लिया है, जिसका अर्थ था कि नौकर-नौकरानियों की दृष्टि में भी वह उपहास का पात्र बन गया था। इससे उसके भीतर क्रोध की ज्वाला धधकने लगी और वह इस निर्णय पर पहुँचा कि जितना मैं सहन करता जाता हूँ, उतना ही निर्मला का अत्याचार बढ़ता जाता है। अब मुझे इस सम्बन्ध में अन्तिम निर्णय लेना ही होगा। आखिर कब तक मैं चुपचाप यह सब सहता रहूँगा।

हरीश ने नौकरानी से पूछा, ''पत्र कौन लाया है?''

नौकरानी बोली, ''उनके घर की दासी लाई है।''

हरीश ने नौकरानी से कहा, ''पत्रवाहिका को अपने मालिकन को यह बताने को कह दो कि अदालत से निबटकर, मैं उपस्थित हो जाऊँगा।''

यह कहकर हरीश गर्व से सिर ऊपर उठाये मोटर में सवार हो गया।

उस रात हरीश काफी देर में लौटा। घर में घुसते ही उसने पत्थर की मूर्ति की तरह जड़ बनकर कमरे में खड़ी अपनी पत्नी को देखा।

6

डॉक्टरां के चले जाने के थोड़ी देर बाद पारिवारिक चिकित्सक वृद्ध ज्ञान बाबू बोले, ''अफीम निकाल लिए जाने से अब बहू के जीवन को कोई खतरा नहीं है।''

हरीश की प्रतिक्रिया पर ध्यान न देते हुए वृद्ध चिकित्सक ने कहा, ''जो होना था, वह हो गया, उसकी चर्चा करना व्यर्थ है। अब दो-एक दिन आत्मीयता एवं सहानुभूति व्यवहार करने से रुग्णा बहूरानी स्वस्थ एवं सामान्य हो जाएगी।''

''ठीक है,'' कहकर हरीश सतर्क होकर बैठ गया।

बार-रूम की लायब्रेरी में उस दिन हरीश और निर्मला चर्चा का विषय बने हुए थे। भक्त वीरेन अपने गुरुदेव के वचन को उद्धृत करते हुए बोले, ''पुरुष का कभी विश्वास करना ही नहीं चाहिए। जब मैंने हरीश के गुसाईचरण की विधवा के साथ सम्बन्ध की आशंका प्रकट की थी तो सभी लोग एक साथ विरोध में उठ खड़े हुए थे। उस समय आप लोगों का मानना था कि हरीश ऐसा कर ही नहीं सकता। अब तो दूसरा मामला भी सामने आ गया है। वस्तुतः, गुरुदेव की कृपा से मुझे दिव्य दृष्टि मिली हुई है, इसलिए मैं दूसरों के ऐसे गुप्त रहस्यों को भी जान लेता हूँ, जिनकी स्वप्न में भी कल्पना नहीं की जा सकती।

ब्रजेन्द्र बोला, ''निर्मला-जैसी सती-साध्वी पत्नी को धोखा देने वाले हरीश को नीच और अभागा ही कहना होगा।''

हुक्का हाथ में थामकर ऊँघते तारिणी चटर्जी सावधान होकर बोले, ''यही सत्य है। इधर देखो न, मैं बूढ़ा हो गया हूँ, किन्तु मेरे चरित्र में कहीं लेशमात्र भी खोट

नहीं आया, फिर भी, मेरे भाग्य में सात-सात लड़कियाँ लिखी थीं, जिनका विवाह करते-करते मैं गंजा हो गया हूँ।''

योगीन बाबू बोले, ''मैं तो लावण्यप्रभा को आदर्श एवं कर्तव्यपरायण महिला मानता हूँ और चाहता हूँ कि सरकार उसे पुरस्कृत करे।

भक्त वीरेन बोला, ''मैं आपके विचार का अनुमोदन करता हूँ।''

एक दिन में सारे क्षेत्र में हरीश के चरित्र पर छींटे कसे जाने लगे और मित्रों के द्वारा यह तथ्य हरीश को भी ज्ञात हो गया।

उमा रोती हुई हरीश के पास आकर बोली, ''भैया, तुम दूसरा विवाह क्यों नहीं कर लेते?''

हरीश ने कहा, ''बहिन, कहीं तुम पागल तो नहीं हो गयी हो?''

''इसमें पागल होने की क्या बात है? क्या हमारे यहाँ पुरुष दो-तीन विवाह करते नहीं थे?''

''तब हम लोग असंस्कत थे।''

''मैं नहीं मानती। तुम्हारे दुख को और कोई जाने अथवा न जाने, किन्तु मैं भली प्रकार समझती हूँ। तुम यह सारा जीवन अकेले कैसे जी सकोगे?''

हरीश बोला, ''पुरुषों के लिए जिस प्रकार पुनर्विवाह की छूट है, स्त्रियों के लिए वैसी व्यवस्था क्यों नहीं है? यदि तुम्हारी भाभी को दूसरा विवाह करने का अधि ाकार मिला होता, तो मैं भी शायद इस बारे में सोचता।''

सुनकर नाराज हुई उमा यह कहकर चलती बनी, ''भैया, तुम भी कैसी अनहोनी बात करते हो?'' उसके बाद हरीश अकेला बैठा रहा और काफी देर तक सोचने के बाद वह इस निष्कर्ष पर पहुँचा—जीवन में दुख भोगने के सिवा कोई दूसरा रास्ता नहीं है।

सन्ध्या के धुँधलके में हरीश ने अपनी बैक में आई वैष्णवियों की कीर्तन मंडली को 'दूतीविलाप' गाते हुए सुना। मथुरा से आई दूती रो-रोकर ब्रजेश्वर की निष्ठुरता और हृदयहीनता की करुण गाथा गा रही है। दूती ने ब्रजनाथ का पक्ष किस प्रकार प्रस्तुत किया, इसका तो हरीश को कुछ ज्ञान न रहा, किन्तु वह अपनी ओर से उनके पक्ष में तर्क-पर-तर्क प्रस्तुत करने लगा। उसका मानना था, नारी का एकनिष्ठ प्रेम निस्सन्देह पुरुष के लिए अमूल्य थाती है, किन्तु पुरुष को जीवन में और भी तो कितने झंझट निबटाने पड़ते हैं कंस-वध जैसे कितने कठिन काम श्रीकृष्ण को भी करने पड़े थे। यदि इस बटाने को न भी माना जाए, तो सम्भव है कि राधाजी का प्रेम गोपियों के लिए प्रेम से कहीं अधिक गहरा हो, जिसके कारण श्रीकृष्ण वहाँ रुक गए हों। हरीश सोचने लगा, ''जो भी हो, उन दिनों मथुरा में छिपना तो सम्भव था, किन्तु आज तो पुरुष के लिए न कहीं छिपना सम्भव है और न कहीं किसी को मुँह दिखाना सम्भव है। क्या ब्रजनाथ कभी मेरी दीन-हीन दशा पर दया करके मुझे अपने चरणों में स्थान देने की कृपा करेंगे?''

18. सतीत्व और नारीत्व

मेदिनीपुर शहर में सार्वजनिक पुस्तकालय का उद्घाटन था। सम्मेलन समाप्त हो जाने के पश्चात् साहित्य-गोष्ठी प्रारम्भ हुई। बात चल रही थी शरत्-साहित्य के सम्बन्ध में।

एक ने पूछा—"अच्छा शरत् भैया! आप सतीत्व और नारीत्व को अलग-अलग रूप में क्यों देखते हैं?"

शरतचन्द्र ने कहा—"आपके इस प्रश्न का उत्तर देने के लिए मुझे एक कहानी सुनानी पड़ेगी। लीजिये सुनिए—

हमारे गाँव में एक बाल विधवा रहती थीं। गाँव के नाते उन्हें हम 'दीदी' कहते थे। विवाह के कुछ दिनों बाद उनके पति की मृत्यु हो गयी। विधवा-रूप में वे अपने पीहर वापस चली आयीं। घर में अन्य कोई भाई-बहन नहीं थे। सिर्फ माँ और बाप थे। दीदी के विधवा होने के दो साल के भीतर ही उनके पिता जी चल बसे। इसके बाद जब दीदी की उम्र तीस-बत्तीस के लगभग थी उस समय उनकी माँ भी मर गयी। इसके बाद वे बिलकुल एकाकी जीवन व्यतीत करने लगीं।

घर के नाम पर एक झोंपड़ी थीं। उसके चारों तरफ मिट्टी की ऊँची चार दीवारी आने-जाने के लिए आँगन के पास एक दरवाजा था। शाम होते ही दीदी का दरवाजा बन्द हो जाता था।

गाँव में शायद ही ऐसा मकान रहा होगा, जहाँ दीदी की कद्र न होती हो। उसका मुख्य कारण था-दीदी की सेवा-सत्कार की भावना, लोगों के दुःख सुख में काम आना-यहाँ तक कि वे हर किसी की हर तरह की सेवा जी-जान लगा कर करती थीं। कभी किसी के यहाँ कोई काम-काज पड़ता था तो उनकी तरह दिन-रात मेहनत से खटकर काम करने वाला कोई दिखायी नहीं देता था। गाँव में कोई भी घर ऐसा नहीं था जिसने किसी-न-किसी मौके पर उनकी सहायता न ली हो।

उन दिनों मैं बहुत छोटा था। शैतानी करना ही जीवन का एकमात्र ध्येय था। एक दिन अचानक मेरे मन में यह विचार उत्पन्न हुआ कि दीदी को डराना चाहिए। घर में वे अकेली रहती हैं-मौका भी अच्छा था।

इधर सोचा, उधर तय कर लिया कि आज रात को ही यह काम करूँगा!

काम यह था-दीदी के मकान के पास ही एक बड़ा जामुन का पेड़ है। शाम के बाद अंधियारे में उस पर चुपचाप चढ़ जाऊँगा और भूत की तरह आवाज करके ऐसा डरा दूँगा कि वे जीवन भर इस घटना को नहीं भूल सकेंगी।

ठीक समय पर पेड़ पर चढ़ गया। पेड़ पर से उनके घर के भीतर का सारा दृश्य स्पष्ट दिखाई दे रहा था। अवसर देखकर नकनकाकर मैंने कहा—''दीं-दीं-दीं-दीं।'' आवाज लगाते ही देखा-एक आदमी खाट पर से उतरकर नीचे जा छिपा!

यह दृश्य देखने के बाद दीदी के सम्बन्ध में मेरे मन में क्या धारणा हुई, सोचिये।

मान लिया सतीत्व के नाम पर दीदी में कुछ नहीं था; लेकिन इसका अर्थ तो यह नहीं कि उनमें नारीत्व का भी अभाव था? लोगों के रोग-शोक में सेवा कर प्रत्येक व्यक्ति के दुःख-सुख और गाढ़े समय मे काम आकर उन्होंने जो अपनी महत्ता का परिचय दिया था, उसे मैं देखता आया हूँ। उसका स्वतन्त्र रूप में क्या कोई मूल्य नहीं था? नारी का शरीर ही सब कुछ है? उसके अन्तर की कोई कीमत नहीं? क्या हमारे निकट वे किसी प्रकार की श्रद्धा नहीं पा सकती? मनुष्य का वास्तविक रूप हमें कहाँ मिलता है? उसके देह के आवरण से अथवा उसके अन्तर में आचरण से-बताइये?

''इसलिए मैं सतीत्व और नारीत्व को एक-दूसरे से पृथक मानता हूँ!''

१९. मृत्यु के पश्चात्

एक रोज शाम की बात है; बालीगंज वाले मकान में शरत्चन्द्र अमल्यचरण; विद्याभूषण और नरेन्द्रनाथ बसु बैठे थे। प्रेततत्त्व के बारे में चर्चा हो रही थी।

बातचीत के सिलसिले में शरत्चन्द्र ने कहा–"सुना है; आदमी मर जाने के बाद दिखाई देता है; यह कैसे होता है–समझ में नहीं आता।"

विद्याभूषण ने कहा "मेरे जीवन में एक ऐसी घटना हुई थी। काफी दिन पहले एक मरे हुए गुरुजन के एक बार मैंने देखा था। यहाँ तक कि उन्होंने मुझे कुछ निर्देश भी दिया था। जिसके अनुसार कार्य करने पर मुझे लाभ हुआ था।"

शरत्चन्द्रजी ने कहा–"मेरे निजी जीवन में ऐसी कोई घटना नहीं हुई। मेरे मामा के यहाँ इस प्रकार की घटना हुई थी। उक्त घटना की सारी बातें पिताजी तथा अन्य परिचितों की जुबानी सुनी है। कहिए तो उसे सुना दूँ।"

लोगों ने कहानी सुनने के लालच में इस प्रस्ताव को स्वीकार किया। शरत्बाबू ने कहा–"भागलपुर में मेरे मामा का दो मंजिला पक्का मकान है। उसके पीछे एक मंजिल वाला कच्चा मकान भी था। इस कच्चे मकान में, नीचे वाले तल्ले में तीन कमरे थे और ऊपर सिर्फ एक बड़ा-सा कमरा था। लोग नीचे वाले कमरों में ही रहते थे। ऊपर वाले कमरे को गोदाम घर बना रखा था। उक्त कमरे में पुरवा, पत्तल, हड़िया, और अल्लम-गल्लम सारा सामान रखा जाता था। इस कमरे में एक कमसिन उम्र की लड़की गले में फंदा डालकर मर गई थी, इसलिए लोग इस कमरे को प्रयोग में नहीं लाते थे।

"मामा के यहाँ जगद्धात्री पूजा काफी धूम-धाम से मनायी जाती है। इस अवसर पर सभी आत्मीय-स्वजन एकत्रित हो जाते थे। एक बार पूजा के अवसर पर इतने लोग आए कि सोने के जगह की कमी पड़ गई। जगद्धात्री-पूजा अगहन के महीने में अर्थात् जाड़े के शुरुआत में होती है, इसलिए बाहर आँगन या मैदान में सोते नहीं बनता। पिताजी और छोटे नाना अर्थात् मेरी माँ के छोटे चाचा जो हम उम्र थे, यह तय किया कि हम दोनों कच्चे मकान के ऊपर वाले कमरे में ही सोएँगे। उक्त कमरे का सारा सामान हटाकर सफाई कर दी गई। दो खाट बिछायी गयीं। रात को भोजन के पश्चात् दोनों व्यक्ति उस कमरे में सो गये।"

लगभग रात एक बजे की बात है अचानक पिताजी चीत्कार कर उठे "अरे बाप रे, वहाँ कौन है? कौन है?"

चीख सुनकर छोटे नाना की आँख खुल गयी। वे घबराकर उठ बैठे। घर के

लोग दौड़े हुए आये। उत्तर में पिताजी ने कहा "खिड़की के उस पार पता नहीं कौन खड़ा था। लम्बे-चौड़े देह वाला, गले में जनेऊ, रुद्राक्ष की माला पहने और सिर पर बड़ी-सी चोटी रखे हुए था। उस शक्ल को देखते ही मैं डर गया।"

पिताजी की बातें सुनकर सभी हँस पड़े।

किसी ने कहा "लगता है आपने कोई सपना देखा है। अगर जनानी शक्ल देखते तो कोई बात थी।"

पिताजी उस घर के दामाद थे। यह बात सुनकर वे झेंप गए। सोचा-शायद इन लोगों का कहना ठीक है।

दूसरे दिन पुनः छोटे नाना पिताजी उस कमरे में जाकर सो गये। पिछली रात को डरावनी शक्ल देखने के कारण पिताजी अच्छी तरह सो नहीं पाये थे, इसलिए वे बिछावन पर लेटते ही गहरी नींद में सो गये। उस रात को एक विकट चीख सुनाई दी थी। लेकिन इस बार पिताजी की नहीं, बल्कि छोटे नाना जी की थी। पिताजी की आँखें खुल गयीं। घर के लोग कल ही की तरह दौड़े हुए आए। छोटे नानाजी पसीने से तरे हो गये थे। पूछने पर उन्होंने बताया—"पता नहीं कौन खिड़की के पास खड़ा होकर स्थिर दृष्टि उसी रंग-रूप का ही वह व्यक्ति था।"

छोटे नाना की भी बात पर किसी ने विश्वास नहीं किया। लोगों ने कहा "कुछ नहीं था। साहब! कल बबुआ की जुबानी सुनी बातें तुम्हारे मन के भीतर बैठी है। उसी का सपना देखा होगा।"

छोटे नाना ने कहा—"आप लोग जो कहें, लेकिन मैंने उसे स्पष्ट रूप से देखा है। खैर, चाहे स्पष्ट रूप से देखा हो या सपना, पर अब हम इस कमरे में नहीं सोयेंगे।

हमारे नाना सम्पन्न व्यक्ति थे। अक्सर उनके यहाँ अतिथि, आत्मीय-स्वजन आते-जाते थे। पहले के लोग अतिथि-सत्कार में बड़े प्रवीण होते थे। जिस घटना को मैंने सुनाया, उसकी एक कहानी है। घटना के 12-14 वर्ष पूर्व की बात है—एक दिन एक ब्राह्मण महादेव हमारे नाना जी के यहाँ आये। इसके बाद कहीं वे नहीं गये। हमेशा के लिए वहीं वह रह गये। लोग उन्हें पंडित जी के नाम से बुलाया करते थे। पंडित जी बड़े निष्ठावान ब्राह्मण थे। दिन-रात पूजा-अर्चना में लगे रहते थे।

पिताजी और छोटे नाना जी की जुबानी रात की घटना सुनकर उन्होंने कहा—"आज रात को मैं उस कमरे में सोऊँगा। दिन में तुलसी और धूना दे दिया जायेगा। रात को सिंहासन समेत नारायण को ले जाकर बैठा दूँगा, फिर देखूँगा क्या होता है?"

पंडित जी अपनी रुचि के अनुसार शान्ति-स्वस्तिवाचन करने के पश्चात् उस कमरे में जाकर, अकेले सो गये। लेकिन उस रात दो बजे के करीब जो घटना हुई, वह पहले से कहीं भयानक थी। डरावनी आवाज में चीत्कार करते हुए पंडित जी बेहोश हो गये थे। कमरा भीतर से बंद था। उन दिनों दरवाजों में कब्जा नहीं लगाया

जाता था, बल्कि अगला से बन्द किया जाता था। बाहर से काफी प्रयत्न करने के बाद किसी तरह दरवाजा खुला। मुँह पर पानी के छींटे देने तथा हवा करने के पश्चात् कहीं से होश में आये।

सभी उद्विग्न होकर पूछ बैठे—"क्या हुआ पंडित जी?"

उन्होंने सिर्फ इतना ही कहा, "मुझसे कुछ न पूछा जाए। मैं कुछ नहीं बता सकूँगा।"

दूसरे दिन पंडित जी को बुखार आ गया। काफी तेज बुखार होने के कारण जब डॉक्टर को बुलाया गया। कुछ दिनों तक इलाज चलता रहा, पर बुखार उतरने का नाम नहीं ले रहा था। 12-13 दिन बाद एक दिन उन्होंने मेरे नाना जी को बुलाकर कहा "इस बुखार से मुझे मुक्ति नहीं मिल सकती। मेरी मिट्टी काशी के मणिकर्णिक घाट पर जलाई जा सके, इसके लिए उचित व्यवस्था कर दें तो बड़ी कृपा होगी।"

अब सवाल यह उठा कि पंडित जी को लेकर बनारस कौन जाए? यह पहले बता चुका हूँ कि छोटे नाना जी और पिताजी हम उम्र थे। इन दोनों में काफी घुटती थी। वे ही पंडित जी को बनारस ले जाने को तैयारी हो गये। 2-3 दिन बाद एक नौकर लेकर पंडित जी के साथ ये लोग रवाना हो गये।

बनारस में पंडित जी को एक तिमंजिले मकान में रखा गया था। छोटे नाा जी और पिताजी उसी कमरे में रहते थे। इस तरह कई दिन बीत गये। पंडित जी का स्वास्थ्य दिन पर दिन खराब होता गया। तीन दिन तक उनकी साँस की गति कुछ विचित्र सी रही।

एक दिन आधीरात के समय छोटे नाना ने देखा-खिड़की के बाहर से एक व्यक्ति भीतर की ओर झाँक रहा है। छोटे नाना जाग रहे थे, पर पिताजी सो गये थे। कौन है? कौन है? की आवाज सुनते ही पिताजी जाग उठे। जागकर पिताजी ने भी स्पष्ट रूप से देखा-कोई मूर्ति बाहर से भीतर की ओर झाँक रही है। उसकी आँखें पंडित जी की ओर थीं।

पिताजी झटपट बाहर आए तो देखा-कोई नहीं था। वापस लौटते हुए पिताजी ने कहा "चाचाजी, यह शक्ल कुछ पहचानी-सी मालूम पड़ रही है।

छोटे नाना ने कहा—"ठीक कह रहे हो, मैं भी यही सोच रहा था।" दूसरे दिन पंडित जी की मृत्यु हो गयी।

बनारस में कुछ ब्राह्मण हैं, जिनका शवदाह करना पेशा है। इन्हें 'मड़ा फेला बामुन' कहा जाता है। समाचार पाते ही छः—सात व्यक्ति आये। इनमें से एक ने कहा "पंडित जी आप लोगों के रिश्तेदार नहीं हैं, यह तो आपने बताया, इसलिए मेरी राय यह है कि मुझे मुखाग्नि करने की आज्ञा दें। मैं सद् ब्राह्मण हूँ। मैं यह सत्कार्य करूँगा।"

पिताजी तथा छोटे नाना ने सोचा--बात ठीक है। हम क्यों मुखाग्नि करने जाएँ। वे लोग राजी हो गये। कहा ''ठीक है, आप ही मुखाग्नि करिये। हमें कोई आपत्ति नहीं है।''

उस व्यक्ति ने बड़े आग्रह के साथ मुखाग्नि-संस्कार किया। सिर्फ यही नहीं, श्मशान के अन्य कार्य भी तड़ित गति से करता रहा। काम-काज में वह जितना चतुर था, उतना ही देखने में बलिष्ठ और सुन्दर भी। इधर पिताजी और नाना मन-ही-मन सोच रहे थे कि इस व्यक्ति को कहीं देखा है। शक्ल कुछ पहचानी-सी मालमू पड़ रही है। लेकिन कब-कहाँ देखा है, स्मरण नहीं कर पा रहे थे। इसलिए दोनों चुप थे।

शाम के समय लोग वापस लौटने लगे। जो लोग श्मशान गये थे, उन सभी को जलपान के लिए प्रत्येक को 8-8 आने पैसे दिये गये। सिर्फ एक व्यक्ति जिसने मुखाग्नि किया था, वह दिखाई नहीं दे रहा था।

छोटे नाना ने पूछा ''आप लोगों का एक साथी कहाँ चला गया? उसे नहीं देख रहा हूँ।''

उन लोगों ने कहा--''वे तो आपके आदमी थे--हमारे नहीं। इसके पहले उन्हें हम लोगों ने कभी नहीं देखा था।''

पिताजी तथा छोटे नाना इस उत्तर को सुनकर चुप रह गये। इन लोगों के जाने के बाद पिताजी ने नाना जी से कहा ''छोटे चाचा, एक बात कहूँ? हम लोगों ने गाँव में जिस व्यक्ति को देखा था, यह वही व्यक्ति था। क्यों, ठीक कह रहा हूँ न?''

छोटे नाना ने कहा ''हाँ, यह वही आदमी था। इसमें कोई सन्देह नहीं। वह जब मेरे पास मुखाग्नि का प्रस्ताव लेकर आया तभी से मैं यह सोच रहा था कि इस व्यक्ति को मैंने कहीं देखा है। कितनी विचित्र बात है। शवदाह कर गया, पर कुछ भाँपने नहीं दिया।''

गाँव वापस आकर उन लोगों ने यह बात सभी को सुनाई। सभी सुनकर चकित रह गये, पर रहस्य की गाँठ नहीं खुली।

पंडित जी का एक बक्सा घर में था। उसे खोलकर देखा गया। उसमें कई थान कपड़े, दान में प्राप्त सोने की नथिया, पाँच-छः अँगूठियाँ और कई चिट्ठियाँ थी। एक चिट्ठी में पंडित जी के घर का पता था।

नाना जी ने कहा--''पंडित जी के गाँव के पोस्टमास्टर को एक खत लिख दो कि वे कृपा करके उनके मृत्यु का समाचार रिश्तेदारों को बता दें। उनका कुछ निजी सामान है, जो यहाँ आयेगा उसे दे दिया जायेगा।''

पत्र लिखा गया। काफी दिनों पश्चात् एक प्रौढ़ विधवा एक दिन मामा के यहाँ आयी। उन्होंने अपना परिचय मृत पंडितजी के भाई की पुत्रवधू के रूप में दिया। साथ में अपने गाँव के कई व्यक्तियों की चिट्ठियाँ और यहाँ से भेजी गई पोस्टमास्टर

के नाम की चिट्ठी लेती आयी थीं।

उनसे पता चला कि पंडित जी गृहस्थी से विरतू होकर सन्यास ले चुके थे। उनकी पत्नी काफी दिन पहले मर गई थी। सिर्फ एक लड़का था। एक दिन पता नहीं किस बात को लेकर बाप-बेट में लड़ाई हुई। उसी दिन देखा गया कि बगीचे के आम के पेड़ से फंदा लगाकर लड़के ने आत्महत्या कर ली है। इसके बाद फिर पंडित जी वहाँ नहीं रह सके। अपना सारा सामान रिश्तेदारों को देकर सन्यासी बन गये और गाँव से चले आये।

पंडित जी के लड़के की आकृति काफी सुन्दर थी। काफी हष्ट-पुष्ट, लम्बा-चौड़ा, सिर पर बड़ी-सी चोटी रखता था। उन्हें एक शौक था ''सात-आठ दण्डी जनेऊ माँज-घसकर पहना करते थे। आकृति का वर्णन सुनकर पिताजी और छोटे नाना ने कहा ''हू-ब-हू मिल रहा है। हम लोगों ने जिसे देखा था। ठीक वही''

बाद में लोग यह समझ गये कि जिस व्यक्ति की आकृति देखकर पंडित जी बेहोश हो गये थे, वह उन्हीं का पुत्र था। इसलिए उसके सम्बन्ध में कुछ बताने से वे इन्कार कर गये। आत्मघाती पुत्र शायद अनुतृप्त होकर मृत्यु के पश्चात् पिताजी के साथ-साथ घूमता था। अन्त में एक मूर्ति धारण कर पुत्र का मुख्य कार्य, मुखाग्नि कर गया।

20. कामिनी

बहुत दिन पहले की बात है-कलकत्ता में 'कर मजुमदार' नामक एक पुस्तक-व्यवसाय-प्रतिष्ठान था। उक्त प्रतिष्ठान ने दीन बन्धु मित्र का 'नील दपर्ण' नाटक का राज संस्करण प्रकाशित करने के बाद यह निश्चय किया कि इस पुस्तक की भूमिका श्री शरतचन्द्र चटर्जी से लिखवायी जाए।

प्रकाशक की ओर से कवि सावित्री प्रसन्न चटर्जी, अध्यापक नरेन्द्र कुमार मजुमदार और शरच्चन्द्रजी के बाल्य-बन्धु विभूति भूषण, भट्ट तथा अतुल कृष्ण दत्त एक दिन उनसे मिलने के लिए आये। उस समय शरत् बाबू घर पर मौजूद नहीं थे। पड़ोस में कहीं मरीज देखने गये थे। कुछ देर बाद दवा का बक्स लिए हुए वे आये।

सावित्री ने बीच ही में बाधा देते हुए कहा—"हाँ, हाँ, उन्हें जानता हूँ। इनके कई लेखों को पढ़ा भी है। "जी, मैं 'उपासना' पत्र के कुछ हो न?"

सावित्री बाबू ने कहा, "जी, मैं 'उपासना' पत्र का सम्पादक हूँ।"

शरतचन्द्रजी ने कहा—"तुम्हारे प्रधान सम्पादक राधाकमल मुखर्जी ने अपने पत्र में मेरे 'चरित्रहीन' के सम्बन्ध में क्या अण्ड-बण्ड लिख मारा है? 'उपासना' पत्र के सम्पादन के अलावा भी वे कुछ और कार्य करते हैं?"

सावित्री बाबू ने जवाब दिया, "वे कॉलेज में अध्यापक है।"

"अध्यापक! कितनी उम्र होगी? शायद मुझसे अधिक न होगी। खैर, मान लिया होगी। लेकिन नारी-चरित्र के सम्बन्ध में उनकी अभिज्ञता कितनी है, जरा बताइये तो? मुझसे काफी कम है-यह बात मैं दावे के साथ कह सकता हूँ। रंगून में रहते हुए मैंने अनेक रोगियों की जीवन-कहानियों का संग्रह किया था! तभी मैं यह बात अच्छी तरह समझ गया था कि इन लोगों का जीवन कितना विचित्र और आश्चर्यमय है। कामिनी नामक एक महिला की कहानी अगर तुम सुनो तो स्वयं चकित रह जाओगे।'

"कांचड़पाड़ा के रेल कारखाने में शीतलचन्द्र नामक एक व्यक्ति लोहारी का काम करता था।" अचानक अच्छा काम पाकर वह रंगून चला आया। आते समय वह अकेला नहीं आया था बल्कि साथ में कामिनी नामक एक लड़की को भी बहका लाया था। उन दिनों कामिनी की उम्र 24-25 के लगभग थी। लेकिन उसका स्वास्थ्य देखने से लगता था जैसे जवानी की समस्त उत्ताल तरंगे उसके अंगों पर खेल रही हों।

शीतलचन्द्र का परिवार हमारे मेस के समीप वाली बस्ती में आकर बस गया।

रंगून के अनेक छोटे-बड़े बंगालियों से मेरा परिचय था। यह इसलिए नहीं कि मैं भी प्रवासी बंगाली था, बल्कि इसलिए कि मैं होमियोपैथ का डॉक्टर था। तुम लोग

जिन्हें छोटी जाति समझते हो-उनके बीच अच्छे डॉक्टर के रूप में मेरी ख्याति थी।

कुछ दिनों के बाद शीतलचन्द्र और कामिनी से मेरा परिचय हो गया। इनकी झोंपड़ी मेरे ऑफिस जाने वाले रास्ते के किनारे पर थी। नित्य उन्हें देखता था-बड़े प्रेम से वे अपनी गृहस्थी चला रहे थे। बल्कि मुझे यह पता चला था कि कामिनी के अनुरोध और उद्योग के कारण शीतलचन्द्र ने शराब पीनी भी छोड़ दी है।

एक दिन ऑफिस से लौटते वक्त देखा—कामिनी न जाने किसकी प्रतीक्षा में बाहर खड़ी है। मुझे पास आते देख, वह रो पड़ी—'' बाबू जी, हाय मैं तो लुट गयी। चार दिन हुए उन्हें माता (चेचक) निकली है। सोचा, अपने आप ठीक हो जाएगी, फिर आपको नाहक क्यों घसीटने जाऊँ। लेकिन कल रात से हालत काफ बिगड़ गयी है, सारे बदन में दाने निकल आये हैं। पहचाने तक नहीं जाते। दर्द से बैचेन हैं, मुझसे उनकी हालत देखते नहीं बन रही है। बड़ी कृपा होगी अगर आप कोई दवा दे दें।'' कहती हुई मेरे पाँव पर गिर पड़ी।

उससे अपने को छुड़ाते हुए मैंने कहा—''कामिनी तुम घर जाओ, मैं अभी आता हूँ।''

वापस जाकर शीतलचन्द्र की जो हालत मैंने देखी, वह वर्णनातीत है। एक-दो रोज के भीतर मनुष्य का चेहरा इतना विकृत रूप धारण कर सकता है, विश्वास नहीं था। वास्तव में उसे पहचानना मुश्किल हो गया था। दर्द से बेचैन होकर छटपटा रहा था वह। उसकी विकृत आकृति के पास अपना मुँह ले जाकर कामिनी ने कहा—''अजी, सुन रहे हो। बाबूजी आये हैं। अब डरने की कोई बात नहीं है। इनकी एक खुराक दवा खाते ही तुम बिलकुल अच्छे हो जाओगे।''

कामिनी मेरी दवाओं की प्रशंसा करने में व्यस्त रही, पर मैं क्या हूँ?—इसे मैं अच्छी तरह जानता था। मरीज ठीक हो जायेगा—इसका भरोसा मुझे नहीं था। फिर भी सोच-समझकर दवा दी। नित्य सुबह-शाम जाकर देख आता था। इसके बाद बड़े डॉक्टर को भी बुलाया गया; लेकिन शीतलचन्द्र को बचाया नहीं जा सका।

शीतलचन्द्र की मृत्यु हो गयी। कामिनी तो दुःख से व्याकुल हो उठी। आँसुओं का स्रोत बह रहा था। शीतलचन्द्र की बीमारी के समय उसे तीमारदारी करते मैंने देखा था। कितने लगन और परिश्रम से वह उसकी सेवा करती रही, जो किसी भी सती-साध्वी स्त्री से कम न थी।

शीतलचन्द्र की मृत्यु के दूसरे दिन ऑफिस से लौटते वक्त देखा, कामिनी की झोंपड़ी के दरवाजे पर ताला लटक रहा है। पता लगाने पर मालूम हुआ कि वह छोड़कर कहीं चली गयी है। कहाँ गई है? किसी को पता नहीं।

इस घटना के दो साल के पश्चात् मैं पुराने मेस को छोड़कर ऑफिस के पास एक मित्र के मेस में चला आया। जिस दिन मैं वहाँ पहुँचा उसीदिन की घटना है। मेस में सब ठीक-ठाक कर घूमने के लिए निकल पड़ा। जेब में चुरुट थी, लेकिन दियासिलाई नहीं थी। इसलिए दियासलाई खरीदने के लिए सड़क के उस ओर स्थित एक बनिये की दुकान पर चला गया। भीतर जाते ही मैंने देखा-शीतलचन्द्र की वही

कामिनी ग्राहकों को सामान तौल कर दे रही है, बदन पर काफी जेवरात हैं, ओठों पर मुस्कराहट और वही अटूट स्वास्थ्य था।

मुझे देखते ही वह झटपट आँचल को ठीक करती हुई खड़ी हो गयी। इसके बाद सीधे मेरे पैर के पास आकर प्रणाम किया, फिर हँसती हुई बोल उठी—"बाबूजी, मजे में है तो?"

मैंने पूछा—"सब ठीक है, तुम अपनी कहो! तुम्हारा क्या हालचाल है? मजे में हो तो? देखने में तो खुश नजर आती हो?"

कामिनी ने कहा—"आपके आशीर्वाद से मजे में हूँ बाबूजी।" इसके बाद वह शायद अपने पूर्व जीवन के बारे में कुछ सोचती हुई लज्जित-सी होती बोल उठी—"मौत के बुलावे को कौन टाल सकता है बाबूजी! आपने अपनी ओर से बचाने की कम कोशिश की थी?" उमड़ते हुए आँसुओं को वह पोंछने लगी।

कुछ देर बाद शान्त-स्वर में पुनः बोल उठी—"ये उनके ममेरे भाई हैं। काफी दिनों से रंगून में रहते हैं। दुःख-सुख में अक्सर हमारे यहाँ जाते थे। शायद आपने इन्हें देखा भी होगा। उनकी बीमारी के समय भी जाया करते थे। आज इनकी दया से पेट भर रही हूँ। दो छोटे-छोटे बच्चे हैं। बच्चों की माँ नहीं है, इसलिए इन बच्चों के प्रेम के कारण फिर से गृहस्थी बसा ली। वर्ना एक ही पेट तो भरना है, कहीं भी काम में लग जाती, गुजर हो जाती, लेकिन वह आदमी बड़ा हीरा है बाबूजी!—ठीक उन्हीं की तरह मुझे बहुत चाहते हैं।"

कहने का मतलब—उसकी सारी बातों से मैंने यही मतलब निकाला कि इस नये व्यक्ति से उसका प्रेम हो गया है, उसके साथ गृहस्थी बसा ली है। और फिलहाल बड़े चैन से रह रही है।

शीतलचन्द्र की बीमारी के समय इस व्यक्ति को आते-जाते देख चुका था। पूछा—'क्यों री कामिनी यह वही निवारण है न?" उसका नाम शायद निवारण ही था।"

अपने सिर के आँचल को आगे की ओर खींचती हुई, वह मुस्करा उठी—"हाँ बाबूजी, आपको तो सब कुछ याद है।"

शीतलचन्द्र की गृहस्थी में रहने वाली कामिनी को देखा था, वह वहाँ कितने आराम से थी, चेचक से पीड़ित शीतलचन्द्र की सेवा कितनी लगन से करती था—इसे भी देख चुका हूँ। अनाहार, अनिद्रा और चिन्ता से वह बिलकुल सूख गयी थी। फिर उसे निवारण की गृहस्थी में रहते भी देखा। अब वह शोकातुर कामिनी नहीं थी, बल्कि बसन्त की लावण्यमयी कली थी, जिसके अंग-अंग पर जवानी खिल रही थी।

मैंने यह भी देखा-कामिनी के जीवन में एक और जितना शीतलचन्द्र सत्य था, उतना ही निवारण भी सत्य रहा।

कांचड़पाड़ा स्थित अपने जिस पति को वह छोड़कर चली आयी थी-क्या वह उसे कम प्यार करती थी?

21. अगाध प्रेम

बालीगंज में कवि-दम्पति श्री नरेन्द्रदेव और राधारानी के यहाँ शरत् बाबू अक्सर चले जाया करते थे।

एक दिन एक स्त्रैण पुरुष की अगाध पत्नी-प्रेम की चर्चा चलते ही शरत् बाबू ने कहा—"चुप भी रहो। ऐसे प्रेम करने वालों को खूब देखा है। अगाध-प्रेम की एक दो नहीं, अनेक घटनाएँ देख चुका हूँ। प्रेम की गहराई कितनी दूर तक होती है, इसे नाप चुका हूँ। लगे हाथ एक अगाध-प्रेम करने वाले महापुरुष की कहानी सुनो—

"रंगून में मेरे एक गहरे दोस्त पड़ोस में रहते थे। हजरत शादी-शुदा थे और उनकी बीबी खूबसूरत थी। इसके अलावा यह जोड़ी कम उम्र भी थी, इसलिए उमंग की कमी नहीं थी। बड़े प्रेम से जीवन व्यतीत कर रहे थे। कोई किसी से अधिक देर तक अलग रहना पसन्द नहीं करता था, अर्थात् दोनों एक-दूसरे के अभिन्न-हृदय थे।

इस तरह कुछ दिनों तक चलता रहा। इसके बाद एक दिन मित्र की पत्नी बीमार पड़ी। बीमारी बढ़ती गयी। फलस्वरूप पत्नी की सेवा-शुश्रूषा के लिए मित्र को दफ्तर से छुट्टी लेनी पड़ी। पास-पड़ोस में कोई आत्मीय-स्वजन न रहने की वजह से सेवा का कुछ भार मुझ पर भी आ पड़ा। कई रातें तो मुझे उनके यहाँ बितानी पड़ी।

बड़े-बड़े डॉक्टर आये, वैद्य आये, किन्तु रोग अच्छा होने का नाम नहीं ले रहा था। क्रमशः अवस्था चिन्ताजनक होती गयी। मेरे मित्र इस बात को लेकर रोज मेरे पास रोया करते थे। एक दिन मेरे दोनों हाथों को अपने हाथ में ले बड़ी करुणा के साथ बोले—"भाई, चाहे जैसे हो, तुम उसे बचाओ। उससे अलग होकर मैं एक क्षण भी नहीं रह सकता। अगर वह मर गयी तो मेरी दुनिया चौपट हो जाएगी। अगर वह गयी तो मुझे भी जाना होगा, यह समझ लेना।"

इस तरह की बातें सुनने को मैं एक तरह से आदी हो गया था। मैं भरसक लच्छेदार बातों में उसे सान्त्वना दिया करता था। अचानक एक दिन ठीक रात ग्यारह बजे उसकी पत्नी चल बसी। मेरे सामने बड़ी समस्या खड़ी हो गयी। मैं अपने मित्र को नहीं सम्हाल पा रहा था। मृत पत्नी की लाश से लिपटकर वह बड़े आकुल स्वर में रोता रहा। एक तरह से पत्नी के शोक में पागल-सा हो गया था।

यह सब देखकर मैने सोचा—चाहे जैसे हो, यह लाश आज ही रात को यहाँ से हटा देनी चाहिए वर्ना इसे लाश से अलग करना मुश्किल हो जाएगा। यह रोना

कब तक जारी रहेगा, पता नहीं।

अपने मित्र को पास बुलाकर मैंने कहा–"देखो, कुछ देर के लिए मैं बाहर जा रहा हूँ। दाह-कार्य के लिए कुछ आदमियों की जरूरत पड़ती है, यह तो जानते हो, उन्हें बुलाकर थोड़ी देर में लौटता हूँ।"

इतना सुनते ही मित्र साहब सन्नाटे में आ गये। धीरे-धीरे उनके चेहरे की रंगत बदलने लगी। जिस आकृति पर अभी-अभी शौक के चिन्ह के अलावा और कुछ नहीं था, वहाँ भय ने आश्रय ले लिया। वह आकर मुझसे लिपट गया, फिर घिघियाकर बोल उठा "दोहाई है, भईया! तुम मुझे यहाँ अकेला छोड़कर मत जाओ, वरना मेरा हार्टफेल हो जाएगा।"

मुझे यह बात सहन नहीं हुई। मैंने डपटकर कहा "अभी तुम कह रहे थे कि तुम उस लाश से भी अलग होना नहीं चाहते। और उससे अलग होकर एक क्षण भी जीवित नहीं रह सकोगे। क्या यही तुम्हारा अगाध-प्रेम था जो कि क्षण-मात्र में सारा-का-सारा हवा में उड़ गया। अब मेरी अनुपस्थिति में अकेले इसकी लाश के पास बैठने में इतना डर लग रहा है? शरम नहीं आती?"

पर कौन किसकी सुनता है। व्याकुल भाव से उसने कहा–"ना, यह नहीं हो सकता। तुम मुझे अकेला छोड़कर कहीं नहीं जा सकते। अगर मेरे इस अनुरोध को अस्वीकार कर जबरन चले गये तो वापस आने पर तुम्हें मेरी लाश मिलेगी। मुमकिन है कि मैं बेहोश पड़ा रहूँ।"

कुछ देर चुप रहने के बाद शरत् बाबू ने कहा–"कहानी यहीं समाप्त नहीं हुई। अभी भी मुझे अच्छी तरह याद है। इस घटना के कई महीने के बाद डाक से एक रंगीन निमंत्रण-कार्ड मिला था जिसमें मित्र महोदय की नयी शादी का उल्लेख था। यही है- अगाध-प्रेम का प्रत्यक्ष उदाहरण।"

22. चप्पल की चोरी

कलकत्ता में यतीन रोड पर शिल्पी सतीश सिंह जी का घर है, जहाँ प्रत्येक रविवार को रसचक्र की गोष्ठी का आयोजन होता था। यह स्थान शरत् बाबू के घर के समीप होने के कारण वे अक्सर यहाँ की गोष्ठी में भाग लेने के लिए चले आते थे।

उस दिन रसचक्र का विशेष अधिवेशन था। आमोद-प्रमोद के अलावा जलपान का दिव्य प्रबन्ध किया गया था। रसचक्र के सदस्यों के अलावा बाहरी व्यक्तियों को बुलाया गया था। धीरे-धीरे भीड़ बढ़ गयी। शरत् बाबू काफी पहले आ गये थे। ठीक इसी समय रसचक्र के एक सदस्य नुटु बिहारी मुखर्जी आये।

बाहर जूता खोलते हुए उन्होंने कहा—"भाई, एक तो आप लोगों ने सड़क के किनारे वाले कमरे में गोष्ठी कर रहे हैं, दूसरे बाहर बरामदे में जूतों का अम्बार लगा हुआ है। यह ठीक नहीं है, क्योंकि सड़क पर से हर तरह के आदमी गुजर रहे हैं। पता नहीं, कब-कौन दो-चार जोड़ी जूता तिड़ी कर दे। कम-से-कम एक नौकर को यहाँ रखवाली के लिए बैठा दें।"

शरत् बाबू ने कहा—"मुरारी का कहना बिल्कुल ठीक है। वहाँ किसी नौकर को बैठा दीजिए।"

नुटु बिहारी ने चीखते हुए कहा, "शरत् भैया, फिर आपने मुझे मुरारी कहा। एक बार नहीं, हजार बार आपसे कह चुका हूँ कि मेरा नाम मुरारी नहीं है। लेकिन एक आप हैं जो मुझे जबरन मुरारी बनाये चले जा रहे हैं।"

"अच्छा मुरारी, सच बता, क्या तू मुरारी कहने से चिढ़ जाता है?"

"चिढ़ूँगा क्यों नहीं? मुरारी न होते हुए भी अगर मुरारी बना दिया जाऊँ तो क्यों नहीं चिढ़ूँगा? साहब, आप लोग बड़े आदमी ठहरे, आप लोगों का मतलब समझ नहीं पाता। एक तो चिड़ीमार की तरह मेरी शक्ल है, शायद का कोई नौकर या रसोइया आपके यहाँ रहता था, वह मर गया है और आप उसे भुला नहीं पा रहे हैं। नतीजा यह है कि उसके नाम का भूत मेरे सिर चढ़कर बोल रहा है।"

"नहीं भाई मुरारी। मैं तुझे अपने छोटे भाई की तरह प्यार करता हूँ। तू तो यह समझता ही नहीं। कृष्ण की तरह तेरा रंग है। उसके अलावा यह सलोनी सूरत, इसीलिए तुझे मुरारी कहता हूँ। आ, मेरे पास आकर बैठ।"

शरत् बाबू के पास बैठते हुए नुटु बिहारी ने पूछा—"सच कह रह हैं, शरत् भैया? या इसमें भी कोई राज है?"

“अरे, नहीं, नहीं।”

शरत् बाबू और नुटु बिहारी की बातें सुनकर उपस्थित लोग हँस पड़े। तभी नुटु बिहारी ने प्रस्ताव पेश किया—“शरत् भैया, सभा शुरू होने में काफी देर है, तब तक कोई कहानी सुनाइये।”

“कहानी? कैसी कहानी सुनाऊँ?--

“जो आपकी तबीयत हो।”

“खैर, आज तो यहाँ आते ही तूने जूतों के बारे में तूफान मचा दिया। एक बार इसी प्रकार मेरा खो गया था। उन दिनों मैं शिवपुर में रहता था। एक दिन मनमोहन थियेटर में सिनेमा देखने के लिए गया और वह भी इसलिए कि उक्त सिनेमा का मैनेजर आकर मुझे पकड़कर ले गया, क्योंकि मेरी पुस्तक ‘अन्धेरे में प्रकाश’ नामक फिल्माई गयी थी। बॉक्स में बिछौना बिछाया गया था। मैं उस पर आराम से पैर ऊपर उठाकर बैठ गया। जब सिनेमा समाप्त हुआ तब चलते समय देखा कि मेरे एक पाँव की चप्पल गायब है। अभी दो दिन पहले बड़े शौक से खरीदी थी और आज पहले पहनकर यहाँ आया था।

‘जूता नहीं मिल रहा है’ सुनकर सिनेमावालों ने भी आकर खोजने में मदद की। अन्त में सभी हताश हो गये। कहा—“यह तो बड़े आश्चर्य की बात हुई।”

बाद में सिनेमावालों ने कहा—“चलिये, बाजार से आपको नया जूता खरीद देंगे।”

मैंने कहा—“तुम लोग क्यों खरीद दोगे? अगर खरीदना होगा तो मैं स्वयं खरीद लूँगा।”

उन लोगों ने कहा—“जब आपकी चप्पल हमारे यहाँ से खो गयी है तब हमें ही खरीदनी चाहिए।”

मैंने कहा—“चोरी की चोर ने, इसमें आप लोग क्या कर सकते हैं। खैर, अब मैं चल रहा हूँ। हाँ, अपने साथ एक पैर का चप्पल जरूर ले जाना चाहूँगा।

मेरी बात सुनकर वे लोग चौंक उठे। बोले—“शरत् भैया, एक पैर का चप्पल ले जाकर आप क्या करेंगे? भला एक पैर का चप्पल किस काम आयेगा?”

मैंने कहा—“इसे तुम लोग नहीं समझोगे, भैया। मेरा एक चप्पल जो चोर ले गया है, वह यहीं-कहीं छिपा होगा। एक पैर के चप्पल से उसका काम नहीं चलेगा। असल में वह मेरे दोनों पैर के चप्पलों को गायब करने के चक्कर में था, पर जल्दीबाजी में ऐसा नहीं कर सका। लाचारी में एक पैर का ही ले भागा। शायद वह सोच रहा होगा कि एक पैर का तो मिल ही गया है, दूसरे पैर का भी मिल जाएगा, क्योंकि वे एक पैर का चप्पल ले जाकर क्या करेंगे। लेकिन मैं सेर पर सवा सेरे हूँ। एक पैर का वह ले गया है, ले जाने दो। मैं दूसरे पैर का ले जाऊँगा। यहाँ से मुझे शिवपुर तक जाना है, रास्ते में इसे गंगा में फेंक दूँगा। चोर को अपनी चोरी का मजा

मिल जाएगा। एक पैर का जूता लेकर वह भी क्या करेगा?''

मेरी बात सुनकर सभी लोग हँसने लगे, लेकिन मैं भी एक नम्बर का शरारती था। दूसरे पैर का चप्पल कागज में मोड़कर काँख के नीचे दबाकर चल पड़ा और रास्ते में गंगा नदी में फेंक दिया। दूसरे दिन क्या हुआ जानते हो? प्रातःक्रिया से निवृत्त होकर मैं बैठक में बैठा तमाखू पी रहा था। ठीक इसी समय एक आदमी ने आकर पूछा—''क्या यह मकान शरत् बाबू का है?''

मैंने कहा—''जी हाँ। लोग मुझे शरत्चन्द्र चटर्जी कहते हैं। कहिये, क्या बात है?''

यह सुनकर उस व्यक्ति ने मुझे नमस्कार किया और एक पत्र दिया। पत्र में सिनेमावालों ने लिखा था—

''शरत् भैया, हमारे यहाँ आपकी चप्पल चोरी हो जाने के बाद से हम लोगों का मन दुःखी हो गया। सच पूछिये तो कल रात को अच्छी तरह सो नहीं सके। इसलिए आज सुबह आकर सिनेमा हाल की अच्छी तरह तलाशी ली गयी। जिस बक्स के ऊपर आप बैठे थे उसे हटाकर देखा गया तो वहीं आपके दूसरे पैर की चप्पल मौजूद थी। कल रात को न जाने कैसे भीतर चली गयी थी। बहरहाल, हमें यह जानकर संतोष हुआ कि हमारे यहाँ से आपकी चोरी नहीं हुई थी। बहरहाल, हमें यह जानकर संतोष हुआ कि हमारे यहाँ से आपकी चोरी नहीं हुई थी। हम लोगों को इस बात से बहुतत प्रसन्नता हुई। मुझे विश्वास है कि अपने कथनानुसार दूसरे पैर की चप्पल गंगा में नहीं फेंकी होगी। इसलिए खोयी हुई चप्पल आपको पत्रवाहक के हाथ वापस भेज रहा हूँ।''

पत्र समाप्त करते ही आगन्तुक ने कागज में बँधी विश्वासघाती चप्पल मेरे सामने रख दी। बड़े शौक से खरीदी नोकदार चप्पल देखकर मन उदास हो गया। इसे बड़े शौक से खरीदा था। सहसा मन में विचार आया कि काश, उसे कल गंगा में न फेंका होता तो आज काम आता, पर यहाँ तो पासा पलट गया।

उस व्यक्ति से मैंने कहा, ''अब इसकी जरूरत नहीं है भाई। कल रात को वापस आते समय एक पैर का गंगा में फेंक आया हूँ। अब इसे लेकर क्या करूँगा? अच्छा होगा, तुम यहाँ से वापस जाते समय इसे भी गंगा में फेंक देना।''

23. विधवा विवाह

'बंगवाणी' में शरत् बाबू का 'पथेर दावी' का अन्तिम अध्याय सितम्बर 1926 में छप चुका था। इसे पुस्तक रूप देने के लिए शरत् बाबू सामताबेड़ से कलकत्ता आये। उन दिनों शरत बाबू का कलकत्ता में अपना निजी मकान नहीं था, इसलिए उमा प्रसाद मुखर्जी के यहाँ ठहरे। उमा प्रसाद ने ही पहली बार 'पथेर दावी' को प्रकाशित किया था।

दूसरे दिन सुबह बंगवाणी के प्रधान सचिव कुमुदचन्द्र राय चौधरी शरत् बाबू से मिलने के लिए आये। इनके बाद क्रमशः आगन्तुकों की संख्या बढ़ती गयी। बातचीत के सिलसिले में कुमुद बाबू ने कहा—''पथेरदावी के अन्तिम अध्याय को पढ़कर पाठक सन्तुष्ट नहीं हुए। उनका कहना है कि अपूर्व के साथ भारती का विवाह क्यों नहीं हुआ? आखिर शरत् बाबू ने ऐसा क्यों किया?''

कुछ देर तक शरत् बाबू चुपचाप बैठे रहे, फिर हँसते हुए बोले—''कुछ लोगों का ख्याल है कि मैं कंजरवेटिव हूँ, उनका यह ख्याल गलत भी नहीं है। मेरे भीतर यह ऐब कहीं छिपा हुआ है। शायद तुम्हें याद होगा कि अपूर्व ने अपनी माँ से एक जगह कहा है—''माँ, आज तो तुम इस लोक में हो, एक दिन तुम स्वर्गलोक में भी जाओगी, उस दिन तुम्हें इस अपूर्व का मोह त्याग देना पड़ेगा, इसे अच्छी तरह जानता हूँ। लेकिन यह सत्य है कि अगर तुम्हें एक दिन के लिए पहचान सका हूँ तो विश्वास रखो, इस लड़के के लिए वहाँ रहते हुए, तुम्हें रहते हुए, तुम्हें कभी आँसू नहीं बहाना पड़ेगा। अपूर्व की इस मातृ-भक्ति को मैंने कभी क्षीण होने नहीं दिया। इसी वजह से अपूर्व के साथ भारती का विवाह मेरे लिए सम्भव नहीं हो सका है।''

कुमुद बाबू ने पूछा, ''अपूर्व ने ऐसा कहा, इसलिए उसका विवाह नहीं हो सका? लेकिन यह बात समया लागू नहीं होती। आपकी भारती ने भी अपूर्व से कहा था—अगर उसकी माँ बर्मा से आएगी तो उनकी सारी देखभाल वह स्वयं करेगी। भारती के भीतर प्रवेश करने पर अगर वे चौका-चूल्हा बाहर फेंक देगी तो वह जबरदस्ती उनके चौके में जा घुसेगी। भारती की इस बात की पूर्ति आपने कहाँ की? अपूर्व की माँ जब बर्मा में आयीं तब भारती से उनकी मुलाकात तक नहीं करायी?''

शरत् बाबू ने कहा—''कुमुद, उन बातों में एक रहस्य है। अपूर्व की वह बातें तो उसके मज्जागत संस्कार है, सम्पूर्ण रूप से आन्तरिक। लेकिन भारती की बातें तो बात की बात है—परिचय का एक ढंग। इस बात के ऊपर इतना जोर नहीं दिया जा सकता। देखो, जब मैं संस्कार अथवा प्रथा के विरुद्ध जब कुछ लिखता हूँ तब

लिखने के लिए लिखता हूँ, यह बात नहीं है। हमारे संस्कार, आचार-विचार तो हमारे ऊपर नंगी तलवार की तरह खड़े रहते हैं। इसके विरुद्ध जब कुछ लिखता हूँ तो कुछ मतलब रखकर ही लिखता हूँ। लेकिन कर्म-क्षेत्र में जब उन बातों को देखता हूँ तब अन्तर से कंजरवेटिव सिर पर चढ़कर बोलने लगता है, उस समय मैं कमजोर हो जाता हूँ। उदाहरण के लिए जैसे विधवा विवाह। मेरा दृढ़ विश्वास है कि विधवाओं को पुनर्विवाह की आज्ञा न देना स्त्री जाति के विरुद्ध पुरुष-जाति का एक भयंकर अपराध है। संसार में होने वाले अनेक पापों का यही एक मूल कारण है। लेकिन जब इसी बात को लेकर अनुमति देने का उत्तरदायित्व मेरे ऊपर आता है तब मैं अपने अन्तर मन से अनुमति नहीं दे पाता। इस सम्बन्ध में बातचीत चलने पर मुझे अपने एक मित्र की कहानी याद आ जाती है। आज उसकी कहानी सुनाता हूँ–

''उन दिनों मैं बर्मा में नौकरी करता था। वहाँ एक गोवा निवासी मेरे मित्र रहते थे। विवाह के बाद ही बेचारा नौकरी की तलाश में बर्मा चला आया। इसके बाद एक अर्से तक वह वापस घर नहीं जा सका। एक दिन बातचीत के सिलसिले में यह पता लगा कि वह घर से पत्नी लाने के लिए रकम जुटा रहा है। अब तक दो सौ रुपए जुटा चुका है और तीन सौ रुपये जुटा लेने पर यह गोवा जाकर अपनी पत्नी को ले आयेगा।

इसके बाद एक दिन मुझसे मुलाकात होने पर उसने कहा–''चटर्जी, तुमसे एक बात कहनी है। अगर तुम तीन सौ रुपये उधार दे दो तो गोवा जाकर अपनी बीवी को ले आऊँ। तुम्हारे रुपये धीरे-धीरे चुका दूँगा।''

वह आदमी अच्छा था। मैने उसे रूपये दे दिये। वह छुट्टी लेकर गोवा गया टऔर बड़े उत्साह के साथ पत्नी को लेकर वापस आ गया। यहाँ आकर एक अच्छी बस्ती में एक फ्लैट किराये पर लेकर रहने लगा। उस फ्लैट का पूरा किराया कम वेतन पाने के कारण दे नहं पा रहा था, इसलिए उसने अपने एक मित्र लारेंस को आधा हिस्सा किराये पर दे दिया। लारेंस उसके परिवार में रहने लगा। अर्थात् खाना-पीना और रहना एक साथ हाने लगा। फ्लैट का किराया और अपने भाजन का आधा खर्च लारेंस देता रहा।

कुछ दिनों बाद मालूम हुआ कि मेरा वह मित्र तपेदिक का शिकार हो गया है। अक्सर उससे मिलने उकसे घर चला जाता था। तरह-तरह की बातें करता, उसे सांत्वना देता। क्योंकि यह बात मैं अच्छी तरह समझ गया कि इस रोग से छुटकारा पाना इसके लिए सम्भव नहीं है।

लेकिन उसकी जिन्दगी के दिन इतनी जल्दी समप्त हो जायेंगे, विश्वास नहीं था। मृत्यु के एक दिन पहले उसने मुझसे अचानाक कहा- ''चटर्जी, इस जीवन में मैं तुम्हारे कर्ज से मुक्त नहीं हो सका। दो हजार का बीमा है, पत्नी से कह दिया कि उन्हीं रूपयों से तुम्हारा कर्ज अदा कर दे।''

मैंने कहा-"क्या बेकार की बातें करते हो? यह सब सोचने की जरूरत नहीं है और नह इसके लिए चिंता करने की जरूरत है। मुझे उन रुपयों की कोई चिंता नहीं है। भगवान् नह करे, तुम्हारी पत्नी की किस्मत में ऐसी दुर्घटना हो तो वे रूपये उसके काम आयेंगे।"

मेरा मित्र कुछ देर तक अपलक दृष्टि से मुझे देखता रहा। उसकी आंखे भर आयीं। फिर उसने कहा-"चटर्जी, मेरी मृत्यु से उसका कुछ नहीं बिगड़ेगा। अगर मैं मर जाऊं तो उसे प्रसन्नता ही होगी। दूसरे दिन वह लारेंस से विवाह करेगी। वे दोनों निरंतर मेरी मृत्यु की कामना कर रहे हैं। विश्वास करो, आज जो मैं मृत्यु के द्वारा पर आकर खड़ा हुआ हूँ, उसका एक नात्र कारण मेरी पत्नी है। कम-से-कम इतना तो सत्य है कि उसने मेरी मौत को बुलावा दिया है। जिस दिन मैने उसे लारेंस के साथ व्यभिचार-रत देखा है, उसी दिन से उसका विश्वास करना छोड़ दिया है और यह समझ लिया है कि अब मैं बचूंगा नहीं। उकसे हाथ से दवा तक पीने की इच्दाा नहीं होती। पता नहीं, दवा देती है या उसके बदले और कुछ।"

इस आरोप पर मैं क्या कहता? इधर-उधर की बांतो से सांत्वाना देने लगा जो बेकार था। मेरे सामने ही अपने दुःख के कारण फफककर रो पड़ा। यह थी मरे गोवावासी मित्र की कहानी। अब एक दूसरी कहानी सुनो-

" वह लड़की दो बच्चों की मां थी। मेरे गांव में एक लड़की रहती थी। उसे हम गंगा की मां के नाम से जानते थे। पति और दो बच्चे मृत्युंजय और गंगा को लेकर बड़े सुख से गृहस्थी चला रही थी। उन दिनों मृत्युंजर की उम्र दस वर्ष की थी और गंगा उससे काफी छोटी थी। इसी तरह दिन गुजर रहे थे कि अचानक पति की मृत्यु हो गई। गंगा की मां को जैसे बर्दाशत नहीं हो रहा था। उसने तुरंत दूसरे खसम का पल्ला पकड़ लिया। गंगा तो अपनी मां के साथ चली गयी, पर मृत्युंजर को न जाने क्या हुआ कि वह अपनी मां के साथ नहीं गया। गंगा की मां मृत्युंजर को लेकर परेशान नहीं हुई। उसे वहीं छोड़कर अपने नये पति के साथ सहर्ष चली गयी। अब आप लोग मृत्युंजर की दुर्गति के बारे में कल्पना करें कि वह कैसे जीवित रहा?

"देखो जब इन सभी घटनाओं की याद आती है तब सोचता हूँ कि पहले हिन्दू- समाज में विधवा-विवाह की रीति नहीं थी, शायद वह हामरे लिए अच्छी नहीं थी। हिन्दू समाज में एक नारी के लिए एक पति को जो नियम बनाया गया था, उससे कम-से-कम पत्नी अपने पित की मृत्यु-कामना तो नहीं कर पाती। पति कि मृत्यु के पश्चात् बच्चों की झुंझटो कें बारे में भी सोच हनी पाती। रहा पाप का प्रश्न, वह तो विधवाओं के लिए भी है और साधवाओं के लिए भी, इसलिए मेरा कजंरवेटिव मन जब यह कहता है कि हिन्दुओं का प्राचीन नियम अच्छा था तब उसका समर्थन किये बिना मुझसे रहा नहीं जाता। लेकिन जब विधवा-विवाह के विरुद्ध भाषण सुनाता हूँ तब उसे भी स्वीकार करने की तबीयत नहीं होती, जैसे विधवा-विवाह पर

रोक लगाये का अधिकार पुरुषों को नहीं है।''

कुमुद बाबू ने कहा-''कुछ लोब विधवा-विवाह के मामले में उम्र का बंधन लागू करने के पक्ष में है।''

शरत् बाबू ने कहा-''इससे कुछ होता-हवाता नहीं। उम्र के बंधन से इस मामले में सीमा निर्देश नहीं किया जा सकता। इस विषय पर सोचने के लिए अनेक बातें हैं। जो लोग समाज-सुधारक हैं, उन्हें इस विषय पर चिन्ता करने दो। मुझे जो कुछ उन्हें बताना चाहिए, मेरे जीवन में जितनी घटनाएं हुई हैं, उन बातें की चर्चा मैं अपनी पुस्तकों में कर चुका हूँ नियम जारी करना उनका काम है। मैं सुधार के लिए प्रयत्न करूँ, ऐसी स्पर्द्धा नहीं कर सकता। फिर विध्वा-विवाह समाज के सभी क्षेत्रों में कल्याणकारी है-इसे मैं मानने को तैयार नहीं।''

24. पांचू की माँ

रसचक्र की गोष्ठी में शरत् बाबू अक्सर अपने जीवन की विचित्र घटनाएँ सुनाया करते थे। एक दिन उन्होंने निम्नलिखित बैठकी कहानी सुनायी–

रंगून से वापस आने के बाद मैं शिवपुर में रहने लगा। एक दिन सवेरे गुरुदेव रवीन्द्रनाथ ठाकुर के आदेशानुसार उनसे मिलने के लिए उनके जोड़ासांको वाले मकान में गया। काफी देर तक इधर-उधर की बातचीत करने के बाद मैं चलने के लिए उठ खड़ा हुआ। ठीक इसी समय ठाकुर-वंश के ही कोई सदस्य, इस समय उनका नाम भूल रहा हूँ फिर भी विश्वास है कि प्रमुख सदस्य ही थे, उस कमरे में आये।

कवि ने उनसे कहा–"जाओ, शरत् को सड़क तक छोड़ आओ।"

कवि के पास काफी देर बैठे रहना पड़ा, इसलिए चितपुर रोड़ के पास आकर सोचा-ट्राम या बस की सवारी न कर पैदल ही चला चलूँ। इससे हाथ-पैर की कसरत हो जायेगी।

जो सज्जन मुझे पहुँचाने आये थे, जब उन्हें यह मालूम हुआ कि मैं पैदल चलना चाहता हूँ तब उन्होंने कहा-चलिये, कुछ आगे तक आपको पहुँचा आऊँ।

बातचीत करते हुए हम कहाँ तक बढ़ आये, इसका ख्याल ही नहीं रहा। अचानक बगल की बस्ती पर नजर जाते ही परिचित-सी मालूम हुई। साथ ही नारी कंठस्वर सुनाई पड़ा–"दादा ठाकुर, दादा ठाकुर।"

पांचू की माँ जमीन पर सिर टेककर प्रणाम करती हुई बोली–"आज बड़े सौभाग्य से दादा के दर्शन हुए। आप भी खूब हैं बड़े दादा। हम लोगों को भुला बैठे हैं। भला बताइये तो यहाँ कितने दिनों से नहीं आये हैं। आज अब छुट्टी नहीं मिलेगी। अब मेरे साथ घर चलिये।"

पांचू की माँ से जान छुड़ाना कठिन होगा, जानकर अपने साथी से कहा–"अब आप लौट जाइये। मैं चला जाऊँगा।" फिर पाँचू की माँ से कहा–"तुम चलो, मैं आता हूँ।"

ठाकुर घराने के सदस्य महोदय तो मेरी बात सुनकर अवाक् रह गये। पांचू की माँ की बातचीत का ढंग और आचरण देखकर बोले–"शरत् बाबू, क्या ये लोग आपके परिचित हैं? क्या आप इनकी बस्ती में रहते थे?"

मैंने कहा–"क्या करूँ अब आप ही बताइये। इन लोगों से मेल-मिलाप बिना रखे काम नहीं चलता। इन्हीं लोगों को लेकर मेरा कारबार चलाता है। खैर, इन लोगों की बात छोड़िये, फिर किसी दिन सुनाऊँगा। अब आप जाइये। आज जब पकड़

लिया गया हूँ तब यहाँ खाये बिना छुट्टी नहीं मिलेगी।''

''आप इनके यहाँ भोजन करेंगे?''

''आज यह कोई नयी बात नहीं है, भाई साहब।''

इसके बाद वे वापस लौट गये और मैं पांचू की माँ के मकान की ओर चल पड़ा।

बस्ती के भीतर प्रवेश करते ही सब परिचित बालक-बालिकाओं ने—''दादा ठाकुर आये हैं—दादा ठाकुर आये हैं'—कहते हुए घेर लिया। सभी एक साथ एक स्वर से शिकायत करने लगे—क्यों मैं एक साल से यहाँ नहीं आ रहा हूँ। इन लोगों के यहाँ आना-जाना क्यों बन्द कर रखा है, इन लोगों को क्यों भुला दिया है, आदि।''

पांचू की माँ के यहाँ जाकर देखा—एक सात वर्ष का बालक विद्यासागर महाशय की पहली पोथी सामने रखे मुँह फुलाये बैठा है।

पांचू की आकृति का रंग रूप देखकर दया आ गयी। उसकी माँ को बुलाकर मैंने कहा—''पांचू की माँ, तुम्हारा लड़का मुँह क्यों फुलाये है? शायद पढ़ने को कहा है?''

पांचू की माँ ने कहा—''देखो न बड़े दादा, कब से कह रही हूँ कि कल जो कुछ स्कूल में पढ़ाया गया है, उसे याद कर ले। कम-से-कम स्कूल जाकर उसे अच्छी तरह सुना तो सकेगा। लेकिन कलमुँहा कुछ सुनना नहीं चाहता। यहाँ खजाना थोड़े ही रखा है कि मास्टर रखकर घर पर पढ़ाऊँ।''

मैंने कहा—''अच्छा, अच्छा। पहले तुम मेरे लिए एक चिलम तमाखू भर लाओ तब तक मैं तुम्हारे लड़के को पढ़ाता हूँ।'' कहने के पश्चात् मैं पांचू को पढ़ाने लगा।

चिलम तैयार कर मेरे हाथ में देती हुई पांचू की माँ बोली—''अब आप ही बताइये, बड़े दादा। इस शैतान को मैं कितना समझाती हूँ कि ज्यादा पढ़ चाहे न पढ़, कम-से-कम पहली-दूसरी पोथी तक पढ़ ले। आपकी चर्चा करती हूँ। कई बार समझाया कि हमारे दादा किताब लिखते हैं। तू मुँहजला और कुछ भले ही न कर, पर पहली-दूसरी पोथी पढ़कर दादा ठाकुर की तरह पोथी लिखकर अपना पेट भर सकता है। लेकिन यह मुँहजला पढ़ना ही नहीं चाहता। आजकल जिद्द पकड़ लिया है कि अब स्कूल नहीं जायेगा। अब आप ही इसे समझाइये ताकि आपकी बात मान ले और कुछ समझे। तब तक मैं आपके लिए रसोई-पानी का इन्तजाम करती हूँ।''

मैंने कहा—''बहरहाल, तुम्हारे पांचू को मैं समझाता हूँ, मगर खाने-पीने का इन्तजाम क्यों करने जा रही हो? आज वह सब रहने दो।''

पांचू की माँ ने कहा—''यह नहीं हो सकता, दादा ठाकुर! आज आप कितने दिनों बाद आये हैं। आज बिना खिलाये आपके जाने नहीं दूँगी।''

उस दिन दोपहर को पांचू की माँ के यहाँ भोजन पर्व समाप्त करना पड़ा। इसके बाद बस्ती के तमाम लोगों से मिलने-जुलने में शाम हो गयी।

25. निमंत्रण

रविवार का दिन। रसचक्र की गोष्ठी का आयोजन हुआ। अभी तक सदस्य नहीं आये थे। शरत्चन्द्र के पास ही असमंज मुखर्जी (बंगला के प्रसिद्ध साहित्यिक) बैठे हुए हैं। वे काफी थके हुए-से दीख रहे हैं। एक ओर तकिये के सहारे लेटे हैं। पास ही शरत् बाबू हाथ-पैर फैलाये लेटे हुए हैं।

दृश्य कुछ असाधारण-सा है। अपने मकान के अलावा शरत् बाबू को कहीं लेटते नहीं देखा गया। रसचक्र के एक प्रमुख सदस्य ने भीतर प्रवेश करते हुए पूछा—"क्या बात है शरत् बाबू! इस तरह लेटे क्यों है?"

"पूछ मत यार! आज अजीब मुसीबत में फँस गया। इस दुपहरिया में चक्कर काटते-काटते सर दुखने लगा।"

तभी असमंज बाबू बोल उठे—"सर का क्या कसूर है, सब आपकी कारगुजारी है।" शरत् बाबू ने असमंज की ओर देखते हुए कहा—"नाराज क्यों होते हो भाई, आखिर कोई नुकसान तो हुआ नहीं।"

"यह मान लेता हूँ कि कोई नुकसान नहीं हुआ, लेकिन परेशान कम नहीं किया आपने।"

"उपस्थित सदस्यों ने कौतूहल के साथ पूछा—"क्या बात है शरत् बाबू?"

"असमंज से ही पूछो, वही बतायेगा!"

"खैर, मैं ही बता रहा हूँ।"—कहते हुए वे तकिये का सहारा लेकर उठ बैठे।

गत रविवार के दिन असमंज मेरे यहाँ मिलने के लिए आया था। जब वह चलने लगा तक अचानक मेरे मन में यह बात पैदा हुई कि असमंज को अपने यहाँ काफी दिन हुए कुछ खिलाया-पिलाया नहीं। सो अगले रविवार को उसे अपने यहाँ निमंत्रण देकर खिला दूँ। यह सोचकर मैंने इससे कहा—"भाई असमंज, तुम्हें काफी दिन हुए अपने यहाँ कुछ खिलाया-पिलाया नहीं, अगले रविवार के दिन दोपहर का खाना यहीं आकर खा लेना। क्यों, आओगे न?"

असमंज प्रसन्नतापूर्वक निमंत्रण ग्रहण कर चला गया।

आज दोपहर के कुछ पहले वह मेरे यहाँ खाना खाने चला आया। इधर मैंने उसे आज के लिए निमन्त्रित किया है, यह बात बिलकुल ही भूल गया था। असमंज जब आया तब मैं गड़गड़ा पी रहा था। उस समय उसे अपने यहाँ आते देख कुछ चकित हो गया। इसलिए कहा—"अरे, असमंज! आओ, आओ। अचानक दोपहर को कैसे चले आये। कोई जरूरी काम है?"

शरत्चन्द्र के श्रोतागण विव्रत असमंज की अवस्था की कल्पना करते हुए खिलखिलाकर हँस पड़े।

असमंज ने कहा—''आप लोग हँस सकते हैं, लेकिन उस समय मुझे जरा भी हँसी नहीं आयी थी।

शरत्‌चन्द्र ने आगे कहा—''खैर, जाने दीजिये, आगे सुनिये। असमंज के मुँह से कोई बात नहीं निकली। सिफ अवाक् होकर मेरी ओर देखता रहा। मैंने सोचा—शायद दोपहर हो गयी है, यह बात उसके ध्यान से उतर गयी है। तभी अचानक एक बात याद आ गयी। मैंने इससे कहा—''अच्छा हुआ तुम इस समय आ गये। अब मेरे साथ एक जगह चले चलो। आज वहाँ चौचक भोजन का निमंत्रण है। मुझसे अधिक खाया नहीं जाता, यह तो तुम जानते ही हो, फिर भी वे लोग मुझे आने के लिए बार-बार अनुरोध कर गये हैं कि आपको आना ही होगा। तुम्हें संकोच करने की कोई जरूरत नहीं है। मैंने उन लोगों से यह भी कह दिया है कि मैं अकेले कोई नहीं जाता। अगर कोई इष्ट-मित्र मिला तो साथ लेता आऊँगा। उन लोगों ने इस प्रस्ताव को प्रसन्न भाव से स्वीकार करते हुए कहा—''आप जितने चाहें उतने व्यक्तियों को ला सकते हैं। इससे प्रसन्नता ही होगी।'' काफी धूमध ाम भी शायद होगा। बोटानिकल गार्डन में आज उन लोगों की पिकनिक है। अब उठो, देर करने की जरूरत नहीं है। एक तो यों ही देर हो गयी है। अब तक उपयुक्त साथी न पाने के कारण चलूँ या न चलूँ सोच रहा थ। सौभाग्यवश जब तुम आ गये हो तो चलो, कम-से-कम निमन्त्रण का वायदा पूरा कर आऊँ।

असमंज के राजी होने पर हम दोनों भोज खाने के लिए रवाना हो गए। अगर उस समय तक भी असमंज जरा-सा दिमाग दौड़कर मुझे यह बता देता कि आज के दिन उसे मैंने अपने यहाँ निमंत्रण दे रखा है तो परेशानी न उठानी पड़ती। लेकिन हजरत ने जरा भी इशारा नहीं किया। आपने सोचा-शरत् भैया कौन-सा राजभोग खिलायेंगे? इससे अच्छा प्रबन्ध बोटानिकल गार्डन में ही होगा। उसके अलावा वहाँ दोहरा मजा है, भोजन के साथ-साथ गंगा नदी के किनारे की हवा का आनन्द भी मिलेगा। असमंज बुद्धिमान लड़का है, इसलिए लक्ष्मण की भाँति मेरा अनुसरण करता चल पड़ा।

असमंज ने कहा—''जी नहीं। मैंने यह देखा कि आज जब आपके यहाँ ठाला ही ठाला है तब गंगा किनारे वाला भोज क्यों अस्वीकृत कर दूँ? सबसे पहले आपको अपनी परेशानी से रिहा कर दूँ, दूसरे आज जब एकादशी नहीं है तब...''

शरत्‌चन्द्र ने बाधा देते हुए कहा—''बस-बस, रहने दो, अब कुछ कहने की जरूरत नहीं है। अब आगे की बात सुनिये''—''हम दोनों तपती दोपहर मे वहाँ पहुँच गये। वहाँ जाकर देखा-चारों तरफ सन्नाटा है। चिड़ियों का पूत तक दिखाई नहीं दे रहा था। निमन्त्रण देने वाला मुखिया भी नहीं दिखाई पड़ रहा था। असमंज से मैंने कहा—''क्यों जी असमंज, यहाँ तो कोई दिखाई नहीं दे रहा है। उन लोगों ने कहा था कि बगीचे में ही खाना बनेगा। कहीं कोई नया प्रोग्राम तो नहीं बनाया? घर से ही या किसी होटल से खाना बनाकर ले आयेंगे क्या? खैर, चलो तब तक सामने के होटल में बैठकर चाय पी जाए। मुमकिन है, कुछ देर में वे लोग आ जायेंगे। इसके अलावा आज पहली अप्रैल नहीं है कि बेवकूफ बना सकेंगे।''

इसके बाद हम दुकान पर आ गये। इधर असमंज उल्लसित-सा नहीं दिख रहा था।

इसलिए कहा—"देखो असमंज, घबराने की आवश्यकता नहीं है। वे लोग इधर से यहाँ आयेंगे। हम लोग यहाँ बैठे हैं, यह उन लोगों की नजरों से छिपा नहीं रहेगा। आओ, तब तक धीर-धीरे चाय पी जाए। हम लोग तो आज उनके अतिथि हैं। इस चाय का दाम भी वे ही देंगे। वे लोग बहुत शरीफ आदमी हैं।"

असमंज ने कहा—"भैया जी, अगर धीरे-धीरे चाय पी जाएगी तो चाय बदमजा हो जाएगी। ठण्डी चाय भला पीते बनेगी? देखिये, वे लोग कब तक आते हैं?"

धीरे-धीरे एक प्याली चाय समाप्त हो गयी। फिर दूसरी कप और इसके बाद तीसरी कप चाय पी चुके। तब तक किसी का पता नहीं। आखिर झल्लाकर बोला—"क्या बात है असमंज, समझ नहीं पा रहा हूँ।" कहने के पश्चात् जेब के भीतर हाथ डालकर निमंत्रण-पत्र निकाल कर पढ़ा। बाप रे बाप! कहा—"असमंज, गजब हो गया। बहुत भारी गलती कर बैठा हूँ। निमंत्रण इस रविवार को नहीं आगामी रविवार का है। यह देखो निमंत्रण-पत्र!" कहते हुए उसे निमंत्रण-पत्र दे दिया।

असमंज ने निमंत्रण-पत्र पढ़कर वापस देते हुए हँसकर कहा—"भाई साहब, आपकी सिर्फ एक यही गलती नहीं, एक और भी है।"

मैंने पूछा—"वह कौन सी है? इसके अलावा और कौन-सी गलती है?"

"असमंज ने कहा—"आपने आज दोपहर के लिए मुझे निमन्त्रित कर रक्खा है।"

मैंने कहा—"अरे, हाँ ठीक तो है। लेकिन जनाब, आपने मुझे घर पर क्यों नहीं बताया? अगर मैं भूल गया तो तुम्हें याद दिला देना चाहिये था। तुम तो मेरे लिए नये परिचित नहीं हो कि संकोच करते?"

असमंज ने कहा—"मैंने जब यह देखा कि आप भूल ही गये हैं तो इस दूसरे निमंत्रण को क्यों ठुकरा दूँ? यहाँ न सही, वहीं सही।"

पहले सोचा कि घर ही चला चलूँ। फिर अचानक यह ख्याल हुआ कि इस समय घर जाना बिलकुल बेकार है। वहाँ तो हंडिया साफ होगी। इधर भूख से बुरा हाल था, उधर असमंज पर क्या गुजर रही थी—अनुभव कर ही रहा था। असमंज से मैंने कहा—"अब चलो उठो, कहीं किसी दुकान पर चौचक भोजन किया जाए। भूख के कारण अँतड़ियाँ कुलबुला रही है।। इस वक्त तो किसी दुकान का ही सहारा लिया जाए।"

"और पास ही एक दुकान पर भरपेट खा-पीकर सीधे तुम्हारे रसचक्र की गोष्ठी में चला आ रहा हूँ।"

असमंज ने कहा—"आज का यह भोज शरत् भैया की भूल की वजह से मेरा ऊपरी बकाया हो गया। असली निमंत्रण का हिसाब अगले रविवार को पुनः निमंत्रण दकर पूरा करने वाले हैं। इस बार गलती न हो, यहीं मैं चाहता हूँ।"

शरत् बाबू ने कहा—"नहीं यार! इस बार नहीं भूलूँगा।"

श्रोताओं में से किसी ने कहा—"देखिए असमंज बाबू अगले रविवार के लिए सावधान रहियेगा। शरत् बाबू तो अगले रविवार को बोटानिकल गार्डन में भोज खाने जायेंगे।"

शरत् बाबू ने कहा—"राम भजो, भोज का मजा आज खूब मिला!"

26. साँप पकड़ना

दत्त बेकरी के बगीचे में 'रसचक्र' की वार्षिक गोष्ठी का आयोजन किया गया था। नगर के अधिकांश साहित्यिक एकत्रित हुए थे। इस समारोह के पुरोधा शरत् बाबू थे। भोजन बनने में देर थी। आखिर इस समय का उपयोग कैसे किया जाए। लोगों ने शरत् बाबू से कहानी सुनाने का अनुरोध किया। उन्होंने भूत के बारे में कहानी सुनाई।

बातचीत के सिलसिले में साहित्यिक शैलजानन्द मुखर्जी ने कहा कि मेरे पिताजी साँप पकड़ लेते थे। यह बात सुनते ही शरत् बाबू ने कहा—"मेरे पिताजी भी साँप पकड़ लेते थे। एक घटना की याद मुझे है।"

उस दिन पिताजी अपने निजी कार्य से दूर एक गाँव में गये थे। शाम के वक्त उन्होंने सुना कि पड़ोस के किसी घर में बहू पूजाघर में जब बत्ती जलाने गयी तब देखा कि लक्ष्मी की वेदी पर एक करइत साँप फन्न उठाये बैठा है। सर्वनाश, बाल-बच्चों का घर, साँप के डर से सभी लोग घर छोड़कर बाहर भाग गये। डर के कारण कोई भीतर नहीं आ रहा था।

पड़ोसी की जुबानी सारी बातें सुनने के बाद पिताजी पड़ोस के मकान में गए। वहाँ जाने पर उन्होंने देखा कि साँप गायब है। इधर-उधर तलाश करने के बाद उन्हें पता चला कि मिट्टी की एक हाँडी में वह घुस गया है। कमरे के एक ओर मिट्टी की अनेक हंडियाँ सजाकर रखी हुई थीं। जब तक सारी हंडिया हटायी नहीं जाएगी। तब तक साँप पकड़ा नहीं जा सकता।

हंडियाँ हटाने के बात सुनते ही घर की मालकिन बोल उठीं। "हंडियाँ-सुराही किसी को छूने की जरूरत नहीं। सब नष्ट हो जाएगा।"

पिताजी ने कहा "तब आप लोगों में से कोई आकर यह सब हटा दे।" मालकिन ने कहा—"बहू, तुम चली जाओ। धीरे-धीरे हंडियाँ, क्लश सारा सामान हटा दो।"

एक ओर सास का आदेश, दूसरी ओर जान जाने का भय। बहू डर के कारण थर-थर काँप रही थी। उसकी आगे आने की हिम्मत नहीं हो रही थी। इधर रात निकट आ रही थी। अमावस की धनी अंधिआरी रात। बरसात के दिन हैं, काफी दूर पैदल जाना है। मार्ग में एक बड़ा श्मशान है। इधर के आठ-दस गाँव के मुर्दे उसी श्मशान में जलाये जाते हैं। शायद ही कोई व्यक्ति होगा जो इधर से गुजरते समय भयभीत न हुआ हो।

शरत् बाबू ने कहा–"इधर पिताजी देर होते देख चिकित हो उठे। उन्होंने देखा कि बहू को कमरे में ढकेलकर सास महारानी रसोईघर के पास आकर खड़ी हो गयी। डर के कारण वह इस ओर आ नहीं रही है। नाती-पोती को पकड़कर बार-बार मनसा देवी (साँपों की देवी) को प्रणाम कर रही है। साथ ही कह रही है–मुँहजले साँप को और कहीं घुसने की जगह नहीं मिली?"

पिताजी ने कहा–"तुम झूठ कह देना सास को। कहना कि तुमने ही हटाया है।"

पिताजी सभी हंडिया–क्लश को हटाने लगे। एक हंडिया में साँप बैठा था। अब सवाल उठा कि हंडिया का मुँह ढाकने के लिए बडा कसोरा चाहिए। आसपास कसोरा न पाकर पास ही रखी एक पीतल की रकाबी से हंडिया का मुँह ढाँक दिया। रकाबी सहित हंडिया को लेकर पिताजी जब कमरे से बाहर आये। तब सास चिल्लाने लगी–"क्यों बहू, कैसी अक्ल है तुम्हारी? लक्ष्मीजी के भोग की रकाबी तुमने साँप का ढाँकने के लिए दे दी?"

"इन्होंने खुद ही ले ली।"

"तुम मना तो कर सकती थी।"

इधर तब तक गाँव का एक व्यक्ति एक सपेरे को साथ लेकर आ गया था। साँप पकड़ना, साँप का खेल दिखाना, साँप काटे का इलाज करना आदि उसका पेशा है। नाम है-राजेन बाडरी।

राजेन को देखते ही पिताजी प्रसन्न हो उठे। बोले–"लो राजेन, अब तुम अपना काम शुरू करो। मेरी छुट्टी हो गयी।"

राजेन ने कहा "मालकिन, जल्दी से पाँच रुपये निकालो। मैं साँप को लेकर चला जाऊँ।"

मालकिन ने कहा–"घर में लड़का नहीं है। भला मैं कहाँ से रुपये दूँगी।"

राजेन भी कम चतुर नहीं था। उसने कहा, "तब साँप को छोड़ देता हूँ जहाँ का साँप है, वहीं चला जाय।"

"अरे मुँहजले, नासपीटे। छोड़ देगा। ठीक हैं, नक्काशीदार रकाबी दे रही हूँ और उस हंडिया में तीन सेर महीन चावल हैं, सब तू ले जा।"

"रकाबी लेकर मैं क्या करूँगा, माँ। रहा चावल, इसे मैं आपके लिए छोड़ दे रहा हूँ। खीर बना लीजिएगा।"

"क्यों नहीं देगा। उस चावल की खीर खाकर हम सब मर जाएँ, यही चाहता है। जा, जा, हटा यह सब बखेड़ा। घर का सारा काम-काज बन्द है।

राजेन बिना रकम लिए जाना नहीं चाहता और उधर मालकिन रकम नहीं देना चाहती थी। अजीब कशमकश थी। पिताजी इस तमाशे का आनन्द ले रहे थे।

आखिर में राजेन की जीत हुई। ऐसा होगा, वह इसे जानता था। मालकिन

ने कहा—''मौका मिलने पर भला कोई छोड़ता है। हर कोई दूसरे की मजबूरी का फायदा उठाता है। मनसा देवी की पूजा करनी पड़ेगी। अब एक रुपया लेकर तुम यह बला ले जाओ।''

राजेन ने जमीन से माथा टेकते हुए कहा—''अच्छा माँ, मैं चला। आपका साँप यहीं रखे जा रहा हूँ।''

मालकिन क्रोध से आगबबूला हो गयीं। बोलीं—''अच्छा हरामजादा, आने दे मेरे लड़के को। बहू, खड़ी-खड़ी मुँह क्या देख रही हो? लालटेन उठाकर रोशनी दिखाओ। उसी कमरे में जाना भी है।''

अचानक दो पग पीछे हटाती हुई मालकिन बोली—''क्यों राजेन, जोड़े के साथ भीतर तो नहीं गये थे। माने साँप के कच्चे-बच्चे तो नहीं थे?''

''नहीं, माँ। आप बेफिक्र होकर जाएँ। आपके उस कमरे में चूहों ने बड़े-बड़े गड्ढे बनाये हैं। अगर होंगे तो उन्हीं गड्ढो में सो रहे होंगे।''

''सो रहे होंगे?'' मालकिन चौंक उठी।

राजेन ने सोचा कि अब डर दिखाना उचित नहीं है। कहा—''नहीं माँ। यों ही मैंने मजाक किया। जब मैं मौजूद हूँ तब डरने की क्या बात है। जरा जल्दी कीजिए। हंडिया में साँप हवा बिना फटफटा रहा है। कहीं गुस्से में निकल पड़ा तो सँभालना मुश्किल हो जाएगा।''

दोनों हाथों ताली पीटती हुई मालकिन कमरे के भीतर गई और पाँच रुपये का एक नोट राजन की ओर फेंकती हुई बोली—''पूरे पाँच रुपये लगा लेगा, बेटा! कल दिन में एक बार आना। कमरे को अच्छी तरह देख लेना।''

''आऊँगा माँ।''

राजेन हंडिया लेकर चलने लगा।

मालकिन ने कहा—''कल आते समय रकाबी को खूब अच्छी तरह माँजकर लेते आना, बेटा। वह रकाबी लक्ष्मीजी की है। घर के बच्चे उसमें हाथ नहीं लगाते।

27. भला-बुरा

अविनाश घोषाल कुछ वर्ष और नौकरी कर सकते थे। लेकिन सम्भव नहीं हुआ खबर आयी कि इस बार भी उन्हें धता बतलाकर कोई जूनियर मुन्सिफ सब जज बन गया। दूसरी बार की तरह इस बार भी अविनाश चुप रहे। अन्तर केवल इतना ही थ कि इस बार उन्होंने डॉक्टर के सर्टिफिकेट के साथ जल्द-से-जल्द अवसर लेने के लिए दरख्वास्त भेज दी। दरख्वास्त मंजूर होगी ही, इसमें उन्हें सन्देह नहीं था।

अविनाश के काम की फुर्ती से सभी प्रसन्न थे, भद्र आचरण की प्रशंसा सभी करते हैं, फिर भी उनकी यह दुर्गति हुई। इसके पीछे के गुप्त इतिहास को बहुत कम लोग जानते हैं। उसे बतला दूँ। उनकी नौकरी की शुरुआत में एक बार एक नौजवान आई. सी. एस. जिले का जज होकर दफ्तर का इन्सपेक्शन करने आयी। छोटी-सी बात को लेकर दोनों में पहले मत-भेद हुआ और बाद में इसी ने बड़े झगड़े का रूप ले लिया। लौटकर जज साहब निरन्तर उसके काम के छिद्रान्वेषण में लगे रहे। लेकिन छिद्र का पाना सहज नहीं था। जज साहब इससे तनिक प्रसन्न नहीं हुए। उनके फैसले को काटकर देखा कि हाईकोर्ट में वह नहीं टिकता, खुद ही अधिक लज्जित होना पड़ता है। तबादले का समय हो गया था, अविनाश दूसरे जिले में चले गये लेकिन जज से मुलाकात करके नहीं गये। श्रद्धा-निवेदन की प्रचलित रीति में उनसे बहुत बड़ी त्रुटि हुई। इसके बाद कितने ही साल बीत गये। बात को अविनाश भूल गये थे मगर वह नहीं भूले थे। इसका प्रमाण मिला कुछ दिन पहले। वह नौजवान जज अब हाईकोर्ट में आये हैं, मुन्सिफ बगैरह के विधाता बनकर। अविनाश सीनियर आदमी था, काम के लिए काफी मशहूर था, उनकी उन्नति का पथ सम्पूर्ण रूप से बाधा हीन था। अचानक देखा गया कि उनकी जगह नीचे का आदमी सबजज हो गया और मामला यहीं खत्म नहीं हुआ। एक्र-एक करके और भी तीन आदमी उसे पीछे छोड़ आगे बढ़ गये। जो लोग नहीं जानते वे कहेंगे कि कहीं ऐसा भी होता है? यह तो सरकारी नौकरी है और उस पर इतनी बड़ी नौकरी है! यह क्या काजियों का जमाना है? लेकिन अनुभवी कहेंगे, उससे भी ज्यादा ज्यादतियाँ होती हैं। अतएव अविनाश मन-ही-मन समझ गये कि अब इससे छुटकारा नहीं। आत्म-सम्मान और नौकरी इन दो नावों पर पैर नहीं रखा जा सकता। दोनों में से एक को चुन लेना होगा। उसी बात को इस बार उन्होंने पूरा किया। परिवार में अविनाश की भार्या आलोकलता, आई.ए. फेल पुत्र हिमांशु और कन्या शाश्वती यही तीन प्राणी थे। नौकर-नौकरानियों की संख्या इतनी थी कि अनगिनित कहा जाए तो अतिशयोक्ति नहीं होगी।

उस दिन अविनाश अदालत से प्रसन्नचित लौटे, यथानियम कपड़े बदले, हाथ-मुँह धो जलपान करने के लिए बैठते हुए बोले, "जाने दो, इतने दिनों के बाद मुक्ति मिली छोटी बहू। सरकारी खबर न आने पर हाईकोर्ट के एक मित्र का तार मिला है कि मेरी जेल की मियाद खत्म हो चली। अधिक विलम्ब नहीं होगा। विलम्ब नहीं होगा, इस बात को खुद ही जानता था।"

आलोकलता निकट ही एक कुर्सी पर बैठी सिलाई कर रही थी और कन्या शाश्वती पिता के बगल में बैठी, उन्हें पंखा झल रही थी। सुनकर दोनों चौंक उठीं।

स्त्री ने प्रश्न किया, "इसका मतलब?"

अविनाश ने कहा, "शायद सुना होगा कि कोई गोविन्दपद बाबू इस बार भी मुझे पीछे छोड़ छह महीने के लिए सबजज हो गये। हागू साहब के हाईकोर्ट में आने के बाद में पिछले तीन सालों से यही होता आ रहा है। मैंने एक शब्द भी नहीं कहा। सोचा था कि अपने अन्याय को किसी दिन वह खुद समझेंगे। लेकिन देखा; यह नहीं होने का। कम-से-कम उस आदमी के रहते दम तक तो नहीं। अविचार को इतने दिनों तक सहता रहा। लेकिन सहन करने से मनुष्यत्व नहीं रहेगा।"

कल शाम को सदराला के यहाँ घूमने जाकर आलोकलता इसी तरह की बात आभास इशारे से सुन आयी थीं। लेकिन उसका मतलब समझ में नहीं आया था और इस वक्त भी नहीं समझ पायी। बोली, "तदबीर-तगादे के बगैर आज के जमाने में कौन-सी बात होती है? मनुष्यत्व कायम रखने के लिए क्या किया है सुनूँ तो जरा?"

अविनाश ने कहा, "तदबीर-तगादा नहीं किया जाता, मगर जो कर सकता था उसे अवश्य ही किया है।"

आलोकलता पति के मुँह की ओर देखती रहीं, अभी तक तात्पर्य उनकी समझ में नहीं आया। वह डर गयीं। बोलीं, "सुनूँ भी? क्या किया है बतलाओ भी तो सही?"

अविनाश ने कहा, "वह है काम से इस्तीफा देना, और इस्तीफा दे भी दिया है।" आलोक के हाथ से सिलाई का सामान जमीन पर गिर पड़ा। वज्राहत की भाँति कुछ देर तक स्तब्ध रहकर बोली, "यह क्या कह रहे हो? इतने प्राणियों को भूखों मारने का संकल्प किया है क्या? काम छोड़ो तो भला, तुम्हारी सौगन्ध खाकर कहती हूँ कि मैं उसी दिन आत्म-हत्या कर लूँगी।"

अविनाश चुप बैठे रहे। कोई जवाब नहीं दिया।

"दरख्वास्त अगर दे ही दी है, तो वचन दो कि कल ही वापिस ले लोगे?"

"नहीं।"

"नहीं क्यों? दुःखी हो तरंग में आकर लोग न जाने क्या-क्या कर बैठते हैं। लेकिन इसका क्या कोई प्रतिकार नहीं है?"

अविनाश ने धीरे-धीरे कहा, "तरंग में आकर तो मैंने ऐसा नहीं किया है छोटी

बहू। जो कुछ किया है वह-सोच विचारकर ही किया है।''

''वापिस नहीं लोगे?''

''नहीं।''''तो तुम चाहते हो कि मैं मर ही जाऊँ?''

''तुम तो जानती हो छोटी बहू कि मैं इसकी कामना नहीं करता। तुम पत्नी होकर अगर पति की मर्यादा को इस तरह से नष्ट करती हो कि लोगों के सामने मस्तक ऊँचा करके खड़ा भी न हो सकूँ तो...''

बात अविनाश के मुँह में अचानक रुद्ध हो गई, ''खत्म नहीं हुई।'' आलोकलता ने कहा, ''तो क्या कहते हो?''

जवाब में एक कठोर बात उनकी जबान पर आयी थी, मगर इस बार भी वह उसे नहीं बोल पाये। कन्या ने बाधा डाल दी। अब तक वह सब कुछ चुपचाप सुन रही थी। लेकिन अब उससे नहीं रहा गया। बोली, ''नहीं पिताजी, इस वक्त माँ में सोचने-विचारने की शक्ति नहीं है। तुम उन्हें कोई जवाब नहीं दे सकते।''

लड़की की हिमाकत देखकर माँ पहले कुछ हतबुद्धि-सी हो गयी। दूसरे ही क्षण बड़े जोरों की फटकार बताकर बोल उठीं, ''शाश्वती, जा यहाँ से चली जा, कहती हूँ।''

लड़की बोली, ''अगर चला जान ही पड़ता है तो पिताजी को साथ ले जाऊँगी माँ। तुम्हारे पास छोड़कर नहीं जाऊँगी।''

''क्या कहा?''

''कहा कि तुम्हारे पास उन्हें अकेला छोड़कर मैं नहीं जाऊँगी कभी नहीं जाऊँगी। चलो पिताजी, हम जरा नदी के किनारे घूम आएँ। शाम के बाद मैं खुद तुम्हारा खाना बना दूँगी। इस वक्त खाना रहने दो। उठो, चलो पिताजी।'' यह कहकर उसने उनका हाथ पकड़कर खड़ा कर दिया।

दोनों सचमुच ही चले जा रहे हैं, देखकर आलोक ने अपने को कुछ सँभालकर कहा, ''जरा रुको। सचमुच ही क्या एक बार भी नहीं सोचा कि नौकरी छोड़ देने पर तुम्हारे परिवार के इतने प्राणी क्या खायेंगे?''

अविनाश ने जवाब देना चाहा, मगर इस बार भी लड़की ने बाधा दी। वह बोली, ''खाने की क्या सचमुच ही तुम्हें चिन्ता हो गयी है माँ? लेकिन रोना तो नहीं चाहिए। नौकरी छोड़ने पर भी पिताजी को पेन्शन मिलेगी और वह भी तीन-सौ से कम क्या होगी। बगल वाले मकान के संजीव बाबू साठ रुपये तनख्वाह पाते हैं, खाने वाले उनके यहाँ भी नौ-दस हैं। कितनी बार देख आयी हूँ, उनके यहाँ का खाना हमारे यहाँ से बुरा नहीं होता उनका चला जा रहा है तो हम तीन-चार प्राणियों का खाना-पहनना नहीं चलेगा?''

माँ के धीरज का बाँध टूट गया। कटु-व्यंग के स्वर में चिल्ला उठी, ''जा भाग मेरी नजरों के सामने से। जब अपना परिवार बसाना तब गिरिस्तिनपना दिखाना।

मेरी गृहस्थी में दखल दिया तो तुझे घर से निकाल बाहर कर दूँगी।''

लड़की ने जरा हँसकर कहा, ''अच्छी बात है माँ, वही करो। पिताजी का हाथ पकड़कर मैं चली जाऊँ। तुम और भैया पिताजी की पेन्शन के सारे रुपये लेकर जो चाहो करो। हम कुछ भी नहीं कहेंगे। मैं लड़कियों के किसी स्कूल में नौकरी करके बूढ़े पिताजी का खर्च चला लूँगी।''

माँ आगे कुछ नहीं बोलीं। देखते-देखते उनकी दोनों आँखों से आँसुओं की धारा बह चली।

लड़की ने पिता का हाथ किंचित दबाकर कहा, ''चलो पिताजी, चलें। शाम हो जाएगी।''

अविनाश के पग बढ़ाते ही आलोकलता आँचल से आँखें पोंछकर रुंधे गले से बोलीं, ''जरा और रुको। तुम्हारी ये कैसी भीष्म प्रतिज्ञा है? इसमें क्या हेर-फेर नहीं हेने का?''

अविनाश ने गर्दन हिलाकर कहा, ''नहीं। ऐसा नहीं होने का।''

''देखो, मैं तुम्हारी स्त्री हूँ, तुम्हारी सुख-दुःख की साथिन हूँ।''

अविनाश बाधा देकर बोले, ''अगर यह सच है तो इतने दिनों तक मेरे सुखों का हिस्सा मिला है, अब मेरे दुःखों का हिस्सा लो।''

आलोक ने कहा, ''तैयार हूँ मगर सारी इज्जत-आबरु कायम रखने के लिए इतने रुपये काफी नहीं हैं तो पेन्शन के थोड़े-से रुपयों से काम कैसे चलेगा?''

अविनाश बोले, ''इज्जत आबरु का मतलब अगर अमीरी ठाठ समझ रखा है तो वह नही होने का, इसे मानता हूँ। नहीं तो यों संजीव बाबू का भी चल जाता है।''

''लेकिन तुम्हारी लड़की? उन्नीस-बीस की हो गई, उसका ब्याह कब करोगे?''

माँ की समस्या का समाधान किया शाश्वती ने, बोली, ''माँ, मेरे ब्याह के लिए तुम चिन्ता न करो। अगर सोचना ही चाहती हो तो सोचो, संजीव बाबू ने दो बेटियाँ का ब्याह कैसे किया।''

जवाब सुनकर माँ का धीरज फिर टूटा। सजल आँखें दृप्त होठीं, रुंधे गले का स्वर पंचम पर पहुँच गया। बोलीं, ''शाश्वती, मुँहजली, मेरी नजरों के सामने से अब भी क्यों नहीं हटती? जा हट जा, कहे देती हूँ।''

''जाती हूँ माँ, चलो न पिताजी।''

बगलवाले कमरे में हिमांशु कविता करने में लगा हुआ था। आइ. ए. परीक्षा के तीसरे प्रयास में अब भी कुछ देर है। उसकी कविताएँ वातायन पत्रिका में छपती हैं। दूसरी कोई पत्रिका नहीं लेती हैं, वातायन-सम्पादक उत्साहित करते हुए चिट्ठी लिखते हैं—''हिमांशु बाबू, आपकी कविता अच्छी बन पड़ी है। अगली बार एक कविता और भेजें-कुछ छोटी। और साथ ही शाश्वती देवी की एक रचना अवश्य ही

भेजें।'' नहीं जानता, वातायन-सम्पादक सच लिखते हैं या मजाक करते हैं। या उनके मन में कोई और बात है। शाश्वती देखकर हँसती हुई कहती है—भैया, 'यह चिट्ठी मित्रों को दिखाते न फिरना।''

''क्यों, बतला तो?''

''नहीं, यों ही कह रही हूँ। अपने मुँह मियाँ-मिट्ठू बनते फिरना क्या अच्छा लगता है?''

कविता भेजने के पहले बहन को पढ़ाने के बहाने अपनी भूलों को वह सुध ाार लेता है। संशोधन की मात्रा कुछ अधिक हो जाने पर लज्जित होकर कहता है—''तेरी तरह मैंने तो पिताजी से संस्कृत, व्याकरण, काव्य, साहित्य नहीं पढ़ा है। मेरा क्या दोष है? लेकिन शाश्वती, तू जान ले, यह कुछ भी नहीं है, दस रुपये महीना पर एक पण्डित रख लेने से सब कुछ बन जाता है। कविता का यथार्थ जीवन है कल्पना में, भाव में, उसकी अभिव्यंजना में। वहाँ तेरे मुग्धबोध के बाप की क्या मजाल, कि टाँग अड़ावे!''

''यह तो बिल्कुल सच बात है भैया।''

हिमांशु की कलम की नोक पर एक अच्छी तुक आ गयी थी। लेकिन माँ के कठोर कण्ठ स्वर ने सब कुछ छितरा दिया। कलम रख बगलवाले दरवाजे को ठेल इस कमरे में पैर रखते ही माँ चिल्ला उठीं, ''जानता है हिमांशु, हमारा कितना बड़ा सत्यानाश हो गया। उन्होंने नौकरी छोड़ दी-नहीं तो उनका मनुष्यत्व नष्ट हो रहा था। क्यों? इसलिए कि उनकी जगह कोई दूसरा आदमी सबजज बन गया है, वे नहीं हो सके। मैं साफ कहे देती हूँ, यह डाह के सिवा और कुछ भी नहीं है। निरा डाह।''

हिमांशु ने अचरज से आँखें, फाड़कर कहा, ''तुम यह क्या कह रही हो माँ। नौकरी छोड़ दी? व्हाट् नानसेंस!''

अविनाश का मुँह पीला पड़ गया। दाँतों से होंठ चबाकर वह चुप खड़े रहे। आसन्न सन्ध्या की म्लान छाया में उनका चेहरा विचित्र लग रहा था।

शाश्वती पागलों की भाँति चिल्ला उठी, ''ओफ् संसार में धृष्टता की कोई सीमा भी है? तुम चलो, जल्दी चलो, नहीं तो मैं सिर पीटकर मर जाऊँगी।'' कहकर आध ो अचेत पिता को लेकर वह घर से बाहर चली गयी।

28. संस्कार की जड़

डॉक्टर सुनीति कुमार चटर्जी से एक दिन इधर-उधर की बातचीत के सिलसिले में शरत् बाबू ने कहा—"क्यों सुनीति, क्या ख्याल है तुम्हारा?"

सुनीति बाबू ने चौंककर पूछा—"किस मामले में?"

"यही कि मनुष्य का आचरण किस बात पर निर्भर है? समाज से हम जो कुछ सीखते हैं और जिसका निर्माण हम अपने मन से करते हैं, क्या वही संस्कार हं? किम्बा मनुष्य की आदिम-प्रकृति जिसका आधार है, उसकी शरीर की ताड़ना? इन दोनों में तुम किसके हामी हो?"

"न जाने क्यों, आज रह-रहकर एक घटना याद आ रही है। यह बर्मा की घटना है। पूरी कहानी सुना दूँ तो शायद तुम्हारी समझ में सारी बात आ जाएगी।"

"बात उन दिनों की है जब मै रंगून में रहता था। मेरे एक परिचित मित्र एक दिन आकर मुझसे कहने लगे कि एक गरीब ब्राह्मण का लड़का देश से नौकरी की तलाश में आया है। चटगाँव का रहने वाला है। अब अगर मैं मेहरबानी करके कोई उपाय कर दूँ तो बेचारे का बड़ा उपकार हो जाए। लड़का कुछ पढ़ा लिखा भी है। साधारण तौर से हिसाब-किताब कर लेता है।"

मेरे एक परिचित मित्र रंगून में सागोन लकड़ी खरीद-फरोख्त का रोजगार करते थे। उनसे कह-सुनकर, मैंने उस लड़के को उनके यहाँ काम करने के लिए रखवा दिया। दुकान में ही वह रहता था, खाना-पीना भी वहीं से मिल जाता था। इसके अलावा महीने में वेतन के रूप में दस-पन्द्रह रुपये मिल जाते थे। खैर, कोई उपाय से लड़के की रोजी लग गयी।

कुछ दिनों बाद अचानक उसे नवीन भेष में देखा। सड़क के एक किनारे में वह चला जा रहा था। बदन पर राम-राम वाली चद्दर सिर पर लम्बी चुटिया; उस पर कुछ फूल लगे हुए हैं। कपाल पर चन्दन का प्रलेप है, हाथ में गमछे की एक पोटली लटक रही है, लगा जैसे सिद्धा बाँधे हुए है। सोचा—शायद ब्राहम्ण सन्तान है, गाँव में पण्डिताई करता था; यहाँ आकर उसे रोजगार को नये सिरे से अपना लिया है। उसे पास बुलाकर इधर-उधर की बातचीत करने के बाद मैंने पूछा—"क्यों जी, लकड़ी की दुकान वाला काम छोड़ दिया?"

उसने कहा—"क्या करू आप ही बताइए? बाबूजी जितनी तनख्वाह देते थे, उससे पेट नहीं भरता था। इसलिए सोचा—जोगानपाडा में देशवासियों की बस्ती है। उनके घर की महिलाएँ कथा-पूजा करवाना जरूर चाहती होंगी, लेकिन ब्राह्मण

पुरोहित यहाँ मिलते नहीं। इसके अलावा सरस्वती पूजा, काली-पूजा और सत्यनारायण कथा में दो पैसा मिल भी जाता है। ब्राह्मण-सन्तान हूँ, बंगला पढ़ना आता है, फिर जनेऊ भी हो गया है। पूजा-पाठ और कथा की पुस्तकें पढ़ चुका हूँ, इसलिए काम किसी सूरत से चला लेता हूँ। अपना गाँव तो यहाँ है नहीं, जो कोई मेरी गलती पकड़ सके। आपके आर्शीवाद से रोजगार मजे से चल रहा है और सच पूछिये तो यही मेरा पैतृक व्यवसाय है।''

मैंने कहा—''ठीक है, ठीक है। अच्छी तरह रहो, यही मेरे लिए काफी है।''

इस घटना के बाद कई वर्षों तक उस लड़के से भेंट नहीं हुई। फलस्वरूप वह मेरे दिमाग से उतर गया। एक अर्से पश्चात् अपने किसी काम के सिलसिले में मुझे उत्तरी बर्मा के लिए एक इलाके में जाना पड़ा। वहाँ मै मोमियों शहर में कुछ दिनों तक था। बड़ा स्वास्थ्यवर्द्धक स्थान है। चारों ओर हरे-भरे वृक्ष और झरना। जगह-जगह पर टहलने के लिए बाग बनाये गये हैं। एक दिन एक बाग में टहल रहा था। अचानक पीछे से आवाज आयी—''शरत् बाबू।''

चौंककर पीछे की ओर देखा तो एक मुसलमान को आगे बढ़ते देखा। कमर में लाल रंग की लुँगी, बदन पर एक गंजी और सिर पर एक टोपी थी। मैं उसे पहचान नहीं सका।

पास आकर उसने कहा—''मुझे पहचान नहीं पा रहे हैं, शरत् बाबू?''

उस युवक की ओर नजर गड़ाकर काफी देर तक गौर करने पर भी मैं उसे पहचान नहीं सका। कहा—''बड़े मियाँ, मैं सचमुच आपको पहचान नहीं सका। क्या नाम है आपका? कहाँ रहते हैं? क्या करते हैं?''

दाढ़ी से भरा आनन हँसने लगा। उसने कहा—''मैं हूँ चक्रवर्ती जिसे आपने एक दिन लकड़ी के गोदाम में नौकर रखवाया था।

अब जो गौर किया तो झट उसे पहचान गया। फिर कहा—''बहुत दिनों बाद दिखाई दिये। कहाँ रहे अब तक? इसके अलावा इतनी बड़ी दाढ़ी क्यों रख छोड़ी है? भई वाह! रूप तो बहुत सुन्दर बनाया है।''

कुछ झेंपकर चक्रवर्ती पुत्र ने कहा—''जी, यहाँ आने के बाद कई वर्ष हुए मुस्लिम-धर्म ग्रहण कर मुसलमान हो गया।''

यह बात सुनते ही मैं आसमान से गिर पड़ा। क्या कह रहा है? ब्राह्मण का लड़का, पुरोहिती करता था, इतने अचानक यों ही धर्म परिवर्तन कर लिया? लेकिन इसके बाद जो कहानी उसकी जबानी सुनी, वह और भी विस्मयजनक थी।

उसने कहा—''रंगून में एक अर्से तक पुरोहितगिरी करता रहा। किसी सूरत से दाल-भात का जुगाड़ होता रहा। लेकिन खर्चा पूरा नहीं हो रहा था। आय का एक ही साधन था। मुझे रोजगार चाहिए था, इसलिए इधर चला आया। इधर-उधर चक्कर काटने के बाद एक बंगाली मुसलमान से परिचय होने पर लाचारी में उनके यहाँ शरण

लेनी पड़ी। उस मुसलमान का पेशा कसाई का था। मोमियों में उसकी माँस बेचने की दुकान थी। उससे उसकी काफी आमदनी होती थी। कुछ दिनों बाद अचानक मेरा वह मित्र अस्वस्थ होकर शययाशायी हो गया। उसकी पत्नी ने एक दिन मुझसे कहा कि अगर मैं उसकी दुकन चलाने की जिम्मेदारी लूँ तो वह मुनाफे में हिस्सा देने को तैयार है। इधर मैं बेकार था। सोचा, हर्ज क्या है। किस्मत आजमाऊँ। शायद इसी बहाने भाग्य पलटा खा जाए। हिन्दू रहते कसाई का काम नहीं कर सकता था, इसलिए एक दिन मस्जिद में जाकर कलमा पढ़कर मुसलमान बन गया। इस बीच अल्ला की मर्जी से मित्र की मौत हो गयी। आखिर में मित्र की पत्नी के अनुरोध पर मैंने उससे निकाह कर लिया। इन दिनों मैं उसकी दुकान का मालिक बनकर रोजी-रोटी कमा रहा हूँ।''

वह व्यक्ति मुझे अपना हितैषी समझकर अकपट भाव से अपनी राम-कहानी सुनाता रहा। आजकल कैसे रोजगार करता है, यह भी बताया। पहले इन लोगों को कसाईखाने में जानवर ले जाना पड़ता था। इससे मुफ्त में कुछ रकम खर्च करना पड़ता था, क्योंकि जो मजदूर हाँककर जानवरों का कसाईखाने में ले जाते थे, उन्हें मजदूरी देनी पड़ती थी। इससे खर्च बढ़ जाता था। दुकान का मालिक बनने के बाद से उसने इन बेकार के खर्चों में कमी कर दी है। आजकल वह स्वयं ही जिबह करता है। उसकी इस कहानी को सुनते ही मुझे काठ मार गया। अपने को संयत करने के बाद कौतुहलवश पूछा-''छोटे-बड़े हर किस्म के जानवरों को जिबह करते होंगे?''

उत्तर में उसने कहा-''जी हाँ, मेरे सभी ग्राहक हिन्दू नहीं हैं। मुसलमान-ईसाई भी हैं, इसलिए भेड़ बकरी और गाय तीनों का जिबह करना पड़ता है।''

''जिबह तुम अकेले करते हो?''

''रोजगार के लिए सब कुछ करना पड़ता है। कोई भी काम कठिन नहीं है, शरत् बाबू 'सिर्फ गाय के जिबह के वक्त दो-तीन आदमियों की जरूरत होती है। अपने हाथ से जिबह करता हूँ तो कुछ रकम बच जाती है।''

मैंने सोचा-''ब्राह्मण पुत्र है। कम-से-कम मन में एक संस्कार भी तो रहा होगा और आज वह गाय का जिबह करने में नहीं हिचकता। उल्टे सफाई से कह रहा है कि यह कौन-सा कठिन कार्य है! अपने जन्मगत संस्कार को अवस्था के फेर में अथवा अवलीला केक क्रम में पड़कर सब कुछ झाड़-पोंछकर साफ कर दिया। आश्चर्य है!

उसने आगे कहा-''जमा-जमाया एक रोजगार मिला, ऊपर से उस युवती ने स्वयं मुझसे निकाह कर लिया। एक तरह से पकी पकाई खीर मिल गयी।''

मैंने कहा-''एक तरह से तुम्हें आधा राज-पाट क्यों, पूरा राजपाट मिल गया। ऊपर से एक राजकन्या भी प्राप्त हो गयी।''

मेरी बातों से प्रसन्न होकर उसने लज्जित भाव से कहा-''आधा राज-पाट

कहाँ शरत् बाबू! उस लड़की का भी तो हिस्सा उसमें है।''

कहानी समाप्त करने के पश्चात् शरत् बाबू ने कहा—''यही मैं सोच रहा हूँ सुनीति शिक्षा से, समाज से, पितृ पुरुषों से लेकर जिस संस्कार का हम निर्माण करते हैं, उसकी जड़ें क्या इतनी कमजोर हैं कि व्यक्ति साधारण ढंग से उखाड़ फेंके? तुम्हारा क्या ख्याल है?''

सुनीति कुमार ने कहा—''इस विषय पर सटीक कहना मुश्किल है। परिस्थिति के चक्कर में पड़कर अपने जीवन के समस्त आचरण को त्याग देने वाले अगर मौजूद हैं तो ऐसे लोग भी हैं जो हँसते-हँसते प्राण देंगे, लेकिन अपने संस्कार और विश्वास को कभी नहीं छोड़ेंगे। मेरी समझ में कौन व्यक्ति अपने संस्कार को कितना मूल्य देकर जीवन का अच्छेद अंश समझकर स्वीकार करता है—यह बात उसके ऊपर निर्भर करती है।'' शरत् बाबू ने कहा—''तुम्हारा कहना कठिन है। उस विषय पर सटीक निर्णय देना कठिन है। मनुष्य की आन्तरिक प्रवृत्तियाँ ही सब कुछ हैं। फिर भी मुझे लगता है जैसे संस्कार इन सब के ऊपर हैं। आदिम या मौलिक आवश्यकताओं के फलस्वरूप व्यक्ति का आन्तरिक रूप स्पष्ट हो उठता है। उस समय संस्कार का कोई वश नहीं चलता। हाँ, अगर कोई बहुत-कुछ पा चुका है, सोचकर संस्कार को अपनाये रहे और सबकी उपेक्षा करता रहे तो उसकी बात अलग है।''

29. निरू दीदी

ढाका विश्वविद्यालय से डी. लिट् की अपाधि लेने के लिए शरतचन्द्र जी ढाका गये हुए थे। वहाँ उनके परिचित मित्र गये थे। नित्य किसी-न-किसी के यहाँ मेहमानदारी करते थे। एक दिन अध्यापक चारु बनर्जी के यहाँ मिलने के लिए आये। जब यह बात मोहित लाल मजुमदार को मालूम हुई, जो ढाका विश्वविद्यालय के बंगला के प्रोफेसर थे, तब वे अपनी नवप्रकाशित पुस्तक उन्हें भेंट देने के लिए आ पहुँचे।

पुस्तक हाथ में लेकर जहाँ अपने सम्बन्ध में कुछ चर्चा देखी, उस पर अँगुलियाँ फेरते हुए शरत् बाबू ने कहा–"देखो मोहित! लोगों का कहना है कि मैं बंकिम का अनुरागी नहीं हूँ। शायद मैं उनकी नजरों में बंकिमचन्द्र के प्रति व्यक्तिगत विद्वेष की भावना रखता हूँ!"

मोहित लाल ने कहाँ–"बंकिमचन्द्र के उपन्यासों के सम्बन्ध में आपकी व्यक्तिगत राय क्या है? मैं जानना चाहता हूँ। आप खुलकर अपने विचार प्रकट कर सकते हैं। क्योंकि मैं यह जानना चाहता हूँ कि बंकिमचन्द्र के उपन्यासों में नारी-चरित्र की सृष्टि में कवि-कल्पना की जो भ्रष्टता है, उसका सबसे बड़ा उदाहरण आपने 'कृष्णकान्त का वसीयत नामा' नामक रचना में बंकिम की रोहिणी के परिणाम को ज़िस तरह चित्रित किया गया है-प्रस्तुत किया है।"

शरतचन्द्र ने जवाब दिया–"देखो, जीवन के सत्य का, कोई कितना ही बड़ा कवि क्यों न हो, उल्लंघन नहीं कर सकता। नारियों के सम्बन्ध में हमारे समाज में जो धारणा संस्कार की तरह बद्धमूल है, वह कितना बड़ा झूठ है, इसे मैं जानता हूँ। इसलिए किसी कवि की दायित्वहीन कल्पना का अविचार मुझसे बर्दाश्त नहीं होता। धर्म और नीति-शास्त्र के अनुरोध के कारण मानव चरित्र-चित्रण कलंकित और कुत्सित रूप में करना ही पड़ेगा, इसमें कवि हृदय की महत्ता और कवि-कल्पना का गौरव कहाँ हैं हमारे समाज में महिलाओं के प्रति कितना अविचार है, नित्य उन पर कितने अत्याचार किये जाते हैं, अगर उन सबकी साहित्य में पुनरावृत्ति हो तो मानवीय दृष्टिकोण से म:नव के मूल्य को स्वीकार करने के सम्बन्ध में हताश होना पड़ेगा। बंकिमचन्द्र ने रोहिणी की जिस तरह दुर्गति की है जब मैं यह सोचता हूँ तब मुझ अपने गाँव की निरू दीदी की कहानी याद आ जाती है। निरू दीदी ब्राह्मण की लड़की थी–बाल-विधवा। अपने बत्तीस वर्ष के जीवन तक उनके चरित्र में किसी प्रकार का कलंक नहीं लगा था। सुशीला, परोपकारिणी, धर्मशीला और कर्मिष्ठा के

रूप में उनकी काफी ख्याति थी। रोगियों की सेवा, दुखियों को सान्त्वना, अभावग्रस्त लोगों की सहायता यहाँ तक कि आवश्यकता पड़ने पर वे नौकरानियों की तरह दूसरों की सेवा करती थीं।

गाँव में शायद ही ऐसा कोई व्यक्ति रहा हो, जिसे निरू दीदी की सहायता या सेवा न लेनी पड़ी हो। उन दिनों मैं बहुत छोटा था। फिर भी अपनी उसी उम्र में निरू दीदी के चरित्र और हृदय को देखकर उनके प्रति मुग्ध हो गया था।

उसी निरू दीदी को बत्तीस वर्ष के जीवन में ही कलंक की कालिमा लग गयी। गाँव का स्टेशन मास्टर उन्हें कलंकित कर कायरों की तरह भाग गया।

ऐसी घटनाएँ हमारे समाज में आये दिन होती रहती है। निरू दीदी की किस्मत में भी वही लिखा था। लोग उनकी सेवाओं को, स्नेह को तथा उनके आदर और सत्कार को निमिष मात्र में भूल गये। उनका निमर्म रूप से परित्याग कर दिया गया। यहाँ तक कि लोगों ने उनसे बातें करना भी बन्द कर दिया।

लज्जा, अपमान और आत्मग्लानि के कारण निरू दीदी का स्वास्थ्य दिन-पर-दिन गिरने लगा। धीरे-धीरे वे मरणासन्न हो शैयाशायी हो गयीं। फिर भी उन्हें एक लोटा पानी देने को कौन कहे, उनके यहाँ झाँकने तक नहीं गया।

हमारे घर में भी कड़ा हुक्म जारी था, इसलिए खुले आम निरू दीदी के यहाँ जा नहीं पाता था। लेकिन रात को सबकी निगाह बचाकर मैं अक्सर, निरू दीदी के यहाँ चला जाता था। वहाँ जाकर उनक हाथ-पैर सहला देता, फल आदि ले जाकर खिला दिया करता था। आश्चर्य की बात तो यह है—उस अवस्था में भी गाँव के लोगों से इस तरह का पैशाचिक व्यवहार पाते हुए कभी किसी के विरुद्ध उन्होंने कोई शिकायत नहीं की। उन्होंने जो अपराध किया था, उसकी तुलना में यह दण्ड जैसे कुछ अधिक नहीं था। मुझे उस समय कुछ आश्चर्य अवश्य हुआ था, लेकिन आगे चलकर यह समझ गया कि अपने अपराध का दण्ड उन्होंने स्वयं स्वीकार कर लिया था। गाँव के लोग तो सिर्फ निमित्त मात्र थे। गाँव के लोगों को उन्होंने क्षमा कर दिया था, किन्तु स्वयं अपने को क्षमा नहीं कर पायीं।

दण्ड यहीं समाप्त नहीं हुआ। जब उनकी मृत्यु हुई, तब उनकी लाश छूने भी कोई नहीं आया। डोम के द्वारा उनकी लाश नदी किनारे जंगल में फिंकवा दी गयी, जहाँ सियार-कुत्तों ने मिलकर उसे नोच-नोच कर खाया!''

शरतचन्द्र का गला भर आया था। कहानी समाप्त करने के पश्चात् कुछ देर तक चुपचाप बैठे रहे, फिर धीरे से कहा—''मनुष्य हृदय में जो देवता है, उसकी इस तरह हम बेइज्जती करते हैं। रोहिणी का चरित्र और उसका दण्ड इसका नमूना है। इस तरह नारी की दुर्गति बंकिम बाबू ने की है। सोचो तो।''

३०. अभिनव मान-पत्र

रसचक्र गोष्ठी के अन्यतम सदस्य श्री विश्वपति चौधरी अपने मित्र श्री हरेन्द्रनाथ सिंह से तंग आ गये थे। प्रत्येक गोष्ठी में आकर अपना काव्य-पाठ इस तरह शुरू करते थे कि बन्द करने का नाम नहीं लेते थे। उनके कारण रसचक्र गोष्ठी के अन्य कार्यक्रम नहीं हो पाते थे। रसचक्र गोष्ठी का नियम था कि हमेशा हास्य-गोष्ठी होगी, पर सिंह साहब के कारण बोर-गोष्ठी हो जाती थी। सदस्यों को उनकी कविता से अजीर्ण हो गया था।

अन्त में एक दिन निश्चित किया गया कि रसचक्र की ओर से ठाकुर हरेन्द्रनाथ सिंह को एक मान-पत्र दिया जाए। इस प्रस्ताव के प्रस्तावक थे, शरत् बाबू। कई लोगों ने एतराज किया कि काली बाबू, यतीन दादा, नरेन दादा के आगे हरेन्द्रनाथ को देने पर दृष्टिकटु लगेगा।

शरत् बाबू ने कहा, "ये लोग मान-पत्र के लिए परेशान नहीं है। इन्हें बंगाल के लोग देंगे। हरेन्द्र की बात अलग है। बेचारा जीवन भर पत्नी को लक्ष्य करके हजारों प्रेम-गीत लिखता आया है, पर तुम लोगों ने कभी इसे महत्त्व नहीं दिया, अतएव इसके मन में तुम लोगों के प्रति क्षोभ है।"

इस शिकायत के बाद किसी ने आपत्ति नहीं की। यह तय हुआ कि विश्वपति चौधरी मान-पत्र भेंट करेंगे। यह राय शरत् बाबू ने दी।

रविवार के दिन सवेरे नौ बजे हरेन्द्र बाबू चुन्नटदार धोती, मलमल का कुर्त्ता पहिने आये। उस दिन साठ वर्ष के वृद्ध कवि चाँद की तरह चमक रहे थे। बाल करीने-से कटे हुए थे। धीरे-धीरे सदस्य गण आने लगे। केवल विश्वपति चौधरी का पता नहीं था।

उनके इन्तजार में लोग बेचैन होने लगे। यह देखकर शरत् बाबू ने कहा—"विश्वपति के आने में देरी क्यों हो रही है, समझ में नहीं आ रहा है। पता नहीं, कहाँ फँस गया। न हो, आप लोग कार्यवाही प्रारम्भ कर दीजिए। कम-से-कम माला चन्दन से पूजा तो प्रारम्भ कर दो।"

दो लड़कियों ने आगे बढ़कर माला-चन्दन लगाया। आरती की। यह दृश्य देखकर शरत् बाबू बोल उठे—"अब जाकर हरेन वर-वर सा दिखाई दे रहा है।" सव्यसाची ने कहा—"अरे यह क्या कहा आपने? शरत् दादा ने हरेन भाई को बर्बर कह दिया और उन्होंने बिना किसी प्रतिवाद के मान लिया। यह तो बड़ा अन्याय है।" विश्वनाथ मुखर्जी ने कहा—"रसचक्र के सदस्य रसिक हैं। आपकी तरह नहीं हैं।"

समय गुजरता जा रहा था। सभी उत्कण्ठा से आगे के कार्यक्रम को देखना चाहते थे। इधर शरत् बाबू निर्विकार भाव से बैठे रहे। केवल यही कहा—''विश्वपति के लिए परेशान होने की जरूरत नहीं है। उसे आने में देर हो सकती है। मान-पत्र तैयार करवा रहा होगा।''

एकाएक दरवाजे के पास आकर एक टैक्सी ठहरी। विश्वपति के हाथों में कागज में लपेटी हुई कोई सामग्री थी। शरत् बाबू ने कहा, ''क्यों जी विश्वपति, बड़ी देर कर दी तुमने।''

विश्वपति ने कहा, ''आपने जिस तरह का मान-पत्र लाने को कहा थ, वैसा कलकत्ता में कहीं मिल नहीं रहा था। इधर वक्त गुजरता जा रहा था। सभी लोग मेरी प्रतीक्षा कर रहे होंगे, यह समझ रहा था। क्या मुझे खाली हाथ वापस जाना पड़ेगा? फलस्वरूप एक टैक्सी लेकर धापा के मैदान में गया, इसीलिए देरी हो गयी।''

सभी लोग एक-दूसरे का मुँह देखने लगे कि आखिर एक मान-पत्र के लिए धापा के मैदान में जाने की क्या जरूरत थी। क्या आस-पास नहीं मिल सकता था।

शरत् बाबू ने कहा—''तब और देरी करने की जरूरत नहीं। काफी देरी हो चुकी है। फोटोग्राफर सवेरे से फोटो खींचने के लिए बैठा है। विश्वपति तुम मान-पत्र सिंह के हाथ पर रख दो।''

विश्वपति ने हिचकते हुए कहा—''आप गोष्ठी के अध्यक्ष हैं। आपके रहते मैं क्यों मान-पत्र भेंट करूँगा?''

शरत् बाबू ने कहा—''मैं दूँ या तुम, एक ही बात है। रसचक्र की ओर से इसकी जिम्मेदारी तुम्हें सौंपी गयी है''

हरेन्द्र सिंह माला पहने बैठे हैं और उत्तेजना के कारण जाड़े के दिनों में उनके मस्तक पर पसीने की बूँदे चमकने लगी हैं। बड़े संकोच के साथ विश्वपति ने उक्त सामग्री को हरेन्द्र सिंह के हाथ पर रखा।

शरत् बाबू ने कहा—''कम-से-कम इस मान-पत्र को खेल दो ताकि लोग देख तो लें।''

विश्वपति ने कुछ क्षण तक ऊहापोह करने के बाद कागज में लिपटी सामग्री को खोला तो उसमें से मानकोचू (बंगाल तथा आसाम से उत्पन्न होने वाले एक प्रकार के बण्डे का पत्ता जो केले के पत्ते जैसा बड़ा होता है।) का पत्ता था।

यह देखकर हरेन बाबू बिल्ली की तरह उछलकर खड़े हो गये। गले की गाला को तोड़ डाला और चन्दन पोंछने के बाद आग्नेय दृष्टि से शरत् बाबू से कहा—''समझ गया दादा सारी बदमाशी आपकी है। आप मेरे साथ ऐसा मजाक कर सकते हैं, इसका विश्वास नहीं था।''

शरत् बाबू आँखों और मुँह पर विस्मय का भाव लाते हुए बोले—''मुझे क्या मालूम। सारा आयोजन तो विश्वपति ने किया है। बेकार मुझे बदनाम कर रहे हो।

मान-पात्र लाने की जिम्मेदारी इसी पर थी। वह ले आया।''

हरने बाबू ने कहा—''ठीक है। सब समझ गया। मेरी और आपकी यह अन्तिम मुलाकात है।''

शरत् बाबू ने कहा—''उसके पहले कम-से-कम एक फोटो हो जाए। फोटोग्राफर को सवेरे से बैठा रखा है।''

शरत् बाबू के प्रस्ताव को स्वीकार कर लिया गया। लोग शरत् बाबू पर भले ही नाराज हो जाएँ, पर उनके साथ फोटो उतरवाने का प्रलोभन कोई अस्वीकार नहीं करता। हरेन बाबू को बीच में बैठाकर फोटो उतरवाया गया। हरेन बाबू के पीछे श्री विश्वपति चौधरी उक्त मानकोचू के पत्ते को उठाकर खड़े थे। इस बात को जानते हुए भी हरेन बाबू न जानने का भान किये बैठे रहे।

बाद में जब सारी बातें हरने बाबू की पत्नी को ज्ञात हुईं तब वे बिगड़कर बोलीं—''चाहे जितनी रकम खर्च हो, तुम फोटोग्राफर से उस फोटो का निगेटिव खरीद लाओ।''

हरेन बाबू ने इस आज्ञा का पालन किया था। बाद में वह निगेटिव कैसे, कहाँ खो गया। अब सवाल यह उठता है कि हरेन बाबू के साथ शरत् बाबू ने ऐसा मज़ाक क्यों किया था?

इस प्रश्न का उत्तर विश्वनाथ मुखर्जी ने दिया था—''प्रत्येक गोष्ठी में आकर हरेन बोर करने वाली रचनाएँ पढ़ता था। उसका ख्याल था कि सम्पूर्ण बंगाल में वही एकमात्र कवि है। विश्वपति ने उसे दण्ड देने के लिए यह आयोजन किया था।''

३१. साहित्यिक कैसे बने

रसचक्र की गोष्ठी में एक नये सदस्य ने शरत् बाबू से पूछा—''आप साहित्य क्षेत्र में कैसे आये?''

''क्या करियेगा जानकर?''

''यह जानने की बड़ी इच्छा है।''

शरत् बाबू ने कहा—''अच्छा तो आज यहाँ सुनाऊँ। मैं रंगून में जब नौकरी करता था तब मुझे वेतन इतना कम मिलता था कि उसमें घर-खर्च चलाना कठिन हो रहा था। इसके बाद एक दिन सोचा कि परचून की दुकान खोलूँ। इस पर मेरी पत्नी ने कहा कि यह काम तुमसे नहीं होगा। मेरी बुद्धि जाँच करने के लिए उन्होंने एक सवाल पूछा, इतने रुपये मन कोई सामान मिलता है तो इतने छँटाक की कीमत कितनी होगी? देर तक सिर खपाने पर भी मैं उस सवाल का जवाब नहीं दे सका। नतीजा यह हुआ कि मैं दुकान नहीं खोल सका। आखिर क्या करता? लाचार होकर साहित्य-क्षेत्र में चला आया।''

उपस्थित लोग हँस पड़े। प्रश्नकर्त्ता ने कहा—''यह तो गप है। आप जैसे विद्वान व्यक्ति भला दुकान खोलते।''

शरत् बाबू ने कहा—''आज मुझे लोग विद्वान समझ रहे हैं, पर मैं जिन लोगों के बीच वहाँ रहता था, वे लोग मूर्ख समझा करते थे। एक दिन की घटना आज भी याद है। उन दिनों मैं रंगून के मिस्त्री पल्ली में रहता था। मैं शिक्षित व्यक्ति हूँ, इसकी जानकारी किसी को नहीं थी।''

एक दिन की बात है। दोपहर का वक्त था। मैं सड़क के किनारे स्थित अपने कमरे के बरामदे पर बैठा था। मैंने देखा कि एक बुढ़िया हाथ में मनीआर्डर फार्म लेकर चली आ रही है।

उसके हाथ में मनिआर्डर फार्म देखकर मैंने अनुमान लगाया कि वह किसी से लिखवाने जा रही है। समझते देर नहीं लगी कि इस कार्य के लिए उसे काफी दूर जाना पड़ेगा। बुढ़िया पर दया करने के उद्देश्य से मैंने उससे पूछा—''कहाँ जा रही हो बूढ़ी माँ?''

उसने कहा—''क्या बताऊँ बेटा, उधर के मुहल्ले में इस कागज को लिखवाने जा रही हूँ। एक व्यक्ति को कुछ रुपये भेजने हैं।''

''—तुम्हारा लड़का कहाँ है?''

''वह आपने काम पर गया है। जाते समय कह गया कि इस फार्म को किसी

से लिखवाकर रख दूँ।''

"इस कड़ी धूप में दूर क्यों जाओगी। लाओं, मैं फार्म लिख देता हूँ।''

"तुम लिख सकोगे, बेटा? इसे इंगरेजी में लिखना होगा। तुम इंगरेजी जानते हो?''

"थोड़ी-बहुत जितना जानता हूँ, उससे तुम्हार काम चल जायेगा।''

"मेरी बात सुनकर बुढ़िया किंचित् आश्वस्त हुई। सोचा कि अब इतनी दूर जाना नहीं पड़ेगा। यह सोचकर उसने फार्म मुझे दिया। लेकिन उसके चेहरे के भाव से यह स्पष्ट हो रहा था कि क्या मैं इस फार्म को ठीक से लिख सकूँगा? क्या मेरे लिखे फार्म पर रुपये पहुँच जायेंगे?''

कहना नहीं होगा कि मेरे द्वारा लिखे फार्म पर रुपये पहुँच गये थे और उसकी सूचना आ गयी थी तब पल्ली के लोगों को विश्वास हुआ कि मुझे थोड़ी-थोड़ी अंग्रेजी भाषा की जानकारी है।

□□□